Letras mexicanas

OBRAS

GENARO ESTRADA

OBRAS

POESÍA / NARRATIVA / CRÍTICA

Edición de
Luis Mario Schneider

letras mexicanas

FONDO DE CULTURA ECONÓMICA

Primera edición, 1983

D. R. © 1983, Fondo de Cultura Económica
Av. de la Universidad, 975; 03100; México, D.F.

ISBN 968-16-1329-5

Impreso en México

TEXTOS SOBRE GENARO ESTRADA

DATOS BIOGRÁFICOS DE
GENARO ESTRADA

1887

NACE en Mazatlán, Sinaloa, el 2 de junio. Sus padres: Genaro Estrada y Haro (de Tlaltenango, Zacatecas) y Concepción Félix y Osuna (de La Noria, Sinaloa). Es bautizado en la iglesia de San José en Mazatlán.

1890-1895

Se traslada frecuentemente a El Rosario en compañía de su madre. (Su padre había muerto seis meses antes de nacerle el hijo.) En El Rosario, Sinaloa, vivían su abuela materna y sus tíos. En este lugar, asiste a la escuela desde 1892 hasta 1895.

1898

Abandona con su madre El Rosario y se instalan en Culiacán, en casa de sus tíos. Ingresa en la Escuela Modelo del Distrito a cursar el tercer año. El 22 de diciembre es escogido entre los niños para recitar un poema en honor del general liberal Antonio Rosales (1822-1865), en la plaza que lleva su nombre, con motivo de la conmemoración de la batalla de San Pedro.

1899

Ingresa en el Colegio Rosales para cursar estudios preparatorios.

1899-1906

Toma parte en los primeros juegos florales de su provincia y obtiene la flor natural y el primer premio por su "Canto a Rosales". Gana los primeros premios en los concursos literarios organizados en la cátedra de lengua española.

1907-1911

Periodista y aficionado a las labores tipográficas en la imprenta de su tío político, Faustino Díaz, llega a trabajar con sueldo durante algún tiempo. Desempeña en *El Monitor* de Sinaloa la jefatura de redacción. Escribe la información del periódico, reportajes, editoriales, crónicas literarias y de espectáculos, crítica, artículos diversos, correspondencias a periódicos de la ciudad de México y de Mazatlán. En 1911 se hace cargo, en esta última ciudad, de *El Diario del Pacífico.*

1911

El primero de junio sale de Culiacán para Los Ángeles (E.U.), donde permanece tres meses. De allí se dirige a la ciudad de México, a la que llega el primero de septiembre. Ingresa en la redacción de *El Diario.* Hace reportajes, editoriales, crónicas de teatro y correspondencias. Durante dos meses, recorre el estado de Morelos como corresponsal y envía crónicas telegráficas a la ciudad de México de las campañas entre las fuerzas gubernamentales y revolucionarias unidas y los zapatistas. Asiste a algunos combates en la zona comprendida entre Cuernavaca y Cuautla.

1912

Funda con Enrique González Martínez la revista *Argos,* de la cual se publican seis números. Desempeña trabajo de corrección de pruebas en otro periódico. Sale de la redacción de *El Diario.*

1913

Es nombrado secretario de la Escuela Nacional Preparatoria, y después profesor de gramática española en la misma escuela.

1914-1915

Continúa sus trabajos en la Universidad. Se inicia en las sociedades científicas.

1916

De 1913 a 1917 se dedica al estudio documental de la historia de México en la biblioteca de Genaro García. Inicia sus colaboraciones literarias en revistas. Trabaja como corredor de bolsa en acciones industriales y comerciales, por breves periodos. Publica su primer libro, la antología *Poetas nuevos de México*.

1917

El primero de mayo, al terminar el periodo revolucionario e inaugurarse el gobierno constitucional, ingresa en la Secretaría de Industria, Comercio y Trabajo, como administrador de la oficina de publicaciones, la cual funda y organiza. De marzo a junio trabaja como redactor de la revista *Pegaso*.

1920

Es nombrado jefe del Departamento Administrativo del Ministerio de Industria, Comercio y Trabajo. Al evacuar la capital los funcionarios del gobierno del general Carranza, Genaro Estrada se inscribe para salir a Veracruz; pero se le encarga que permanezca en la ciudad al cuidado del Ministerio con la comisión de entregar éste a las nuevas autoridades.

1921

Es nombrado jefe de la Comisión Comercial encargada de instalar y organizar en Italia la representación de México en la feria de Milán. El primero de febrero sale para Nueva York, y de allí a Nápoles en el vapor *Ferdinando Palasciano*. Llega a Milán, organiza la exposición y pasa a París a desempeñar una comisión extraordinaria del Ministerio de Industria, Comercio y Trabajo, y regresa a Milán por Suiza, de donde sale, finalmente, el 5 de mayo. Visita entonces Venecia, Florencia, Roma y Pisa. Embarca en Nápoles en el vapor *Barcelo*. Llega a Barcelona, visita Madrid y algunos lugares próximos de valor histórico. Sale hacia París el 15 de junio, y permanece allí hasta el 28. Va a Bruselas y a Amberes, pasa a Londres por pocos días y embarca en Southampton para Nueva York. Llega a México en julio. Publica el *Visionario de la Nueva España*. Por estos años, es profesor de historia de México en la Escuela de Altos Estudios. El 7 de noviembre es nombrado oficial mayor de la Secretaría de Relaciones Exteriores.

1923

Es designado subsecretario de Relaciones Exteriores.

1924

Viaja por los Estados Unidos: California, Texas, Chicago, San Luis, Nueva York, etc.

1927

Primero de mayo: queda como encargado del despacho en la Secretaría de Relaciones Exteriores.

1930

Cinco de febrero: es nombrado ministro de Relaciones Exteriores. En septiembre es designado, además, primer delegado de México ante la Sociedad de las Naciones. En octubre va a la frontera, a El Paso. El 10 de diciembre contrae matrimonio con Consuelo Nieto, en la ciudad de México. Viaja por los Estados Unidos. En enero de 1931 va a Mazatlán.

1932

Veinte de enero: es nombrado embajador en España y ministro en Portugal. Sale por Veracruz el 11 de febrero y llega a Madrid el 29. Viaja por varias provincias del norte de España, y pasa el verano en San Sebastián y en Biarritz. Asiste en Madrid, como delegado, a la Conferencia Internacional de Telegrafía y Radiotelegrafía. Va a Granada como representante de la Universidad de México al cuarto centenario de la Universidad de Granada.

1933

Veintidós de octubre: nace en Madrid su hija Paloma. Visita Sevilla, Córdoba, Málaga, Cádiz, Algeciras, Jerez, Gibraltar, Granada, etc. Colabora en revistas literarias de Madrid. Publica *Paso a nivel*. Asiste como invitado de la Sociedad de las Naciones a las Conferencias sobre la Cultura organizadas por el Instituto de Cooperación Intelectual (en Madrid). Recorre Salamanca, Valladolid, León, Pontevedra, Cuenca, Santiago, Zamora, la Coruña, Oviedo, Gijón, Santander. El verano lo pasa en San Sebastián haciendo viajes al sur de Francia. Es nombrado ministro en Turquía, a donde sólo llega a presentar credenciales. Con este motivo, se embarca en Barcelona para Génova, y luego recorre Nápoles, Siracusa, Alejandría, El Cairo, Port Said, Jaffa, Jerusalén, Belén, Damasco, Baalbek, Tiberiades, Samaria, Beirut, Chipre, Rodas, Constantinopla, Angora, El Pireo, Atenas, Brindisi, Venecia, Budapest, Viena, París. Regresa a Madrid el 16 de noviembre. En París conoce a Picasso.

1934

Recorre la región levantina de España y la extremeña. Participa como delegado de México en la Conferencia Internacional de

Museografía, realizada en Madrid. Publica *Senderillos a ras* y varios cuadernos. Copia muchos documentos históricos sobre México. Colabora con el Centro de Estudios Históricos de Madrid. Solicita ir a México y renuncia al cargo de embajador con motivo del nuevo periodo de gobierno que se inaugura en diciembre. Llega a México el 18 de noviembre.

1935

Dieciséis de enero: le ofrecen las embajadas de Argentina o Brasil, que no acepta. Asume la comisión de continuar dirigiendo las publicaciones históricas y bibliográficas del Ministerio. En marzo hace un viaje a Sinaloa. Al regreso, visita Mazatlán y Guadalajara. La revista *Número* publica una entrega en su honor. En julio es invitado por la Asociación de Derecho Internacional Francisco Vitoria, de la Universidad de Salamanca, a dar cinco conferencias sobre temas de derecho internacional. El 15 de noviembre renuncia a la comisión que desempeñaba en la Secretaría de Relaciones, en donde prestó sus servicios desde el 7 de noviembre de 1921.

1936

Once de enero: es nombrado socio activo del Ateneo Nacional de Ciencias y Artes de México. Abril: delegado al Congreso de Bibliografía. Recibe comunicación de haber sido designado miembro correspondiente de la Academia Chilena de la Historia. En marzo recorre Puebla, Tehuacán, Orizaba y Córdoba. En septiembre principia a colaborar en *La Nación* de Buenos Aires. Es nombrado socio de Proteo, en San Luis Potosí. Funda y dirige la Biblioteca Histórica Mexicana de Obras Inéditas.

1937

Veintinueve de septiembre: muere en la ciudad de México.

LA OBRA DE GENARO ESTRADA

ARTURO TORRES RIOSECO

EL NOMBRE de Genaro Estrada debe figurar en la lista de literatos mexicanos que comienza con Manuel Gutiérrez Nájera y
termina con Castro Leal y Jaime Torres Bodet. Sin embargo, a
causa de la propia virtud de su personalidad, que no se presta
a entusiasmos pueriles ni a audaces clarinadas sensacionales,
su nombre, como el de González Martínez, se ha mantenido en
un silencio noble. A la inversa de la gran mayoría de escritores
americanos, se inicia su obra con su hoy famosa antología *Poetas nuevos de México,* en que nos presenta en forma admirable la
producción lírica de su patria. Después de cinco años de silencio, aparece su libro de fantasías mexicanas *Visionario de la
Nueva España,* cuatro años después su *Bibliografía de Amado
Nervo,* un año más tarde su novela *Pero Galín* y, por último, en
los días que corren, su libro de poemas *Crucero.*

Poetas nuevos de México es la primera antología americana
digna de tal nombre. Hasta entonces, estábamos acostumbrados a los indigestos parnasos con que periódicamente nos rega-
laba la casa Maucci de Barcelona, parnasos en los cuales, en
arbitraria compañía, figuraban poetas excelentes al lado de
detestables rimadores. Conocedor profundo de la literatura
francesa, Estrada reproduce exactamente en su obra el plan de
Ad. Ban Bever y Paul Léautaud en su libro *Poètes d'Aujourd'hui.* Se limita así a lo puramente contemporáneo (desde
Justo Sierra hasta Jesús Villalpando) y nos da sobre los poetas
interesantes notas biográficas, críticas y bibliográficas. Después
de la publicación de *Poetas nuevos de México* otros escritores
mexicanos han preparado diversas antologías, pero ninguna
ha llegado a superar a la de Estrada, aunque varias siguen el
mismo plan. Es de notar que hasta en otros países de América
el libro de Estrada ha tenido admiradores que no han olvidado
su plan al preparar antologías de sus propios poetas. En
efecto, si nos fijamos en las recopilaciones publicadas últimamente por Armando Donoso en Chile, Julio Noé en Argentina

15

y Lizaso en Cuba, veremos que todos usan métodos semejantes al del crítico mexicano.

Visionario de la Nueva España es un pequeño libro de poemas en prosa, fantasías poéticas, que diría su autor. En él se evoca la vida colonial y se establecen finas relaciones con la vida presente. El nombre de unos cuantos cuadros bastará para darnos una idea de los temas en cuestión: "La ciudad colonial", "El oidor", "El corsario", "El biombo", "Nocturno de San Jerónimo", "El altar churrigueresco", "La nao", "El espadero", "La gaceta", "El paje", "El barbero", etc. El estilo del libro es un tanto azorinesco, en tono menor y creemos que el ideal del poeta sería "escribir una novela sobre el breve tema de una miniatura del siglo XVII o del pañuelo de encajes de una virreina". El autor, espíritu inquieto, que hoy se mete por los laberintos de unas rancias teologías, y mañana se pasa horas enteras en la contemplación de una plaza cubierta por la pátina de los siglos, conoce a fondo la ciudad de México, y se deleita en evocarla en los suaves crepúsculos, tiernos de claveles y de campanas melancólicas.

Pero Galín nos trae otra vez a la memoria el estilo de Azorín; estilo amable, cortado, fragmentario, de frecuentes repeticiones fraseológicas. Es una especie de novela breve, de sencillísima trama. Pero Galín, anticuario y "chacharero", personaje colonial para quien la vida siglo veinte no existe, se enamora de Lota, mujer modernísima, con pecho de *flapper* y algo de heroína cinematográfica. Galín, cuya vida se ha reducido a correr tras de antiguallas y chucherías, por los bazares y tiendas de antigüedades de la ciudad de México, se transforma a tal punto que, en pocos días, puede manejar magistralmente un automóvil. Después del casamiento, Galín y Lota hacen un viaje por el suroeste de los Estados Unidos y se detienen algún tiempo en Los Ángeles. En contacto con la civilización nueva y debido en parte al espíritu de su mujer, Galín, ya en México, compra una hacienda y se dedica a las labores campestres; esto es lo que llama el autor la "Aurora". Como se ve, la intriga no es digna de una novela. Estrada se aprovecha de este asunto para hacer un poco de literatura colonial.

Espíritu observador y detallista, Estrada nos da exactas descripciones de los bazares mexicanos, con sus cadenas de oro, relojes, pendientes de esmeraldas, alfileres de perla, prendedores de filigrana, calabacillas, relojitos de esmalte, salseras de plata, bargueños, sofás chinos, abanicos de hueso y cuanto Dios crió.

Es interesante observar la impresión que las ciudades norteamericanas, en especial Los Ángeles, dejan en el autor del libro, expresadas, claro está, por boca de Galín. Ferrocarriles, hoteles, Hollywood, restaurantes, tiendas, todo encuentra comentario picante y profundo en boca del anticuario que lo mira todo con ojos coloniales, pero que paulatinamente se va dejando penetrar del nuevo ambiente.

Parece que Estrada –y en esto tiene mucho en común con Anatole France– teme el enfrentarse con problemas de valor trascendental. Al entrar en California, ante la riqueza estupenda de la tierra, Galín exclama: "México irredento."

Lota por toda respuesta le aconseja que al volver a México se dedique a levantar cosechas y a construir canales en vez de poner todo su espíritu en baratijas. ¡Qué truculenta tirada no nos habría endilgado en este punto un novelista menos escépticamente fino que el señor Estrada! Sin embargo, tenuemente se insinúa en todo el libro una sana lección de patriotismo.

Crucero se titula el primer libro en verso de Genaro Estrada. La edición, con grabados de García Maroto, es elegantísima. El crucero nuevo busca rutas inexploradas hacia playas de remoto encantamiento. No siempre las encuentra y a veces se queda en alta mar, roto el ímpetu, gozando del intento. De aquí que en el presente libro, junto a poemas bellísimos, notemos algunos de bastante frágil hechura en los cuales el poeta se enreda demasiado en los hilos de las últimas redes poéticas que nos llegan de Francia. Debemos declarar ante todo que no simpatizamos en absoluto con las modas poéticas de última hora y que a las acrobacias gráficas de los poemas modernísimos preferimos la "Silva a la Zona Tórrida" de don Andrés Bello. Y esto es mucho. Hacemos esta afirmación para ser justos en este caso de Genaro Estrada. Pero si no aceptamos las imágenes demasiado violentas ni los desmembramientos arbitrarios de estrofa y verso, en cambio nos gusta el conceptismo sano que se observa en algunos poemas de este libro (*Crucero*). De vez en cuando el análisis y la tortura interior nos convierten al poeta teórico en un hombre que sufre y entonces le admiramos: ("Vigilia"). Pero como la poesía no necesita ser dolor vivo ni alarido, al encontrarnos con una miniatura tan pura como "Joya" la repetimos con placer:

> Entre las valvas de mis manos
> una perla, tu mano,
> rosa, con orientes azules,
> temblaba por el agua marinera.
> Oprimida con ansia propietaria
> la coloco en mi pecho, en el centro,
> corbata o alfiler, adorno siempre,
> mecida por el ritmo de mi pecho;
> o luce, rosa con oriente perla,
> flor festival en mi desierto inerte.

A pesar de todas las novedades y los juegos de colores no puede negarnos Estrada que es un admirador de nuestra fresca poesía popular y que más de una vez ha bebido en las aguas cristalinas de nuestro *Romancero*.

Y estamos por decir que por estos rumbos encontrará el poeta su camino de Damasco. Su "Queja del perdido amor", de inspiración netamente castiza, es para nosotros lo mejor del libro y digna de figurar en selecta antología.

Crucero, a pesar de cierta irregularidad de formas, es un libro de fino artista. No hallamos en él las empalagosas lamentaciones románticas de algunos modernistas ni la facilidad mecánica de versificación de que hacen gala nuestros poetas americanos. Tampoco cae en los excesos de abultada originalidad a que nos quieren acostumbrar los escritores de estos diez últimos años. Es un placer no encontrar en un libro de versos palabras como "tanque", "hélices", "avión"; "arcos voltaicos", "policromías", etc.

Hemos mencionado ya las diferentes fases de la obra de este escritor mexicano; nos queda por señalar su amplia y profunda cultura que le hace andar como en propia casa por las literaturas inglesa, norteamericana, francesa e italiana. Como crítico ocupa, al lado de Alfonso Reyes, el lugar más alto en las letras de su patria; como evocador de motivos coloniales es único (a menos que Julio Torri siga cultivando en silencio tan hermoso género) y como poeta busca su camino entre la serenidad profunda de González Martínez y el radicalismo estético de López Velarde y de Tablada.

GENARO ESTRADA

Genaro Fernández MacGregor

Nació hace cincuenta años, frente al Pacífico: allí pasó los primeros cuatro lustros de su vida, estudió y fue formándosele afición
por las letras, aunque no siguió una profesión de las llamadas
liberales. Supo desde niño de los libros y vio cómo se forman
materialmente, pues estuvo empleado en un taller litográfico. Ya
en esta Ciudad de los Palacios se ligó inmediatamente con amantes de los papeles, como el licenciado don Genaro García, gran
conocedor de archivos, y gran coleccionador de documentos.
Con él aprendió a manejar las fuentes de la historia mexicana, a
formarse un criterio positivo, que sabía ver los hechos, dejando
a un lado las teorías y las pretensiones de los herodotos partida-
ristas. Entró también en contacto con los literarios metropolita-
nos, a quienes él buscaba con ahínco –aunque diga en su *Genio y
figura de Picasso* que los hombres célebres sólo le gustan a distancia–, puesto que una de sus características fue la sociabilidad.
Tuvo relación, así, no sólo con los representativos de las letras
mexicanas, sino con todos los de las extranjeras que pasaron por
nuestro país.

Para estas relaciones le ayudaban su carácter risueño y festivo;
su físico mismo que rebosaba la satisfacción y la *bonhommie*. Era
entonces rotundo, de lucios, mondos y regordetes carrillos, entre
los que se escondía la boca sensual, fruncida un tanto como para
emitir un soplo. Los redondos y gruesos cristales enarillados de
sus lentes hacían pequeños sus ojos miopes de color castaño,
como su pelo, que era asaz ralo. El corte de su cara era un poco
ovino, con la frente amplia y huyente, desde los pronunciados
arcos supraciliares; la nariz era corva y de móviles aletas; el
mentoncillo enterrado entre mofletes y papada.

Su cuerpo, de mediana estatura, era obeso. Pero aquella figura
esférica se movía, a pesar de todo, rápidamente, y su andar, a

19

pequeños pasos, parecía un desliz, acompasado por algún tema musical tarareado en sordina.

Este físico espeso pudiera haberlo asimilado con el buen Sancho Panza, tipo de producto de la tierra, materialista y tosco. Pero no, era más bien un tipo de cardenal romano del quinientos; un orondo prelado de los que sabían exprimir de la vida los más exquisitos jugos; un amante de la cultura en todas sus manifestaciones.

Bibliófilo impenitente, gozaba lo indecible satisfaciendo su tendencia, pues los poseídos por la pasión de los libros tienen en ella cuádruple incentivo: buscar el libro ambicionado, asirlo, leerlo y después guardarlo. No cabe aquí detallar los servicios que prestó a la bibliografía mexicana, pero allí están los treinta y un tomos de la colección que él fundó y dirigió, con el nombre de Monografías Bibliográficas Mexicanas. A ellos se añaden los tantos más que forman la colección de documentos denominada Archivo Histórico Diplomático, en la que a él se debe la iniciativa, la dirección, y colaboración muy distinguida. Su conocimiento de nuestra historia le hacía palpar sus deficiencias, y la principal, la carencia de documentos, por destrucción algunas veces, y las más por mala organización de nuestros archivos.

Tenía gran afición a la literatura universal, y era conocedor de sus obras maestras. Cuando estuvo al frente de la cancillería, le llegaban a diario las primicias del ingenio de todos los países, enviadas por los cónsules, en obediencia a orden suya. A diario, también, adquiría piezas de coleccionista, pues lo era con la misma pasión que bibliógrafo: adoraba las porcelanas chinas, los marfiles góticos, los jades, las telas de los siglos XV y XVI, las piezas de plata, últimamente, las pinturas, y hasta las esferas de cristal que sirven para adivinar el porvenir, semejantes a la que ostenta en su retrato *Pero Galín*.

Aficiones tales no le abonaban, sin duda, para bienquistarse con el medio político. Sin embargo, ellas le sirvieron mucho, como se verá.

Su punto de contacto con tal medio fue su habilidad técnica. Sabía hacer cosas; tenía el don de organizar; era laboriosísimo, sobre todo, probo, y por añadidura poseía valor civil. El maderismo le dio puestos en la educación pública; el carrancismo lo llevó a la Secretaría de Industria, primero en su Departamento de Publicaciones y luego en el Administrativo. Allí lo sorprendió la Revolución de Agua Prieta, y él esperó tranquilamente a los triunfadores para entregarles lo que estaba a su cuidado. Ese gesto le conquistó la estimación de los nuevos políticos que siguieron empleando sus servicios, convencidos de que ellos eran positivos. En 1921 se le nombró para el puesto de oficial mayor de la Secretaría de Relaciones, y allí, poco a poco, se elevó hasta ser cabeza de ella.

Es necesario hacer una síntesis con todos estos datos para explicar la obra literaria de Estrada. Y como en el espíritu cada faceta existe en función de las demás, se procurará hallar la más saliente para obtener deductivamente las otras.

Un hilo existe que puede conducir a buen fin, aun cuando parezca derivar de otra de sus actividades; es el que proporciona la pregunta siguiente: ¿Cómo veían todos a Genaro Estrada en sus últimos días? ¿Qué significaba para la mayoría de las gentes?

No cabe vacilación sobre la respuesta. Genaro Estrada era un ex funcionario; un hombre público en retiro. Y de este dato surge, desde luego, otra pregunta: ¿No es notable que Genaro Estrada haya podido escalar los puestos elevados que ocupó?

Sí lo es, y mucho. Basta considerar la condición del medio político mexicano, agitado, cruel, lleno de pasiones furentes, para tener por suceso insólito, casi milagroso, el encumbramiento de quien nunca fue político, de un mero civil, de un hombre cuya actividad más cara fue la de las letras.

Hay que atisbar lo que es la política, no ciertamente para enjuiciar especialmente a la nuestra, sino para recordar los caracteres que la marcan en todas partes. Así resaltará más la rareza de un letrado dentro de ella.

El filósofo Keyserling, en sus *Meditaciones sudamericanas,* trata esa materia en el capítulo titulado "Destino". Su visita a la América del Sur le reveló lo que significa esta palabra. En el continente del tercer día de la creación –aquel en que se separaron lo árido y lo líquido y comenzó la vida orgánica sobre la haz del mundo–, reinan supremas las fuerzas telúricas: la Tierra y la Sangre. Tales determinantes no son, tal vez, otra cosa que aquellas tres que Taine definía como la raza, el medio y el momento histórico. Mas mientras que para el pensador francés estas tres causales producían total y fatalmente todo el devenir de una raza o de un individuo, para el filósofo ruso existe una forma de modificarlas que es el Espíritu.

La Tierra y la Sangre son, pues, los elementos estáticos del Destino y los dinámicos son la estrategia y la política. Ambas artes derivan de los ciegos instintos originales, del Miedo y del Hambre, que son los que imperan en la noche pululante de seres de sangre fría del tercer día de la creación. La política tiene por fin manejar los elementos del destino histórico de un pueblo; se ocupa únicamente de relaciones de espacio, de tiempo y de peso y "no conoce ni puede conocer como últimas instancias, calidades o valores". Así, nada de espiritual tiene. Los pueblos más primitivos saben ya cómo conducirse.

El hombre que mejor maneja los elementos del Destino es el que más cerca está del estadio inferior de la vida, es decir, aquel en quien obra todavía el instinto como director. Esto se verifica en el político. Él sabe percibir con agudeza la realidad inmediata: "Su modalidad de espíritu es la que se acerca más a la manera en que el cuerpo se conserva dentro de los cambios de las influencias exteriores. De donde se sigue la imposibilidad absoluta de intelectualizar la política, que debe tener en cuenta precisamente los elementos irracionales de la vida. De esto a su vez se sigue la imposibilidad absoluta de moralizar la política."

No difieren de estas pesimistas conclusiones otros escritores. El atildado académico francés Valéry contribuye al asunto con su irónica definición: "La política fue al principio el arte de impedir a las gentes inmiscuirse en aquello que les importa; después abarcó también el arte de obligar a las gentes a decidir sobre lo que no entienden."

Bolívar dejó este juicio en calidad de testamento: "No hay fe en América, ni en los hombres, ni en las naciones. Sus tratados son papeles; sus constituciones, libros; sus elecciones, combates; la libertad, anarquía; y la vida, un tormento."

Podrían citarse mil opiniones como las anteriores; basten, por lo tanto, las dos que van arriba, y añádase que Keyserling juzga esencial en la política la mala fe, porque es por naturaleza, seducción, exacción, explotación, dolo y, en el mejor de los casos, afirmación y defensa fríamente egoísta de los intereses personales. No le extraña, por tanto, que haya habido criminales que han sido grandes hombres de Estado.

22

Este análisis profundo es aplicable a la política dondequiera que se manifiesta. ¿Qué será en México en donde hace años llamean las pasiones con el mismo fuego que hace retemblar las entrañas de nuestras primordiales cordilleras? ¿Aquí en donde se ha preconizado como vigente *in eternum* la Revolución?

Sin embargo, el Destino puede vencerse; no existe en el plano superior del Espíritu, que mora en lo íntimo de contados hombres, y cunde poco a poco entre los demás.

Estrada era uno de esos hombres; su espiritualidad fue su paladión en el medio político al que pudo tornarse inocuo. No le fue menester para ello militar en ninguna de nuestras revoluciones, ni afiliarse a los partidos en pugna, ni siquiera pronunciar discursos en pro de algún candidato. Cierto que en su tierra nativa fue, muy joven, concejal puramente honorífico, y llegado a esta capital por los fines del régimen porfiriano, escribió unos cuantos artículos en un periódico político, actividad que le dejó perpetuo amargor en la boca; pero una golondrina no hace verano, como dice el refrán.

Estrada se insertó en el medio político sin amoldarse a él, sino imponiéndole las directrices del plano superior en que él estaba, el del Espíritu, en el cual se vio siempre a sí mismo, asignándose un papel que debía ser desempeñado allí, y sólo allí.

Keyserling establece que "si para el hombre lo que importa más es el *sentido* de la vida, no confundible con su vida misma, ello quiere decir que su *papel* es a sus ojos su realidad más real".

Veamos qué se entiende por *papel*. Ya antes se ha definido el Destino como la absoluta sumisión del hombre a las condiciones materiales del medio físico que habita. Para escapar a esa fatalidad es necesario que apunte otra fuerza, de calidad distinta de la materia, que se llama Espíritu, y que obra de una manera incipiente desde las primeras etapas de la vida organizada. El animal inferior se defiende del medio por el mimetismo, facultad de parecer otra cosa de lo que es en realidad: el sapo se disfraza de lodo, el pez de arena, la larva de vegetal. Lo cual demuestra que *ab initio* nació la comedia.

El hombre está sujeto a la misma ley. Pero ha recorrido una distancia enorme desde que destelló en él la Voluntad, hasta la plena conciencia que le permite autodeterminarse, según el concepto que se forma de sí mismo. Nietzsche predicaba el super-

23

hombre, que había de nacer del hombre viejo. Las religiones indostánicas predican:"Trata de ser el que eres", es decir, saca de ti mismo esa personalidad mejor que concibes, con la facultad "bovárica" de imaginarte otra cosa de lo que eres en la realidad. Ésa es la ley de progreso espiritual y de superación del Destino.

Estrada se vio siempre a sí mismo en intelectual, en letrado, en admirador de la belleza, en mecenas. Sacudió, representando este papel, las cargas de la realidad, y supo evadirse de su medio. Plantó entre él y la política esta realidad. Y como quien desea ser superior debe establecer entre sí y los demás una distancia, lo logró por diversos medios.

Su saber fue la primera barrera. En un lugar en donde la improvisación es la regla, la larga y paciente preparación tiene que ser un prestigio; en donde se fantasea historia y futuro, debe imponerse el conocimiento exacto de los hombres y de los hechos. Esta actitud de Estrada, de estar siempre al tanto, ponía en guardia hasta a sus amigos. A veces extremaba la actitud refiriéndose a datos recónditos, que sólo un especialista podía saber; preguntando a quemarropa fechas y acontecimientos precisos. Cuando no obraba así tomaba un aire de sobrentendido que llenaba de inquietud a su interlocutor. Hay que creer que algunas veces esa actitud velaba una esfinge sin secreto, pues irónicamente prestaba a lo trivial un carácter esotérico que sólo penetraba un grupo de escogidos.

Otra de sus maneras de establecer distancia era el empleo del chiste. Ya Freud ha dicho su origen psicológico: el placer que procura una liberación, siquiera sea momentánea, de las coerciones, de las cohibiciones que imponen la lógica, la vida material o la social. Ahora bien, no puede imaginarse mayor compresión que la que deriva del medio político, en el que, ya lo vimos, imperan los caracteres primordiales. El amante de la cultura tiene que sentirse en él como aplastado; por eso necesita la reacción del chiste, que le procura alivio, y que provocando en la seriedad de los políticos la risa, es decir, el consentimiento de que las cosas pueden ser distintas de como las ven sus instintos, determina para el chistoso una superioridad.

En este aspecto Estrada era muy mexicano, pues nuestro pueblo, secularmente oprimido, sólo se sacude el sentimiento de la tiranía por medio del chiste.

24

Usaba también Estrada lo cómico, que está más arriba del chiste en el orden estético. También esa forma de espíritu procura a quien la maneja una aura aisladora semejante a la atmósfera que envuelve a la tierra y le evita choques en el espacio. El placer que provoca, ahorrando gasto de representación, hace en el medio en que se produce el efecto purificador del ozono en el aire. Concita el agradecimiento del que recibe la comunicación de lo cómico al que la hace.

Todavía superior es el *humour,* "medio de conseguir placer a pesar de los efectos dolorosos que a ello se oponen y que aparece en sustitución de los mismos. Nace cuando se constituye una situación en la que nos hallamos dispuestos a sufrir, y actúan simultáneamente sobre nosotros motivos que nos impulsan a cohibir el sufrimiento *in statu nascenti".*

Su técnica es la de subir una cosa o un concepto a un plano que los "irrealiza". Lo que vale decir que es un estado de espíritu que no toma en serio las realidades más apremiantes. Quien, como Estrada, emplea el *humour* puede decir lo que otros no se atreven, y eso crea superioridad.

Lo mismo logra la cortesía. La observancia de un ritual hace desaparecer las fricciones inevitables en el trato humano. El dar importancia a determinadas reglas, independientemente del contenido del asunto a que se apliquen, resta realidad a éste, es también evasión, juego. Estrada practicaba la urbanidad a maravilla, como un mandarín chino de la dinastía de Ming, por eso fue hábil diplomático.

En resumen, su tendencia original era el verbo todo como juego.

Henos aquí en posesión del rasgo saliente de su personalidad.

Pero para elevarse por medio del imponderable malabarismo espiritual sobre la materialidad de la existencia, es necesario estar sólidamente plantado con los pies en la tierra. Hay que tener una clara visión de las cosas como son, para que sólo el acto de la voluntad las transforme en lo que quisiéramos que fuesen.

Los dos caracteres se acusan en la obra literaria de Estrada. No fue ésta abundante ni de gran envergadura. Conserva el carácter de escarceo, de ingravidez de todo lo suyo. Pertenece a los géneros de la crítica y de la poesía. Su primer libro fue el titulado

Poetas nuevos de México; una antología formada con criterio moderno, amplio y exquisito a la vez. Como en él no aparece la pluma de Estrada, fuera de en el prólogo, para dar a conocer los lineamientos que siguió para hacer el libro, no hay sino marcar la seguridad con que valora a nuestros poetas, y lo atinado de la selección de los juicios ajenos emitidos sobre ellos, así como la bibliografía que se da respecto a cada uno.

El año de 1921 marca la fecha de su aparición como creador, al lanzar el *Visionario de la Nueva España.* Está inspirado en el amor que él, forastero, tuvo por la Metrópoli llena de los vestigios de la época colonial. Explota todos los temas que la imaginación reconstructiva ofrece: las mansiones palaciegas, sus moradores y moblaje; los funcionarios y cortesanos, el virrey, el oidor, el fraile, el inquisidor, el verdugo; las iglesias y conventos, sus altares, ornamentos, santos y tesoros; las costumbres populares, la quema, el pregón, las plazas, la llegada de las naos; los tipos populares, el espadero, el sabio, el paje, el erudito, el barbero, el mendigo, el insurgente, el corsario, y mil otros temas, que miniados cariñosamente forman cuadritos de género, como los de los pintores flamencos. A veces presenta una estampa para establecer un símbolo; ora simplemente para dar pábulo a la ironía; ya para esbozar en breves líneas todo un drama.

Por sobre todo ese material pasa su mano levemente, acariciándolo, haciéndolo resurgir del pasado, poniéndole el marco cincelado de su comento. Se ve que ese mundo muerto ha enamorado su corazón, como él lo confiesa en el capítulo inicial del libro. Relata allí cómo se reunía con varios amigos de sensibilidad vibrante como la suya, para hablar de arte y salir luego a la ciudad nocturna, cuyos más apartados recovecos conocían y gustaban. "En suma –dice–, captamos una nueva pasión, aprendimos a amar esta vieja ciudad de México, y penetradas ya las mentes y el corazón de sus virtudes maravillosas, leíamos de corrido en cada rincón, en cada muro . . ."

Pero este amor no podía aquilatarse sino contrastándolo con el embelesamiento maniático de otros por las mismas cosas, y así, ya desde el fin del libro, lo zahiere y hace votos por que se arrumbe. El Autor, personaje del *Diálogo churrigueresco,* concluye: "Tú, Visionario, anda con Dios y quede aquí el epitafio de tres siglos de literatura retrospectiva. De los tratados de Córdoba para atrás, sean éstas tus últimas palabras. Buenas noches, mis viejos fantasmas: ya canta la alondra."

Cantaba, sí, pero el autor no dominaba su emoción, y tenía aún un nudo en la garganta.

Su *Pero Galín,* que apareció en 1926, es la ejecución del deseo que expresara en el *Visionario.* Procede en ese libro a la descripción, al enjuiciamiento y a la condena del colonialismo en la persona del buen caballero Pedro Galindo, provinciano desvanecido por lo arcaico español, y que a ejemplo de aquel insigne caballero de la Mancha, se muda el nombre para que esté más en consonancia con su manía.

No es la obra una novela dentro de la estricta significación que tiene este género. Se compone de varios ensayos humorísticos sobre temas del coloniaje, unidos por la presentación de un tipo de colonialista que había olvidado vivir el presente por añorar el pasado, y que se cura de su anacronismo, muy fácilmente en verdad, por la irrupción de la vida real en su vida facticia: entrado ya en años se casa con una joven ultramoderna; hace su viaje de bodas a la Meca del cine, y vuelve transformado en hombre activo que se dedica a la agricultura.

No es aventurado ver en Galín un trasunto de Estrada por sus aficiones de coleccionista y de bibliógrafo; por sus frecuentaciones y por su carácter; hasta por su entrada tardía a la vida de matrimonio. Parece que Estrada procuró la catarsis de su propia inclinación, aplicándose la autocrítica. Esto también significa Espíritu, juego, liberación por la voluntad de un encadenamiento que venía sufriendo el alma. Pudo, así, seguir dando pábulo a sus tendencias, pero ya no fue el esclavo de ellas. Porque Estrada-Galín fue, hasta exhalar su último aliento, colonialista, bibliógrafo, chacharero, coleccionista.

En los ensayos muy agudos y llenos de *humour* que engarza en su libro, da pruebas de una sólida crítica. Son justas y originales sus observaciones sobre las literaturas americanas: "la hora de Ometecuhtli" y "la hora de habedes", la infatuación por lo indio y por lo colonial. Respecto a este género sus burlas son constantes y sutiles. Da la receta para hacer novelas sobre la época de la dominación española. Escribe: "La fabla es la médula del colonialismo aplicado a las letras. La receta es fácil; se coge un asunto del siglo XVI, del siglo XVII o del siglo XVIII y se les escribe en lengua vulgar. Después se le van cambiando las frases, enrevesándolas, aplicándoles trasposiciones y, por último, viene la alteración de las palabras. Hay ciertas palabras que no suenan a colonial. Para hacerlas sonar se les sustituye con un arcaísmo, real o inventado, y he aquí la fabla consumada."

En cuanto al medio en que se verificaba la acción, observa que basta trasponer los sentimientos, indumentos y artes suntuarias españolas de entonces a estos países conquistados. Estrada descubre que todo esto es superchería las más de las veces. Así, nos pasea por los bazares de antigüedades donde no todas lo son; nos hace ir al Volador, habitado por comerciantes mañosos; nos presenta al chacharero y al experto que ponen en circulación los tesoros de aquellos siglos y dictaminan sobre su autenticidad. En suma, pone a descubierto todos los trucos de este género cuyos despojos quisiera ver en la pira de los tributos para que la espiral de humo que se eleve de ella sea el homenaje que saluda a la nueva aurora.

Quien esto escribe ha dicho ya en otra ocasión que la novela colonial no puede morir, sencillamente porque aún no ha nacido. En efecto, hasta ahora se ha elaborado un coloniaje ficticio, hilvanado con personas, cosas y costumbres españolas trasladadas a la Nueva España, sin ninguna transformación. Pero nadie ha dicho nada de la verdadera Colonia, que no estaba sólo formada por el elemento hispánico, sino, muy principalmente, por el indígena que ya había florecido, pese a algunos, en civilizaciones notables. ¿Quién ha pintado la vida y la psicología del indio después de la Conquista; sus rebeldías y sus temores ante el dominador blanco; sus reacciones ante la evangelización y la conversión; la pugna anímica, en fin, entre las dos razas, hecho tremendo y magno que llenó los tres siglos de la dominación y del cual estamos aún sufriendo las consecuencias? Mientras no se hayan estudiado, sentido y expresado las transformaciones experimentadas por las dos razas en su mutuo contacto de todos los días, y el resultado de su fusión, no puede decirse que existe en la literatura americana la novela colonial.

Estrada lo reconoce implícitamente al ironizar sobre el género, y al reconocer que la obra de arte indiana es más difícil. Como que se requiere una inteligencia máxima para reproducir la psicología de la raza de bronce.

Al enfocar estos temas, Estrada soslaya otros conexos, como el de la existencia de un arte nacional, idea contra la cual se declara. Sospecha de las escuelas, de los modos y de las modas. ¿Qué le parecería esa oleada de arte inferior en que estamos sumergidos, caracterizado por la canción ranchera, y que podría denominarse "charrismo"?

El libro examinado toca otros temas; el provinciano, que destilara López Velarde en su poesía; el de la vida agitada de los Estados Unidos, que le parece una lección de energía, pero en la cual ve los peligros de una cultura puramente utilitaria. Termina con el despertar de Pero Galín a la vida real, reasumiendo su nombre, como el inmortal manchego dejó de ser Quijote, en su lecho de muerte, para ser Quijano.

Otra obra en prosa de Estrada puede colocarse entre las literarias: *Genio y figura de Picasso*. Ésta no sigue cronológicamente a Pero Galín; pero conviene examinarla ahora, para coronar esta hojeada con el estudio de su obra poética.

Genio y figura de Picasso es un estudio crítico sobre el pintor español padre del cubismo y de otros modos de pintar ultramodernos. Estrada pone a su estudio un prólogo que es un modelo de comicidad: casualmente, encuentra al famoso artista en una casa parisiense de exposición de cuadros, y como no esperaba verlo allí, procede con él como con un quídam, azorándose de la coincidencia de su estado civil con el del cubista insigne. El procedimiento que sigue para obtener su efecto cómico es el de equívoco seguido de reconocimiento.

Entra luego al estudio de la obra pictórica y lo hace con tan leves matices de pensamiento, con tantos presupuestos y reservas mentales, con expresión tan conceptuosa, que podría creerse que todo es humorismo puro: una parodia de la manera de escribir de un Cocteau. Pero no; después de leído todo el artículo, puramente impresionista, como su autor lo dice sin ambages, se cae en la cuenta de que es en serio.

Estrada conocía toda la obra de Picasso, o su mayor parte, y procura decir cuál es su característica. Lo es la invención descompuesta en dos tiempos: exploración y descubrimiento. La dialéctica es uno de sus aspectos más atractivos. Notables son su constante variar de la expresión y su economía estética.

Como se ve, no es muy clara esta crítica. Todas estas clasificaciones pueden tener diversos connotados, y los que Estrada les da son a veces muy particulares. Por ejemplo, dice que la economía estética "no es otra cosa que un orden definitivamente sustantivo que, sin reconocer límites, no se sale de su propia raya".

En suma, el arte *picassista* "consiste en la elusión de los extremos para situarse entre la verdad y la pintura".

De todas estas lucubraciones parece resultar en limpio que lo notable en Picasso es la inquietud y los continuos ensayos de técnica. Estrada lo llama por ello genio fáustico, lo cual podría objetarse. En arte no vale reconocer intenciones ni experimentos; es forzoso aquilatar realizaciones.

La obra poética de Estrada es parva y discreta: cuatro libros con setenta y ocho poemas cortos, en total, publicados entre 1928 y 1934, fechas que implican que tenía más de cuarenta años cuando se dio a conocer como poeta. No quiere esto decir que en su juventud no haya hecho versos; seguramente que no se libró del sarampión de las líneas cortas, pero su acendrado criterio le hizo correr un velo sobre aquella época.

Estarán ausentes, pues, de su obra, los usuales romanticismos de la adolescencia, amores imposibles y tristezas, que sólo son verdadera obra de arte cuando son cantadas con el genio de Lamartine o de Byron.

Es *Crucero,* el primogénito de su estro, el instante psicológico en que convergen dos vías: la de la sensibilidad clásica y la de la moderna. Oscila el poeta entre las dos estéticas y en el poema inicial, "Preludio", debate el asunto. De buena gana iría por el camino trillado; pero el peligro lo incita al combate,

> porque rumbo oficial y conocido
> sólo es procurador del deleitoso
> y mórbido poema entumecido...

Sin embargo, en esta conceptuosa y a veces oscura composición, en la que hay trasposiciones y elipsis aprendidas en Góngora, a quien sigue muy a menudo, usa el clásico terceto. La cuarteta final es muestra de la limpidez y plasticidad que pudiera alcanzar, a haberlo querido:

> Desertor de gastadas emociones
> voy, cazador de insospechadas presas,

a quitar la capucha a mis halcones
escépticos de todas las sorpresas.

En los demás poemas, en general, sigue la forma clásica para
expresar anhelos vagos y de misterio. En "Conocimiento" da una
nota de este estado de ánimo:

Siempre la misma sombra, siempre.

Pero no es la de su cuerpo, ni alguna otra de las catalogadas en
la filosofía o en la literatura; sino el misterio sin solución.
"Crucero" y "Ansia" repiten la misma interrogación. Este
hombre irónico, que rezumaba optimismo, que sabía y enseñaba
a reír, llevaba también sus ojos a sus interiores moradas y las
escrutaba ardientemente. Como la mayoría de las almas la suya
es toda duda; no sabe lo que quiere.

la intimida la puerta por abierta
y salta, por vedada, la barrera...

¡Ay, estéril urdir del pensamiento,
anuncio de esperanza sin fortuna,
fugacidad untada de la luna
que el cielo prende y arrebata el viento!

En medio de estas indecisiones, a veces, fulge el amor, los
amores, más bien dicho; pero como puede sentirlos un corazón
ya desengañado, que no pide a esa pasión eternidad, sino momentos de distensión y de nirvana. "De prisa" nota la fugacidad
del tiempo ante el amor. "Esperanza" evoca a la amada al contemplar las propias manos mofletudas que la acariciaron; entraña un sentimiento de lo inacabado. ¿Sería la filosofía del poeta
la de un ascético, de un renunciador por desencanto anticipado:
quedarse en el dintel siempre...?
    Eróticos también son "Velada", "Viaje", "Desolación", "Ace-
cho", "Queja del perdido amor", "Volver" y "Andante", en los
que alquitara emociones tenues, personalísimas, dando gran
importancia al detalle nimio, que a veces es lo único asible en la
vagarosidad del poema.
    En otras composiciones de esta colección se propone sola-
mente retratar paisajes exteriores referidos a los anímicos, como
en "Tarde", "Paseo", "Vigilia". Con estética "proustiana" intenta

31

rememorar todos los detalles de un instante determinado, para fijarlo. Sus imágenes son completamente modernas, a la manera de Jules Renard, autor traducido por él para Cultura.

En la sordina de las poesías de *Crucero,* sólo hay un canto de enjundia y de optimismo, "Retorno al mar", dejo de su infancia ribereña, que hoy, muerto Estrada, causa una tristeza indecible.

> Al agua verde he de volver un día
> ungido en el ritual de los ciclones . . .

¡El poeta no volvió a ver su Pacífico!

En *Escalera,* su segunda recopilación de versos, la atonía anímica se hace más marcada, más profundo el misterio y la ansiedad en que se debate, más vagas sus aspiraciones. Desea evadirse de esos estados, mas no halla cómo; apenas si la poesía le da un ligero lenitivo. Como si practicara la doctrina yogui, a veces consigue el éxtasis; un éxtasis sin Dios y sin filosofía:

> Paréntesis de nada. Descanso.
> En declive el aceite del momento
> me ofrece, liso, su contacto errante,
> pureza sin dolor, placer sin goce.
>
> Todos libre albedrío los sentidos,
> abandono absoluto, sin trascendencia
> apuran, laxos, el correr del tiempo . . .
>
> Lejos la sangre del vivir, quimera
> para mover el paso hacia el sepulcro,
> la atolondrada discusión de normas,
> palabras sin por qué para ir pasando
> por el tedioso teatro donde todos
> sueltan en vano su papel errante.

Budha tuvo esas renunciaciones en el parque Uruvela, después de hallar la Rueda de la Doctrina y de convencerse de que la raíz del Dolor es el Deseo.

En esta etapa de su espíritu se acerca más y más al arte ultra-modernista. Ora imita el romance de García Lorca y sus imágenes frescas o fantasmales; ora emplea el verso libre y apenas musical, y la voluntaria oscuridad de un "dadaísta".

Mas ya en *Paso a nivel,* aparecido en España en 1933, adopta completamente esta moda. Comienza por suprimir la puntuación, y continúa desarticulando la sintaxis, buscando las asociaciones de ideas más incongruentes, y las imágenes menos poéticas, todo con el fin de azorar, como un saltimbanqui asombra e inquieta ejecutando el *grand écart*. Parece renegar de toda la tradición poética, pues uno de sus poemas, en el que dice todo lo que podría hacer, declara:

> Ah, pero lo que no podría es repetir ese papel de héroe
> dialéctico doloroso biográfico regular y monótono
> encerrarme otra vez en ese balcón para enmarcar una historia
> mientras que las buenas gentes de la calle gesticulan
> y entre aspavientos y aprendidos dejos de literatura
> nos arrojan al paso el aplauso la rabia la miseria y los laureles.

Parece que la liberación que buscaba de los estados de angustia mostrados en sus primeros libros la encuentra en la negación de todo prejuicio o de toda regla, receta de los artistas de posguerra para curar los traumatismos psíquicos que en la lucha adquirieron.

Muy legítimo el tratamiento, mas no se debe abusar de él. ¿Y por qué no?, se dirá. Si es admisible tratar como intrascendentes las cuestiones más serias del alma, como lo hacen la ironía y el *humour,* más aceptable debe ser tratar con ligereza las leyes de la lógica, de la retórica y de la gramática. La respuesta es que ello es permitido hasta cierto grado; pero si un hombre atormentado por la razón trata a ésta como cosa fútil y estorbosa y prescinde de ella, se habrá curado de sus males, sólo para caer en los de su negación, que es la locura. Así, también, quien se siente aherrojado por la gramática, y la arroja por encima del tejado, podrá ensartar palabras y palabras, pero sin resultado, pues el fin del lenguaje es darse a comprender y el que falte totalmente a sus reglas no lo hará. La operación del Espíritu sobre ciertas cosas de la vida, mudándolas de plano, no es factible con las que son fundamentales, las cuales se siguen verificando imperturbablemente como el destino lo quiere.

Estrada, dotado de cordura y de buen gusto había de surgir de esa etapa purificado. Fue aquel momento de imaginación desbocada, su "hora de dadá" para hablar en su lenguaje; mas comprendió que la *boutade* no es un estado de espíritu duradero y al fin hizo suya esta afirmación de Paul Valéry: "Me parece que el espíritu humano está hecho de tal manera que no puede ser incoherente de por sí."

Surto a la luz, en 1934 da *Senderillos a ras*, manojo de visiones de España, expresadas en la forma en que lo hacía García Lorca, el enorme poeta sacrificado en la guerra española, o Alberti, en su época anticomunista. Hay alegría, hay sangre, hay sol en el pequeño libro que sólo tiene catorce poemas. Es el tributo de una sensibilidad refinada a los eternos temas de grandeza, de hidalguía, de pasión que rezuma la tierra que lanzó las carabelas que vinieron a fecundarnos.

> Camino de Andalucía,
> el de los viejos olivos
> a los lados de la vía...
>
> Contigo, río, por Toledo,
> contigo, por l'ancha vega
> entre la tierra y el cielo...
>
> Tengo un recuerdo de Cuenca:
> los largos chopos, tan altos
> en las riberas del Huécar...
>
> Amigos, murió la luna,
> id a contarlo a Granada;
> que le caven una fosa
> en un jardín de la Alhambra...
>
> Camino de Rentería
> van tres mozas vascongadas...
>
> San Sebastián florece
> rosas de sangre y flechas...
>
> En Aranjuez dan las doce
> ángeles con banderolas...
>
> Por caminos de Zamora
> un amor se me ha perdido...
>
> Se puede beber el cielo
> por Jerez de la Frontera...
>
> Castilla, tierra de la dura bondad,
> seca y erguida como tus castillos...

¡Qué recios y vivaces los temas de esta sinfonía ibérica! Vibran con reminiscencias de sangre, de cielo azul y de plena mar. Estaban acurrucadas en el alma de este mexicano, descendiente de conquistadores, como los rumores marinos se aprietan en la espiral de un caracol, y, al contacto de las bellezas de la madre patria, las lanzó en un gran grito, libre de afectaciones y de escuelas.

Intencionalmente se ha dejado, para el final, un aspecto de la poesía de Estrada que puede considerarse símbolo de su íntima personalidad. Como las imágenes que flotan en los sueños sirven al psicoanalista para desentrañar las hondas preocupaciones de su paciente, así también la imaginación peculiar de cada artista que despierto sueña sirve al crítico para asir cálidas y vivientes sus aspiraciones íntimas.

Llama la atención desde los primeros versos de Estrada que una de sus imágenes preferidas, que como un *leit-motiv* recurre en su música, sea la que proporciona la comparación de la vida, de los estados de alma, del devenir, con el aire. Vale la pena espigar toda la obra para captar los diversos matices de esta tendencia.

Crucero tiene más alusiones al aire, que los poemas que cuenta:

A distintos caminos el crucero
por decidir el rumbo de los vientos
ofrece doce en la estación de enero...

A tal empeño decidir me queda
la ofrecida elección, que he decidido,
de seguir de los aires en la rueda...

Entregado del viento en el gozoso
maquinar de imprevistas estaciones..

["Preludio"]

Temblaba en el aire la luna
con su traje de plata fría...

["Nocturno"]

Puestas sobre la mesa
me invitan, como mapa antiguo,

a leer en sus mofletes
los vientos de tus suspiros...

["Esperanza"]

De pronto desaparecieron los sentidos
que eran copos de invisible algodón
entre el aire negro del cuarto...
El viento hace silbar los alambres,
se agitaron las aves en el gallinero...

["Vigilia"]

Pasó cerca de mi cabeza
como el roce del ala del viento...

["Eco"]

¡Ay, estéril urdir del pensamiento
anuncio de esperanza sin fortuna,
fugacidad untada de la luna
que el cielo prende y arrebata el viento!

["Crucero"]

El aire frío y negro me suspende
en el ala delgada del viento...

["Ansia"]

El viento iza sus banderas
ríspidas entre los alambres...

["Mañana doméstica"]

El viento de la tarde
se encuentra en los frascos del silencio...

El céfiro se ha puesto en su organillo
a tocar su frescura de sandía...

["Tarde"]

Un viento de calma rugaba las aguas del mar.
El aire, los montes, las aguas, en tonos violetas
le daban al mundo su música de gravedad...

Y en el aire negro mi alma se lanzó a volar...

["Vuelo"]

Apenas en el aire se dilata
la brisa de una oculta madreselva...

["Paseo"]

Al agua verde he de volver un día
ungido en el ritual de los ciclones...
llegaré al litoral de los adioses
con viento decorado de manos que saludan...

necesito la brisa de las palmas...

marinero, dame tu blanca vela
para combar el aire con la gracia del ánfora...

la brisa me reclama, vieja amiga,
a la danza del vals sobre las olas...

["Retorno al mar"]

Para seguir la derrota del aire
ven a verme subir por el árbol más alto,
por la escalera de los vientos...

ven a verme marchar por el aire...

para seguir la derrota del aire
ven a ver, que ha llegado el momento.

["Ascenso"]

Me basta la delgada hoja del aire
temblada entre mis dedos nebulosos...

["Andante"]

Por la ciudad el viento arrastra el día
sin pompa ni dolientes.

["Tedio"]

Mi voluntad desnuda y pobre ahora
te cedió con su capa mi tesoro
y en los momentos que la azota el viento
al calor de tu bien vuelve los ojos...

["Respuesta"]

Si acaso has de decírmelo algún día
–aire que pasas sin decirme nada–

experta en ansiedad, docta en suspiros,
los da del aire en los revueltos giros
llamando lo que nunca ha de llegar...

Pero es inútil recatar mis ansias
porque otra vez, enfermas de fragancias,
de nuevo al aire volveré a lanzar...

["Ruego"]

También *Escalera* tiene una buena dosis de reminiscencias
aéreas que en seguida se citan:

Certidumbre de éteres
entrevistos. Acaso
vistos con tacto puro.
Presagios, noche, viento.

Viento sin rumbo, solo,
aislado y sin instinto.
Se revuelve y se vuelve
igual, distinto y nuevo...

["Panorama"]

Trazaré por la noche
los caminos del aire...

a ceguera de riscos
enderezar los pasos,
en las alas de todo
con el motor del viento...

["Exploración"]

Como enantes el aire se solaza
y unta de olvido la anterior calzada...

["Olvido"]

Para escapar a la vuelta del aire...

la rama que sostiene su inaprendida música
guarda un dormido viento que ha plegado sus alas...

emulando al nadador preciso que en la piscina
une en arco los brazos con las manos en flecha,

me arrojaré en un súbito ademán temerario,
en elástico salto, a la fuga del aire.

["Espera"]

El viento que hincha la blusa
me va empujando a la playa.
Ya sopla la brisa, sopla
para ayudarme a la carga...

La playa peina las olas
con el peine frío del viento...

["Brisa"]

Tan pronto pongo pisada
como me la borra el viento...

dejad afianzar la mano
antes de que os lleve el viento...

y persiguiendo las dudas
saltan veloces los perros.
Pero les borra la pista
el paso raudo del viento...

["Empeño"]

Se va tumbando la noche
largamente entre las plumas
negras rizadas del viento...

La luna se sienta al piano
en los confines del monte
y va soltando la fuga
trenzada a ritmos del aire...

["Momento"]

Y ella será precisa
hora feliz en que al tender la brisa
matinal escalera
blanda al azul y como tal ligera,
prendidos en el cable que se ofrece
y vertical en el zenit parece
invitación segura
a escapar a la inédita aventura,

39

en un salto violento
dejar la tierra por seguir el viento . . .

["Salto"]

Las figuras que en *Paso a nivel* al aire refiérense son, dado el clima funambulesco en que se produjo, de muy alambicada textura como se verá:

Cangrejos del aire que se evaden por el filo de la angustia . . .
y un aire de silencio imponderable
más delgado que el polvo de la ausencia . . .

["Paso a nivel"]

Oye bien cómo caen las hojas en una ribera descarnada,
donde el viento ensaya modulaciones y giros . . .

["Misterio en sordina"]

Vestido sin tacto apenas entre las tijeras del aire
don aire cuya simple complejidad tiene la suave línea
de muchos siglos de rumiada historia con la voz blanca de Apolo . . .

["Donaire"]

Se enrollaba en la rueda de Saturno
y en un instante se perdió en el aire . . .

["Fuga"]

Ahora el aire y la música se funden dulcemente . . .

["Ángel con una viola"]

Como un mensaje esbelto
que va hendiendo los aires
profundamente quietos . . .

["Conmigo"]

Y de los brazos que no ciñen el aire que los circunda . . .
["Posibilidad con paisajes"]

¡Oh, cielos, variedad de todas nubes
para rimar con vientos de inventadas medidas! . . .
["Ras"]

Esta obsesión aérea que ha venido creciendo en todos los poemas prorrumpe al fin como una explosión en el primero de

40

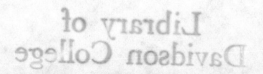

Senderillos a ras. No hay que ponderar en qué forma, pues basta oír "Cancioncilla en el aire":

Sale esta mañana el aire
con su caracol rosado.
Cuatro ángeles mofletudos
los vientos están soplando.
Sale esta mañana el aire
enhiesto y empavesado.

Aire que vuela, que vuela,
aire del cielo.

Vuela y sopla el aire fresco
que va empujando, empujando
las largas velas, las largas
jarcias del velero barco.
Geográfico vientecillo
por mar y cielo azulados.

Aire que pasa, que pasa,
aire del mar.

Vamos de la mano
por el agro llano,
entre el aire vasto
del campo aromado,
a la negra sombra
que nos brinda el árbol.

Aire que rasa, que rasa,
aire del campo.

Aire, sólo aire,
sin tiempo ni espacio,
sin mar y sin cielo,
sin monte ni campo;
aire que atraviesa
para ningún lado;
aire puro, solo,
por la tierra y alto,
tan fuera del mundo,
tan sencillo y llano,
que es el aire único
fino, lento, largo.

Aire, sólo aire.

Y siguen a esta canción fresca y libre como la rosa de los vientos, imágenes tomadas de los de España, que parecen familiares, pues traen los olores y la sutileza de aquellos paisajes, que los ojos que los vieron y los que no los vieron añoran.

> Pasaba un aire de acero
> rasando el Guadalquivir...
> ["Luna en Córdoba"]
>
> Atado al árbol del viento
> está aquí San Sebastián...
>
> ¡Cual se revuelve entre las largas flechas
> que el cantábrico viento en el Igueldo aguza!
>
> Hasta el árbol del viento
> ha descendido esta mañana el cielo...
> ["Auto"]
>
> con el flotante anhelo
> al aire y en la mano
> un libro de sentido harto profano...
> ["Bañista mirando el mar"]
>
> Viento del Sur, ágiles redes
> y canciones entre el agua...
> ....
> La canción del marinero
> el viento la acompañaba...
> ["Plaza y mar"]

Estas imágenes nos recuerdan las alígeras que usaban los poetas españoles del Siglo de Oro, aquellas "etéreas alas" de Calderón, o su

> hipogrifo violento
> que corriste parejas con el viento;

las gongorinas:

> frescas rosas que ambicioso el viento
> con pluma solicita lisonjera;

"los diáfanos anales del viento", y mil otras más que pudieran citarse, porque el estro español ha añorado siempre el vuelo, como lo pueden probar los deliquios llenos de levitaciones de sus poetas místicos.

Es el viento para Estrada en primer lugar el medio perfectamente sensible en que se mueven todas las cosas. No se olvida de él por ser habitual, sino que en todo instante penetra su conciencia. Sus cinco sentidos lo perciben en todos los grados, desde que es aura o céfiro, hasta que revienta en vendabal o ciclón; inodoro o perfumado con los mil pomos de la naturaleza. A veces se le torna tangible y lo ase en la cuenca de las manos como al agua, o toma delicadamente entre los dedos una delgada hoja de él. Otras ocasiones le sirve como de vestidura, semejante a la que flamea en el cuerpo de la Victoria de Samotracia. Le sirve también de vehículo y motor para los vuelos que ensaya dormido o despierto. La rueda de los vientos es como un partirse de caminos que quisiera seguir: la ruta del aire es su ruta; quisiera lanzarse en flecha como el nadador al pleno aire. Es éste como una escalera de peldaños infinitos que quisiera trepar hasta un plano en que al fin tope lo estable, lo bello y lo bueno. Así el aire simboliza para Estrada la libertad, la última ciencia, la imaginación sin trabas, el total desprendimiento de prejuicios y de preocupaciones para seguir una vida flotante y serena.

Mas igualmente toma el aire la contextura de sus estados de alma: negro y opresivo, si son éstos de melancolía; arrebatado y bronco, si de impaciencia; dulce, aromático y lumínico, si de ensoñación y anhelo. Parece que ha estudiado la iconografía completa del padre Eolo y de sus súbditos Boreas, Noto, Euro y Céfiro, que por toda su obra aparecen con los carrillos hinchados con el esfuerzo del soplo. Ha puesto en su corazón la rosa estrellada que marca los puntos cardinales.

Esta afición a lo eólico deriva, en primer lugar, de haber habitado la ciudad de México, de ambiente pelúcido y leve, a causa de su elevada altitud. Aquí el aire, que llega refrigerado por la nieve de nuestros volcanes, no se respira solamente por la nariz sino por todos los poros del cuerpo; se bebe a largos tragos como un néctar. No en vano los primeros pobladores de nuestro valle hicieron dios máximo y benefactor insigne a Quetzalcóatl, trasuntado en emplumado oficio. Esta deidad simbolizó en aquella torva teogonía el principio espiritual, el Redentor de los hombres esclavizados por la Necesidad y por el Dolor.

Estrada muestra una vez más con su poesía eólica la estirpe noble a que pertenecía. Su alma era de la condición del viento, sutil, inquieta, libre, y por eso quería buscar la evasión de todas las escorias sociales en ese elemento transparente y eternamente móvil. Para contrastar a las dos gravedades que lo anclaban en tierra, la de su propia carne exuberante, y la de este medio del tercero día de la creación, necesitaba de un plano que se hallara en cumbre y, así, en su interior erigió el del Sentido, el del Espíritu, simbolizado por el fluido que nos hace respirar, y que pinta también de azul lo que llamamos cielo.

Shelley le había mostrado el camino con este armonioso apóstrofe al viento del Oeste:

¡Oh, álzame como una ola, como una hoja, como una nube! Yazgo entre los abrojos de la vida. Sangro. La enorme pesadumbre de las horas ha encadenado y abatido a un ser igual a ti: manso, ligero y orgulloso. ¡Hazme tu lira, como lo es el bosque, aunque mis hojas caigan como las suyas! El tumulto de tus enormes armonías suscitará en ambos un profundo eco otoñal, suave, a pesar de su tristeza. ¡Sé tú, altivo espíritu, mi alma! ¡Infúndete en mí, oh tú, el impetuoso! ¡Avienta mis muertos pensamientos sobre el universo, como marchitas hojas, para adelantar un nuevo renacer! Y por el encanto de estos versos, como surgen de una hoguera inextinguible cenizas y chispas, esparce mis palabras sobre la humanidad. ¡Sé a través de mis labios, para la adormecida tierra, la trompeta de una profecía! ¡Oh, viento! si el Invierno llega, ¿puede la Primavera estar lejana?

GENARO ESTRADA, "PERO GALÍN"

Xavier Villaurrutia

Todos los escritores tienen, como los países, su geografía y con ella su extensión territorial y sus límites. Precisa, pues, situarlos para radicarse en ellos sin peligro o para dedicarles una simple visita. Genaro Estrada no perteneció a la generación llamada del Ateneo. Llegó un poco más tarde. Con justicia podríamos decir que vino a situarse inmediatamente al sur de ella. Al correr del tiempo, esa frontera de unos cuantos años ha ido borrándose al grado de que a nadie le extrañará que ahora se le clasifique como miembro significativo de ese grupo literario. Genaro Estrada lo es por sus cualidades, por su cultura, por sus limitaciones. Con la promoción del Ateneo aparecen los primeros hombres de letras mexicanos, literatos exclusivos que hacen del arte un trabajo o un deporte serios, que juegan o trabajan con la natural y pausada respiración que es consecuencia de una cultura del gusto y de la inteligencia, muy rara en generaciones anteriores, en las que apenas Icaza y Tablada, dedicado por completo a las letras, representan el papel de precursores. Su generación es, pues, lo menos tropical que pueda hallarse. Mexicana en cambio, lo cual equivale a decir discreta y meditativa, viene a contrariar con sus obras la severa calificación que Ortega y Gasset asigna a los escritores hispanoamericanos en estas palabras: "En el mundo hispanoamericano, la mayor parte de los escritores es de tan vana condición intelectual, tan poco enterada de las cosas y tan audaz para hablar de ellas, que es peligrosa la circulación de personas un poco más cabales" (José Ortega y Gasset, *El Espectador,* IV, Madrid, 1925). Reyes, Vasconcelos, Caso –para nombrar a tres de sus miembros– son, precisamente, ejemplares opuestos al arribismo y representan, en cambio, la fina o vibrante conciencia artística. Genaro Estrada pertenece a esta "aristocracia cerrada" mexicana, tan semejante en proporción al grupo literario español que Pedro Henríquez Ureña ha denominado con esta misma frase.

45

Vivo ejemplo de probidad literaria y de virtuosismo artístico, su labor es breve, precisa. Junto a una antología de poetas nuevos de México, publicada en 1916, que para ser obra perfecta no hace falta sino que su autor se decida a ponerla, aumentada, al día, en movimiento, un libro de prosas, el *Visionario de la Nueva España,* y varias traducciones y ediciones. En países como el nuestro, en los que el traductor trabaja por placer, sin ventajas pecuniarias, la traducción es un síntoma de cultura y significa el deseo de aumentar el número de familias en la isla punto menos que desierta de la cultura. Señalemos que la generación del Ateneo cuenta con excelentes traductores. Genaro Estrada, uno de ellos.

Un Des Esseintes. Derramemos unas gotas de psicología. Detrás de cada uno de nosotros se esconde un personaje de novela ya escrita o de novela por escribir. Éste puede ser un héroe de novela rusa menor. Ese que vive alegremente, apoyándose tan sólo en los cambios atmosféricos, puede ser un personaje de Jean Giraudoux o de Pierre Girard. Aquél, el más joven, es un adolescente de Dostoiewski y, ahora, de André Gide. Y aquel otro, ¿por qué no?, se queda en borroso personaje incompleto en novela americana.

En Genaro Estrada se oculta o se muestra a menudo un Des Esseintes, un Des Esseintes sano. Sus aristas se tocan en más de un vértice con el personaje de *Au rebours* que un día pudo parecernos raro y extravagante, pero que ahora nos parece, simplemente, curioso y artista a su manera. Coinciden en el amor a los libros selectos, de numeradas ediciones, de buenas empastaduras. Y en los afanes de bibliófilo, de bibliómano, de bibliógrafo. Y en las manías del coleccionista: Genaro Estrada colecciona cucharas y jades. En la preferencia por cierta clase de literatura refinada: Bertrand y Jules Renard fueron un tiempo sus demonios familiares. También en el placer del confort y de la decoración de interiores, en los placeres del gusto y en la satisfacción deliciosa de saber alternar la lectura de un clásico con la lectura de un *baedecker.*

Fijémonos bien, un Des Esseintes sano, sin ridículos diabolismos. Oscilante, sí, entre el artificio y el humor. Porque, artista de todos los momentos, artista a su modo, Genaro Estrada es una de las pocas personas de México capaces de dorar tortugas.

La novela-ensayo. Estamos frente a una novela-ensayo, lo cual equivale a decir que nos hallamos a mil metros sobre el nivel de un ensayo de novela. A los amantes del desarrollo tradicional, el sistema de este libro les producirá una decepción o experimentarán la misma extrañeza que sobrecoge a un advenedizo curioso de la pintura cubista al encontrar un trozo de periódico adherido a un cuadro de Picasso. En el relato de Estrada los acontecimientos son un pretexto para hacer adoptar varias actitudes y hacer respirar bajo la presión de diversas atmósferas a un mismo personaje: Pero Galín. Rodeando al personaje, ciñéndolo, están esos capítulos que llama "intermedios", que teniendo forma significativa independiente, como un trozo de periódico puede tenerla en un momento dado para un artista, adheridos a la trama ayudan a componer el cuadro.

Por sobre la unidad del estilo tradicional, heredado, juzgado y aceptado, rico de verdad objetiva y de vocablos burgueses, alegre de enumeraciones completas que revelan unos ojos y una memoria sin traición, el crítico puede separar fácilmente los dos elementos del libro: hechos y ensayos. Los ensayos son divagaciones o estampas. "El experto", "Los bazares", "El paraíso colonial" –verdadera litografía del Volador–, están colocados a modo de ilustraciones. "El cuaderno de notas secretas", "Género", "La hora del habedes", son los ensayos que hacen la crítica de la enfermedad colonizante, de sus cultivadores y de sus víctimas. ¿No es la obra de Estrada, en su aspecto satírico, el Quijote de los colonialistas? ¿Y Pero Galín, colonialista arrepentido, no es el correspondiente de Alonso Quijano?

La trama –ese anzuelo de los lectores rutinarios– se reduce a un cambio de decoración espiritual, un sumergido amoroso, y a un cambio de ambiente físico, un sumergido en el espacio. Para la primera inmersión bastan los amores del protagonista con una joven bien situada en el alveolo de su tiempo. Para la segunda inmersión es suficiente un matrimonio y una marcha nupcial a Hollywood, ciudad de mil caras. De ella sale Pero Galín inundado, sano de modernidad, arrepentido de anacronismo, a una vida de campo, entre gentes que hablan un lenguaje directo y repetido. Así, al lado de su esposa, amanece a una existencia nueva, con un sol de cinematógrafo al frente, con un hijo de cinematógrafo, que grita "mamá" desde la alcoba. Como en el último rollo de una película optimista, el héroe ha triunfado de su mal.

El personaje. El personaje real de la obra existe aún o, mejor dicho, existía, porque ahora debe de haber muerto para seguir la vida de estas páginas. ¿Quién no estrechó su mano? ¿Quién no le oyó ponderar, pálido de orgullo, una pieza de su colección? ¿Y quién no le escuchó un tremendo anacronismo para dar valor a un objeto, arriesgando una de esas mentiras que a fuerza de repetirlas acaban por ser una nueva forma de la verdad? Se le llamaba con tantos nombres, que ninguno servía para designarlo, para definirlo por entero. Todos le conocimos. Sólo que hasta ahora vivió una vida real y oscura, nutrida con su propia tragedia. Sorda tragedia de personaje que no encontraba autor. Por fin, Genaro Estrada, como en el cuento de Pirandello, lo recibe en audiencia con la sonrisa del hombre que comprende sus manías, porque también las ha vivido a su manera, y lo observa cuidadosamente como a una joya de coleccionista y se aprovecha para formular los humorismos que tenía en la cabeza en pro y en contra del ambiente necesario al personaje. Y luego le hace un retrato muy fiel, con una cámara de cristales muy finos, que apenas deforman la figura y que, sin embargo, hacen de ella una figura artística. También lo bautiza. Ahora tiene un nombre. Ya lo sabemos. Se llama Pero Galín.

LOS EPÍGRAFES EN "PERO GALÍN"

Fragmento de una nota

ANTONIO ACEVEDO ESCOBEDO

Los exquisitos epígrafes que lleva cada uno de los capítulos muestran tan precisa síntesis del espíritu que los preside, han sido seleccionados con acierto tan patente, que despertaron nuestra curiosidad para indagar en la historia de esa costumbre. El tiempo nos está urgiendo, imperativo. Y por eso arrostramos decididamente el bochorno de citar –¿a quién, diréis?– a la Enciclopedia Espasa. Allí se da por italiano el origen del epígrafe, en el siglo XVI. No está bien definido quién lo usó primeramente –y ello se desprende de la ambigua afirmación de que los escritores de la antigüedad "hicieron poco uso" de él. Los más remotos epígrafes se han hallado en las obras de Barchi, Speroni, Bembo y Vasari (el biógrafo de Leonardo) en el XVI, y en el XVII en las de Marini, Tesauro, Gentili, Adimari y otros. En los libros franceses apareció por primera vez en el Diccionario de Trévoux. Durante el siglo XVIII amainó la profusión de su uso, poniéndolo en cauce de resurrección, a principios del XIX, Walter Scott, Byron y Fenimore Cooper. La enciclopedia no cita a Villiers de l'Isle Adam, tan afecto a coleccionar frases fastuosas y retumbantes, que en *La Eva futura,* principalmente, se prodigan en forma caudalosa.

Hay en *Pero Galín,* en el capítulo "Amor y antigüedad", este epígrafe de una ternura ingenua y filtrada: "Amor, yo nunca pensé . . ." (Juan II, *Canción*). Allí Galín, hurtando minutos a sus pueriles afanes de coleccionista, dice su devoción a Lota Vera. Las burlas benévolas con que ésta acoge las protestas –burlas inteligentes que son el principio de la curación maniaca de Galín– las recogemos nosotros teniendo delante la imagen confundida del tímido amador que, con el pensamiento en vaivén y abandono, no acertará a más que repetirse para sí "Amor, yo nunca pensé . . .", en una confiada desesperanza.

Acierto fino del epígrafe del capítulo en que la pareja emprende el viaje nupcial a California es haber escogido un párrafo de las guías de Southern Pacific Lines, de neto reclamo. (No falta allí siquiera el antipático vocablo *efficient*.) Ese capítulo marca la frontera entre la manía anacrónica y la restauración de un género de vida saludable, debido.

En "Aurora", el capítulo final, Pero y Lota, emulados por la opulencia agrícola entrevista en tierras de California dedican afán y fortuna a la vida rural. Y el epígrafe "Entonces el canto del gallo se acompasaba con mis sueños, enriqueciéndolos con un subrayado de clarín" (Alfonso Reyes, *El plano oblicuo*) nos hace aspirar limpios vientos mañaneros, nos regocija, mientras en "la tierra mexicana, fecunda y buena" la simiente prospera, segura y prometedora.

ESTRADA, CRÍTICO

Ermilo Abreu Gómez

El espíritu crítico de Genaro Estrada lo encontramos expuesto en sus mejores trabajos. Alcanza relieve, sin embargo, en su antología titulada *Poetas nuevos de México,* en su novela *Pero Galín,* en su *Carta sobre la literatura de vanguardia* y en su *Ponencia y conversaciones,* desarrolladas en el Congreso de Escritores, de México. Al través de un sector, que puede ser la poesía, la novela o el ensayo, ha sabido discurrir acerca de la esencia y de las formas de la literatura contemporánea de México. En los escritos que se mencionan enjuicia las principales etapas de nuestra literatura, desde el modernismo hasta el vanguardismo.

Sus juicios señalan no sólo la evolución de los hechos analizados, sino también la naturaleza del método crítico que empleó. En ocasiones, el proceso histórico de la literatura mexicana revela una discordante relación entre los hechos literarios y la realidad humana. Esta discrepancia la señaló Estrada con mesura y certera observación. Es de advertir que sus juicios siguen una trayectoria ascendente. Sobre el ejercicio del tiempo, su crítica se hizo cada vez más humana y menos literaria. Aprendió a conocer las fallas vitales de los más primorosos alardes literarios, y a descubrir, en los balbuceos de una corriente artística, las entrañas veraces que la animaban.

De este modo advirtió la naturaleza de la expresión literaria del modernismo. Conoció que su más fina expresión no es sino la quiebra de su contenido humano. En efecto, el modernismo, a nuestro entender, es el producto lógico de la evasión de las conciencias reprimidas por la dictadura. Con todas sus virtudes, representó la ausencia de la realidad social de una clase. Fue una postura individual, apartada del medio trágico a que pertenecía. Desde el punto de vista histórico, fue un movimiento sin conciencia de responsabilidad.

El colonialismo significó para Estrada un intento de retorno a la realidad nacional, redescubierta por la revolución triunfante.

51

El escritor colonialista tuvo miedo de enfrentarse a la crudeza de esta realidad; la miró con recelo, la rodeó, no en presente sino en pasado, y fue a refugiarse en los retablos de la corte virreinal. Por inercia cayó en un arcaísmo verbal y en una falsa interpretación de sus anales. Un inventario de museo, de vitrina, alteró la vibración humana que pudo descubrirse en el bullicio de los siglos antiguos.

Su juicio acerca del vanguardismo fue de más resonancia. Para él, el vanguardismo fue el lujo de una juventud que se dedicó a tener talento, aun a costa de su personalidad y de su responsabilidad ante la sangre de la revolución. Pudo haber dicho más, pero esto es bastante para inferir su criterio. Y, en efecto, con excepciones que por obvias se adivinan aquí: el mexicanismo de Ortiz de Montellano; la transparencia lírica de Gorostiza y ese retorno al ambiente del solar mexicano que no olvida Torres Bodet, los demás que cultivaron el vanguardismo no hicieron sino prolongar, a deshora, la postura del europeísmo de los modernistas. En ellos sólo hubo un cambio de posturas, de nombres, de mentores y también de vicios. Por esto Estrada no se olvidó de señalar cuál es la responsabilidad de esta tendencia. El modernismo fue el producto de la evasión espiritual de un núcleo selecto, frente a un medio prostituido; el vanguardismo es la expresión de un núcleo prostituido en medio de una sociedad vigilante.

Las escuelas literarias que se mencionan no fueron para Estrada sino las diversas expresiones de una sociedad que había perdido la conciencia de su evolución. El modernismo, el colonialismo y el vanguardismo han sido para México simple reflejo de exigencias literarias incapaces de contener nuestro acervo humano. Son la expresión de la clase burguesa vinculada al estatismo dictatorial de Díaz; al cristianismo histórico heredado; y al europeísmo técnico, mal comprendido en su traslado y justo empleo. Las tres son el índice de una sociedad en derrota.

La actitud crítica de Estrada, vista en conjunto, es fácil de calificar si acordamos la doble función que las clases sociales pueden adquirir en el ejercicio de su desarrollo: en su origen, madurez y decadencia. Las luchas sociales acrecen en los periodos de origen y de decadencia. De ahí su fiereza y su fecundidad. Siempre es la clase que muere la que pelea contra la clase que nace.

A partir del Renacimiento, estas luchas sociales adquieren un sentido ejemplar. La aristocracia revolucionaria lucha contra el feudalismo. No faltan señores feudales que, con capacidad crítica, pugnan, entonces, contra su propia clase. Ya esta actitud se anticipa en Alfonso VI. Después, la burguesía lucha contra la aristocracia. Más de un aristócrata figura en las filas de la burguesía rebelde. Ahora el proletariado pelea contra la burguesía. Y son muchísimos los burgueses, desplazados por la miseria, que poseyendo una conciencia proletaria, se afilian a la condición popular y fortalecen su causa.

Genaro Estrada estuvo en este último caso. En la crítica literaria que ejerció fue un burgués con conciencia proletaria. De ahí su juicio comprensivo de las etapas literarias que se han señalado. Localizó la virtud literaria de sus expresiones; calificó los valores estéticos que revelaban; y, al mismo tiempo, señaló la disparidad que existía entre la tragedia de México y su lujo verbal. Éste es el mérito esencial de su labor crítica: el valor revolucionario que debemos respetar y enaltecer. Trabajó al servicio de la literatura mexicana, limitando el falso alcance de las escuelas florecidas y señalando el rumbo de las que, en cierne, rasgaban la entraña de la tierra y de los corazones.

DON GENARO ESTRADA, HOMBRE
DE LETRAS

José Rojas Garcidueñas

Culto e inteligente, irónico y gran conversador, organizador con gran capacidad de trabajo, por su disciplina y orden para aprovechar todo su tiempo, amante del arte y de las letras, autodidacto que acumuló un sinfín de conocimientos, que podía aprovechar en el momento dado por su gran memoria, hombre de muchos amigos por su simpatía y generosidad, tales fueron algunas de las cualidades y características, que resaltan en los directos testimonios de los que le conocieron bien y sobre él escribieron, como don Genaro Fernández MacGregor y don Alfonso Reyes.

De una lista de datos para su hoja de servicios, firmada por él mismo, en junio de 1930, extraigo los siguientes:

Genaro Estrada nació en Mazatlán el 2 de junio de 1887; como ocupación, antes de los empleos oficiales, declara la de periodista; luego, empleos en diversos ramos, enumera: regidor del Ayuntamiento de Culiacán; en México: secretario de la Escuela Nacional Preparatoria, administrador y luego jefe de Publicaciones en la Secretaría de Industria, jefe de la Comisión Comercial de la Exposición Mexicana en Milán, en 1921; profesor de la Facultad de Filosofía y Letras, en 1925 y 1926. A la Secretaría de Relaciones Exteriores ingresó, como oficial mayor, en 1921; fue subsecretario en 1923; tres años después quedó, por otros tantos, como encargado del despacho; en febrero de 1930 fue nombrado secretario de Relaciones Exteriores, cargo que ocupó dos años; en enero de 1932 fue designado embajador de México ante el gobierno de la República Española, tocándole inaugurar tal embajada que, hasta entonces, sólo tenía la categoría de legación; allá estuvo tres años hasta que renunció, regresó al país y causó baja en el Servicio Exterior, el 16 de enero de 1935. Continuó entregado a sus tareas de escritor e investigador, pese a su salud declinante. Murió en México, el 29 de septiembre de 1937.

La obra de Genaro Estrada en las letras, sin ser muy vasta, es muy considerable, tanto más que, en los poco más de cuatro lustros en que la hizo, desempeñó al mismo tiempo muchas otras tareas, porque don Genaro, como el marqués de Villaurrutia, mantenía sus "ocios diplomáticos" investigando y escribiendo.

Siempre le interesó la poesía. Salvo su fugaz y juvenil intervención en el periodismo, lo primero que publicó fue el volumen *Poetas nuevos de México*, en 1916, que es una antología con noticias y crítica de Estrada. Luego, su personal obra lírica, que está en cuatro libros: *Crucero, Escalera, Paso a nivel y Senderillos a ras,* espaciados entre 1928 y 1934. En los dos primeros hay poemas que muestran cierta general influencia de poetas franceses *d'après-guerre;* en el último libro hay poemas con cierto aire de Lorca o Alberti.

En cambio, sus dos libros en prosa, de ficción literaria, no tienen precedentes extranjeros. Se explica en su momento literario que fue el movimiento, escuela o corriente, que hemos convenido en llamar "el colonialismo", que floreció con notable intensidad en los años finales de la revolución y más especialmente al terminar el periodo de la lucha armada. Dos causas han sido señaladas, por sendos críticos: según José Luis Martínez, fue "un movimiento de huida al pasado, determinado por la angustia de la Revolución"; pero Ermilo Abreu Gómez, crítico y protagonista de aquella literatura (cuyo ambiente y temática eran el de la época colonial o sea la Nueva España), ha indicado otro motivo más trascendental: Un hondísimo deseo de volver los ojos hacia la vida de México, lo que implicaba una saludable y natural reacción a las tendencias europeizantes o exóticas que habían prevalecido o más bien predominado en los años precedentes a la revolución.

Propiamente, el primer libro de Genaro Estrada fue el titulado *Visionario de la Nueva España,* 1921, que es una delicada serie de ensayos y estampas sobre temas del arte y de la vida de México durante el virreinato, tales como: "La ciudad colonial", "El estrado", "El oidor", "Nocturno de San Jerónimo", "La catedral", "El erudito ...", etc. Los asuntos son del virreinato, pero no hay en su prosa ni arcaísmo ni abarrocamiento ni otros vicios en que cayeron algunos de los escritores del "colonialismo"; lo que más se encontraría, como antecedente del estilo de Genaro Estrada, podrían ser dos buenos modelos de prosa española: Azorín y Gabriel Miró. Pero dejemos eso, que sería materia más bien de curso de literatura.

Por ello, porque se sabía limpio de "colonialismo" cursi, pudo burlarse de tal movimiento literario en un agudo ensayo-novela, *Pero Galín,* en 1926. Allí, después de reírse finamente de otra corriente, la de exacerbado regionalismo e indigenismo, que floreció a fines del siglo pasado, refiriéndose a lo que ocurría en su momento, hace cincuenta años, dice:

entonces asistimos a la creación de una literatura que engordaba a ojos vistas con el evidente saqueo de esas sabrosas crónicas y leyendas en que son maestros el peruano Palma y el mexicano González Obregón. Fue el desenterramiento de toda una guardarropía. Desenterráronse prelados y monjas, cerámica de la China, sillas de coro y mil cosas más . . . Cada objeto era una evocación; cada evocación era un tema. Y para el desarrollo de cada tema se acomodó un léxico especial, hecho de giros conceptuosos y torturados, de olvidados arcaísmos, de gongorismos alambicados . . . Surgió, en una palabra, la fabla.

La fabla es la médula del colonialismo aplicado a las letras. La receta es fácil: se coge un asunto del siglo XVI, del siglo XVII o del siglo XVIII y se le escribe en lengua vulgar. Después se le van cambiando las frases, enrevesándolas, aplicándoles trasposiciones y, por último, viene la alteración de las palabras. Hay ciertas palabras que no suenan a colonial. Para hacerlas sonar se les sustituye con un arcaísmo, real o inventado, y he aquí la fabla consumada.

. . .Y es así como, después de concienzuda rebusca de los giros más adecuados, el escritor colonial coge la pluma y escribe: "Ésta es la verdadera crónica de lo que aconteció al Caballero de Santiago don Uriel de Lanzagorta, en ocasión de la publicidad de su relación que se imprime con el nombre de" . . . El escritor colonialista se ha detenido un momento, para releer atentamente, y luego de meditar las palabras y de consultar el diccionario de la lengua y el de sinónimos, pone una raya en donde dice *ésta,* cambia la palabra por la de *aquesta;* sustituye la frase *de la publicidad* por la *del aparecimiento;* altera *relación* por *mamotreto; imprime* por *estampa; sucesos* por *subcesos y misma* por *mesma,* cambios todos que, a su juicio, han sido hechos con palabras coloniales . . . Y luego que ha escrito el rótulo, adornándolo de preciosos rasgos caligráficos, empieza su relación de esta manera: "Habedes de saber que el anno Domini de mil y quinientos y ochenta y cuatro años . . ." Aquélla fue, en la literatura mexicana, la hora del habedes.

Y todo el *Pero Galín* está así, lleno de humor fino y retozón, con alusiones y menciones de tono erudito, que precisan de un ingenio alerta y de fino olfato, en cuestiones de arte y letras, para entender la broma y no caer en el garlito. ¡Lástima que lo estrecho de esta plática no permita citar ejemplos, que para bien paladearlos, con glosas y comentarios, nos llevarían largo rato!

Otro aspecto importantísimo, en la obra de don Genaro, fue el de sus investigaciones y estudios en el campo de las artes plásticas, en el de la bibliografía y en el de la historia. Advirtiendo que la enumeración no es exhaustiva, mencionaré estos trabajos:

Las tablas de la Conquista de México en Madrid, 1933; que trata de dos series de pinturas, óleos con incrustaciones de nácar, que son un caso extraño por circunstancias que sería largo explicar. Otros estudios son: el titulado *Algunos papeles para la historia de las bellas artes en México,* 1935; *Genio y figura de Picasso,* 1936; *El arte mexicano en España,* 1937, etc.

Auspició, patrocinó y dirigió dos magníficas series de publicaciones de la Secretaría de Relaciones Exteriores: la primera, Monografías Bibliográficas Mexicanas, en la que él mismo dejó dos buenos trabajos: la *Bibliografía de Amado Nervo,* 1925, y *Doscientas notas de bibliografía mexicana,* 1935. La otra serie es la del Archivo Histórico Diplomático Mexicano, con cuarenta volúmenes en la que hoy llamamos primera serie, de los cuales cinco llevan estudios de don Genaro, que son: el volumen 4, *Las relaciones entre México y Perú: La misión de Corpancho;* el núm. 16, *Diario de un escribiente de legación (1833-1836);* el núm. 25, *Don Juan Prim y su labor diplomática en México;* el núm. 29, *Las memorias diplomáticas de Mr. Foster sobre México,* y el núm. 39, *Un siglo de relaciones internacionales de México (a través de los Mensajes Presidenciales).*

En diversas épocas hizo traducciones importantes, por ejemplo, el tomito de cuentos y apuntes de Jules Renard, publicado por la Editorial Cvltvra al comenzar el año de 1920, en cuyo estudio preliminar muestra don Genaro un claro conocimiento de las letras francesas de los finales del siglo pasado.

En 1935, ya desligado de tareas burocráticas y diplomáticas, además de seguir laborando en obras propias, se consagró a proyectar y dirigir una colección de publicaciones de documentos y estudios, que lleva el titulo de Biblioteca Histórica Mexicana de Obras Inéditas, editada por don José Porrúa e hijos, en la Antigua Librería Robredo. Allí también colaboró Estrada con estudios propiamente suyos, en los siguientes títulos: 1. *Diario del viaje que hicimos a México,* por Francisco de Ajofrín; 4. *La "Utopía" de Tomás Moro en la Nueva España y otros estudios,* por Silvio A. Zavala, y 6. *La Doctrina de Monroe y el fracaso de una conferencia panamericana en México,* investigación y prólogo por Genaro Estrada.

Creo que las páginas de ese estudio fueron las últimas que escribió y publicó.

La cuidadosa lectura de esos prólogos, que son estudios minuciosos y a veces profundos de los temas sobre que versan, nos muestra los serios conocimientos y las certeras ideas de don Genaro, de tal modo que yo sugeriría y recomendaría (si tuviese autoridad y oportunidad para ello) que se emprendiera la revisión y análisis, por ejemplo a nivel de tesis de grado, para destacar los hallazgos, ideas y juicios que se encuentran distribuidos entre los diversos estudios y trabajos, hoy muchos de ellos olvidados o ignorados, salvo de algunos especialistas. Tal vez esa labor y el estudio que resultara sería el mejor homenaje a don Genaro Estrada.

Por estar relacionada con aquella última actividad intelectual de don Genaro, la Biblioteca Histórica Mexicana y, sobre todo, como una muestra de su espíritu generoso, me voy a permitir contar esta anécdota:

Un día, seguramente en 1936, una persona amiga, que ya mi memoria no puede precisar, me pasó recado de que don Genaro quería hablar conmigo, cualquiera mañana, en la librería de Misrachi (en la Avenida Juárez, frente a Bellas Artes). Acudí, sorprendido y complacido, dada la distancia que mediaba entre el escritor y estadista, don Genaro, y el joven estudiante y autor incipiente, que era yo. Le encontré, nos saludamos y me dijo, más o menos, esto: "Sin duda usted sabe que, con la editorial de don José Porrúa, estamos publicando una colección dedicada a cosas de historia de México; me han dicho que usted tiene ya hecho un estudio del teatro de la época colonial, y he pensado que, si usted quiere, lo podríamos publicar en esa colección." Realmente impresionado, me sentí obligado a decirle: "Don Genaro, le agradezco infinito su ofrecimiento, tan generoso y por la confianza que me demuestra; en efecto, yo hice una investigación y escribí un estudio que he llamado *El teatro de Nueva España en el siglo xvi,* pero ya está publicado, salió hace muy poco, hace dos o tres meses." La reacción de don Genaro fue sorprendente: aquel señor grueso, redondo, reposado, repentinamente dilató los ojos, medio abrió los brazos y casi brincó. El erudito, el colonialista, el bibliófilo, saltó: "¿Cómo que el libro ya se publicó y yo no lo conozco?" Brevemente le expliqué que el libro lo había distribuido en pocas librerías y pocos ejemplares, que la casi totalidad de la edición la tenía el impresor (cosa que algún día contaré como mi primera aventura y desventura entre libros), pero que le llevaría, como lo hice, un ejemplar de los cincuenta que se tiraron en papel superior al de los mil restantes.

Después de ese personal testimonio del espíritu magnánimo y amigable de don Genaro, quiero terminar con palabras, mejores que las mías, como son los siguientes párrafos, que don Alfonso Reyes escribió, en 1937, inmediatamente a raíz del fallecimiento de don Genaro Estrada, de quien dijo:

> El que comprende a unos y a otros y a todos puede conciliarlos; el que trabaja por muchos y para muchos sin que se le sienta esforzarse; el que da consejo oportuno... el puntual sin exigencias incómodas; el que estudia el pasado con precisiones de técnico, vive el presente con agilidad y sin jactancia, y provoca la llegada del porvenir entre precavido y confiado... tal era Genaro Estrada...
>
> Todo en Genaro era gusto. Gran trabajador, nada había de angustia en su trabajo... Con el mismo agrado y la misma sensibilidad emprendía un catálogo erudito o reorganizaba un archivo público, que se echaba a andar por la ciudad en busca de una pieza para sus colecciones, o resistía una discusión diplomática de dos horas sobre los diferentes olores morales del petróleo. A esta sólida balanza del gusto, que también podía servir de ética, de estética y de metafísica en general, debía sin duda el no enmohecerse nunca en medio de los graves negocios del Estado...
>
> Cuando Genaro llega a ser jefe de la Cancillería Mexicana, da a nuestra política internacional una figura armoniosa, juntando miembros desarticulados y definiendo orientaciones. Su labor se caracteriza por una atención igual para todos los problemas a un tiempo, y por una inspiración patriótica, cuya profundidad no puede apreciarse todavía... Queda bautizada con su nombre la que él quiso llamar "Doctrina Mexicana", sobre la aceptación de todo gobierno que un pueblo quiera darse, en oposición a la teoría clásica, la cual parece subordinar en este respecto la soberanía de los pueblos al "visto bueno" de las naciones extranjeras.

Su manera de conciliar la realidad con el ideal, durante toda su gestión, alcanzó a veces una nitidez mental y una delicadeza moral que no son frecuentes...

Y termina don Alfonso con estas líneas, que son su despedida del amigo y compañero leal y cordial que fue don Genaro Estrada:

Ha muerto a los cincuenta años, en plena labor. Debe a su propio valer, sin compromisos extraños a la excelencia de su trabajo, la ascensión gradual que lo llevó hasta los más altos cargos... El proceso de una larga enfermedad venía de años atrás minando su salud... Y esperó la muerte trabajando; y sigue todavía trabajando para su México, para su América, en el recuerdo de sus amigos, que son tantos en todas partes, y en la perennidad de su obra: su obra de hombre bueno, de excelente escritor y de ciudadano intachable.

EL AMIGO GENARO

José Moreno Villa

Conocí a Estrada en Madrid. Nos conocimos sin que mediase presentación alguna. Fue de este modo. Celebraba yo una exposición de mis pinturas y, una mañana, me dijo el celador: –Ha vendido usted un cuadro. –¿Cómo se llama el comprador? –le pregunté. –Fulano Martínez. –No lo conozco. ¿Dónde vive? –¿En Hermanos Bécquer? –Pero . . . ésa es la embajada de México.

Agarré mi cuadro vendido y fui a entregarlo personalmente. Resultó que el tal Martínez era el portero. Genaro no había querido dar su nombre sin duda para evitar que nuestro conocimiento se debiera a una compra. ¡Cómo se reía después!

A los pocos días organizó una cena a la que asistieron Federico García Lorca, Manuel Altolaguirre y Luis Cernuda entre otros. Todos poetas en pleno éxito. Genaro sostenía que en España había un florecimiento poético más interesante que en cualquier otro país. Pero sin haber dicho esto se hubiera conquistado las mismas amistades. Se le veía interesado por nuestra vida y por el pasado de España. Se le encontraba en las conferencias, en los teatros, en los museos, en las bibliotecas. Y siempre contento.

Allá, sin embargo, no llegamos a conocernos bien. Fue aquí, en su postergamiento. Él comprendía perfectamente mi dolor de español en esta hora y yo el suyo de mexicano. Lo comprendía más íntima y calladamente, sin comentarios. Por fortuna, él y yo teníamos dentro recursos contra el abatimiento, proyectos y cosas con que ilusionar la existencia.

El Estrada que conocía en España era un hombre carirredondo, cuyos ojos un tanto oblicuos se medio perdían en la adiposidad; robusto de abdomen y apretado de cuello.

El Estrada que me encontré en México era otro. Encorvado, indeciso al andar y desinflado de cuerpo. Al afinársele los rasgos faciales cobró más dimensiones su cráneo. Viéndole de espaldas daba la impresión de un anciano caduco.

61

Este nuevo aspecto me produjo cierta angustia. ¿Cómo se había derrumbado aquel hombre tan vigoroso? Pude observar que los antiguos amigos se sorprendían al verle y, sin cautela ni discreción alguna, le mostraban su alarma.

A los quince días de mi llegada a México –a donde vine por mediación suya con mi gobierno–, tuvo que retirarse a Cuernavaca, cuya menor altitud debería favorecerle.

Las veces que le visité allá lo encontré debatiéndose con la soledad, aplicado a los libros, de los cuales hacía notas y comentarios para *Hoy*. A veces bajaba, desde el hotelito alquilado, al pueblo, para ponerse inyecciones, arreglarse en la barbería o echar el correo.

Mis visitas lo animaban, según decía doña Consuelo, su mujer, y según yo mismo notaba. Y no porque yo fuese con él más hablador ni divertido que de ordinario, sino porque le evocaba España y los días felices pasados allá. Sentados en la galería de aquella casita vecina del Hotel de la Selva, hablábamos y callábamos como si lo más gustoso de cada evocación fuese el lento rumiar de lo sugerido. Yo le decía, por ejemplo: "Aquel trozo de pared blanca en el horizonte, junto a la araucaria negra, me recuerda un paisaje familiar de Málaga, una finca de mis bisabuelos en un pueblecito llamado Churriana."

Con estos datos, su imaginación formaba todo un teatro y una vida. Y cuando su pequeña Paloma se le subía a las piernas pidiéndole un cuento, no era raro que comenzase de este modo:

–Una vez, hace muchos años, vivía en un pueblecito de España conocido por Churriana un niño que se llamaba Pepe, Pepe Moreno...

Al iniciar con estas palabras el cuento, levantaba la cara sonriente y nos miraba, a la niña y a mí. Pero la niña no llegó nunca a gustar de este relato. Comprendía que no era serio y protestaba:

–Ése no. ¡Otro!

Cuando, después de los dos meses pasados en Cuernavaca, volvió a la capital de la República sin haber conseguido reducir la presión arterial, que era terrible, ya no salió de casa sino para lo más perentorio. Y, dentro de ella, apenas si se levantaba del sillón. Los médicos le habían impuesto absoluto reposo.

A poco le sobrevino una ceguera que el oculista –no sé si por no alarmarle– le dijo que dimanaba de la albúmina. Yo supe por los médicos que era otro síntoma de la presión arterial.

Este fenómeno fue lo más duro para él. Sin andar, ni visitar librerías, ni leer, ni escribir, se vio reducido a la mera actividad mental y a la conversación.

Sin esfuerzo, con el mayor gusto dediqué mis tardes a otear la imaginación de aquel amigo que, estando solo, forzosamente tendría que hundirse en vericuetos penosos.

Nuestras charlas se prolongaban a veces. Genaro y Consuelo acabaron por rogarme que compartiera la cena o "merienda" con ellos. Y hubo noches en que fui yo solo quien cenó en aquella casa, porque él tomaba un simple atole y su señora llegó a no poder soportar comida alguna viendo el estado de su marido.

"Esto no puede ser –decía yo–. Es una vergüenza que componga una cena sólo para mí."

Y él, hundido en su sillón, inclinado hacia adelante para disminuir la disnea, levantaba la cara y sonriente decía: "No haga caso. ¿No estamos aquí más a gusto que en *Prendes*? Aquí tiene usted el libro que citamos al charlar, y la estampa vieja de México que usted quiere ver."

Su mente no se nubló en todo el tiempo. Su memoria tampoco, ni su buen humor. Estoy seguro de que no se daba cuenta de su gravedad. Sólo en los últimos días le oí un par de frases relacionadas con la muerte.

Alguna de aquellas tardes llegaban amigos, cada uno con su aportación de amistad, su problema erudito o su producción intelectual. Con calma y viveza al mismo tiempo atendía a todos los requerimientos. Con exactitud imponía algunas correcciones al trabajo que le leían. Y con jugosidad intercalaba una anécdota o un trozo de vida de los muchos que retenía su prodigiosa memoria.

Escrupuloso y veraz para lo histórico, exigente para lo moderno, compenetrado con el arte antiguo y del día, su espíritu crítico discernía perfectamente los valores en los campos de la erudición, la investigación y la creación. Y, además, estuvo lleno de proyectos hasta su última hora. Uno de los que más le animaban era el de atraer a México los valores intelectuales que ahora en España no podían producir con holgura. Con ello hacía un doble bien a los españoles y a México.

El día 28 de septiembre, a las nueve de la mañana, me llamó doña Consuelo por teléfono. Me dijo que Genaro había sufrido una caída por parálisis a las siete y media.

Cuando llegué a su casa le encontré balbuciente, emitiendo palabras sueltas. Todavía en aquel estado tuvo algún rasgo de humor y todavía pensaba en España.

Con su muerte he perdido yo un rincón hispánico, pero los liberales españoles han perdido un amigo desinteresado, íntegro y leal hasta el fondo.

GENARO ESTRADA

Octavio G. Barreda

Llegó sangrando a México, pero sin gestos de dolor ni amarguras de ninguna especie. Estoicamente. Y nada de conspiraciones o artículos venenosos. Nada. La sonrisa, la malicia y lealtad de siempre; la misma charla, dispuesto a todo, a sembrar de nuevo, a ser útil. Mas eso sí, ya con un camino bien trazado, definido. Ahora sí, a la historia, esa historia, esa historia nuestra tan espesa, tan rica. No más literatura, no más versos, no más colecciones de cucharillas. Entraba, a los cuarenta y ocho años, apenas a la vida –y a la muerte–. Por primera vez, era él. El liberado, el cesado. Comienza a ordenar sus papeles y notas. A organizar su última y primera vida ya poseedor de dos maravillosas herramientas: su capacidad de trabajo y su prosa. Sabía escribir como el mejor y tenía qué decir. Manos a la obra. Arregla con los Porrúa la edición de una ambiciosa obra: la colección de la Biblioteca Histórica Mexicana, de los cuales vio aparecer siete "en un año".

Pero el hombre-niño, el predestinado, como todo prodigio elegido de los dioses, tenía que morir apenas en flor. Cincuenta años de cuerpo, cierto, pero menos de veinte en el alma. Un hombre normal puede vivir fácilmente hasta los sesenta y cinco o setenta años de edad. Quince o veinte más en la vida de Estrada, ya en un solo camino, hubieran sido su salvación eterna y de un rendimiento único, excepcional para nosotros. Fue, pues, y así lo considero, un malogrado, una irreparable pérdida nacional.

Comenzó a arreglar, detenidamente, por primera vez, sus papeles, cuando la muerte ya rondaba entre sus libros. Radiguet, otro predestinado, también muerto con la flor de la adolescencia en los labios, en su *Diable au Corps*, nos decía:

Los verdaderos presentimientos se forman en profundidades a las cuales no llega nuestro espíritu. Así, a veces, esos presentimientos nos obligan a actos que interpretamos al revés ... Un hombre desordenado que va a morir y ni siquiera lo sospecha pone el orden de repente en todo lo que le rodea. Su vida cambia. Arregla sus papeles. Se levanta temprano y se acuesta a buena hora. Renuncia a todos sus vicios. Se felicitan los que están a su alrededor. Y de esta manera su muerte brutal parece aún más injusta. Pero él apenas irá a vivir dichoso . . .

No lloremos, pues, su muerte. Lloremos, sí, lo que no hizo más por nosotros, a pesar de todo lo que nos dio. Lloremos por nosotros mismos, que él, por su parte, ya sabía, ya presentía su final destino cuando en el *Pero Galín* ponía, como epígrafe de uno de sus capítulos este delicioso trozo de Santayana: " . . .y si mi cuerpo no se hubiera movido y trabajado tanto en la tierra, tú nunca hubieras encontrado entre las Sombras Divinas ni siquiera este fantasma de mi sabiduría" *(Diálogos en el Limbo)*.

Lloremos nuestra soledad en estos momentos de definición y angustia y en que la vida de cada uno de nuestros pocos grandes hombres nos es tan valiosa. Lloremos el gran corazón ido, en el que cabíamos casi todos; al gran sembrador; al gran sufrido y abnegado por su patria pequeña y su patria grande; al valiente hombre que formuló la doctrina que llevó para siempre su nombre y que ya es baluarte y esperanza de pueblos más débiles que nosotros. Llorémoslo, como se llora a los héroes cuyas vidas en verdad no nos importan tanto por sus anteriores virtudes o sus vicios o defectos, sino por la conciencia que en el momento decisivo tuvieron del sacrificio y del deber.

Se entregó íntegro Estrada, sin dudas o ambages, a México y España. Se entregó a su trabajo y a los suyos, a sus íntimos y camaradas. Entreguémonos por nuestra parte y desde ahora a su recuerdo y a ese fantasma de su sabiduría.

GENARO ESTRADA

Alfonso Reyes

El que comprende a unos y a otros, y a todos puede conciliarlos; el que trabaja por muchos y para muchos sin que se sienta esforzarse; el que da el consejo oportuno; el que no se ofusca ante las inevitables desigualdades de los hombres, y les ayuda, en cambio, a aprovechar sus virtudes; el fuerte sin violencia ni cólera; el risueño sin complacencias equívocas; el puntual sin exigencias incómodas; el que estudia el pasado con precisiones de técnico, vive en el presente con agilidad y sin jactancia, y provoca la llegada del porvenir entre precavido y confiado; el último que pierde la cabeza en el naufragio, el primero en organizar el salvamento –tal era Genaro Estrada, gran mexicano de nuestro tiempo, a quien todos podían atreverse a llamar "el gordo".

Dotado de una sensibilidad alegre y varia, coleccionista de buenos libros, de manuscritos raros, de cucharillas de plata, de cuadros y muebles, de jades y primores chinescos, en que su casa era un verdadero museo; lleno de aquel humorismo tembloroso que comunica a los hombres gordos otra manera de esbeltez; dueño de una paciencia saludable, buen respaldo moral para inquietos y desorbitados, buena mano para timón, buen músculo de alma –era Genaro Estrada una de esas instituciones de la ciudad, uno de esos hombres centrales que hacen posible la organización de las pléyades literarias (el PEN Club de México sólo vió mientras estuvo a su sombra). Era un padrino natural de los libros. Y era la suya una de esas bondades sin aureola y sin exceso de santidad, tan lejana de la falsa austeridad y de los morbosos lujos de aislamiento y tebaidas; una de esas bondades que andan donde todos andan, hacen lo que todos (pero siempre un poco mejor), circulan entre todos, y no pierden un solo instante el sentimiento de su misión, de su tarea humana. Tan de grata compañía siempre, tan mensajero de buenas noticias, tan de todas las horas, tan hermano mayor, con su vibración de ternura contenida y su travesura de joven elefante.

Todo en Genaro era gusto. Gran trabajador, nada había de angustia en su trabajo, sino que siempre parecía un paladeo voluptuoso. Con el mismo agrado y la misma sensibilidad emprendía un catálogo erudito o reorganizaba un archivo público, que se echaba a andar por la ciudad en busca de una pieza para sus colecciones, o resistía una discusión diplomática de dos horas sobre los diferentes olores morales del petróleo. A esta sólida balanza del gusto, que también podía servir de ética, de estética y de metafísica en general, debía sin duda el no enmohecerse nunca en medio de los graves negocios del Estado. Sentimiento sin sensiblería, razón sin dogmatismo, cordialidad sin empalago, rapidez sin nerviosidad, alegría sin barullo. Siempre andamos los mexicanos soñando con estas fórmulas de la rotundez espiritual, del equilibrio en círculo. ¡Cuán pocos las logran! Yo acostumbraba decirle en broma que el secreto de su aplomo estaba en sus bien contados cien kilos. Pero este hombre gordo no era por eso muy pacífico, como el ventero de Cervantes: algo tenía de la abeja zumbona, algo de la ardilla y, en sus ratos de jugueteo, hasta de la bailarina rusa.

Modesto muchacho crecido en las imprentas provincianas, vino a México cuando el poeta Enrique González Martínez se hizo cargo de la subsecretaría de Educación Pública; fue algún tiempo secretario de la Escuela Preparatoria, y desde allí tomó sus primeros contactos con las letras de la capital. Hizo su aparición en ellas con una antología de poetas nuevos de México no superada aún, insuperable acaso en el sentido en que una antología puede serlo: ejemplo de método, de exposición, de documentación, de claridad y de tino. Estrada estaba disponiendo la escena, arreglando el ambiente, antes de lanzar sus personajes.

Entretanto, la pluma activa daba de sí colaboraciones dispersas: tal sabrosa traducción de Renard, o trabajos de diversa índole en que saciaba su apetito de hombre del Renacimiento; estudios sobre los criaderos de perlas en la Baja California o sobre los ejemplares mexicanos en los museos de Europa, las municipalidades en la América española, las ordenanzas de los gremios en la Nueva España; mil noticias de bibliografía literaria; y, en medio de todo ello, un constante anhelo por coordinar el trabajo de todos, y poner de acuerdo las preguntas de uno con las respuestas del otro. Su *Visionario de la Nueva España* viene a ser como un *Gaspar de la noche* mexicano, y no creo que antes de él se haya logrado poner a contribución, con mejor efecto, todos los temas y motivos de nuestra imaginería colonial, de nuestra suntuosa y parsimoniosa "Edad Media", llena de virreyes, frailes y doctores, asuntos transportados por él a un ambiente, si vale decirlo, de disciplinada fantasía, de ensueño con bridas.

Funcionario en la secretaría de Industria, había contribuido eficazmente a la reorganización de aquel departamento, y comisionado para cierta feria de Milán, había hecho su primer viaje a Europa (1920). Poco después pasó a prestar sus servicios a la secretaría de Relaciones Exteriores, donde fue ocupando cargos cada vez más importantes, y por mucho tiempo desempeñó el de subsecretario encargado del despacho, en tanto que llegaba a ser titular de la cartera.

Madura el estilo y madura el alma; y he aquí, en el *Pero Galín*, uno de los libros más mexicanos que se hayan escrito. El hombre de Sinaloa, que llegó justamente a México allá por los fines del Ateneo y por los comienzos de la revolución, trae a nuestra literatura la riqueza entrañable de la provincia, el sabor del condimento nacional, que siempre las capitales pierden y diluyen un poco. Y, lo que es mejor, esta obra tiene al mismo tiempo una calidad humana general, un valor perceptible y traducible en cualquier tierra. Porque Genaro Estrada era hombre de letras consumado, atento a los últimos libros y a las últimas ideas que llegaban de todas partes; y así podrá un día sorprender en México a Paul Morand, preguntándole sobre novedades de Francia que aún no habían llegado a conocimiento de su huésped.

El *Pero Galín* es un libro que participa de la novela y del ensayo, donde han podido caber –injertos preciosos– muchos pedazos de realidad y algunos hombres que de veras existen, con su nombre propio y sus oficios reales. Por todas sus páginas flota un buen aroma, que halaga y alienta a leer. La precisión de idea y de forma causa una impresión de alivio. Hay en este libro dos aspectos bien discernibles: si nos inclinamos a Pero, tendremos el mundo de los anticuarios y colonialistas, tratado en una forma que nos hace suspirar por la "Guía del Mexicanista" que hubiera podido escribir Genaro. La descripción del Volador, como más tarde la rápida evocación del mercado Martínez de la Torre en el estudio que precede al *Diario de un escribiente de legación* es una linda página, en la mejor tradición de los cuadros enumerativos mexicanos, tradición que parte del mercado de Tenochtitlán pintado por Cortés. Ahora, que si nos inclinamos a Lota, tendremos la visión actual, cinematográfica, rauda sin ser vertiginosa, del mundo entrevisto por la ventanilla del tren o desde el automóvil en marcha, las estaciones, las carreteras, las fronteras, las mezclas de pueblos. Los Ángeles, Hollywood, y mañana. Unos preferirán aquello a esto o viceversa; pero yo estoy con el autor en haber querido casar estas dos cosas tan opuestas, y casarlas sin chasquido ni fragor ninguno, por arte del cariño entre sus dos personajes, que tiene más de amistad que de otra cosa. Entre uno y otro polo ("*coté de chez Pero*" y "*coté de chez Lota*"), corren todos los matices intermedios del iris, y nuestro ambiente queda así definido por sus dos crisis terminales, y por aquella ondulación dialéctica que va de la una a la otra. De las manos de Pero Galín a las de Lota Vera mana y fluye el *tempo* mexicano en celeridad apreciable; y lo que era antigualla erudita en casa de Pero Galín llega a ser asunto decorativo ultramoderno entre las raquetas de tenis de su joven amiga. Este libro sin pasión, desarrollado en una serie de cuadros y escenas encantadoras hasta llegar a la sencillez campesina del agua clara, ofrece entre sus pocas páginas tal trabazón de motivos mexicanos, que se siente uno tentado de publicarlo con notas explicativas al pie y pequeñas disertaciones en el apéndice, no porque requiera exégesis, sino por las muchas sugestiones que provoca. Además, al andar del tiempo, la vida personal del autor había de encontrar ciertos cauces que parecían ya previstos en su novela, lo que comunica, tanto a su vida como a su novela, una nueva sazón, al menos para sus amigos más cercanos . . .

Salió de la cancillería para ser embajador en España, donde, al mismo tiempo que atendía a los negocios habituales, publicó una serie de cuadernos relativos a cuestiones de interés común entre ambos países, y echó una redada por los archivos y museos, levantando inventarios de piezas mexicanas y construyendo verdaderas monografías, como las que dedicó a *Las tablas de la*

Conquista de México (de que también hay algunas en el Museo Etnográfico de Buenos Aires), *Las figuras mexicanas de cera en el Museo Arqueológico de Madrid,* y como el *Genio y figura de Picasso* o *El arte mexicano en España,* que ha publicado más tarde. A la colección de cuadernos de su embajada pertenecen también los *Manuscritos sobre México en la Biblioteca Nacional de Madrid, El tesoro de Monte Albán, El comercio entre México y España, El petróleo en México, El garbanzo mexicano en España,* obras suyas en parte, y en parte de autoridades en cada materia especial.

Devuelto en estos últimos años a la vida privada del escritor, había creado una interesante biblioteca de obras inéditas, en la cual nuevos investigadores han comenzado a abrir regiones vírgenes de nuestra historia social. De sus manos salían unos hilos invisibles a todos los puntos del horizonte: son muchos los escritores de varios países que se relacionaban con México a través de él. Era, en nuestra América, un verdadero colonizador cultural.

Además de las obras citadas al paso, deja una colección de estudios diplomáticos, entre los prólogos a los volúmenes del Archivo Histórico que, bajo sus cuidados, se imprimían en la Secretaría de Relaciones Exteriores, y son suyos dos tomos de la serie de Monografías Bibliográficas que él hizo también publicar a su paso por aquel Ministerio: uno sobre Nervo, otro de varia información, en que campean su curiosidad y su conocimiento de libros mexicanos, así como su dominio en el oficio de maestro impresor, que él conocía muy de cerca. Deja una valiosa obra dispersa en prólogos de libros eruditos e históricos: las *Cartas* de Icazbalceta, recogidas por Teixidor; el *Diario del viaje* de Ajofrín; los estudios de Zavala sobre Tomás Moro en la Nueva España, etc. Deja otras obras de historia de arte: *Algunos papeles para la historia de las Bellas Artes en México;* ciertos trabajos sobre Goya que tenía en preparación, y de que envió la primicia a Buenos Aires (artículo recientemente publicado en *La Nación*). Deja una obra poética en que no hay página perdida, y que alcanzó algunas notas de extremada pureza: *Escalera (Tocata y fuga), Crucero, Paso a nivel, Senderillos a ras.* De suerte que su reino abarca la historia, la económica, la crítica, la bibliografía, el libre ensayo, la novelística, la poética.

Ha muerto a los cincuenta años, en plena labor. Debe a su

propio valer, sin compromisos extraños a la excelencia misma de su trabajo, la ascensión gradual que lo llevó hasta los más altos cargos. Ni lo abatía la adversidad, gran maestra, ni lo engañaba la veleidosa fortuna. El proceso de una larga enfermedad venía de años atrás minando su salud, y él parecía siempre rehacerse por un desperezo del espíritu. La última carta que de él nos ha llegado, nos dice que el quebranto de su organismo era ya tan grande, que no le permitía leer ni escribir directamente; que seguía con vivo interés los resultados del Congreso de Historia de América, de Buenos Aires; que tenía preparados ocho volúmenes para su Biblioteca Histórica en curso; que quería artículos argentinos para una revista mexicana. Y esperó la muerte trabajando; y sigue todavía trabajando para su México, para su América, en el recuerdo de sus amigos, que son tantos en todas partes, y en la perennidad de su obra: su obra de hombre bueno, de excelente escritor y de ciudadano intachable.

IN MEMORIAM GENARO ESTRADA

Con Genaro Estrada (1887-1937) desaparece uno de los hombres útiles de nuestra América. Durante veinte años dio a México trabajo sistemático, constructor, sin ostentación ni propaganda. Poeta y escritor, vive toda la vida espiritual de su país e interviene con actos eficaces. En función política, organiza y reglamenta con pericia técnica dos ministerios: el de Industria y Comercio; el de Relaciones Exteriores, donde hace renacer la costumbre mexicana de confiar altas representaciones diplomáticas a hombres de letras. Tuvo el don de estimar y elegir calidades; tuvo la fidelidad de sus elecciones y de sus estimaciones. Su seguro discernimiento de hombres tenía raíces en la firme tierra del modesto hogar de provincia, escuela de la apreciación moral; como su fina discriminación estética arraigaba en el conocimiento personal de artes manuales como la tipografía. Ha sido, por eso, uno de los impulsores del renacimiento de la gran imprenta y del libro bien hecho en su país, donde perversos errores de la época de Porfirio Díaz habían roto la clara tradición de los Escalante y los Cumplido. Junto a la curiosidad del día tuvo la pasión histórica: en su casa se juntan la tabla colonial y el grabado romántico con el lienzo de Diego Rivera y el cartón de Abraham Ángel, el muchacho genial, a quien Genaro descubría antes de que la brusca muerte lo señalase a la atención desconsolada; en su biblioteca, el Aldo Manucio o el Bernardo Calderón con la revista flamante de Munich o de Buenos Aires. Y encima de todo, el amor de su tierra: amor sin recelo, sin comparaciones envidiosas o vanidosas; libre y puro, comenzaba en la deleitosa complacencia física con los sabores del agua y del pan, del chocolate y del ají, y se hacía plenitud en la contemplación de viejas iglesias o en la definición de posiciones jurídicas nacionales. Su influencia, como orientador invisible primero, como jefe visible después, de las relaciones exteriores de su país, contribuye a hacer de México durante años el hermano definidor de la comu-

73

nidad hispánica de América frente a las doctrinas y prácticas de los Estados Unidos. De hombre así, con su amplitud y su claridad, debía nacer la doctrina mexicana a que se le dio su nombre: doctrina que sólo pide para los actos de cada nación respeto estricto, sin la ofensiva intromisión que supone el reconocer o dejar de reconocer gobiernos.

Genaro Estrada se expresó, personalmente, en cuatro breves libros de versos muy pulidos, de transparencia muy mexicana, y tres breves libros de prosa: el ensayo –psicología y estética– sobre *Genio y figura de Picasso;* el *Visionario de la Nueva España,* colección de estampas del México virreinal; *Pero Galín,* novela donde se entretuvo en el choque y la fusión de antiquismo y modernidad. Parquedad de la obra personal, alegremente sacrificada a la vasta obra de investigación y organización: a él se debió el nacimiento de la Sociedad de Bibliófilos Mexicanos, con sus excelentes ediciones facsimilares; a él, los treinta y cinco volúmenes del Archivo Histórico Diplomático Mexicano, donde hay descubrimientos preciosos, como el diario de Joaquín Moreno, escribiente de legación, unos cien años atrás: novela de la mediocridad solitaria y amarga, que entre las rencillas con los compatriotas se ilumina con una que otra pincelada del París de 1830 o con la distante admiración por Rivadavia, "el más grande hombre de la América"; los veinticuatro volúmenes de Monografías Bibliográficas Mexicanas, donde contribuyó con trabajos propios y estimuló inquisiciones singulares sobre las marcas de fuego de las antiguas bibliotecas, las filigranas en el papel de los tiempos coloniales, los ex libris y las encuadernaciones; su antología de *Poetas nuevos de México* (1916), con rigurosa y completa bibliografía e iconografía, sin precedentes en América como estudio de contemporáneos; los cuadernos de la embajada en Madrid, cuando estuvo al frente de ella, que abarcaban desde la divulgación de los hallazgos arqueológicos de Monte Albán hasta el garbanzo mexicano y su historia comercial en España; la Biblioteca Histórica, toda de obras inéditas, que había iniciado poco antes de morir... ¡Hombre insustituible para México, incomparable para sus amigos!

POESÍA

CRUCERO

Belle matinée, tu es peinte sur la nuit.

P. VALÉRY

PRELUDIO

A DISTINTOS caminos el crucero
por decidir el rumbo de los vientos
ofrece doce en la estación de Enero.

Siempre en preludios de contentamientos
nos detenemos por la nueva vía
terminal en los líricos lamentos.

Al paralelo que desgasta el día
el paso a buena gana detuviera
a trueque de cansancio en alegría.

Pero la incitación de la bandera
que señala el peligro, estimulante
al más rendido viajador lo fuera.

Y por ser del estímulo excitante
espera la linterna colorada
que en la noche previene al caminante.

Decorativo juego a la mirada,
conviene omiso proseguir el paso
oponiendo carrera violentada,

pues antes que episodio de fracaso
vale mejor el encontrar vereda
de incertidumbre por el campo raso.

77

A tal empeño decidir me queda
la ofrecida elección, que he decidido,
de seguir de los aires en la rueda,

porque rumbo oficial y conocido
sólo es procurador del deleitoso
y mórbido poema entumecido.

Entregado del viento en el gozoso
maquinar de imprevistas estaciones,
subir la vertical vertiginoso.

Desertor de gastadas emociones
voy, cazador de insospechadas presas,
a quitar la capucha a mis halcones
escépticos de todas las sorpresas.

LAMENTO

Gota que no cae la estrella
que quieren sorber mis ojos
tan mojados de su luz;
esperanza dilatada,
tan cerca de mi cabeza,
donde no alcanza la mano
que le alarga la romanza.
¡Ay, y cómo te alcanzara,
sortija de mi esperanza,
gota que no caes, brillante
vidrio que te estás tan alto!

NOCTURNO

Salió la luna por las lomas
desnuda toda.

Temblaba en el aire la luna
con su traje de plata fría.
Rodaba blandamente tirada
por los caballos blancos de la noche.
Cantaba la luna
su balada alemana,
donde los castillos
en el fondo de las lagunas
albergan historias encantadas
por las intrigas de las hechiceras.
La curva suave de las lomas
iba paseando la luna,
hasta que llegó un bosque negro
que la engulló de una dentellada.

Lloraron los perros largamente
desde el fondo de sus casitas de madera.

DE PRISA

Apresuradamente
te diré mi cuita,
–apresuradamente:
no tengo tiempo–.

Besaré tu mano
sin que tú lo sientas,
al pasar junto a ti.
No tengo tiempo.

Probaré el espejo
en tus ojos,
cuando no pueda verte.
No tengo tiempo.

Apresaré tu forma
una noche, en el sueño,
soñando en otra cosa.
No tengo tiempo.

Me llegará la calma
de amarte quietamente,
cuando haya muerto mi recuerdo.

ESPERANZA

Yo no puedo mirar mis manos
sin pensar en tu ausencia.
Las tengo olorosas del recuerdo
de tu despedida sin palabras.

Tiemblan sólo al presagio
de que se acerque tu distancia
y suelen enlazarse dóciles
en el complejo del hábito.

Puestas sobre la mesa
me invitan, como un mapa antiguo,
a leer en sus mofletes
los vientos de tus suspiros.

Y en sus líneas adivinatorias
puedo leer, como en un mapa,
las rutas de mis veleros que se cruzan
con la profunda línea del corazón.

Para pulsar las teclas
en dos tiempos de la sinfonía incompleta,
se paralizan de pronto en la cadencia
que puede rematar, a destiempo,
la última frase que no quise decirte.

VIGILIA

Toda la noche en soliloquio.
Toda la noche perdiendo pensamientos
entre la sombra de la alcoba.

De pronto desaparecieron los sentidos
que eran copos de invisible algodón
entre el aire negro del cuarto.

Me llegó un recuerdo,
claro, claro, claro,
de los cinco años
–blusa escocesa, perro de yeso,
William Zuber, fotógrafo–
y aquella escuela náutica
en la fragata de casco de cobre
sobre la playa Sur...

(Lejos ¿sonaron? las tres.)

Pasó un soneto romano de Du Bellay;
reví el paso de la diligencia
con su postillón injuriante
y el café de olla en un pueblecito costero.
Aquellas corbatas de Regent Street
que llegaban hasta las rodillas
como los faldones de las camisas francesas;
la opereta de Audran
en que una vez quise ser el barítono...

(El viento hace silbar los alambres,
se agitaron las aves en el gallinero,
el despertador Big Ben está andando.)

Ahora me veo en el pizarrón,
sin querer declarar por amor propio
que no puedo con el polinomio;
aquella señora de edad

que quería que metiera la mano
por entre las rejas de la ventana;
la sierra mecánica de la carpintería,
que chirriaba, vecina, a la hora del almuerzo;
la bala que pasó por mi frente
en la serranía de Morelos;
la visión de Dover
desde un paquebote del gobierno belga;
los trofeos venatorios
en el Hotel Almada de Guaymas;
y el pasmo ante el retrato
de la bella desconocida
atribuido a Piero della Francesca.

Poco a poco el alba fue revelando
muros claros y muebles oscuros,
volvieron las formas habituales,
empezó la invasión de los murmullos
y principié a dormir
como si acabara de apagar la luz.

ECO

En la sombra del sueño
escuché una palabra
helada como gota de silencio
en la palma de una mano muerta.

Pasó cerca de mi cabeza
como el roce del ala del viento.
Tembló en la oscuridad
como el suspiro de un eco.

Se fue corriendo la palabra
por el filo de un hilo de humo,
hasta que se perdió su recuerdo
en la profundidad invisible.

VELADA

Toda la noche fuiste
posesión en mis brazos.
Capturé tu sueño
toda la noche.
Viví la perfección
una noche en Atenas.
Ni una consonancia,
ni un ripio.

VIAJE

La senda blanca de tu brazo
van caminando mis ojos.
Hay un venero azul oscuro,
corriente entre el camino transparente.
Pláceme recorrer punto por punto
de la mano hasta el hombro
la senda blanca en que el mirar viajero
traza su itinerario.
Y poco a poco las pupilas
van cerrando sus grados
y marcando el crepúsculo,
hasta que el sueño
hace llegar la noche.

CONOCIMIENTO

Siempre la misma sombra, siempre.

Experiencia de sombras
que me hace distinguir sus matices en el sueño.
Conos de luz entre la sombra,
triángulos de sombra al trasluz,

fondos de crepúsculos
para el alto cañón de una calle
de rascacielos a la tinta china.

Pero la mía no es la que proyecta
la luz contra mi cuerpo,
ni la ausente del personaje
de Adelbert von Chamisso,
ni males de conciencia,
ni meditaciones melancólicas.
Mas siempre la percibo
–refugio en fiesta de fatigas–
entre todas las sombras catalogadas
en la filosofía y la literatura.

Siempre la misma sombra.

JOYA

Entre las valvas de mis manos
una perla, tu mano,
rosa, con orientes azules,
temblaba por el agua marinera.
Oprimida con ansia propietaria
la coloco en mi pecho, en el centro,
corbata o alfiler, adorno siempre,
mecida por el ritmo de mi pecho;
o luce, rosa con oriente perla,
flor festival en mi desierto inerte.

CRUCERO

Nunca presente, mas tan cerca acaso,
que apenas presentida ya es presencia
y el sólo imaginar borra la ausencia
y marca, vivo en desear, el paso.

Si por borrosa imprecisión parece
presunción que quisiera ser certeza,
duda la preferencia a la firmeza
por la inestable duda que la acrece.

Así entre no querer y estar queriendo,
vacilación que no decide nada,
al caer de la tarde es alborada
y al alba noche que se está muriendo.

O péndulo mortal que en la novela
oscila defraudando la esperanza:
la salvación que el condenado alcanza
y pena que a la víctima desvela.

Por tardo, anhelo en fracasar camina
realidad que deviene a la quimera
y fragmento de historia que quisiera
ser símbolo en la hoja de la encina.

Insegura la ruta a los momentos
variables sus señales al instante,
ofrecen ensayar al caminante
emulador de príncipes de cuentos.

Y en pueril imitar de folletones
por decidir caminos ignorados,
guiarse por los enanos encantados
o dejarse llevar por los dragones.

Afirmación que en negativa espera
no alcanza a definir fórmula cierta;
la intimida la puerta por abierta
y salta, por vedada, la barrera.

Presentida, mas siempre acaso lejos,
a mi llamada incierta acude luego
y en mis manos, tendidas en el ruego,
brillan por un momento sus reflejos.

¡Ay, estéril urdir del pensamiento,
anuncio de esperanza sin fortuna,
fugacidad untada de la luna
que el cielo prende y arrebata el viento!

ANSIA

¡Ah, si pudiera ahora
en este mismo instante
saltar del sueño y libertarme
de la cadena del análisis!
Si tuviera la certidumbre
del despertar completo
y saber, pero yo mismo,
que he recobrado los sentidos.
Si no fueran las sombras
mis infieles testigos;
si conocer pudiera
que quien vive es mi espíritu,
elevado de pie sobre el minuto
preciso –y fugitivo–
podría decir acaso
la perdida palabra del destino.

¿Dónde cayó en los sueños
a la arena de sombras,
donde borra las huellas del recuerdo
el piélago invisible del misterio?
¡Ah, si pudiera yo tender la mano
y buscar por saber si estoy soñando!

El aire frío y negro me suspende
en el ala delgada del viento.

DESOLACIÓN

Si fuera verdad . . .
Mas nunca llegará el momento.
Desvelos que son
trabajos de mi pensamiento.

Me pongo a cantar
queriendo que el eco responda:
inútil echar
al fondo sin fin la sonda.

¿Por dónde vendrá?
Buscando recorro el camino.
Fatigan la senda
las gentes que siguen su propio destino.

Por aquí pasó,
mas todos borraron su huella.
Me ayuda a buscarla
claridad incierta de remota estrella.

Si estuviera cerca,
si acaso sin saber yo mismo
sólo fuera un punto
lo que tanto tiempo ha sido un abismo.

ACECHO

Ya no pasarás, amiga,
cantando por estas lomas,
ya no pasarás.
El trébol de cuatro hojas
acabado se te ha
por siempre jamás.

La bandera de tu halda
en las astas del maizal
tú no volverás a izar.
¿Para qué si se te ha muerto
el campesino galán?
Ya no volverás.

Nunca más quisiera verte
las lomas atravesar,
nunca más;
que la traición que me hiciste
no la podrás enmendar
jamás.

Buenos te fueron los ojos
hurtos de la novedad
y futuros de campiña
por presentes de ciudad;
pero yo tengo una estrella
¡yo sé dónde está!
que es centinela de ingratas,
de lealtad imán.

Se te fue, ya lo sabía
y no volverá.
Guárdate tu trébol, guárdalo,
se ha secado ya.
Candados de desventura
mi puerta guardando están;
yo sólo tengo las llaves
que para nadie abrirán.

Por la ventana más alta
estoy mirando las lomas
para su paso guardar.
No veas hacia acá.
El trébol de tu esperanza
acabado se te ha.
Ya no pasarás . . .

SOLEDAD

Tenue amiga, la lámpara,
toda la noche en confidencias.
¡Cómo agota la llama
cuando me vienen las asonancias!

Ha entibiado mis manos
–rosas al trasluz del mechero–
y por ellas me llegan
en natural circulación
nuevos temas y viejas divagaciones.

La mariposa del silencio
está golpeando contra la luz.
Poco a poco la lámpara se agota
y yo me quedo a oscuras,
con el papel en blanco
palpado por mis manos que adivinan
el poema perdido que ahora mismo
principiaré a escribir entre la sombra.

QUEJA DEL PERDIDO AMOR

En el pozo se cayó una tarde.
¡Ay de mí, quién la sacará!

La sortija de dos cifras
perdido se me ha;
con ella se me fueron
un lloro y un cantar.
Se me perdió la suerte,
no la he vuelto a encontrar,
aquí estoy noche y día
al borde del brocal.

En el pozo se cayó una tarde.
¡Ay de mí, quién la sacará!

Mi sortija, la mía,
era mi compañera,
a volver a encontrarla
las cosas que yo diera,
de volver a tenerla
un momento siquiera,
de llevarla en mi mano
lo que yo la dijera;
era toda de plata
mi sortija primera,
pero tanto valía
como puede cualquiera.

En el pozo se cayó una tarde.
¡Ay de mí, quién la sacará!

Sin duda quiso verse
en el espejo negro
que en el fondo del pozo
lanzaba sus destellos;
quiso mirar acaso
su profundo misterio
presentido en el agua
por fugaces reflejos;
o pudo emocionarse
al oír un lamento
que subió como el hilo
de la queja de un eco.

¡Qué diera por alcanzarla
para volverla a llevar!
¡Tortuga que estás adentro,
subelá!

En el pozo se cayó una tarde.
¡Ay de mí, quién la sacará!

MAÑANA DOMÉSTICA

Oblicuas por la ventana
estoy mirando las lomas.

Ha llegado a la casa
la aburrida visita del sol.
Ahora, como hay lluvia,
trae su gabardina gris
y se está limpiando los zapatos
en el tapete velludo de los cerros.

Por la calzada los canes
repiten la eterna historia
y siempre encontrarán una Manón
que termine su fatigosa biografía
royendo los huesos del cocido.

Por la fábrica de cartuchos
baja el ferrocarril de Cuernavaca.
¿Sería mucho repetir el tropo
de que me parece un trenecito
de pastores de Nochebuena?

El ruido de los botes de la leche
renueva églogas entre la ciudad.

En frente el cementerio
revela el truco de su nocturno misterio.
Los fantasmas inmateriales
ahora son sepultureros municipales.

Los automóviles en untuoso tránsito
sellan con geometrías la calzada
y turban a los Ulises sin blanca
con el canto ronco de sus sirenas.

En el balcón de la casita cuelga
la golondrina su festón de hierba.

El viento iza sus banderas
ríspidas entre los alambres.

Dulzura de las lomas
encurvadas en pechos de palomas.

Han dado ya las ocho
y el pasto en los jardines se rasura,
entre el frescor de la manguera
y la *Gillette* con ruedas y mancera.

La terraza se impone
para dar un toque de pulgar al paisaje,
que entre café y naranjas presupone
aquel otro del viaje
–Verona, Brescia, Chiari–
y en la estación un rótulo que anuncia:
vietato traversare i binari.

Los gatos nocharniegos
volvieron al calor de sus cocinas.

La aplanadora el pavimento aplana.
Oficialmente empieza la mañana.

TARDE

Envuelta en un concurso de colores
ha pasado la tarde sin motivo.

Los pequeños cuidados
volvieron las armas a su acerico.

Un pájaro curioso
instala su telégrafo en el techo.

Cuatro nubes envuelven su muestrario
en el mostrador del poniente.

Perfume de violeta
anuncia la hora de la estilográfica.
Siempre los versos consonantes vuelven
un poco antes de la cena.

Olores de ciudad
vienen con ansias de regeneración.

El viento de la tarde
se concentra en los frascos del silencio.

Afortunadamente no hay campanas
que sugieran pecados en sonetos.

En la caja del radio hace cosquillas
desde Detroit la voz de una señora.

Un cigarrillo puede
fracasar el encanto de la hora.

El céfiro se ha puesto en su organillo
a tocar su frescura de sandía.

Una estrella aparece por el Norte
a decir "buenas noches" a la tarde.

PARÁFRASIS DE HORACIO

Od. ad Tyndarem.

Prefieren a su monte Liceo
los faunos que sólo sestean en Mallarmé,
un ameno agro del Lucrétilo
en donde los chivos de barbas israelitas
encuentran ventilador para el verano
y paraguas para los chubascos.

93

Las hembras infieles
al brincador marido
vienen libremente a mi *bungalow,*
al almuerzo de ensalada de tomillo,
siempre desconfiando de hallarse invitados
a la culebra de *robe* verde Patou
y al lobo de militares instintos.

Después del café el concierto ¡oh Tíndaris!
El ¡lagarto-lagarto! dice en su flauta
un andante *spianato* del Nótico.

¡Cuán dulce sentirse cuidado por los dioses!
¡Piedad y poesía me atraen su beneficio!

Ya se ve la protección que te brinda
la buena suerte de la lotería,
cuyas fanegas de maíz te permiten
la decadencia veraniega en Ostende
y aun te dejan tus ratos libres
para pulsar la cuerda Teia
y cantar dos cosas a Penélope
y a la calumniada hechicera Circe,
además de catar un Lesbos
de 160 años antes de Jesucristo,
sin que el perturbador hijo de Semele
te infunda irritadas empresas,
ni el áspero Cyro el chismorreo,
engreído por haberte levantado la mano,
para ratearte la vegetal corona
y tu gabardina muy *sport.*

VUELO

Yo dije adiós una tarde a las cosas.
De todas las cosas del mundo me despedí.
¡Adiós! yo estaba en traje de viaje,
y agitando mi gorra de lana, partí.

Como si nunca hubiera visto las cosas del mundo
mis ojos claváronse en todo con ansias de ver.
Todo lo vi largamente, con ansia.
Era una tarde. El mundo comenzaba a desfallecer.

Al lejos los montes hinchaban sus altas siluetas.
Un viento de calma rugaba las aguas del mar.
El aire, los montes, las aguas, en tonos violetas,
le daban al mundo su música de gravedad.

Entonces mis ojos quedaron suspensos del cielo;
mi oreja era atenta de todo terreno rumor;
brotaban estrellas profundas, paraban las aves su vuelo,
el bosque, en sordina, decía alguna oración.

¿Qué fue del instante solemne de aquella partida?
Borráronse en torno las cosas, el cielo y el mar...
El plomo del sueño suspendió mi vida
y en el aire negro mi alma se lanzó a volar.

Prosigo mi viaje de sombras por mundos remotos,
regiones sin nombre, país sin paisaje, caminos sin fin;
pero algo me dice que nunca principié mi viaje,
que sigo, soñando, en el mismo sitio de donde partí.

PASEO

Pobre calle de barrio
donde resuenan, solas, mis pisadas.

El sereno dormita calentado
por el tenue fulgor de su linterna.

Las penas de los pobres se acurrucan
tras la puerta guardada por un perro.

La tienda de la esquina su letrero
anuncia comestibles para el sueño.

Han sonado las doce en la parroquia
para marcar el tiempo inútilmente.

El dolor cotidiano se recoge
en el mísero catre de algún cuarto.

Hay un signo de vida en los tejados
paseados por el celo de los gatos.

Apenas en el aire se dilata
la brisa de una oculta madreselva.

De mis pisadas el insomne ritmo
agudiza el silencio de la calle.

RETORNO AL MAR

Al agua verde he de volver un día
ungido en el ritual de los ciclones,
agitando en la diestra las palmas de la costa
y cantando la clara canción del marinero.
Al agua verde, con los pies desnudos
y el pecho ronco de gritar tormentas.

Llegaré al litoral de los adioses
con viento decorado de manos que saludan
y amargura de mares y de lágrimas,
para entrar en el agua con los brazos
elevados al cielo, y en las olas
hundir la reverencia de mi cuerpo.

Necesito la brisa de las palmas
y volver a dormir bajo su sombra verde.
Palmeras: abanicos de apoteosis
para solemnizar triunfos navales.

Recordar a mi infancia toda hecha
de mar, de tumbo de olas,
de islas, de playa azul, de agua de cocos.

Al agua verde he de volver un día
para admirar la fuga de las barcas
y la canción de la marinería;

para seguir de la gaviota el vuelo
sus aletazos que recuerdan luego
el adiós angustiado del pañuelo;

para encallar mi bote en los peñascos,
para ganar la playa entre brazadas
ritmadas al sonar de los chubascos;

a divisar el faro mensajero
de la seguridad del derrotero
y de la noche insomne del farero.

He de volver al mar como soldado
ungido en las acuáticas milicias,
a defender sus fabulosos fueros,
a ganarme la boina marinera
en el hondo pavor de los naufragios
o el pilotaje de los derroteros.

Marinero, dame tu blanca vela
para combar el aire con la gracia del ánfora;
vuelva mi mano, con tu largo remo,
al ejercicio de las duras aguas,
o sumergida en las profundas rocas
a yodarse en la pesca de las algas,
y la sal de tus vientos que confirme
en mi boca la antigua del bautismo.

¡Fuga de velas y levar de anclas
para zarpar al alta mar bravía!
La brisa me reclama, vieja amiga,
a la danza del vals sobre las olas.

Al agua verde he de volver un día,
marinero del barco que no vuelve.

MADRUGADA

Mañanita sin sol
para pasarle el borrador.

Se va a alzar el telón de las nubes.
¡Atención que va a salir el sol!

Timbales de la diana:
van a formar las horas,
que viene la madrugada.

Acércate a mi lado
porque los galgos de las horas
pasarán en jauría.

Ya viene bajando el monte
la pastora de otros días,
¡ay! si encontrara la oveja
a la que yo más quería.

La mañana llega
y te fuiste tú,
¡ay de mí, triste!

VOLVER

Trémula entre mis manos desparece,
único goce a recatado alarde,
de la ramita tu infantil recuerdo,
completo premio de mi soledad.

A las hojas del libro vuelve terca
a esconder la bondad de su remedio,
pero ya sé que al alargar la mano
he de encontrar la página segura.

Y otra vez, al calor de la butaca,
vacilación que se repite siempre,
voy leyendo los versos que detesto
con el puntero de tu rama seca.

ASCENSO

Para seguir la derrota del aire
ven a verme subir por el árbol más alto,
por la escalera de los vientos,
por el rayo de la estrella,
por el alambre del suspiro,
por los cañones del silencio.

Ven a verme marchar por el aire
como la hoja del otoño,
como la paloma del arca,
como la arena del desierto,
como el aroma del recuerdo.

Para seguir la derrota del aire
ven a ver, que ha llegado el momento.

ANDANTE

Ha de ser siempre así, fuego sin llama,
siempre en preludio que comienza y muere
a la seguridad del día siguiente.

Me basta la presencia de tu mano,
sentir el curso de su sangre tibia
y en el leve temblor de su delicia
consumir la pastilla de los éxtasis.

Me basta la delgada hoja del aire
temblada entre mis dedos nebulosos.

Constancia del anhelo de la brasa
entre la realidad de la ceniza,
su mantenido fuego me asegura
futuro igual en el correr del tiempo.

Adverso el goce que procura el día
en la certeza que su tedio ofrece,
he de ser siempre así, como un andante
de repetido tema en su motivo.

¿Para qué terminarlo inútilmente
si nunca ha de acabar este preludio?

TEDIO

Por la ciudad el viento arrastra el día
sin pompa ni dolientes.
¡Cuántas horas, relojes, cuántas horas
perdidas para la historia!

Desgastando mecánicas celestes
esperaremos a los días siguientes.

Pasan las nubes de batida clara
para adornar poéticos pasteles
y la perdiz va a ensartar su vuelo
en el tenedor de cualquier rama.

¡Si pasara la vela del marino
para seguir su temerario rumbo!

En las casas se oculta el argumento
para el drama habitual sin bambalinas.

Sí, pero un pasajero pensamiento
justifica la vida de este día.

Pero siempre la mano presurosa
para escribir la fuga de las horas,
que movida del ansia que no oculta
otra hoja desprende al calendario.

RESPUESTA

No tengo nada más que decirte,
pues no me queda nada que no tengas;
pero a veces me asaltan los deseos
de preguntarte lo que estoy pensando.

Mi voluntad desnuda y pobre ahora
te cedió con su capa mi tesoro
y en los momentos que la azota el viento
al calor de tu bien vuelve los ojos.

A la sombra engreída de tu fronda
apura las canciones de las ramas
y se queda dormida en tu silencio
segura de la llave que la guarda.

Así en el juego de mi lento andante
anuladas se encuentran las palabras,
pues si no tengo nada que decirte
a tu propio inquirir eres respuesta.

RUEGO

Si acaso has de decírmelo algún día
–aire que pasas sin decirme nada–
hazme un signo sutil con tu mirada,
con tu mirada pasajera y fría.

Temblando al porvenir el alma mía,
siempre esperando la palabra ansiada,
sale a ver el confín y al no ver nada
hosca retorna a su melancolía.

Experta en ansiedad, docta en suspiros,
los da del aire en los revueltos giros
llamando lo que nunca ha de llegar.

Pero es inútil recatar mis ansias,
porque otra vez, enfermas de fragancias,
de nuevo al aire volveré a lanzar.

ESCALERA

(TOCATA Y FUGA)

PANORAMA

Fondos del sueño. Inertes
las alas, los peldaños
van recorriendo, enhiestas,
rígidas, a destiempo.

Certidumbre de éteres
entrevistos. Acaso
vistos con tacto puro.
Presagios, noche, viento.

Viento sin rumbo, solo,
aislado y sin instinto.
Se revuelve y se vuelve
igual, distinto y nuevo.

Ascenso sin camino
por veredas de nada
y un cruce señalante
para emprender las dudas.

El buscador de arrobos
inútil ojo aguza
y enrosca la esperanza
en rodrigón de nubes.

La mano en la cortina
para salir al mundo.
Casi un temblor anuncia
el exacto minuto.

EXPLORACIÓN

A la escucha del fino
sentimiento de sombras,
trazaré por la noche
los caminos del aire
y en el difuso plano
que al insomnio se aclara,
intentaré sin prisas
el remedo del viaje.

Hazaña a la deriva
de humanos episodios,
voy a evitar recetas
y a recelar consejos:
a ceguera de riscos
enderezar los pasos,
en las alas de todo
con el motor del viento.

Las hélices del sueño,
lentamente girando,
por túneles de olas
espumarán caminos
y abatiendo telones
de mentidos misterios
aventarán inútiles
los detalles precisos.

LENTO

Lecho, balcón de sombras
para otear silencios,
forzado experimento
de esperas sin otoño.

Por alcanzar la rama
de la temprana fruta,

las manos extendidas
anhelosas del alba.

Se sabe que seguro
el tiempo marca el paso,
y que mueve sus números
insensibles al tacto.

La mente va apuntando
momentos sin medida
y ansiosa de la meta
cortos trechos alarga.

Inútil a la vista
paisaje de la noche,
el balcón de las sombras
puede cerrar su puerta.

Y la cortina negra
que cae pesada, grave,
ocultando el momento
con paciencia sincrónica,

cómo opone su inerte
barrera sin colores
al avance pausado
de la noche redonda.

SILENCIO

En la mesa de la noche
está el vaso de los sueños
y para apagar la sed
las horas lo están bebiendo.
¿Qué haré por la madrugada
cuando despierte sediento,
si ya el agua de mi vaso
se la ha bebido el silencio?

La sábana de mis noches
está deshilando el sueño
y estaré desnudo y frío
cuando vuelva a estar despierto.
Para cobijar mis ansias
en la manta del silencio
¿qué voy a hacer si se fuga
un hilo en cada momento?

Lámpara de mis vigilias
con mechero de lamentos,
está agotando tu aceite
mi sueño de ojos abiertos.
Poco a poco tu llamita
de débil se está muriendo

y para alumbrar mi noche
sólo se enciende el silencio.

PROYECCIONES

Está sonando, profundo,
el perfume del silencio.

En sudarios de silencio
está durmiendo la ausencia.

Arcángeles de la ausencia
azules sombras proyectan.

Por la vigilia proyectan
leves cuidados que sueñan.

Lejanos jardines sueñan
surtidores sin palabras.

Salen al vuelo palabras
con mensajes de mis duelos.

Están cargando mis duelos
las lentas fragatas blancas.

Por las lomas vuelan, blancas,
invitantes, las escalas.

Para abordar las escalas
lanzará su grito el alba.

OLVIDO

Paréntesis de nada. Descanso.
En declive el aceite del momento
me ofrece, liso, su contacto errante,
pureza sin dolor, placer sin goce.

Todos libre albedrío los sentidos,
abandono absoluto, sin trascendencia
apuran, laxos, el correr del tiempo,
desenfados históricos, inútiles
complejos, artificiosa plástica,
gracioso vuelo de la golondrina,
rodadas hojas por el parque, cierzo.

Paréntesis de nada. Muda la mente,
detenido el recuerdo, se recrea
empujado en el vuelo del minuto,
sordo a los ecos reflexivos,
dentro de la campana de cristal:
asilo, venda, fortaleza, olvido.

Lejos la sangre del vivir, quimera
para mover el paso hacia el sepulcro,
la atolondrada discusión de normas,
palabras sin por qué para ir pasando
por el tedioso teatro donde todos
sueltan en vano su papel errante.

Paréntesis de nada. Ni la huella
queda en la arena de la inerte lucha.
Como enantes el aire se solaza
y unta de olvido la anterior calzada.
Levantada un momento apenas rueda
la caída hoja del glorioso roble,
que ha de volver, ruidoso, por estío,
a erguir la rama generosa en cantos.

VUELTA

Y sin embargo, amor, forzoso alarde,
como enantes aquí, cuidado mío,
íntimo y recobrado me circula
jugo eficaz para mi fronda exacta.

Aquel aroma de la noche antigua,
depauperada levidad ahora,
remoto se recata en el pañuelo,
pero tan hondo en su eficaz recuerdo.

Al resurrecto tránsito el milagro
otra vez levantándose a la vida,
será como la lámpara del foro
la luz artificial de la comedia.

Así en el brote anual la primavera,
me va surgiendo la encendida yema
y ya el gorrión a visitarme posa
su planta adivinada de presagios.

ESPERA

Para escapar a la vuelta del aire
apenas ni sin la escala del drama,
aguzaré los sonámbulos remos
por encontrar la ruta en la adecuada noche.

Al timón de las nubes que se fugan en tocata
de si bemol entre adioses de Baudelaire,
asir la mano temblada de nebulosos deseos
a la rueda gobernadora de los sueños.

Para la prematura diana clarín en sordina
abriendo profundos agujeros de la noche,
que ilustrarán el firmamento invisible
con los carteles oscuros del lamento.

Arrullo entre rumores de adivinados árboles
que gotearán de pájaros la futura mañana,
la rama que sostiene su inaprendida música
guarda un dormido viento que ha plegado sus alas.

Al desliz de la tierra el encendido punto
del lucero su párpado moverá lentamente
y como en la señal de los conspiradores
será la decisiva para emprender el viaje.

Emulando al nadador preciso que en la piscina
une en arco los brazos con las manos en flecha,
me arrojaré en un súbito ademán temerario,
en elástico salto, a la fuga del aire.

BRISA

Naranja de la mañana,
abre sus brazos la aurora.
Los pájaros picotean
los luceros retardados.

Mi gajo, aurora, mi gajo,
que he de despertar ahora.

La blusa del marinero
me echa encima la mañana.
El viento que hincha la blusa
me va empujando a la playa.
Ya sopla la brisa, sopla
para ayudarme la carga.

De las sombras de mis sueños
migajas siguen los pájaros.

La playa peina las olas
con el peine frío del viento.
Ondulaciones de plata
se arregla el agua en el pelo.
El agua se está poniendo
de verde frente al espejo.

Los angelitos del aire
agitan sus banderines.

Se está lavando la cara
la visita de la aurora.
¡Qué juego de finas blondas
teje la espuma en el agua!
Las nubes están bajando
para servir la toalla
y ya la aurora se ha puesto
cintas de sol en la bata.

Se va acercando a la costa
la espiral de las gaviotas.

Para delicia del baño
el sol calienta las aguas.
Los pájaros bajan, suben
las olas en sube y baja.
Sube el sol el horizonte,
el rebalaje rebaja
y la naranja en la mano
la aurora vuelve a su casa.

Se disputan las cortezas
los pájaros en la playa.

EMPEÑO

A la escala que se fuga
al firmamento del sueño,
ángeles que van prendiendo
sus linternas de luceros,
violas de amor que sollozan
retórica de lamentos,
nubes que pasando cuelgan
de sus vapores los flecos,
tan pronto pongo pisada
como me la borra el viento.

Escalera de la noche
con sus peldaños de versos,
tiempo de la sinfonía
madurado en el *scherzo*,
arrebato de las horas
que se diluye en conceptos,
imprecisión de las cosas
concretada en un momento,
dejad afianzar la mano
antes de que os lleve el viento.

Monólogo de las quejas,
busca de inútil remedio,
juegan pueriles palabras
azuzadoras del tiempo,
vuelan en alegoría
aves rapaces de empeños
y persiguiendo las dudas
saltan veloces los perros.
Pero les borra la pista
el paso raudo del viento.

MOMENTO

Se va tumbando la noche
largamente entre las plumas
negras rizadas del viento.

Por el filo de las ramas
los nebulosos augurios
vuelan harapos de sombras.

La luna se sienta al piano
en los confines del monte
y va soltando la fuga
trenzada a ritmos del aire.

Se anuncia la cabalgata
por las arpas de los árboles.

La loma brinda su hamaca
para el diálogo en andante
y multiplica sus arcos
para columpios del éxtasis.

Se va tumbando la noche
entre sus pieles de nubes
blancas rizadas del cierzo.

Apura el violín del bosque
su llamada monocorde
que profundiza el silencio.

La luna sigue al escape
en el corcel de los montes
y toda la noche ritma
entre nubes su galope.

SALTO

A la aurora que tarda,
burlando el sueño que en angustia aguarda,
a liberal deseo
punzado por la espuela de Morfeo,
alto y límpido premio le adelanta
el ruiseñor que en la tragedia canta,
y del pico que llena
de tiempo el buche en el reloj de arena,
ha de sonar segura
hora precisa para el alba pura.

La luz que enantes fuera
marcadora de rutas verdadera,
intacta permanece
y de la espera la esperanza acrece:
farero enhiesto en murallón de sombra
que no enciende el camino mas lo nombra;
y tal, toda la noche
postillón de los sueños rige el coche
que a tumbos inauditos
llena toda la noche con sus gritos.

La silenciosa vela
que duda alarga y reflexión desvela,
mantiene su querella
al alambre de luz que da la estrella;
y al consorcio disímil que le ofrece
el guiño que aparece y desparece,
la mirada se moja
como al aljófar matinal la hoja
y retiene el puntito
de lumbre que le prende el infinito.

En el silencio agudo
el sinfónico drama queda mudo
y con virtud de oreja
que apega su interés frente a la reja,

la ansiedad ha encendido su sospecha
que lanza al vuelo como rauda flecha
y se queda un instante
suspendida en el viaje y anhelante,
como en el blanco dando
la saeta también queda temblando.

Centinela nocturno
que a vigilia forzada espera turno;
martirio en la parrilla,
nuncio de beatitud alta y sencilla
que goza con las lenguas de la lumbre
que cantarán después la enhiesta cumbre:
por el filo lejano
del monte oscuro bajará hasta el llano
la luz libertadora
en el antiguo carro de la aurora.

Y ella será precisa
hora feliz en que al tender la brisa
matinal escalera
blanda al azul y como tal ligera,
prendidos en el cable que se ofrece
y vertical en el zenit parece
invitación segura
a escapar a la inédita aventura,
en un salto violento
dejar la tierra por seguir el viento.

PASO A NIVEL

A mis amigos poetas de España

PASO A NIVEL

QUISIERA en esta hora en que pasan las hojas del árbol a mis
       manos
y en que las auroras polares se liquidan en las gargantas
       inexhaustas
y el zorro se azula terciado en la seda de los bustos apasionantes
esperando el cazador preciso para iniciar la desbandada
colocar la hoja en la yema exacta del árbol genealógico
poner el frigidario en las gargantas de paralelos tropicales
y oprimiendo el gatillo ante el paso de la primera aurora
cubrir de martas y de chinchillas el paisaje de la poesía

Almirez del mundo único sin divisiones de la geografía
para batir y triturar la mágica e inefable triaca
(Mézclense muchas nubes un ángel y en jugo de la manzana
y agítense antes de usarse)

Momento en que se tumba la voluntad en siesta pastoral
y en el hilo de la luz danzan las figuraciones de la óptica
cangrejos del aire que se evaden por el filo de la angustia
y la fuga de los puntos negros llenos de la lenta música de las
       arañas
caen y se levantan los telones de plomo de los sentidos
y no se sabe si lo que se piensa es lo profundo
o sólo un acompañamiento de compases monótonos
para comentar la escena con simples juegos de cortesía

La voluntad y el sueño van ahora de viaje
en la lenta fragata amarilla de la siesta

115

Pero otra vez ha pasado el momento que no llegaba
y uno se queda en la boca y las manos con la dura ceniza
la que funde la carne de las aves y el delito de los pecadores
y anuncia el final arrepentimiento sobre la cabeza de los místicos
y en el paisaje cotidiano reaparecen con la insistencia de los
           naipes
las formas inevitables de la categoría de las cosas
tal como en la historia inexorablemente el desfile
de las figuras de cera fundidas por el tiempo y la muerte

Una hoja más una gota un viento una tarde
que se escurren entre las manos agotadas de experiencias

Y todo ha sido un letal deseo de remotas perdidas esencias
el eco de una fragancia que en nosotros revive
el recuerdo de un complejo que nunca rozó nuestra vida
y un mar un ancho mar en que hundimos de golpe
el letal deseo la perdida fragancia el ajeno complejo
y nosotros mismos con nuestro drama hasta la última escena

Y un aire de silencio imponderable
más delgado que el polvo de la ausencia

AIRE EN UN TIEMPO

Para el cauce imprevisto
           aunque nada siempre ilumine el punto de precisa
           llegada
alternativamente entre el sube y baja de los ojos del calendario
apunta tenaz con su voz inclinada en báculo
hacia todos los rumbos la gota persistente en cuatro cardinales

Apurador del tiempo casi nada sobre la hoja en blanco
se va diciendo aprisa para contentar cotidiana la subconciencia
y en alguna parte deberá hallarse el pájaro de madera
que sale cómicamente a marcar las horas
para poner su trampolín a los más latentes silencios

ESCENARIO Y ANGUSTIA

A León Sánchez Cuesta

Serena otra vez la noche como en el tema de las arias románticas
revolvía conjuros y plumas y éxtasis clarolunares
y de algún confín fue llegando con cierta gravedad dramática
la campanada indispensable para iniciar el ensueño

La escena principiaba sin premeditación estudiada
y los elementos se presentaban como a una cita de fantasmas
esta brisa sin rumbo tal estrella adecuada
un rumor impreciso como el bosque en Sigfrido

En el primer tiempo aparecía desdibujado un motivo
en el que los telones no se abren sobre los escenarios
y entonces el espectador se subvierte en ausencia
como el rostro del viajero en el espejo de revés

Las ranas de todos los charcos gemían su comentario ríspido
a los juegos del agua en donde se zambullen los peces de los
                    bodegones
y antes de que el oboe iniciara su llamada patética
el metal de tu grito insomne llenaba toda la obertura

La llenó de pronto levantando la música a los más altos plafones
estremeciendo el yeso con la incisión de un alambre violento
y más arriba más allá de las voces apagadas del aire
flotaba un comentario de marcado sabor metálico

Se apagaron las palabras entre las cenizas de un final imprevisto
volvieron a su cauce las pasiones con su profesional carátula
y las últimas notas dibujaron una cadencia sin sentido
mientras todo volvía a reanudar su curso acostumbrado

MISTERIO EN SORDINA

Oye bien que hay una voz sin acento
que quiere contarnos la tragedia mineral la tragedia
de la desolada hoja de plata en un paisaje de azufre
en que la luna se apaga para enterrar el tiempo muerto

Oye bien si no esta música de arena
que despiden las pisadas que se ahogan en la sombra
mientras que hay un reloj sin cuerda en algún ángulo
donde la vida parece que vigila acechando impunemente

Oye bien cómo caen las hojas en una ribera descarnada
donde el viento ensaya modulaciones y giros
en la que he velado mi cuerpo unánime de misterios
para que el alba ensayara con él un sol sin salida

Y atiende oye mira esta soledad sin recuerdos
este lento caer de cortinas sobre fondos sin paisajes
y recoge un grano un grumo entre tus manos indiferentes
para ungirte y poder esperar la aparición del milagro

DONAIRE

Al prohibido sabor de la incauta aventura
la decisión adviene natural en la cuerda más clara
y se van retratando sin pecado en el espejo del agua
con la moza sin complejo los intrépidos gritos del drama

Naturalmente como en los falsos teoremas bucólicos
el ojo engarza extraños atisbos en la piedra sin leyenda
y va saliendo sin dolor como un escamoteo en el foro
vestido sin tacto apenas entre las tijeras del aire
don aire cuya simple complejidad tiene la suave línea
de muchos siglos de rumiada historia con la voz blanca de Apolo

SIN TIEMPO

Aquí vuelve de nuevo,
me encuentra donde siempre,
como si nunca hubiera
eludido su tiempo.

Se acerca. Son los mismos
sus conocidos pasos,
un recuerdo que fuera
sólo impulso simpático.

Vida que no transcurre
entre límites densos.
Nunca llegado otoño
en este ritmo lento.

Carátula sin vuelta
en el mismo momento
para lucir eterna
el invariable gesto.

Aquí por siempre helada
me ofrece indiferente
las flores sin aroma
conservadas de siempre.

Vuelves. Aquella escena
se reproduce exacta,
ilustrada de tedio,
sin sentimiento. Pasa.

TOCATA

A Enrique Luis Vernacci

Quería encontrarte en el noveno piso,
entre el ritmo de blandos ascensores
o escondida en el cuarto amarillo.

Te eché los galgos que ladraban
al oír la trompa de las cacerías;
pero todo el artificio era de acero
y fue imposible doblarlo a mis deseos.

Mondaba la naranja mandarina
rica de jugos ácidos y tinta purpurina
y de un gajo cayeron dos semillas:
una cayó en tu mano, otra en la mía
y entre los dos un árbol genealógico
desprendió ramas y llovió gorriones.

Buscándote saltaban blandamente los perros.

Pero con los resortes espirales
te fugabas de nuevo entre paréntesis
remados en el agua lisa y llana.
Regresabas segura hacia el hastío
y eras toda de ti, sin duda alguna,
rosa de hielo en la estufa del frío.

Quise doblar la esquina con mi sueño
entre papel de estaño resguardado,
patinar por andantes *spianatos,*
y con el medio punto de los arcos
disparar la prosodia y la saeta.
Era un alud de apetencias dispares
sin cálculo integral ni geometría
mientras que yo, entre círculos polares,
y cuerdas de posibles meridianos,
tejí la misteriosa urdimbre de las manos.

Más allá de los techos y los áticos
te fugabas en el rayo de luna.

FUGA

Venían desde el tiempo muerto
devorando la vida y el paisaje
lebreles furtivos, canes
de famélico instinto.

Todo se borraba a su paso,
pero quedaban vivas las palabras.
Quedaban las palabras extrañas
sin acomodo en ningún sitio
y una sola era suficiente
para sacar el mundo de la nada.
Nada –hada– escenario vacío
y la luna otra vez, lejana y fría.

Devoraban el tiempo y el hastío
perros furtivos, largos y veloces.

Yo intentaba decirla, mas la boca
duramente cerraba la salida.
Amor, quería decir, o bien olvido
y un silencio sin límites seguía.
Soledad, soledad, suenan las horas
y el perro estira su feroz ladrido.

Yo escondí mi palabra entre las hoces
mientras pasaba el vuelo de los canes.

Por fin, entre la angustia se salvaba
cogida del alambre de una estrella
y no pude seguirla en este ascenso
con la cómplice luna de enemiga.
Se enrollaba en la rueda de Saturno
y en un instante se perdió en el aire.

SUEÑO DEL RELOJ

A Jules Supervielle

Il y a une horloge qui ne sonne pas.

Hay un reloj que no suena, Rimbaud,
un átono reloj de tiempo anestesiado,
un reloj que es un nido para dormir las horas,
para los sueños olvidados,
para descansar los tormentos reprimidos.

Hay un reloj sin cuerdas y sin pesas,
embalsamado de anacrónicas ausencias,
que quiere ocultar su pálida carátula
con la crispadura de sus manecillas exangües,
porque hace siglos que ha perdido una hora
en el desierto de un silencio inextricable.

Hay un reloj por cuyo anatómico artificio
ya no circula ni una gota de tiempo,
ni de aquel tiempo que se desmayó inexorablemente
entre los fugaces minutos de una hora de felicidad.

Pero no. Respetemos esta campanada que puede producirse
como venida del fondo más remoto de lo posible
y crisparnos de asombro, de terror y de milagro
como el mismo grito espantoso del clarín del juicio.

"ÁNGEL CON UNA VIOLA",
DE MELOZZO DA FORLI

A Mme. Stokowsky

Profundamente el aire azul ha retrocedido;
profundamente hasta el fondo del último instante
y están detenidos todos los cielos y todos los pájaros
en espera de la sonata para viola sin acompañamiento de
      orquesta.

122

El celeste vapor que emana puramente el ángel
está envolviendo de gasas y vaguedades la escena antes del
           preludio
y ya se ha posado en la madera cromática de paradisiacos laureles
el arco de donde va a surgir ahora mismo el primer tiempo.

Primero se enciende la aurora en incisivos puntos
que aparecen y se apagan como en un mar blando los celestiales
           peces
y en seguida baja una suave cortina de transparentes metales,
litúrgica como para el fondo de una misa de inocentes.

Posa la viola el ángel en su hombro de rosas inefables
y vuelan y se apagan leves mil estrellas de plata
mientras que un gran vapor de los más finos y desleídos tules
arropa la sonata con sordinas de ensueño.

Ahora el aire y la música se funden dulcemente,
de la viola se escapan suaves rocíos azules
y hay un fondo en el cuadro de donde va surgiendo
una celeste música cantada por las nubes.

DISTANCIA

A Ricardo E. Molinari

Acaso acá en la ausencia tu eco es más fiel y puro
se despojan los recuerdos de sus más acentuados perfiles
la línea ideal del tacto es blanda como un aire del alba
y los episodios se vaporizan y pierden sus contornos palpables

Acaso acá tan solos por primera vez materialmente
que ni yo mismo despierto pueda saberme presente
ha pasado el símbolo el roce de su mística harina
y acaso podría sentirme seguro de un momento de dicha.

Yo sé que tus ojos están de viaje para seguir mi huella
y que hay una eternidad de papel secante en tu garganta
altos cauces de arena para absorber un mar de llanto
y que cuando abres los diques de tu voluntad implacable
puedes cambiar los contornos geográficos de los imposibles
y rebelarte en luzbélico trance con sólo tu flamígero deseo
para alcanzar un momento el punto de felicidad insaciable.

CONMIGO

Situada en el instante
donde yo quiero verte,
sentirte alta, presente,
vertical, luminosa,
alto tallo que brinda
y erige su asistencia
toda pura en el tacto,
sin porqué, sin distancia
y tan íntima y sola
para cualquier momento,
dócil a mi ventura
tan egoísta y larga.

Cerca porque te siento
compartir en ausencia
una blanda tajada
de patética vuelta,
tender voces sin eco
por los hilos del sueño
y mandar tu mirada
como un mensaje esbelto
que va hendiendo los aires
profundamente quietos,
como un acento helado
para ningún secreto.

¿Y después? Igualmente
ilustrado de tedio
el episodio exhausto
se perderá en el viento;
como una alta paloma
sin el mensaje al cuello,
en las fauces horrendas
del dragón, el acento
correrá su destino,
y al olvido disuelto
la tarasca implacable
liquidará el ensueño.

FONDO

Era el sueño otra vez helado río.

Pasó primero, lentamente, helado,
con una voz de vidrio entre sus aguas.
Pero sólo era un eco
donde no pude distinguir palabras.

Apenas transcurría entre sus cauces, frío.

Siguió corriendo, sin fuerza apenas, solo,
sin una rama arriba, sin una piedra abajo,
huérfano de paisaje, río sin diálogo,
agua que apenas va, sin tacto.

Sigue el sueño corriendo con el río.

ESPERA Y QUIZÁS

No todo podrá ser así, no todo.
Ni el accesible instante en que el pendular fruto
baja del cielo a nuestra propia mano,
ni la lluvia que lame la cara del cristal,
ni el minutero que se traga las eternidades,
ni el colirio para los ojos del puente.

No todo podrá venir, no todo,
sin el inevitable contrapelo del tiempo,
gusanos en la raíz del árbol,
noche cerrada para el cono de luz de la linterna,
saltante arenisca para las ruedas del tren,
estribillo de barcos en la pura senda del mar.

No todo, no. Pero quizás un día
yo encenderé, tú avivarás la lámpara.

ANTES Y AHORA

A Mme. Lois Forbes

Ahora mismo, ahora, tira, refrena, pára.
Ahora mismo siempre, antes que nada.
Antes que el sol naciente y que la dura encina
y que el crimen insomne donde triunfa
la madrugada en su carro alegórico;
antes que el can se irrite porque sube la luna
antes que tú repitas la aprendida doctrina
antes que el diccionario abroche tu elemental materia;
antes que tú, antes que yo, antes que nadie
y que zarpe tu mente hacia ninguna parte,
y que el océano pueda remojar un paraguas,
ahora mismo, y siempre en este instante.

Esta dura ansiedad del tiempo inexorable.

126

ECO CONMIGO

A Lolita Cea

Cierro mis manos en temblada concha
para juntar el agua y ver su imagen;
junto mi cara por beberla presto
y el agua se me escapa entre las manos.

Entre los dedos se me fuga el alma.
Queda en mis manos un olor de ausencia
y cae la noche y yo me quedo solo,
humedecido del recuerdo apenas.

Presencia siempre en mí, tan pura y clara
cual secreto de amor íntima y honda,
me va enterrando su punzante espina
que me promete el premio de la rosa.

Y a larga soledad la compañía
tácita siempre en su escondida esencia,
toda llena de ayer me inunda el alma
con un agua de limpia consonancia.

POSIBILIDAD CON PAISAJES

A la Sra. Morla Lynch

Dura como la sombra sin cuerpo que no se puede estrangular
sin la esperanza de retener entre los dedos esta huella sin tacto de
      la sombra
esta angustia del cuchillo que no puede cortar los sueños más
      blandos
y de los brazos que no ciñen el aire que los circunda

Podría lanzarme en la médula de la ballesta que no se dispara
porque hace muchos siglos que los héroes murieron en estos
      torreones empolvecidos
y aludir en la palabra porque la escribe una pluma de ave
abatida en la cacería de un viejo tapiz venatorio

Podría flanquear este río en el hombro de San Cristóbal
hacer bullir las figuras bordadas de un martirio toledano
y virar por el fresco paisaje del Miño entre las rías gallegas
en los cruceros angélicos donde cantan motetes los salmones

Podría situarme en la escena de esa pintura anacrónica
para eludir el tiempo y flotar en el sincrónico reflujo de la
        eternidad
y poner en el examen de la mirada desprevenida del visitante
un punto de sorpresa para atravesar sin guía los laberintos vitales

Ah pero lo que no podría es repetir ese papel de héroe
dialéctico doloroso biográfico regular y monótono
encerrarme otra vez en ese balcón para enmarcar una historia
mientras que las buenas gentes de la calle gesticulan
y entre aspavientos y aprendidos dejos de literatura
nos arrojan al paso el aplauso la rabia la miseria y los laureles

ESCAPE

Máscara helada la de tu deseo,
anhelo oculto en tu taquigrafía,
palabra reservada a mejor día,
temor que en el impulso oculto veo.

Entrega y retirada en titubeo,
vacilación en decidir la vía
entre el agrio limón y la sandía,
la pena recatada en el recreo.

¡Y qué rica elusión de decisiones,
entre dura pared y aguda espada
cómo se niegan tus afirmaciones!

Noche de empeños, nueva madrugada
y cuánto, sin embargo, las canciones
una vez y otra vez no dicen nada.

Qué obstinada presencia en luna llena
la del momento siempre inextinguido,
dulce bajel por el amor venido
para siempre jamás en hora buena.

Enero, marzo, abril, la gracia plena
flauta de pluma en el árbol henchido
y por volver a ser lo que se ha sido,
el alma va por la mansión serena.

De la rosa apretada de su bloque
suelta, por arte de birlibirloque,
sus hojas cotidiano el calendario
y adivinando impulsos paralelos
en el signo estelar de los gemelos
dispara su saeta el sagitario.

RAS

Me place dialogar así, en ausencia,
con palabras de ricas impunidades,
total entrega a voluntad insondable.
¡Qué gran copia de resoluciones
para cada problema!
¡Qué jugosa apetencia de creaciones,
de hacer, mover y deshacer las vidas!

¡Oh, cielos, variedad de todas nubes
para rimar con vientos de inventadas medidas!

Lo que hay de cotidiano y siempre nuevo
en dos unidas manos que cada día principian
inevitablemente a recorrer las posibilidades,
todo es ingenuo juego: la segura
pared de cabezal,
el vagamundo can de ojos perdidos
y el infalible nueve de las cartas del juego.

Pasa el mundo a la mano, pasa todo
sin fondo, ni medida, ni distancia,
vida que corre por correr, en torno.

Para aprender apenas el sencillo sentido
inmemorial del mundo, qué derroche,
qué inutil apetencia de creaciones,
caballo de madera en volatín sin meta.

Seguro dialogar sin consonante,
podremos esperar toda la tarde.

TÚ EN MÍ

Aquí, por fin, entre mis sueños sola,
entre mis realizados tormentos
de hacer cundir la angustia
y del puro dolor sacar los jugos,
tan decantada y tan, por fin, ahora
sola en mi propio sueño,
has venido hasta en mí en total medida
y yo, procurador de la substancia,
en el instante exacto, detenido el aliento
en las más altas y solemnes horas,
te estoy tendiendo ya
el amparo en las ramas de mis brazos
como a la perla su seguro estuche
ilustrada de azul por el reflejo
del cielo en la más honda
profundidad inaccesible.
Aquí, por fin, un sueño realizado,
un dolor suprimido, una segura
llegada de la dicha insuperable,
la realidad que entre las manos deja
en prendas esa pluma con que un día,
batiendo el aire en los más altos montes,
buscamos en el reino de los sueños.
Aquí, por fin, un momento furtivo;
pero tan fiel a nuestro impar deseo.

ACASO...

Acaso hoy estará, quietamente, en un banco,
mirando melancólica cómo rueda una hoja.
La hoja y mi recuerdo tendrán en su memoria
íntima semejanza para pensar en mí.

La primavera ahora entreabre sus sentidos;
con las hojas regresan lentamente los pájaros
y una escondida música le está diciendo al alma
que ha llegado el momento para abrir las ventanas.

En las ventanas hay un mágico misterio
cuando van entreabriendo poco a poco sus pétalos.

Acaso esta mañana le llegó un sobresalto;
asomada al jardín creyó pasar mi sombra.
Acaso hoy estará quietamente en un banco
pensando sólo en mí mientras pasan los pájaros.

SENDERILLOS A RAS

A Consuelo

CANCIONCILLA EN EL AIRE

(Málaga)

SALE esta mañana el aire
con su caracol rosado.
Cuatro ángeles mofletudos
los vientos están soplando.
Sale esta mañana el aire
enhiesto y empavesado.

Aire que vuela, que vuela,
aire del cielo.

Vuela y sopla el aire fresco
que va empujando, empujando
las largas velas, las largas
jarcias del velero barco.
Geográfico vientecillo
por mar y cielo azulados.

Aire que pasa, que pasa,
aire del mar.

Vamos de la mano
por el agro llano,
entre el aire vasto
del campo aromado,
a la negra sombra
que nos brinda el árbol.

Aire que rasa, que rasa,
aire del campo.

Aire, sólo aire,
sin tiempo ni espacio,
sin mar y sin cielo,
sin monte ni campo;
aire que atraviesa
para ningún lado;
aire puro, solo,
por la tierra y alto,
tan fuera del mundo,
tan sencillo y llano,
que es el aire único
fino, lento, largo.

Aire, sólo aire.

SENDERILLERA

Aquí te quisiera ver,
por el camino de Ronda,
solo y al anochecer.

Han apagado en las casas
esta noche los velones.
¡Cómo se me encoge el alma!

Mañana llegaré a Ronda,
si no me falla el camino,
si no me traga la sombra.

Aquí te quisiera ver,
caminando, caminando
solo y al anochecer.

Camino de Andalucía,
el de los viejos olivos
a los lados de la vía.

Te sienten mis pies, camino,
como si toda la vida
yo te hubiese recorrido.

Mañana llegaré a Ronda,
mañana en la madrugada,
todo moreno de sombra.

DESEO

Contigo, río, por Toledo,
contigo por l'ancha vega
entre la tierra y el cielo.

Contigo entre los olivos,
río, para copiar tu esfuerzo
generoso en los molinos.

¡Por el Tajo entre los aceiteros
y los campesinos!

Contigo para ir cavando
con tu agua y con mi sangre
castillos y catedrales,
puentes y puertas y cigarrales
¡entre la vega y el cielo alto!

Contigo, río, por Toledo,
igual y eterno.

CHOPOS DE CUENCA

Tengo un recuerdo de Cuenca:
los largos chopos, tan altos,
en las riberas del Huécar.

Ni una vacilación y parten rápidos
la línea larga, recta.

Chopos de Cuenca, cruceros
para los caminos del cielo.

LUNA EN CÓRDOBA

Para esperar a la luna
¡torre de la Calahorra!
esta noche pasé el puente
entre el silencio de Córdoba.

San Rafael con su espada
largaba al puente su sombra.

¡Que ya puedes salir, niña!
¡Luna, que ya estoy aquí!
Pasaba un aire de acero
rasando el Guadalquivir.

Salió amarilla la luna
como moneda de oro.
El puente de los romanos
esa noche estaba solo.

Llegaba lenta la brisa
desde la ronda de Isasa.
Por los molinos del río
la luna sacó la cara.

Entre el puente y la mezquita
San Rafael vigilaba.

Iba bajando la luna
por entre nubes las gradas.
Iba bajando despacio,
pisando montes de lana.

¡De prisa, luna, de prisa,
que nos descubre la guardia!
De tanto correr cayóse
y fue rodando hasta el agua.

Cuajaba plumas de frío
San Rafael en sus alas.

Puente abajo de cabeza,
me tiraba a los molinos.
La luna estaba en el fondo
entre las aguas del río.

Era de oro en el cielo,
en la tierra fue de plata;
estaba muerta de frío
entre sábanas de agua.

Amigos, murió la luna,
id a contarlo a Granada;
que le caven una fosa
en un jardín de la Alhambra.

¡Ay, que se ha muerto la luna!,
¡ay de mi alma!

CANTÁBRICA

(Behovia)

Camino de Rentería
van tres mozas vascongadas.

Una es sardina de plata
en la bandeja del día;
la otra moza, de Loyola,
es de la costa la ola;
la tercera es la preciosa
manzana que da Tolosa
y a las tres el mar azula
de la noche a la mañana:
a la niña pececilla,
al ola que rueda y brilla,
y a la manzana lozana,
la muchacha tolosana.

136

–Sardina, ¿qué quieres tú
que yo dártelo pudiera?
–Yo sólo una cinta azul
para mi plata quisiera.
–¿Qué quieres para tu ola,
mozuela, qué quieres, dí?
–Aire del Sur yo quisiera
solamente para mí.

La manzana se encendía
toda roja su color,
y aunque nada me decía,
entre color y rubor
sólo a la boca me vía.

Van tres mozas vascongadas
camino de Rentería.

AUTO

(Monte Ulía)

Atado al árbol del viento
está aquí San Sebastián.

¡Cómo vienen las olas a clavarle
sus salados alambres!
¡Cuál se revuelve entre las largas flechas
que el cantábrico viento en el Igueldo aguza!

¡Y cómo le atan con sus tenues cuerdas
los vientos de Guipúzcoa en verde tierno!

Autos sacramentales
frente a San Sebastián asaeteado
en su honra surgen y las viejas danzas
trenzan las mozas con agudos pasos.

La tempestad lo ata
en el palo mayor con el *Largo* de Haendel
y han llegado los pájaros
dulcemente en la espalda de las olas.
Han llegado los pájaros
hasta San Sebastián esta mañana
y tiran, con sus picos,
para extraerle las heladas flechas.

Cortinas de la lluvia
árbol y viento en su dosel arropan.
Hasta el árbol del viento
ha descendido esta mañana el cielo.

San Sebastián florece
rosas de sangre y flechas.

BAÑISTA MIRANDO EL MAR

A Manuel Ángeles Ortiz

(San Sebastián)

Otra vez frente al cielo
en el goce felice del verano,
con el flotante anhelo
al aire y en la mano
un libro de sentido harto profano.

Aquí, junto a las olas,
en gusto de sedante calendario,
con cuartillas a solas
–hurto de balneario
ancho de sol y de virtud precario–

me avengo a las marinas
empresas de pueril contentamiento,
labor de cañas finas
o del harpón violento
para sumar momento con momento.

Para mi propio acuario
recojo de grutales recovecos
ejemplar cuaternario,
hipocampos entecos
y un surtido de raros embelecos.

Entre papel y agua
flotan versos y peces verdaderos,
adviene la piragua
y en toisón de corderos
prende sus apetitos ingenieros.

A la vela, entretanto,
se emulan el balandro y el poema;
el espíritu santo
aportando su tema
es gaviota en asunto de cinema.

El agua lentamente
en insistida variedad terquea
y su empeño corriente
de nuevo se recrea
al viejo sube y baja en la marea.

De sol a sol en alto,
benedictina y diagonal la caña
atiende el sobresalto
y para el pez que amaña
eriza todo el litoral de España.

Buzo de la ribera
explora impertinente el catalejo
y prende en la remera,
con estudiado dejo,
su libertino análisis de espejo.

Gana Ulises de un salto
el motor impaciente de una lancha,
el banderín en alto;
y el océano se ensancha
como en el paso del rocín la Mancha.

Al remo Anadiomena
hasta el casino la barquilla guía
y concluye la escena
con la muerte del día
y un faro que se enciende en la bahía.

INSTANTE DEL PARQUE

En Aranjuez dan las doce
ángeles con banderolas.
El recuerdo llega a solas
y el presente vive en roce.
Hay quien las horas conoce
al vuelo de dos palomas:
baja Venus por las lomas
y hasta el palacio se allega,
intacta y pura en la entrega
de mensajeras de aromas.

Caminando por azar
laberintos vegetales,
añejos pasos reales
su sombra pueden marcar.
No se sabe si avanzar
en el mentido sendero:
el ojo busca incertero
del pie la borrosa huella
en la líquida querella
entre el Tajo y el remero.

Aquí la fuente a que un día,
a duelo de acero y dalia
entre Hércules y Onfalia,
Felipe Quinto asistía;
donde la planta cundía
en geométricas volutas
y en las enredadas rutas
un suspiro puede ser
entre las aguas, mujer,
y pájaro entre las frutas.

Grave silencio español
marca la brisa del vuelo
y el minutero del cielo
apunta en reloj de sol.
Nubecilla o arrebol
de tapices y fresones
fijan sus ricos plafones
al margen de cada día,
en decoro de la vía
o a paisaje de salones.

Así por parte de parte,
aunque a riesgo de mal juez,
en la ruta de Aranjuez
casualidad hizo hallarte.
No más pude abandonarte,
no más, si entonces el río
con su pérfido albedrío
siguió corriendo al ocaso
para señalar el paso,
muerto el tuyo, yerto el mío.

CAMINERO

(Toro)

Por caminos de Zamora
un amor se me ha perdido.
Por caminos de Zamora
lágrimas conduce el río.

¡Aguas que te llevan, lágrimas,
a buscar el amor mío!

Por caminos de Zamora
pastores la hubieran visto.
Zagal, si tú la encontraras,
me salvas la vida, amigo.

Con mis lágrimas se acrecen
el llanto, el dolor y el río.

Por caminos de Zamora
se ha perdido el amor mío.
Triste de mí que no pude
perderme también contigo.

PASO EN CASTILLA

¡Qué gran sol en la plaza de carros
de Aranda de Duero!

El largo día de verano, largo
como una llamarada alta, profunda
para quemar la vida
en puro goce de purificación
en el agrio crisol del sacrificio.

Castilla, tierra de la dura bondad,
seca y erguida como tus castillos,
larga y ligera como tus lebreles,
grande y doliente como tus caudillos.

Y este gran sol unánime, implacable,
que hinca su diente milenario en piedra,
en viva roca, para ir perforando
la rica vena, gota a gota, eterna.

Castilla eterna por su gloria austera.

¡Arrieros por Aranda
para cargar los fardos de la historia!

Viejas carretas, ríspidas, con sus varas al aire
para el trabajo antiguo, secular, proletario,
en que la lenta música chirriante
de sus ruedas espanta la soledad y el diablo.

Plaza de trajinantes
duros de empeño y de esperanza largos.

Grave Aranda de Duero
para hacer una vida castellana,
como una pura línea
sencilla, fácil, recta, clara.

PLAZA Y MAR

Viraba en el alta mar
a la pesca en la mañana.
Viento del Sur, ágiles redes
y canciones entre el agua.

La canción del marinero
el viento la acompañaba.
¡Zumaya y sus ricos peces
con la sidra de Guetaria!

(Suena el tambor y se aprestan
cien danzantes en la plaza.)

Negra estaba la merluza
y la anguila, colorada.
¡Buena está la pesca, vascos,
para la sidra en Guetaria!

(La ronda de miqueletes
hace su entrada en la plaza.)

Las mozas están mirando
cómo se aleja la barca.
La barca se hace pequeña
a la gente de la playa
y en el alta mar viraba
con las barcas, la mañana.

(Ya los danzantes atienden
del tamboril la llamada.)

Azules están los cielos,
azul profundo está el agua,
de azul está el miquelete
y por el azul va el alma.

SUR

(San Fernando)

La tarde por Chiclana
se hincha de Sur y sal,
pirámides gaditanas
donde se endurece el mar.

Pasa lento un caballo
que viene de Cádiz chorreando sal.

La tarde por Chiclana
se está hundiendo en el mar.

El caballo de Cádiz
no se distingue ya.

El caballo de Cádiz
se ha disuelto en el mar,
el caballito blanco de sal.

CIELO AL SUR

Se puede beber el cielo
por Jerez de la Frontera.

Se puede beber el cielo
en las copas de los árboles.

Cielo dulce, cielo amargo,
cómo quisiera beberte,
claro cielo amontillado,
negro por la noche, por el día, claro.

Se puede beber el cielo,
vino azul para los sueños.

144

POESÍAS NO COLECCIONADAS

LIR–ATE *

Comentario al libro La guayaba, *de Miguel N. Lira*

¡LA GUAYABA de pulpa rosada
y de corteza verde gay!
La guayaba cortejada por los
golosos del folk-lore botánico
que gustan de subir al guayabo
y requieren el citrato de magnesia
para las consecuencias escatológicas.

Ideal cloroformizante
para darse las tres a bajo precio
en las yerberías farmacéuticas de la Merced.

Partiremos la guayaba popular,
sápida y olorosa,
que ahora nos ofrece Miguel N. Lira,
lirida chamaco, en su batea
decorada de monos tlaxcaltecas.

La guayaba
huele a la feria
en donde la pequeña industria
es como un álbum de grabados en madera
iluminados con los colores volcánicos del Dr. Atl.

La chirriante manteca
ronronea en el plano comal férreo,
estableciendo, como en la Asamblea Nacional
–era el siglo XVIII–,

* *Sagitario,* núm. 6, 1º de noviembre de 1926, p. 11.

145

la igualdad, la fraternidad,
entre los quebradizos totopos
y los sopes en donde el chorizo
decora con sus grecas bárbaras
la proletaria dureza del pambazo.

Paraíso de los niños
—boinas marineras, zapatos lustrados con saliva—
para cuya paternal dádiva dominical
de diez fierros y una planilla del tranvía
ostentan su atracción cruel e inaccesible,
el volantín de los caballitos,
los pitos adornados con papel de China,
las alcancías de cochinito,
el alfajor de Colima
y los juguetes europeos *Made in Japan.*

Pescaremos la fortuna
arrojando las argollas de a dos por cinco
sobre los primores que cubren el zarape
tendido como una alfombra en la barraca.
"¡A peso!", nos grita la sirena
de sombrero charro y de bigote indígena.

Y el carcamanero
con su invitación patética:
"¡Se va y viene
con lo poquito que tiene!
¡Cérquenle y túpanle, jugadores!"

Pondremos la *Colt* cachicuerno
sobre las patas de la sota,
para levantar la tapa
al alburista que echa la cera
en un prodigioso escamoteo.

Nos jugaremos unas tablas
de la lotería pintoresca,
por si atrapamos el terno
de la nativa porcelana de Oliver Frères,
poniendo toda la esperanza
(mientras rezamos un Padrenuestro)
en los cómodos maicecillos

–niños gritones de la fortuna–
que van marcando la salida
de don Ferruco en la Alameda,
la cobija de los pobres
y el que le cantó a San Pedro.

Van pasando las gentes
entre nubes de tierra,
olorosas a chivo por la mezcla
de sudor con el agua de la lluvia.

"¡Novelas coloradas, mi jefecito, mire!
"¡Los paraguas legítimos de seda!"
(que ofrecen al cliente entre la sombra).
"¡Ábranse que lleva bala!",
dicen los estudiantes expertos en codazos.
"¡Luciérnagas a cinco,
para alfileres de corbata!"

Cuatro daifas incitan
a unos mozos burócratas
–ocho tostones diarios con descuento,
Income Tax y pensión– a seguirlas
hasta el próximo hotel de a peso el rato.

"¡Cacahuates del Paso, ruido de uñas!"

Y en la noche
saturada de picantes olores,
punteada de linternas
de papel, japonesas,
herida por los gritos
comerciales autóctonos,
alegre por la música del fox de los cilindros,
mojada por la lluvia,
trágica de miseria,
sube el cohete por el cielo negro
–con el mismo chirrido de manteca
hirviente en el comal–
y revienta sus luces con la gracia
tricolor –verde, blanco y colorado–
que pone en las pupilas de las gentes

la alegría parrandera
que difunde la feria mexicana.

¡La guayaba, marchante, de la huerta
de Miguel N. Lira!

UN "BONJOUR" A PAUL MORAND *

Y bien, mi amigo Paul Morand,
pedalista de latitudes,
lírico itinerario,
Baedecker viens de paraître,
discreto guía *around the world*
—*ouvert le jour,*
—*ouvert la nuit*—
código internacional de señales:
en fin, *vous êtes dans le Mexique . . .*
bonjour, Paul!

Ollendorf situado en el polo magnético
de todos los paralelos
(Sociedad de Naciones de la poesía),
fragante *Chevalier D'Orsay-dans-le-Quai*
—entre el ceño de M. Raymond y la sonrisa de Giraudoux—:
Mientras tu estilógrafo
rasguea apuntes mexicanos
para el Sans Pareil de la Avenue Kléber
(Veracruz africano, soldados en los trenes,
chirimoyas, arte popular,
revolución, Popocatépetl),
todo color local insuperable
para ediciones en Van Gelder con acuarelas,
relata Paul tus correrías
a tus extraños oyentes del Zócalo,
entretenidos en los chismes nacionales
que dilucidan los perezosos
flânneurs de la Avenida Madero.

Cuenta de aquel hotel contra la noche,

* *Sagitario,* núm. 8, 1º de febrero de 1927, p. 6.

del parque del Oeste,
del dios de los arcángeles y de las ranas
que entreviste en Ravena,
del Sebastián de cuerpo vasco
y de tu Proust insomne;
deshoja ante nosotros tus estampas
de los paquebotes en la montaña
y del Edén Concierto tangerino,
nocturnos en el Parque de Saint James
frente al regio palacio de los Jorges,
cantos en Charing Cross
donde el desfile es un
taller de sastres orientales,
ferias de la Florida,
australianos en Londres,
Boulogne con anamitas,
berlinesas casas de huéspedes
con *electricitat gesellschaft*.

T.S.F. de la literatura francesa,
dinos de tu mediodía en Gibraltar
ante los cañones, profesores
de Derecho Internacional
que dictan su cátedra en el Mediterráneo.

Toma y daca, Morand.
 Te mostraré,
al vuelo de un fotingo
de a cuatro reales la dejada,
faunas más curiosas que las de la Rue Réamur,
si me acompañas por la Plaza de los Ángeles
y el breve callejón del Ave María.
Mejor que aquel *lock-out* en Toledo
presenciarás los *upper-cuts* nacionalistas
por nuestra Candelaria de los Patos
y tus lámparas de arco
iluminarán la churrigueresca
población del mercado mercedario.

Abre los ojos, Paul, al nuevo mundo
–petróleo, tierras, ansiedad, destróyers–
y entre un juego de frases y entre bromas

trascendentales, y como quien no quiere
la cosa, refiere luego en tu futuro libro
lo que ha sentido aquí tu corazón unánime,
antena alerta a todos los rumores,
locomotora con vía libre al mundo,
yate para el recreo de los lunáticos
y cable submarino de servicio
en todos los océanos.
Tú dices bien, oh Paul: *Rien que la terre!*

RETRATO *

Helena, liso el pelo de abejas susurradas,
clava en azul la rueda de su mirar antiguo
y entre la línea huida de su perfil cerúleo
hay un rastro antagónico de su esquivez santuaria.

La perla, que pendiente del cíngulo gotea,
refleja en muerto espejo el convexo paisaje
y se emulan los nácares cuando la frente asume
la reivindicación de su oriente de plata.

Del corpiño chorrea la garzota del cuello,
al duelo del vestido el cabujón altera
y acatando el desmayo de la enervante siesta
dulcemente en la falda se han dormido las manos.

ASUNTO **

Mesa, manzana y libro,
para vivir en naturaleza muerta.

El sol da sobre la mesa,
la lámpara sobre el libro
y la realidad de siempre
mordiendo está la manzana.

El caballete puede
resolver con sus tubos de colores:

* *Contemporáneos*, t. I, núm. 2, julio de 1928, p. 113.
** *Ibid.*, p. 114.

negro mate para el libro,
roja laca para la mesa.
(La manzana, naturalmente, verde.)

ANDANZA *

Ahora mismo,
cuando el grito del sol desgarre el día,
mi barco va a zarpar
cargado con las sombras de mis sueños.

La barca pescadora de los griegos
—velas rojas, cantos roncos del Chipre
frente a Venecia y las vencidas naves austriacas—
me llevará sobre la vieja pérfida onda
hasta los riscos de la novela épica,
metido en el barril de la punta del mástil
para divisar más allá de las páginas doctas
que en el *curriculum* revuelven
a Roma y Portugal en ardidas andanzas.

¡Oh, cuál viaje por las parcelas marinas
de la proyección de Mercator
y cuáles lunas de comedia italiana
entre las redes de los astrolabios
y cuántas piraterías inauditas
entre los portulanos de incunnábula!
Me allegaré a los suaves olivos
por las islas de la Magna Grecia
y una tarde, con luz de proyectores,
atracaré al país de gigantes canelas
para extirpar la fabulosa raja
que perfuma cien siglos de la historia del Asia.

¡Cómo tarda la aurora esta mañana,
cómo tarda!

* *Revista de Avance*, Cuba, vol. 3, núm. 28, 15 de noviembre de 1928, p. 305.

RACHA *

Las torres se deshacen en sueño
y el viento se lleva almenas diluidas
en el azul profundo de la tarde.
Las agujas –tan altas– se clavan
en la almohadilla del crepúsculo
y la cigüeña, con su bulto en el pico,
anuncia el nacimiento de la poesía.
¡Oh, viento, soberano padre
de la renunciación de los sentidos,
que pasas el consuelo de tu menta
por la frente oreada de la noche!
En el derrumbamiento de sistemas
que impone el viento en su girar abstruso,
ya vislumbro el matiz con que se anuncia
el nuevo punto de partida,
que entre la bruma va marcando apenas
la lucecita rosa en la linterna.

LOTERÍA DE CARTONES **

EL SOL

(La cobija de los pobres)

Dama de la lotería
toda colgada de símbolos,
de esperanza y de alegría,
¡mañana sale la mía!

---

* *Revista de Avance,* Cuba, vol. 3, núm. 28, 15 de noviembre de 1928, p. 305.
** *Letras de México,* vol. I, núm 18, 1º de noviembre de 1937, p. 3: "Este poema, en el que Genaro Estrada quería glosar todas las voces de los pregones de nuestras loterías populares, quedó incompleto y sin corregir. Según una lista manuscrita que dejó entre sus papeles, su propósito era glosar aún los siguientes: el águila, el pájaro, el barco, la mano, el diablo, el cometa, la muerte, el enano, la tarántula, el cerdo, el caballo, el borrego, la botella, el valiente, el borracho, la dama, la corona, el bandolón, la sandía, el guaje, el loro, el pavo real, el elefante y el trapecio."

Mañana sale. Sale con el sol,
desvelada de ruiseñor,
(que no hay sábado sin sol,
ni muchacha sin su amor,
ni vieja sin su arrebol).

LA LUNA

(Allí está la luna comiendo su tuna)

Sol levante y luna llena:
dos cartones de gracia plena,
dos figurones para alumbrar
copioso almuerzo y larga cena.

Sale la luna, la luna llena
con sus cuernos de alcanfor,
para ahuyentar el calor
y para atrapar la sirena.

LA SIRENA

La sirena con su guitarra
apoyada en cintura de plata,
agita su escamada bata
y a Ulises le da la lata.

DON FERRUCO

(Don Ferruco en la Alameda)

Sale don Ferruco
tan mono y tan cuco;
don Ferruco en la Alameda,
dandy sin una moneda.

EL NOPAL

*(Sólo cuando tiene tunas
el nopal vienen a ver)*

A su lado el agrio nopal
le ofrece las quiméricas tunas,
con sus espinas importunas
como un problema nacional.

LA MANZANA

(¡Manzana quién te mordiera!)

Esta manzana de Ocotlán
que fue pintada por Enciso,
no se parece a la de Adán,
la del antiguo paraíso.

EL PESCADO

(Pescado de agua salada)

Por la boca muere el pez,
aunque es verdad, de vez en vez,
que entre la red y en el chinchorro
las sardinas forman su corro.

EL ALACRÁN

(El que pica por la cola)

Pues ¿y el que pica por la cola,
en Durango donde la bola
en el rancho se forma sola
y repercute, hasta Guardiola?

LA BANDERA

(Al revolear tu bandera)

Por la avenida ventolera
la bandera se adelanta

y pone un nudo en la garganta
de la multitud mitotera.

EL TAMBOR

Y el tambor de granaderos
con su parche redoblante,
que en las fiestas suena en Plateros
y arremolina gente en Gante.

¡Se va y se viene
con lo poquito que tiene!
¡Hagan sus apuestas, señores!
¡Cérquenle y túpanle, jugadores!
¡Mañana sale la mía!
¡Sigue corriendo la lotería!

EL CORAZÓN

(El corazón traspasado)

Entre la ingrata y el puñal
han traspasado el corazón . . .
Una viñeta de postal
para un asunto de canción.

LA CAMPANA

Noche del Grito de Dolores.
Pronto las once sonarán.
¡Banderas, clarines, tambores,
que la campana va a llamar!

LA FLOR

En el búcaro y en el ojal
luce y difunde su fragancia
la bella flor sin igual,
la rosa de la dulce Francia.

EL CAÑÓN

Este cañón de lotería
en las batallas retumbó,
allá cuando Dios quería,
en mil ochocientos sesenta y dos.

EL SOLDADO

Cuando gritaba el centinela
su agudo alerta en la ciudad
y otro soldado haciendo vela
le contestaba ¡alerta está!

LA RUEDA

El nopal y la fortuna
tienen una suerte igual:
mientras el uno tenga una tuna,
mientras la otra pueda brillar,
¡cómo les vienen a visitar!

La rueda de la fortuna
es la rueda del vivir,
que rueda desde la cuna
hasta que llega el morir.
¡Deja a la rueda rodar,
      dejalá!

EL GALLO

(El que le cantó a San Pedro)

Despertador de plumas, centinela,
bravo clarín de guerra, cristalero
del alba, llama viva, duermevela
y tirano feliz del gallinero.

Valiente ennavajado de plazuela
en el vulgar palenque mitotero
y en el corral donde abate su espuela
a la mejor gallina, caballero.

En el antiguo emblema eres de Francia,
fortuna en el cartón de lotería,
Caín si luchas con tu propio hermano,

o si entre especias de ruda fragancia
has de llegar a la cazuela un día,
gallo en pipián, tú serás mexicano.

EL DULCERO

¡Fruta de horno, ojos de buey,
bolitas de caramelo,
los cubiertos de mamey,
el dulcero!

¡Los cochinitos de harina
y los quintos de alfajor,
la cocada de Colima
y las pastillas de olor!

¡Almendras garapiñadas,
jamoncillos, mostachones,
calabazas tatemadas,
aquí están las mantecadas,
mercarán los canelones!

LA RANA

(Me saltas como una rana)

Compañera del ajolote,
de los juiles y del charal,
entre los granos del elote
y los vapores del comal,
como un monstruo de jadeíta
con resortes en espiral,
ha saltado de la charquita
a los terrones del erial.

EL TORO

(Sácale una vuelta al toro)

Para toros del Jaral
traigo un caballo tordillo
y un potrillo,
un buen potrillo alazán.

¡Échenme ese toro bravo
jijo de la vaca mora!
¡Échemelo usté, malora,
que aquí le traigo su gallo!
¡Toro de Tepeyahualco,
ya sonó el clarín del palco!
¡Épale!
¡Újule!
¡Ya el estoque está en la mano!
¡Ahora, Ponciano!

NARRATIVA

VISIONARIO DE LA NUEVA ESPAÑA

FANTASÍAS MEXICANAS

> *Et j'ai vu quelquefois ce que l'homme a cru voir.*
>
> A. Rimbaud, *Bateau ivre.*

DILUCIDACIONES

> *We make ourselves a place apart*
> *behind light words that tease and flout.*
>
> R. Frost, *Revelation.*

Uno hace cuentos. Gusta de evocar las cosas de antaño y de encontarles sutiles relaciones con las de ahora. Como su estatura, sus escritos son breves y encierra en ellos, cual en pequeños vasos preciosos, la esencia de su espíritu que ama las delicadezas, los matices, las alusiones veladas y lejanas, los labrados de los viejos muebles evocadores, las telas chafadas por la tradición, las portadas en que se amontona el arte bárbaro en hojarascas indescifrables. Su ideal sería escribir una novela sobre el breve tema de una miniatura del siglo XVII o del pañuelo de encajes de una virreina.

Otro tiene la inquietud de los ensayos. Su conversación, sus lecturas, su persona misma son otros tantos ensayos. Espíritu selecto y exquisito, ama las cosas elegantes, las frases perfectas, los libros esenciales. Todo él es como un frasco que encierra los más suaves y delicados perfumes de la vida y el arte.

El otro se conmueve líricamente ante los más variados aspectos de las cosas y tiene el ánima alerta a todos los rumbos, como la rosa de los vientos. Emocionalmente es perfecto, porque es íntegramente admirativo. Lo mismo se consume en el estudio del prerrafaelismo, con Holman-Hunt, que se deleita con las juglarías mexicanas o encuéntrasele en éxtasis de arquitectura en un rincón musgoso de la vieja Calle de San Miguel.

161

Por la tarde, a la hora en que los crepúsculos ensayan sonatas de Bakst en las lindes de la ciudad, aparecía el té en la mesilla de mármol y, entre taza y taza, hablábamos de todos esos temas que durante las horas de las faenas obligatorias se reservan para los momentos en que el espíritu, en un ambiente mejor, busca encontrar eco, simpatía y resonancia en nuestros amigos más semejantes. A veces el tema es lo de menos; pero las ideas van modelándose, las sugestiones brotan como las estrellas en un cielo profundo y el alma va deshaciéndose, una a una, de las ropas pesadas que el mundo le pusiera horas antes, hasta quedar desnuda y radiante. Salíamos después a recorrer la ciudad, huyendo la vida moderna, para refugiarnos en los sitios más lejanos o en los lugares más inadvertidos, y así, en tardes de sol y en tardes sombrías, entrámonos por el barrio, el barrio desolado o alegre, que en México encuéntrase a cada paso; visitamos las capillas pobres, en donde hay nazarenos sucios vestidos de terciopelo y de moscas; detuvímonos cien veces ante las portadas antiguas y cien veces recorrimos sus primores minuciosos; aprendímonos de memoria las oraciones en latín embutidas en los nichos herrumbrosos; subimos a los campanarios y en más de una ocasión encontramos todavía, al volver una esquina o en la banca de un jardín solitario, a un hombre del siglo XVI.

En suma, captamos una nueva pasión, aprendimos a amar esta vieja ciudad de México, y penetradas ya las mentes y el corazón de sus virtudes maravillosas, leímos de corrido en cada rincón, en cada muro en donde una piedra de tezontle asoma por entre el encalado, en cada nicho polvoriento con un santo sin identificación, en cada patio en donde hay una fuente barroca y niños miserables con perros hirsutos que se persiguen entre los tendederos; en cada mendigo que invoca a los patriarcas, con los brazos en cruz, en las puertas de los atrios; en cada romancero medioeval de los que se encuentran todavía por el Puente de Roldán y en las inmediaciones del Volador; en cada resto de epigrafía mural que las gentes ya no ven, hace dos siglos; en cada vieja de las que venden estampas y reliquias en las mesillas de las iglesias; en cada reja verduzca de las que han respetado los iconoclastas partidarios de las balaustradas de cantería; en cada portón nobiliario, profanado por los mercachifles del cordobán. Vimos a los artesanos que fabrican odres trabajar como lo hacían sus ancestros del diez y siete; una noche transmutamos la farsa italiana en comedia colonial y vimos cómo el vejestorio de Pierrot se agazapaba entre unas torres para sorprender mejor la luna, escondida entre los cristales de una linternilla de azulejos; fuimos a Tlatelolco a ver cómo iluminaba el sol poniente el viejo muro, donde hay un águila de dos cabezas y diez capas de musgo; sorprendimos la tapia de San Miguel desde la Plaza del Árbol y ocultámonos más de una vez entre las rejas de los altares y en las criptas abandonadas.

Encontramos con que la tradición de México, casi siempre libresca y fantasmagórica, es realmente bella y profundamente humana y que la ciudad encierra, íntegramente, el alma de los siglos, a la cual sólo se puede llegar por el entusiasmo y la comprensión, para aspirar cabalmente la esencia que se oculta en sus sitios recónditos y darla convertida en expresión artística, con la clara visión de los verdaderos elementos que se escapan a los ojos que no saben ver el misterio de lo maravilloso.

Una tarde subimos a las torres de la catedral . . .

LA CIUDAD COLONIAL

> Mi espíritu se reconcentró, mis sentidos estaban de tal modo encantados por aquellos sonidos, que nunca pude explicarme cómo había subido a tal altura. Me figuraba que hacía más de un siglo que encontrábame arriba; tanto estuve sumergido en mi sueño.
>
> L. Uhland.

Desde las torres de la catedral, la ciudad de México es una vasta llanura gris cortada en todas direcciones por las líneas rectas o sinuosas de sus calles. Sus lejanos límites casi no se distinguen a la simple vista y las últimas casas se confunden, a veces, en el término del horizonte. Por la tarde, a la hora del crepúsculo, cuando la luz del sol se prende solamente en las partes altas de los edificios y las calles comienzan a perder sus contornos entre las sombras que llegan, México es todavía la vieja ciudad colonial de hace algunos siglos. Piérdense, desde allá arriba, las particularidades de la vida moderna; desaparecen los detalles que las nuevas civilizaciones han marcado y sólo se distinguen, como en lienzos borrosos, los conjuntos grises de las construcciones y las manchas verdes de las arboledas. Pero contra la luz en fuga de la tarde, destácase neto, inconfundible, todo lo que resalta entre el caserío, todo lo que se eleva por sobre los techos y las líneas de las construcciones.

Y he aquí, por todas partes, las torres, las antiguas torres de las iglesias, de los conventos, de las capillas y de las ermitas; las altas torres de dos cuerpos, delgadas y eminentes, acribilladas por las luces que atraviesan sus ventanales; las torres bajas, como un cubo de piedra, que albergan una sola campana; las torres de remates piramidales, con sus cruces de hierro; las torres redondas, con sus cruces de piedra; torres grises, ennegrecidas por las lluvias y los siglos; o blancas, blancas y resplandecientes de sol, vecinas de los barrios humildes, de las gentes sencillas, de los cristos milagreros y de las abejas que melifican en las rinconadas; unas, con recias campanas de pátina verde; otras, con esquilones que voltean en los gruesos maderos pintados de vivos colores y con campanitas que no cesan de llamar, agitadas por las cuerdas que las beatas tiran desde la sacristía; torres brillantes, con caperuzas de azulejos; torres de mayólicas multicolores y rejas de hierro, como miradores árabes; torres en cuyos nichos se albergan polvosos santos de terracota; o abandonadas, ahora habitáculo de murciélagos; o alegres, adornadas con flores de papel y guirnaldas de encino.

¡Y cúpulas! La cúpula de la Santísima, que parece una compotera; la cúpula de la Soledad, maciza y grave, con sus medallones blancos sobre la piedra negruzca; la cúpula del Señor de Santa Teresa, eminente y esbelta, con su linternilla como un tibor de la China; la de Loreto, que es un caracol que avanza los dos cuernos agudos de sus torrecillas; la de Santa Inés, que siempre lleva su traje de fiesta, con galones anaranjados y azules; la de la Enseñanza, birrete de doctor teologal; la de la Encarnación, que reza al cielo oraciones en esmalte blanco; la de Santa Catarina, ancha y aplanada, con su orla de ventanas; cúpulas bajas y poligonales; cúpulas con cinturones de pilastras; cúpulas ovoides; domos vastos hechos para albergar allá abajo, en los cipreses de las iglesias, las suntuosidades de la liturgia; para que resuene en sus paredes cóncavas el trueno de los órganos; o parvos y sencillos, acogedores de las voces de los niños en las tardes blancas del mes de María y del zureo de las palomas del valle mexicano en las mañanas calurosas de julio.

Por todas partes la mirada encuentra en las salientes de las construcciones la visión de la ciudad colonial. Ahora son los remates que se elevan sobre las fachadas de las mansiones, de los antiguos colegios, de los templos; aquéllos son los de la casa del conquistador; estos otros los del real palacio; ahí están todavía los que rematan el seminario de San Ildefonso; por allá se distinguen aún los de la casa del conde del Valle de Orizaba; ved cómo se destacan, cual chinescas torrecillas de kaolín, estos del palacio de los azulejos. Y todos de piedra, blancos, grises, negros; remates que figuran birretes de la vieja Universidad; toscos remates franciscanos, hechos para coronar fortalezas y sostener arcabuces defensores de la fe; estípites barrocos con ornamentaciones pomposas; almenas piramidales; remates bárbaros, labrados por recios artesanos; remates de bola, de llamas, de hojas, de pebeteros, de urnas...

Allá abajo la ciudad ha perdido sus contornos; las gentes son sombras que se deslizan con apresuramiento; suena el ángelus; sube de las calles un sordo rumor de cosas que hablan y de cosas que ruedan; apenas en la serranía accidental hay una fulguración violeta que va ahogándose; las torres, las cúpulas, las almenas, se dibujan contra el cielo como siluetas en una pantalla. A estas horas y desde la torre opuesta, don Francisco Cervantes Salazar debe de contemplar la ciudad, su vieja ciudad. Por allá abajo pasa la sombra del señor don Carlos de Sigüenza y Góngora, camino de su casa en la vecina Calle del Hospital del Amor de Dios. Junto al Palacio hay gente armada; quizás son los alabarderos que montan la guardia. Ahora mismo, allí enfrente, el Cabildo discute una merced de agua que le ha solicitado Antón Gallo, alarife . . .

De pronto, como si se hubiera alzado un telón, diez mil lámparas eléctricas se encienden en toda la ciudad.

EL ESTRADO

–What is thy name?
–Thou 'it be afraid to hear it.

W. SHAKESPEARE, *Macbeth.*

Las señoras reían, unas, del estúpido lance ocurrido al hijo de los marqueses de la Paloma en sus amoríos con la señorita de Trebuesto, mientras que otras se hacían lenguas del padre Apolodoro, quien el domingo anterior había hecho llorar al concurso, al relatarle la vida de Santa Catarina, durante el sermón que dijo en Balbanera.

Algunos caballeros asentían, a los comentarios de las damas, con leves inclinaciones de cabeza, y otros, formando corrillo cerca del balcón con bolas de bronce, criticaban a cual más las debilidades de la Audiencia ante los abusos del virrey.

–Sin embargo –murmura una señora emperifollada con más lazos que una cucaña–, sin embargo, ese mequetrefe no escarmienta y ya prepara un juego de cañas en su casa de placer de la Hacienda del Molino Alto.

–Lo que urge aquí –exclama un joven, levantando con un rápido movimiento de su espadín la orla de la esclavina– es que un visitador venga a ajustar cuentas a ese advenedizo del marqués de Leyva, quien ha revalidado títulos de las galeras de Nápoles, a cambio de no sé qué bajas acciones en la corte.

Caía la tarde y el estrado se animaba cada vez más. Las luces del crepúsculo, al entrar por el amplio balcón, arrancaban vívidos chispeos al candil y a los capelos de cristal e iban a desfallecer dulcemente en el terciopelo de los arambeles.

Se alzó la cortina que separaba el salón de la "asistencia" y un criado mestizo, con los ojos llenos de inquietud, con voz desfalleciente, dijo un nombre.

166

Callaron al momento todas las voces de la tertulia, palidecieron todos los rostros.

–¡Don Juan Nicolás Abad, secretario del Santo Oficio! –anunció.

EL OIDOR

(Le Grand Homme avançait régulierement la tête haute, l'air vague. Ses admirateurs s'arretaient pour le régarder....

J. RENARD, *Le Vigneron dans sa Vigne.*

Cuando el oidor llegó a las puertas del cielo, echó una mirada a su ropilla negra y componiéndose la capa como cuando entraba a la Audiencia por la puerta principal del Palacio, llamó con visible autoridad, con el aldabón de bronce.

No se abrieron las puertas, sino una rejilla en la cual apareció, indiferente, la cabeza de San Pedro.

–¿Qué deseáis, hermano? –preguntó el apóstol un poco fatigado, como quien acostumbra repetir muchas veces la misma pregunta.

–Soy un oidor de la Real Audiencia.

–Detallad. ¿Qué cosa es la Real Audiencia? ¿De qué país venís? ¿Qué queréis exponer?

El oidor estaba asombrado. Acababa de morir con gran pompa; el virrey y su corte habían asistido a sus exequias; el arzobispo habíale dado la absolución; las campanas de todos los templos habían doblado por su alma; los alabarderos rindiéronle honores militares; la Universidad ideó epitafios en latín que se colocaron en el imponente túmulo y en los cuales ocupóse la crítica, poniéndoles reparos de sintaxis. Dio explicaciones: dijo que era un alto personaje de la Nueva España.

–Esperad un momento –dijo San Pedro, mientras hojeaba las grandes páginas de un atlas portulano–. A ver: Sicilia... las columnas de Hércules... la Española... el Mar Caribe... la Pimeria... ¡he aquí la Nueva España!

El oidor adivinaba que ya era esperado en el cielo; suponía que dos golpes de alabarda saludarían su llegada; que un paje

167

lo conduciría a través de espléndidos aposentos hasta llegar al que se le tenía preparado, mientras que era introducido al trono de Dios, en donde se desarrollaría un magnífico recibimiento, con arcos triunfales, sacabuches, atabales y fuegos de artificio.

Sin añadir palabra San Pedro metió la llave en el cerrojo y abrió la puerta.

El oidor penetró, erguida la cabeza, con paso solemne. Fuera del portero ningún ser humano había allí; nadie lo esperaba; no resonó el golpe de alabarda; el paje no se presentaba, ni distinguíanse por todo aquello escaleras, galerías ni aposentos.

Algo sospechó de pronto. Y para no hacer un mal papel que hubiera deslucido la alcurnia de su persona, acomodóse lo mejor que pudo y requiriendo recado de escribir, púsose gravemente a redactar sus memorias.

LA ALMOHADILLA

Por la tarde, cuando la siesta termina y la anchurosa casa es un poema de silencio que apenas el chorrito de la fuente de azulejos va glosando en tono menor, so los arcos escudados del patio que enverjan los hierros de Vizcaya, la familia va a reunirse en la pequeña sala de "asistencia".

El padre, quien saca su caja de rapé, con temblorosa mano se introduce los polvillos con menudos y rápidos golpecitos. Cruza las piernas, lanza un sordo quejido habitual, hunde los chanclos en el galoneado cojín y se queda mirando las figuras pastoriles que adornan la caja de rapé. Asaltan su mente los asuntos que esta mañana lo llevaron al Tribunal del Consulado; luego desfilan por su memoria, apenas dibujados, cosas y paisajes de su vieja Galicia; otra vez llévase a la nariz los polvos de rapé y cabeceando, cabeceando, como si en toda su vida hubiera echado un sueño, vuelve a reanudar la siesta de hace pocos momentos.

La madre, la señora piadosa que enantes brillara en las fiestas del de Mancera, quien ahora lleva con sombría dignidad un traje de negra tafeta, en donde sólo brilla una cruz de oro, saca un cuaderno en donde va leyendo la vida de Santa Elena de Roma y, con el índice, señala imperiosamente a su marido y a su hija los rasgos principales, las mejores máximas, los crueles martirios de la reina santa. Lee por costumbre y cuando se fatiga salta dos, cuatro páginas y sigue moviendo el índice con indiscutible autoridad. Nadie ha advertido que la lectora saltó algunas páginas y de cuando en cuando la hija inclina la cabeza, aprobando, y el padre aprueba también con su cabeceo, que leves ronquidos ritman a veces.

Y la señorita, la señorita que ha abierto su almohadilla de costura, con pequeñas ornamentaciones de axe incrustadas en madera de Michoacán, y la tapa interior forrada de seda, en donde se prenden las agujas, las madejas, los trozos de rútilas telas; la señorita que finge escuchar con atenta devoción y que, la aguja en la mano, enhebra los hilos en una delicada manteleta o busca con punzantes dedos, en cuyas yemas apenas se enciende y tiembla una oculta emoción, algo que debe encontrarse entre los cajillos secretos en donde giran los carretes de la almohadilla.

Y mientras que la madre sigue señalando los pasajes eminentes de Santa Elena, la señorita ha tirado de una tablilla disimulada en el fondo de su caja, y extrae de allí la miniatura en donde un caballero joven parece sonreírle sobre la firma que casi imperceptiblemente dice: Pacheco.

LA RONDA

It is natural to believe in great men.
EMERSON, *Representative Men.*

–¿Quién va? –dijo con voz fuerte y autoritaria el jefe de la ronda que en aquella noche cruzaba por el Puente de la Leña.

Y alzando un farolillo que llevaba oculto bajo la amplia capa de bayeta, descubrió a un individuo que, embozado, avanzaba resueltamente, como quien nada teme y trata de imponer su presencia.

–¡Paso! –dijo el desconocido sin detenerse y con la voz del que está acostumbrado a que se le obedezca.

Los hombres de la ronda requirieron sus mosquetes y situáronse en el camino del embozado.

El cual, dejando caer la capa que ocultaba su rostro, no se detuvo un momento y, mientras que ponía la diestra en el puño de la espalda, volvía a exclamar con voz firme y vibrante:

–¡Paso!

Los soldados de la ronda palidecieron; su jefe bajó el farolillo, y el caballero, con un fiero fulgor en la mirada, doblaba la próxima esquina, mientras el oficial permanecía profundamente inclinado.

Era don Miguel la Grúa Talamanca y Branciforte, de los príncipes de Carini, grande de España de primera clase, caballero de la Insigne Orden del Toisón de Oro, gran cruz de la Real y Distinguida de Carlos III, comendador de Bienvenida en la de Santiago, y de Torres y Canena en la de Calatrava, caballero de San Juan, gentil hombre de Cámara de Su Majestad, con ejercicio, consejero del Supremo Consejo de Guerra de continua asistencia, capitán de la Real Compañía Italiana de Guardias de Corps, teniente general de los Reales Ejércitos, virrey, gobernador y capitán general de la Nueva España, presidente de su Real Audiencia, superintendente general, subdelegado de Real Hacienda, Minas, Azogues y Ramo del Tabaco, juez conservador de éste, presidente de su Real Junta, y subdelegado general de Correos en el mismo reino.

EL CORSARIO

In the bow of the boat is the gift of another world.

J. RUSKIN.

El pobre soldado del fuerte de Acapulco temblaba de pavor, entre dos mineros holandeses que blandían sus sables de abordaje.

Se adelantó un hombre rubio, alto, de aspecto gentil. Llevaba un traje ricamente bordado, con cuello de encajes y undulaba en su sombrero una larga pluma blanca.

—Iréis a la capital a decir al marqués de Cerralvo, de parte del príncipe de Nassau, que he tomado posesión del puerto, de la ciudad y de los fuertes, y que si intenta equipararme al filibustero Spilberg, prevengo y juro que las flotas de España irán a hacer compañía a aquella de que en las Bahamas dio cuenta el almirante Pit Heine. ¡Marchaos!

Iba a replicar el pobre soldado español; pero advirtió al punto que lo cercaban las miradas de veinte marineros holandeses.

De un salto montó el caballo y, lanzándolo al galope, tomó la carretera entre una nube de polvo.

Una legua llevaba andada cuando se atrevió a volver el rostro. Allá lejos el fuerte de San Diego era un pequeño cubo gris, el caserío parecióle una caja de juguetes y la pluma del príncipe de Nassau se destacaba como el remoto vuelo de una gaviota, en el fondo azul de la plácida bahía de Acapulco.

EL TESORO

A Roberto Montenegro

Tocar una cosa o poseerla, es ya violarla.
A. Terzaga, *Líneas.*

Nada, ni la más leve huella, ni la más imperceptible señal. Había recorrido largos días las riberas del lago, hurgado en todos los remansos, en busca del tesoro de los emperadores aztecas. Nada, si no eran los juncos y las hojas que flotaban blandamente en las tranquilas aguas.

Dilapidadas todas las rapiñas, el aventurero sólo mantenía la obsesión de volver a la vida de riquezas y derroches. Todas las pozas del lago estaban ya sondeadas y sólo el fango azuloso del fondo había aparecido ante sus ojos inquisitivos y esperanzados.

Rindiólo la fatiga y aquella noche quedóse dormido en la ribera. Y he aquí que a poco soñaba que unos indios recios y silenciosos, con las blancas vestiduras de los sacerdotes aztecas, inclinábanse con reverencia hacia el lago e iban extrayendo

171

largos atados de esteras y de telas enceradas, que abrieron ante sus ojos atónitos.

Y el jade, de verde profundo como las esmeraldas, de verde claro como las hojas del álamo, apareció en las cuentas ensartadas en largos collares; los anillos de cobre, que hechos con delgados hilos de alambre formaban minuciosas concepciones ornamentales; los vasos de amatistas para las pompas de los palacios, rútilos como el moaré de las aguas; las turquesas, que en profusas incrustaciones decoraban las carátulas de horribles gestos; las rojizas cornerinas; los ópalos con suaves palores de luna y las perlas, las perlas blancas, rosadas, negras y verdes.

Sobre la yerba extendiéronse los ricos mantos de los príncipes y de los señores, mantos de algodón adornados con plumas que combinábanse en mosaicos nimios como una miniatura; mosaicos que eran figurillas rituales, de plantas, de fieras, de dioses; sonaron los cascabeles de cobre, en formas de bellotas; irisáronse pomposamente los resplandecientes moscadores; extendiéronse los tapices ricamente labrados; regaron el suelo las sartas de caracoles y de pájaros raros y brilló en los cañutos el oro en polvo, dilatando la mirada largamente ambiciosa del aventurero.

Y asombróse todavía al ver allí cerca, al alcance de su mano, la maravillosa mitra con penachos de plumería, hecha de frágiles laminillas de oro; la mitra que culminó en las grandes procesiones, sobre la frente de los reyes mexicanos, ante las multitudes prosternadas. Y vio también cómo volvían del fondo del lago los escudos formados con carapachos de tortugas gigantescas; los estandartes coronados por los leves airones de vivos colores; las corazas metálicas, de pacientes labores; los cascos con cabezas de tigres, con cabezas de águilas; las orejeras y los bezotes, de piedras durísimas talladas por generaciones de artífices; los penachos de plumas de garza, más blancos que los floripondios del valle; las terribles macanas de guayacán; la orfebrería en donde los más preciosos metales combinaban sabiamente sus colores, fundidos de un solo lance por los joyeros mágicos de Azcapotzalco, de cuyos secretos increíbles no quedaban ni rastros, y las telas de maguey, con las admirables interpretaciones de los pintores texcocanos.

Y ya el agua lamíale los pies, cuando el aventurero despertóse y pudo distinguir, sobre el fondo lechoso que la aurora aclaraba a cada momento, la ciudad de México que estaba siendo construida nuevamente y en cuyos seculares cimientos escondíase, tal vez, el secreto inasible del tesoro de los emperadores.

EL BIOMBO

A aquel árbol, que mueve la foxa,
algo se le antoxa.

D. Hurtado de Mendoza, *Cossante*.

Ardía la fiesta en la casa del oidor don Francisco de Ceynos. Ya habían llegado el virrey y su consorte, el visitador y la Real Audiencia, y ya doña Leonor Carreto, la virreina, terminaba su segunda contradanza.

La hija del oidor estaba encendida con las emociones de aquella noche. Había cambiado con su galán breves palabras que nadie advirtió con el ruido de la fiesta. Apenas iniciado un momento de reposo, la señorita de Ceynos dijo en voz alta a su acompañante:

–Os digo que vayáis a aquel aposento a buscar mi abanico.

Y como el caballero no regresara al punto, agregó:

–Yo misma iré a buscarlo.

–No está aquí el abanico –dijo el caballero en cuanto vio entrar a la dama.

Y ella, más encendida todavía, repuso:

–En efecto . . . perdonad . . . está detrás de ese biombo.

Y al punto ambos se dirigieron a aquel sitio.

Era un biombo chinesco, en cuyas hojas de seda negra, hilos multicolores habían bordado escenas de la corte de España, con anacrónicos trajes del Asia.

Los músicos preludiaban la pieza siguiente cuando la pareja abandonaba la dulce intimidad del aposento.

Sin embargo, el abanico había quedado olvidado, de nuevo, detrás del biombo.

173

EL RECUERDO

Heureux qui comme Ulysse a fait un beau voyage,
Ou comme celui-là qui conquit la toison,
Et puis est retourné plein d'usage et raison,
Vivre entre ses parents les rest de son âge!

JOACHIM DU BELLAY

Bernal Díaz del Castillo, viejo, pobre y macilento, se refugia aquella tarde en un rincón de la mísera estancia que brindóle el destino en la ciudad de Santiago de Guatemala.

Cae la tarde y ni un leve rumor llega a la calleja en donde habitan las pobres gentes que ahora arreglan el lecho destartalado y las viejas que rezan el rosario cotidiano.

–¿Has tomado ya tu tisana, Bernal? –murmura una voz cansada de mujer–. Mañana reanudarás tu trabajo.

–¡Mañana! (Y una tos dura y persistente interrumpe la frase.) Hoy mismo, hoy mismo oiréis algo de lo mejor que sacaré en la *Historia verdadera de la conquista de la Nueva España,* y os juro que no conciliaría el sueño si llegara a olvidar esto que ahora se representa a mi memoria, con la misma realidad que cuando nuestro esforzado capitán se entraba por aquellas tierras de maravilla... Escribid esto que voy a dictaros –agregó con visible satisfacción y alzando un poco la voz decrépita– ... escribid:

Luego otro día, de mañana, partimos de Ixtapalapa, muy acompañados de aquellos grandes caciques que atrás he dicho. Íbamos por nuestra calzada adelante, la cual es ancha de ocho pasos y va tan derecha a la ciudad de México, que me parece que no se torcía poco ni mucho; e puesto que es bien ancha, toda iba llena de aquellas gentes, que no cabían, unos que entraban en México y otros que salían, y los que nos venían a ver, que no nos podíamos rodear de tantos como vinieron, porque estaban llenas las torres e cúes, y las canoas y de todas partes de la laguna, y no era cosa de maravillar, porque jamás habían visto caballos ni hombres como nosotros, y de que vimos cosas tan admirables no sabíamos qué nos decir, o si era verdad lo que por delante parecía, que por una parte en tierra había grandes ciudades y en la laguna otras muchas, e veíamoslo todo lleno de canoas, y en la calzada muchos puentes de trecho a trecho, y por delante estaba la gran ciudad de México...

Aquí hizo una pausa. Embutido en su sillón de cuero, con las manos cruzadas bajo la barba, Bernal Díaz del Castillo tenía los ojos enrojecidos. Recordaba claramente, como si hojease en aquel momento un libro de estampas, todos los episodios de la Conquista, y volvía a ver a sus compañeros de armas que le sonreían desde la gloria y contemplaba el brillante desfile de las huestes bravías del pávido emperador Moctecuzoma.

Y mientras que aquella tarde triste desvanecía sus luces en el muro de enfrente, que el musgo hacía más desolado, Bernal Díaz del Castillo sentía que un guantelete de hierro apretaba su corazón, como una esponja sangrienta.

NOCTURNO DE SAN JERÓNIMO

Voici le soir; la terre a fait un tour de plus, et les choses vont passer avec lenteur sous le tunnel de la nuit.

J. RENARD, *Le Vigneron dans sa Vigne.*

En la Plaza de San Jerónimo ni un ruido altera la dulce calma de la noche, y los arbolillos que bordean el arroyo se han dormido, arrebujándose en la tenue claridad de la luna que ahora asoma un segmento detrás de la iglesia conventual.

Ya la vieja que reza todo el día en aquel chiribitil del rincón, corrió la tranca, más pesada que la puerta que asegura, para que el diablo no vaya a meter el rabo, y mató la luz de su vela para rezar el último rosario desde la oscuridad de su camaranchón; el perro vagabundo se ha echado como una rosca, en un ángulo del muro, para dar al olvido la paliza que le atizaron los léperos de las Atarazanas.

Desde aquel balcón una maceta desborda las ramas de una madreselva y la planta exhala sus aromas que van difundiéndose en la noche silente. Un grillo se ha puesto a cantar allá arriba, en la torre, y su nota monocorde hace más grave la soledad de la hora.

Sólo en aquel alto ventanuco del convento se distingue una pálida luz rojiza, de una celda en donde a estas horas alguna monja jerónima debe de componer suaves endechas por el amor de Jesús.

La luna va rodando por el cielo y se entretiene en el viejo

juego de la gallina ciega, escondiéndose entre las nubes para dejar la plaza a oscuras y apurar el canto desolado del grillo.

LOS LIBROS PROHIBIDOS

Frente a la mesa en donde un velón chisporroteaba con el ruido de un tábano, el fraile agustino abstraído y con las manos en las sienes pasaba lentamente hoja a hoja del libro en cuya lectura había gastado ya más de tres horas.

Así fue como no sintió la llegada del padre vigilante, que se entró quedo en la celda y lo miraba con sonriente reproche.

–Hermano –le dijo–, parece que no pensáis domir esta noche. Hace ya mucho tiempo que la comunidad está recogida, Sin duda vuestros profundos estudios os alejan el sueño y os ocultan la hora... Ya imagino que preparáis un nuevo libro para larga fama vuestra y de la regla de nuestro Santo Padre Agustín. Hermano, ¿y qué leéis esta noche con tal devoción? ¿Acaso ha caído en vuestras manos ese luminar del *Sermonario* que fray Alonso de la Veracruz acaba de publicar?

Con rápido ademán el fraile cerró el libro y moviendo la cabeza en señal afirmativa, contestó:

–En efecto, padre, es el *Sermonario* de fray Alonso. Tenéis razón, es ya muy tarde y ahora mismo voy a hacer las oraciones de la noche.

Y cuando el padre vigilante hubo salido fue a ocultar debajo del duro lecho aquel libro, en cuyo lomo en donde amarilleaba el pergamino había un rótulo que en las letras de Tortis decía: *Adagios de Erasmo*.

Y ya llegaban las primeras luces del alba y todavía el fraile revolvíase en su lecho, sin haber descabezado ni un sueño, fatigado y sudoroso, como si allí debajo tuviera una parrilla que le asara las carnes y le chamuscara los cabellos.

EL ALTAR CHURRIGUERESCO

Nada más inquietante que un altar churrigueresco

J. T. Acevedo.

Por la noche, cuando el padre guardián se tumba en un rincón de la iglesia, entre las mantas, apenas distingue a luz de la lamparilla de aceite que pende de un gancho, junto al retablo, indeficientes contornos del altar churrigueresco, cuyos brillos se avivan o desvanecen, según que la llamita sube o baja.

Y he aquí que cabeceando, cabeceando, padre Lamberto ve que poco a poco se abre el follaje dorado que envuelve los nichos y que van cayendo las manzanas estofadas, las uvas de yeso miniado, las peras de madera, las hojas de vid talladas en cedro.

Y mansamente el Cordero Pascual que hace un momento estaba allí, echado en la Biblia, con la flámula entre las piernas, baja de la mesa y se pone a pacer hierbas y frutas.

Ahora se despliegan aquellos cortinajes de roble y descienden de las repisonas de oro y rojo, Santa Eulalia, con su túnica de seda de la China, labrada en sándalo, resplandeciente de plata verde; Santa Inés, que hace mover con leves ondulaciones su cauda morada, y vienen sonrientes hasta la reja de tumbaga, enredadas en una conversación cuyas palabras se escuchan como un murmullo de la brisa.

En aquel nicho se ha incorporado el cuerpo de cera con los huesos de San Deodato y mira con evidente curiosidad, a través de los cristales de su urna y entre las ropas de encajes, cómo van dejando sus repisas y sus cuencos, ahora un mártir del siglo II, ahora una virgen de los tiempos de Constantino.

Baja San Felipe de Jesús por la escalera japonesa y se oyen chirriar las gavetas de las reliquias, que al abrirse despiden las célicas emanaciones de los huesos divinos. Levántase una losa sepulcral y aparece el sombrero aplanado de fray Juan de Zumárraga y el obispo se incorpora gravemente. Chispean al fulgor de la lámpara los pequeños espejos de los cajillos y allá, en una gaveta, anímanse las figuras al óleo de la Flagelación y se oye chasquear el látigo en las carnes de Jesús.

Giran las columnas espirales como una llama, se aguzan los

177

remates como una pica, ondulan los balcones como una ola, ahuécanse los nichos como una barca y la oscuridad se puntúa con las cabecitas de los querubines, que agitan sus alas en alegre revuelo.

Las cornucopias van alfombrando el piso con sus rosas pálidas, con sus frutas fragantes y arriba, en la cúspide, se apelotonan las nubes y Dios Padre se divierte también, sosteniendo en la mano izquierda su bola en cuarterones que remata una cruz, bendice con dos dedos de la diestra y sobre su cabeza refulge el triángulo cuyo vértice toca la bóveda de la capilla.

Padre Lamberto está contrariado porque un rayo del alba se ha colado ya por la vidriera de colores.

LA VIRREINA

Doña Ana de Mendoza, la virreina, había cerrado con precaución la puerta del aposento y corrido la gruesa cortina de felpa, en donde la débil luz de la tarde apenas arrancaba imperceptibles luces al oro desvanecido de una arandela.

Allí, recatada en un rincón y debajo de un retrato del grave marqués de Montesclaros, cuyo rostro recordaba sus andanzas con el cruel duque por tierras de Flandes, una preciosa cajonería mostraba la paciente labor de incrustaciones de marfil que enmarcaban escenas de la Pasión alternadas con pequeños espejos cuadrados y tiraderas de plata.

Bajo el corpiño que erguía la cabeza de la dama en el eminente engarce de una rígida gola, la virreina delataba su azoramiento con el trémulo palpitar de sus senos, que se diría iban a escaparse en una fuga de palomas medrosas.

De pronto tiró de un cajoncillo secreto, disimulado entre un episodio de la Crucifixión, y en rápido movimiento de hurto, doña Ana extrajo un pliego que leyó rápidamente e hizo desaparecer entre una manga cuyo extremo se desbordaba en orlas de tules.

La virreina, ya con más calma, encaminóse hacia la puerta. Arriba de la cajonería el retrato del marqués de Montesclaros era más grave y sus ojos parecían fulgurar de rabia.

EL APARECIDO

Aquella noche el marqués de Branciforte tuvo un horrible sueño. Soñó que el propio Carlos V, armado como en la pintura del Ticiano, llegaba a la Plaza Mayor e iba con paso resuelto y además airado en derechura de la magnífica estatua de bronce de Carlos IV que el día anterior había sido descubierta con grandes fiestas y popular estrépito.

Y que el César invicto abría de un puntapié la puerta de la verja de hierro, y que se llegaba al pedestal para treparse y arrojar con ira la corona de laurel que adornaba las sienes del estúpido monarca.

Y que en su lugar colocaba una cabeza de ciervo cuya cornamenta crecía a cada momento, y sobrepasaba las azoteas de la Diputación, las torres de la catedral y se perdía en las nubes.

Y que de un tirón arrancó el manto romano de la estatua para sustituirlo con el miriñaque de doña Luisa de Parma y con el levitón de don Manuel de Godoy.

Y que después, con grave paso, encaminábase a Palacio, en donde urgido preguntaba por el virrey, conminando a la guardia de entregarlo sin dilación.

A la mañana siguiente el marqués despertó mucho más temprano que de costumbre. Al punto llamó a un criado y le dijo:

—Abrid ese balcón y ved qué hay de nuevo en la plaza.

—A estas horas, Excelencia, no hay nada de nuevo. Sólo distingo la estatua ecuestre de Su Majestad Carlos IV, que eleva al cielo la gloria del laurel de Marte . . . .

Don Miguel la Grúa Talamanca y Branciforte suspiró largamente, como si se despojara de un gran peso, y volviéndose de un lado entre las revueltas ropas del lecho, dijo al camarista:

—¡Cerrad el balcón . . . y no me despertéis hoy hasta las diez!

179

LAS DOCE

Las doce. Han dado las doce en el monasterio de las capuchinas. Como la letanía de los muertos que cantaran sucesivamente doce monjas; como si doce losas tombales cayeran, una después de otra, en la cuenca sonora y lúgubre de doce sepulturas en un cementerio abandonado hace muchos siglos; como si doce gritos trágicos desgarraran las sombras pobladas de fantasmas y de presagios; como si la voz lejana de los doce apóstoles le hablara al mundo en esta hora de silencio y de angustia; como si los doce signos del zodiaco cayeran a la tierra en augurio pavoroso.

Han dado las doce en el monasterio de las capuchinas. ¡Las doce! La hora en que en los cubículos de la Inquisición se oye arrastrar cadenas; la hora en que en el cementerio del convento de San Francisco aparece una procesión de monjes grises que repasan las cuentas de sus rosarios entre los dedos descarnados; la hora en que la horca que está en la Plaza despide llamas azules; la hora en que se escuchan palabras de espanto y llamadas de socorro en el quemadero de San Diego, y en el coro de la catedral cantan las letanías las almas de los canónigos impenitentes, y las campanas de la torre de San Pablo tocan solas, y en un rincón de la Calle de la Celada se dibuja la sombra del caballero de Solórzano, y un viento inexplicable apaga las lámparas de aceite de las hornacinas...

¡Dios mío! ¿Qué es esto que me ahoga, que no deja salir de mi garganta el grito horroroso que me sugiere este silencio mortal y lúgubre en que está sumido el mundo después de la última campanada de las doce?...

EL PREGÓN

De pronto, por el Puente de San Francisco oyóse un fuerte rumor que a poco se tornaba en algarabía. La gente se arremolinaba, algunos frailes salieron del próximo convento y como tortugas que sacan la cabeza de su carapacho, estiraban el cuello en el amplio capuchón que llevaban caído y, para ver mejor, se empinaban en la banqueta del atrio.

Pasaba el pregón que el muy ilustre don Francisco Fernández de la Cueva, duque de Albuquerque, había hecho salir aquella mañana.

Trompetas y atabales llenaban el aire de recios sonidos, mientras que la multitud leía ansiosamente o se hacía leer los bandos que un sargento había fijado en el Arzobispado, en la Diputación y en la Calle de Tacuba.

El alguacil mayor marchaba delante, ricamente ataviado con las insignias de su autoridad y tan enjuto y tieso como un pollo en el asador; los nobles de la Colonia apenas se dignaban mirar a la chusma, desde lo alto de sus monturas adornadas con ricas gualdrapas, y los ministros del Tribunal tomaban muy a lo serio sus graves investiduras y no desentonaban un punto en aquella comitiva, tan solemne que a poco provoca las risas de los bromistas.

Y el pregonero abría la boca, como si fuera la alcancía de las ánimas, y enrojecido y sudoroso gritaba a los cuatro vientos:

"Sabed todos los vecinos de esta Corte que el llamado Manuel de Ledesma y Robles es reo de los delitos de alta traición y lesa majestad, por haber osado atentar contra la persona del excelentísimo señor virrey . . ."

La chusma se revolvía en este punto, para lanzar un ¡Aaah! que rodaba de esquina a esquina como un trueno sordo.

Y el pregonero continuaba:

"Se le condena a ser sacado de la cárcel y metido en un cerón . . .

"Y amarrado a la cola de un caballo por las públicas y acostumbradas calles de la ciudad . . .

"Y ahorcado en la horca de la Plaza Mayor . . . hasta que muera naturalmente . . .

"Y después se le cortará la cabeza . . .

"Y se colocará la cabeza en una escarpia, y allí estará para que todos la vean . . .

"Y que se le corte la mano derecha con la misma espada con que cometió su feo delito . . .

"Y que se coloque su mano en la Plazuela del Marqués del Valle . . .

"Sin que nadie ose quitar la cabeza ni la mano de los sitios señalados . . .

"Pena de la vida . . ."

Y el pregonero, deteniéndose un poco en su discurso, para tomar aliento, y revolviéndose con gesto airado, tronaba ante el heteróclito concurso de indios, frailes, mercaderes, alcahuetas y desocupados:

"¡Orden de la Real Audiencia!"

Y el pregón seguía su paso con fingida gravedad y harta lentitud, con el alguacil mayor a la cabeza, que se tostaba al sol como un insignificante pollo . . .

EL COMETA

Ya había sonado la queda en las iglesias y conventos, cuando en la calle se escucharon grandes voces, y era un ruido extraño que tenía algo de alarma, de plegaria y de espanto.

Abrí el ventanillo de mi alcoba y luego, a la luz del farol que alumbraba el nicho de las ánimas, vi un grupo de viejas, alguaciles, colegiales y beatas que hacían extraños signos hacia el cielo.

–¡La Santísima Virgen de la Soledad de la Santa Cruz nos acoja, que esto trae calamidades y anuncia sucesos horribles!

–¡Confiad en Nuestra Señora de la Consolación! –se oía decir a un fraile dieguino, que iba tan de prisa que le volaban los cordones del hábito y la borlilla del sombrero.

Una beata decía a un alguacil de la Santa Hermandad:

–A Dios gracias, hermano, este año me dieron la bendición en la ermita de San Antonio Abad, contra las pestes y los contagios.

–Esto ya lo había previsto el Santo Cristo de los Desagravios, que sudó milagrosamente en la Casa de los Azulejos.

–¡Mirad!, ¡mirad!

Y los ojos volvíanse ansiosamente a interrogar el cielo, en donde lucían impasibles las estrellas de mayo, más luminosas que las lámparas de las hornacinas y que los velones de los alguaciles, que apenas abrían agujeros de luz en la oscuridad de la calle.

–¡Mirad¡, ¡mirad!

Y allá, muy arriba, un cometa que arrastraba su cola magnífica desde el Hospital de San Lázaro hasta las lindes del viejo Tlatelolco.

EL MARQUÉS DE CROIX

> De una vez para lo venidero deben saber los vasallos del gran monarca que ocupa el trono de España, que nacieron para callar y obedecer y no para discurrir ni opinar en los altos asuntos del gobierno.
>
> *Bando del marqués de Croix.*

Aquella mañana de junio el salón de audiencias estaba animadísimo y por todas partes veíanse discurrir a oidores, sacerdotes, maestros de la Universidad y los más encumbrados nobles de la Colonia, en una confusión pintoresca de birretes, espadines, capas, gregüescos y plumas.

–¿Sabéis –decía un oidor– que esta madrugada han sido expulsados los padres jesuitas? Esto clama al cielo: la Real Audiencia no gobierna aquí. Me parece que es tiempo de suspirar francamente por el marqués de Cruillas.

–¡Ya lo decía yo cuando nos enviaron al flamenco! ¡Cuándo se apiadará de nosotros Dios Nuestro Señor!

–¡Dicen que el fiscal apenas les dio tiempo de consumir las santas hostias!

–¡El cielo nos prepara algún terrible castigo!

En esto un bedel anunció:

–¡El Excelentísimo señor virrey!

Apareció don Carlos Francisco de Croix. La Cruz de Calatrava señalaba el corazón y una gran caña con puño de oro daba apoyo a la diestra.

Hubo un silencio.

–Decíamos –prorrumpió el oidor– que nunca Su Majestad, a quien Dios guarde, encontró un instrumento tan alto y digno de sus propósitos como Vuestra Excelencia . . .

–Y que ya era tiempo de poner un límite a la intromisión de los jesuitas en los asuntos del Estado –agregó un mozalbete.

El virrey, sin decir una palabra, paseaba su mirada por el concurso... Sonreía...

EL VASO DE TALAVERA

Una mesa de caoba con taraceas de marfil y plata, una carpeta de damasco que, bordada con hilos de oro, ostentaba una orla de hojas y frutas.

Encima un vaso de Talavera de la Puebla, que en esmalte añil tenía una rosa por cuyo talluelo subía un horrible gusano peludo, y, en el centro, las armas de la noble casa de Regla.

Dice el joven capitán de guardias de corp del virrey:

—La rosa de ese vaso se perfuma, señora, cuando os acercáis a ella, y la cerámica de la Puebla empalidece de envidia junto a la obra magnífica del barro de Dios.

—Pero el gusano del mundo, capitán, va en su atrevimiento más allá que ese de esmalte que veis ahí y que permanece inmóvil y decorativo.

—¿Y qué es necesario, señora mía, para que el insecto llegue a aspirar el aroma de los pétalos?

—Que lo abrigue un capullo de cuya envoltura surja brillante la falena.

—Ay de mí, mísero! ¡Nunca lo encontraré!

Y ella, recatando una sonrisa fugaz en el abanico de leve país de encajes, murmuró quedamente:

—¡Qué bien os envolvería un pergamino de oidor o el pliego de una Intendencia!

EL HEREDERO

> Los hidalgos de Hannover son burros que no saben hablar más que de caballos.
>
> E. HEINE, *Pensamientos.*

Era un bergante. Cuando marchaba por la Plaza Mayor hacíase acompañar de paje y lanza para que rabiara el virrey. Sus prerrogativas no tenían límites y el muy desfatado hacía gala de ellas, multiplicándolas con arbitrariedades.

Izaba en su casa el estandarte con sus armas; no se descubría ante el arzobispo; tenía una guardia privada; era su mayor delicia poner en aprietos a la Audiencia y casi todas las noches armaba camorra con los esbirros de la Acordada.

Apenas, cuando en su presencia se pronunciaba el nombre del rey, destocábase ligeramente y éste era todo el acatamiento que prestaba a los hombres sobre la tiera.

Pasaba la carroza del virrey y las gentes se inclinaban con reverencia, deteníanse los transeúntes, callaban todas las voces. Sólo él seguía imperturbable su camino, revolviendo la capa, haciendo sonar las espuelas, chocando la espada contra los pobretes, galanteando a las mozas, provocando a los militares.

Era el hijo de uno de los conquistadores de la Nueva España, nunca estuvo en la escuela de San Juan de Letrán, jamás dio un real para las obras piadosas, nunca visitó sus vastas tierras meridionales; pero tenía una casa de tezontle con treinta aposentos y en las hojas de roble de su magnificente portón las armas en relieve de sus antepasados, con un mote en latín que nunca pudo leer de corrido.

LA CATEDRAL

Allá, el cielo era de un azul oscuro, el sol radiante y pleno, y el edificio majestuoso de una catedral se me apareció en un fulgor de oro. Me parecía que las brillantes nubes lo elevaban como sobre alas y que el remate de su torre se perdía en el cielo bienaventurado.

L. Uhland, *Baladas y romances.*

Mira la catedral, la catedral que se asienta en la gran plaza rodeada por el Palacio de los virreyes, con sus incontables ventanas y almenas, y por la casona de la Diputación, pesada y grave como un catafalco, y por el rumoroso Portal de los Mercaderes, y por las viejas casas de los primeros conquistadores.

Mira la catedral frente a la gran plaza en donde bulle la gente y pasan los cortejos, se ajustan las compras y se hacen las ejecuciones de la justicia.

185

Mira la catedral, con su base ancha y maciza, como una fortaleza, como un cementerio que limitan las cadenas, con su placeta
en donde discurren los canónigos, con su seminario en donde
disputan los teólogos, con su Colegio de la Asunción de Infantes
Músicos que cantan letanías y motetes en las grandes fiestas.

Mira, hijo mío, la catedral, que es blanca con el sol, rosada por
la tarde y negra en el crepúsculo. Mírala desde el portón central
del Palacio a esta hora del ángelus, ¡cómo se destacan los calados de sus torres, cómo se recortan contra la luz sus columnas
de piedra, qué bien se perfilan en el azul profundo de la tarde
sus remates redondos, sus balaustradas ligeras, sus ménsulas
enrolladas, la cúpula que corona una jaula cubierta por los ga-
jos blancos y azules de mayólicas, las solemnes campanas de
piedra que terminan sus torres, los globos que rematan las
campanas, las cruces que se erigen sobre los globos!

Mira esa fachada: parece un altar gigantesco para que oficiara
el papa; con sus tres grandes puertas, como en misa de tres
padres; con sus balcones que decoran las gruesas guirnaldas de
donde penden girasoles fabulosos; con sus estatuas de apóstoles;
con sus tres cuadros del Nuevo Testamento que blancas tiaras de
mármol coronan, con el grupo alegórico sobre el viejo reloj en
donde chispea, dorada, la Cruz de Nuestro Señor; con sus grupos de santos y de doctores como en un coro de canónigos, con
sus torres como dos blandones que alumbran la misa.

Pero estamos en Cuaresma y Dios ha mandado cubrir este altar
gigantesco con los paños morados de la noche que se acerca.

EL SABIO

> Sócrates no ha dejado ni una sola obra ...
>
> E. HEINE.

Cuando el sabio encontróse frente al extraño monolito desente-
rrado en la Plaza Mayor, un mundo de cavilaciones llenóle la
mente de las más extrañas fantasías.

Su primera consulta fue dirigida al pacientísimo Boturini,
quien no pudo iluminar mucho el intrincado problema de la

interpretación de aquellos símbolos, a pesar de que estuvo metido largos meses en la consulta de sus viejos códices y de su incomparable mapoteca.

El sabio, sin embargo, recurrió a la Universidad, a la Biblioteca Turriana, a los estudiosos agustinos, a los archivos de los conventos y a los más pacientes bibliógrafos. Nadie ni nada escapó a su minuciosa investigación; almorzaba en las bibliotecas y dormía la siesta en los archivos. Tan duro trabajo abrumó su espíritu y quebrantó su cuerpo; pero él continuaba sin descanso acopiando y acopiando materiales.

Un día antes de su muerte decidió dar a las prensas cuantos datos tenía reunidos. Pero la agonía sólo le permitió escribir las primeras líneas de aquel monumento de erudición que el mundo científico estuvo esperando cincuenta años, y la historia conserva solamente una página que en letras enrevesadas tiene un rótulo que dice: *Del origen de los nahuatlacas* y debajo empieza así la relación:

"Si hemos de creer en los datos nebulosos que remotas tradiciones verbales nos ofrecen de manera incompleta . . ."

EL ORGANISTA

Para subir al órgano el organista atravesaba por entre una fila de santos y doctores dorados, que se alineaban, rígidos, en sus pequeños porches de madera estofada.

Allí permanecía, atento, esperando una señal del maestro de capilla, a quien rodeaban los cantores y los monaguillos, con sus roquetes colorados, con sus chinelas de charol, con su clásico copete, risueños y movibles como bolillas de azogue.

Abajo estaban los canónigos con su aire habitual de displicencia: el deán, quien siempre colocaba sus manos sobre el vientre; el lectoral, quien entornaba poco a poco los ojos para ver mejor el Cristo de tumbaga entre los dos ladrones, que remataba la reja del coro; el chantre, quien metía la cabeza en los hombros y así se estaba inmóvil horas y horas; el penitenciario, cuya boca hundida le daba cierta apariencia de octogenario sonriente; los capellanes de coro, quienes sentados en los sitiales de la segunda fila no despegaban la vista de los devocionarios.

Más abajo veía el enorme facistol, con sus salterios en pergamino, en cuyas hojas levemente pajizas distinguíanse las notas negras contrastando con las delicadas miniaturas en acuarela. Veía las estatuillas de marfil que se ocultaban en pequeños cuencos de madera, como en un palomar, y el blanco crucifijo que remataba el facistol.

Luego, volviendo la vista hacia arriba, obsesionábanlo unos extraños personajes inmóviles, ataviados de vivos colores y en actitudes simbólicas y extrañas, y al cabo de un rato parecíale que tomaban movimiento aquellas figuras, que eran del *Apocalipsis* de Juan Correa.

A una señal del maestro de capilla, el organista volcaba en chorro magnifico las primeras notas de la *Misa* de Sumaya, y era entonces la dulzura del *Credo* que decían las flautas en una fuga melodiosa que iba a prenderse como en blancos velos a la áurea maraña de las molduras barrocas, o las frases rotundas del *Resurrexit,* que repercutían sus ecos solemnes en las naves blancas y grises, hasta llegar más apagadas a las altas volutas del altar de los Santos Reyes o a la bóveda gótica de la sacristía.

Después desfilaban los canónigos, con sus vestiduras negras y blancas; seguíanlos los capellanes; y los cantores y los monaguillos se apretaban por salir apresuradamente, en la puertecilla oriental del coro; el pertiguero echaba su última requisa y el sacristán iba a trancos, inclinado a la derecha por el peso de un manojo de llaves que repiqueteaban en un aro de hierro. Cerraba el organista el libro con la *Misa* de Sumaya y por la puerta que da a la placeta del Seminario ganaba la Calle de la Moneda, deteníase a hacer una oración ante los bajorrelieves de las puertas de Santa Inés y perdíase, lentamente, en el callejón del Hospital del Amor de Dios.

LA NAO

Apenas el sol dibujaba una raya de luz en las almenas de la Intendencia y todavía las gentes del puerto consumían su desayuno, cuando dos cañonazos escucháronse distintamente por el lado del mar.

Como si ésta fuera una señal esperada por largo tiempo, la población entera conmovióse al punto y en un momento se precipitó de todas las puertas una muchedumbre de abigarrada vestimenta que iba en dirección de la playa, alegres los rostros, comunicativo el ánimo, en fiesta de movimiento y de risas.

Al poniente esfumábanse las velas de una nave y los vivos colores de sus flámulas. Era la nao de la China, que avanzaba lenta y mayestática por las olas del Mar del Norte.

Después un cañonazo y el chirriar de las cadenas que bajaban las anclas.

Apareció Benito Griego, el maestro de la *Urca Xristóbal*, saludando con su sombrero de larga pluma, desde lo alto del castillo del barco, a la muchedumbre de la costa. Postróse la marinería ante la cruz que el capellán alzaba sobre todas las cabezas, y a poco, en la vasta plaza de la ciudadela, comenzó a apilarse la carga de la nave, conducida en hombros de recios mozos y de forzudos marineros.

Mostróse la canela, en largas churlas atadas con mimbres; los lienzos pintados, que iban saliendo de los baúles de cuero rojo ornados con clavillos de cobre; desplegáronse las zarazas y las cambayas; de mano en mano pasaban las chitas y los lampotes, entre los mercaderes llegados de México, que disputaban a grandes voces; surgió la seda floja, que se irisaba al sol como la suntuosa cola de un pavo índico.

Las cajas iban arrojando, aquí y allá, unas, los pitiflores y los damascos; otras, los pequines y el gorgorán; los tafetanes de vívidos colores: tafetanes morados para los cortinajes de las mansiones nobiliarias; tafetanes azules y verdes para las colgaduras de las grandes fiestas; tafetanes amarillos para los paños de las iglesias; tafetanes blancos para los espléndidos trajes de la corte; tafetanes negros para las piras funerarias.

Y la loza, la porcelana con rosas azules en esmalte blanco; los vasos finamente estriados y con decoración de escudetes; los platos multicolores, brillantes de minio; los jarrones, en donde los gallos chinescos enredaban caprichosamente las largas plumas verdes de sus colas; los frascos octagonales, fragantes de especias; las tazas decoradas con armas nobles; las frágiles mancerinas, de soportes calados.

Y todavía por la noche, entre el rumor del *Ave* de la gente de mar, chispeaban débilmente las sedas, sonaban quedo las porcelanas, al fulgor rojizo de la gran farola que acababa de encenderse sobre el eminente mascarón de la nao.

"LA GACETA"

El viejecito se detiene ante la alacena del Portal de los Mercaderes y tras de hurgar pacientemente en el bolsillo en donde se confunden la caja de rapé y la novena forrada en oscura tela de algodón, extrae al fin una moneda y pregunta entre curioso y urgido:

–¿Ha salido ya *La Gaceta*?

Otro viejecito saca de la alacena su cabeza en donde la calvicie marcó un cerquillo y, ajustándose los anteojos, responde:

–Desde muy temprano corre ya el número de esta semana.

Y alarga un pliego en cuarto, que el comprador dobla y alisa cuidadosamente, y tras de echarlo al bolsillo, se despide con un suave y urbano: "Que tenga su merced muy buenos días."

En la casa espera la comida y en la mesa se encuentra reunida la familia. Antes de levantar el mantel, el viejecito desdobla *La Gaceta*. Los niños se agrupan para oír mejor, la señora se pone muy seria, el viejecito lee y a cada párrafo enarca las cejas y hace lentos movimientos de aprobación o exhibe claras muestras de asombro.

La Gaceta trae un párrafo del Real de Zacatecas, un párrafo de la Intendencia de Valladolid, un párrafo de la carga llegada al puerto de Veracruz por el último barco de Cádiz, un párrafo sobre la contribución de los colegiales de San Ildefonso para aliviar los gastos de guerra que hace Su Majestad contra ese tal Bonaparte, un párrafo con noticias del clero metropolitano, un párrafo en donde se anuncia la venta de un reloj inglés con mecanismo muy curioso y un párrafo en el cual se informa que en la alacena de la esquina del Portal se encuentra la *Cartilla exemplar* a real y medio.

Son muchas noticias. La familia las comenta prolijamente, la señora ha enviado a la criada que vaya corriendo por la *Cartilla exemplar* y el viejecito, entusiasmado, observa:

—¡Parece mentira lo que ha avanzado el mundo con el descubrimiento de la imprenta!

LA ALCOBA

> *Quelqu'un a heurté la porte.*
> *¿Qui donc a heurté, serait-ce le vent?*
> M. WYSEUR, *La Flandre Rouge.*

Desde mi lecho, por los cristales de la ventana que la luna ilumina, veo el jardín en donde hay una tapia cubierta de yedras y algunos árboles que parecen más oscuros al dibujar su silueta contra la luz difusa, que a veces las nubes hacen más débil y apagada.

Hace ya muchas horas que maté la luz de mi lámpara y, sin embargo, el sueño no ha venido. Hay algo que mantiene abiertos mis ojos, fijos en el ciprés del jardín, en donde una lechuza lanzó tres silbidos horrendos.

Han sonado, muy lejos, unas campanas. ¿Han sonado las campanas de Regina, o son las viejas campanas del convento de Santiago? Han sonado, muy lejos, unas campanas . . .

Y siento como si las sábanas fuesen un sudario helado que a cada momento paraliza mis miembros.

De pronto las cortinas de mi habitación se mueven, como si las hojas de la ventana se hubieran abierto y penetrado el aire. La luna ha ido a ocultarse detrás de la tapia y en el jardín el silencio se ha hecho más profundo. Oigo que unos pasos, lejanos y sordos, se han deslizado por la callejuela. Alguien debe pasar en estos momentos bajo la hornacina de las ánimas. El jardín ha quedado en tinieblas. Los ojos de la lechuza, sobre el ciprés, encienden sus fanales y las maderas de mi ventana crujen apenas, como si una mano sin fuerzas las hubiera empujado . . .

Yo hago la señal de la cruz.

EL ESPADERO

El espadero es viejo, y cuando se sienta en el banco para limpiar con aceite la hoja del sable que le ha traído el alabardero de Su Excelencia, las puntas de su larga barba rozan el filo y se pasean por la leyenda de la hoja.

Cuando frota con la badana o cuando afila con el mollejón, el espadero piensa que en toda la ciudad no hay otro que supere su trabajo; sabe que las mejores espadas del reino llevan su sello y sabe también que nadie como él hace una vaina de terciopelo o pone un puño entorchado.

Ahora sonríe porque recuerda haber despedido con cajas destempladas a aquel villano que quería que le aceitara un puñal de pelo. ¡A él, que allá en España templó una vez la espada de lujo de Su Majestad! ¡A él, que en Toledo tuvo en sus manos la espada del César!

Trabaja alegre desde la mañana hasta la noche, y cuando quiere descansar se pone a decir cuchufletas al mandoble aquel que ha suspendido como muestra de su tienda.

Sólo lo vieron triste alguna vez que abrió un baúl, en donde hay una espada herrumbrosa, que nunca ha querido limpiar y que lo acompañó hace ya tantos años, cuando era mozo y mojaron sus pies las aguas del Golfo de Nápoles.

EL CUENTO

Agrupados cerca de la vieja que en un taburete destacaba sus carnes flácidas, los niños se emocionaban de asombro y de miedo, y era aquel como un antiguo cuadro alemán en el que la luz del velón de cobre ponía sabiamente sombras y claridades intermitentes.

La vieja relataba un viejo cuento de espantos, mientras que afuera el viento de la tempestad era un salmo funerario cuando barría la calleja miserable y las luces lívidas de los rayos destacaban la silueta aplastada de la iglesia de la Soledad de la Santa Cruz.

Refería la extraña historia de un galeón cargado de oro y objetos preciosos, asaltado por los piratas en el mar océano, y la aparición de los muertos sobre las olas, en la ruta de las naves que venían de España.

Azorados, los niños estaban codo con' codo, o juntaban las piernas, cuando oyeron que los fantasmas de los náufragos perseguían los barcos en la ruta de las Antillas y que sus voces imploraban las oraciones de los creyentes, dominando el ruido de las olas.

La vieja mató la luz del velón; pero los niños temblaban en sus camastros y creían que el cuarto era una nave desolada en el océano, mientras que de afuera la tempestad los alucinaba con las rachas frías que se colaban por las junturas de la puerta, y tronaba el grito del rayo, que las campanas de la Soledad repercutían.

LA PLAZA

> *Zuazo*.–Estamos ya en la plaza. Examina bien si has visto otra que le iguale en grandeza y majestad.
>
> *Alfaro*.–Ciertamente que no recuerdo ninguna, ni creo que en ambos mundos pueda encontrarse igual. ¡Dios mío! ¡Cuán plana y extensa! ¡Qué alegre! ¡Qué adornada de altos y soberbios edificios, por todos cuatro vientos! ¡Qué regularidad! ¡Qué belleza! ¡Qué disposición y asiento! En verdad que, si quitasen de enmedio aquellos portales de enfrente, podría caber en ella un ejército entero.
>
> F. Cervantes Salazar, *Tres diálogos latinos.*

–¡Echaos fuera! –gritóme el auriga que en aquellos momentos guiaba un forlón, que a carrera tendida atravesó la placeta del Marqués para dar vuelta por la esquina del atrio de la catedral, rozando casi la desmedrada peana en donde se erigía la Cruz de los Tontos.

Y pegándome a la barda para no ser atropellado, encontréme de pronto en la gran plaza, rodeado de una multitud que se apretaba entre gritos, empellones, ofertas y risotadas; y caminando a trancos, rodeado de indios, vagabundos y gentes de todas condiciones, a poco doy en tierra al pretender saltar por sobre los vendedores de frutas, baratijas y fritangas, quienes sentados a la turca, a la sombra de esterillas de petates sostenidas por groseros mecanismos de paragüería, extendíanse desde los muros del Parián hasta la barda de madera de la catedral y allegábanse en grupos abirragados, hasta la ridícula columna de Carlos VI, los andamios que rodean la picota y la fuente de tazón, en donde se llenan los cántaros de los aguadores, limpian sus corambres los pulqueros, los perros de la calle calman la sed y las daifas se enjugan el pecho.

Me pareció una eternidad lo que tardé en atravesar la plaza para llegar a los cajones de San José, fronteros a la acequia en la cual apenas podían moverse las trajineras repletas de legumbres y de flores, que iban a descargarse cerca del portal. Y todavía, para llegar hasta la Casa de Cabildos, detúveme para dar paso a los maestros que iban derechos a la Universidad, luciendo sus togas de terciopelo negro. Detrás de mí susurróme un vejete:

—Advierto que sois forastero. Ved: aquel de la muceta blanca es un teólogo de larga fama; ese del birrete verde es canonista; aquellos que lo llevan azul son los maestros.

En esto la campana del reloj, que coronaba la cornisa central del palacio, sonó las doce y por la Calle de las Casas Arzobispales empezaron a discurrir los clérigos, camino de sus casas, y aumentó el concurso de colegiales en la Plazuela de la Real Universidad.

—¡Las flores de papel! —gritaban unas viejas en el soportal.

—Los camotes de la Puebla, helos! —anunciaban por otro lado.

Desde el Parián chillaba una voz en falsete:

—¡Las buenas botas con embono morisco, palillo francés!

Y otros gritaban:

—¡La cera de Castilla, las bujías de China, de arroba, de a libra!

—¡Eh, el alguacil y mire en dónde pisa, que no son mantas de cuatro tlacos!

Y para no ser arrollado fuime corriendo hasta el Puente de los Pregoneros, aturdido por los gritos, molido por los empellones, hasta ganar el camino de mi casa, en donde ya me esperaban las viandas del almuerzo.

194

EL PAJE

¡Ah, el paje, rosado y lánguido, rubio y grácil, como un querubín de los que adornan el arco plateresco del camarín de Nuestra Señora!

Sí, lo ha visto de cerca, en la misa de las once; allí estaba como en otros días, con los ojos puestos en la Virgen, toda de azul con estrellas de plata, o bien escuchando, sin pestañear, el sermón del padre Larios, quien habla de la maravillosa peregrinación de los niños en la Santa Cruzada.

Lo ha visto envolverse en la capa y dejar la iglesia, para volver a la casa de sus señores; quizás para llevar el quitasol a esa horrible condesa que recorre diariamente, de arriba abajo, la Calle de Millán, para disipar el reúma; quizás para ir al lado de la litera cuando la vieja se dirige a llevar su limosna al beaterio de San Lorenzo.

Pero él no ha advertido nada y pasa indiferente ante la beldad de la señorita, quien debajo de su velo de blonda negra de Valencia se ha encendido súbitamente y está a punto de tirarle del balandrán y llevarlo hasta el patiecillo de la sacristía, que ella se sabe, para declararle su amor.

¡Ah, si no fuera la hija del visorrey; si no estuviera comprometida al bergante, ese a quien no conoce y que la espera allá en Sevilla, cargado de oro y de títulos!

EL ÁNGELUS

Le Séraphin des soirs passe le long des coeurs.
ALBERT SAMAIN, *Soir.*

Desde la torre del poniente el campanero de la catedral tocaba el ángelus.

Debajo de la colosal "Santa María" su figura era una prolongación de la cuerda, y el campanero tocaba el ángelus a la ciudad que abajo se desarrollaba como en las piezas de madera de un juego de rompecabezas.

Luego sonó la campana en la torre cromática de la Encarna-

195

ción, escuchóse al instante desde las alturas de Santa Teresa la Antigua, repercutió en el Convento de Santo Domingo, contestó la campanilla de las Bernardinas, y como una cháchara respondieron más lejos Nuestra Señora de los Ángeles y la iglesia de Regina, el viejo convento de los franciscanos y el dulce monasterio de las monjas carmelitas.

Y más allá todavía, como si el sonido se dilatara en suaves ondas concéntricas, volaba el eco de la capilla de San Antonio Abad, y todavía más lejos, casi como la exhalación de un murmullo, percibióse la campana de la ermita de Merced de las Huertas...

Y fue como una acordada oración en la que llevaba la voz la catedral y los demás templos decían las secuencias; y el vasto rumor del ángelus flotaba en la tarde como la postrera nube de incienso elevada a Dios.

Y ya era la noche que avanzaba sus sombras cuando los últimos sones de las campanas recordaban a la ciudad silente el anuncio del ángel del Señor.

EL ERUDITO

La obra más magnífica que se hubiese visto después de la creación.

JUSTINIANO.

De tous les livres difficiles a faire il est convenu qu'un livre de bibliographie est, plus que tous les autres, rempli de perils de toutes sortes.

JULES JANIN, *Le Livre.*

Fatigado por las emociones de aquel día, de vuelta a su casa de la Calle de los Ballesteros, el venerable canónigo don Bernardo Julián de Landívar y Ceballos se dispuso a tomar el chocolate de Soconusco, que una vieja criada acababa de disponer en una mesilla, cerca de la estantería desbordante de crónicas forradas en pergamino, libros con pastas de badana y hebillas de lo mismo, e incontables folletos, estampas religiosas y hojas volantes, que en grandes rimeros cubrían los anaqueles, el pupitre y los sillones.

El sabio magistral de la Santa Iglesia Metropolitana de México había dicho aquella mañana un sermón contra los insurgentes que trataban de destruir en la Colonia el omnímodo poder de Su Católica Majestad el señor don Fernando VII; y todavía en sus labios notábase un leve temblor de cólera y aún bullían en su imaginación las violentas metáforas en donde los revolucionarios eran llamados abortos de Satanás y desquiciadores del orden social.

Y poco a poco, al tibio influjo del chocolate con rosquillas, fue calmándose aquella ira que habíale entrado al calor de la emoción oratoria, y diose entonces a terminar el paciente trabajo –abandonado la noche anterior– de arreglar por orden alfabético las papeletas bibliográficas que formarían el apéndice de aquella insigne *Bibliotheca de todos los impresos de la Nueva España y otros de que se tiene noticia,* que tan larga fama habíale dado como catalogador infatigable de la gloriosa literatura mexicana.

De pronto el señor Landívar y Ceballos se quedó meditando un largo rato. Habíale asaltado la idea de coronar con el más lucido remate su vasta labor de erudición, y olvidándose ya de los insurgentes, con un raro fulgor de contentamiento en los ojos, cogió de la gaveta una hoja de papel, y con la pluma de ave que yacía cerca de la marmajera de porcelana escribió con grandes caracteres, a guisa de rótulo: *Bibliografía universal o catálogo de todos los autores y libros anónimos que no tratan ni aluden a la milagrosa aparición de la Santísima Virgen de Guadalupe.*

EL NICHO

El nicho, el nicho de San Cayetano, que está ahí en la esquina de la vieja casa, sobre la cornisa, empolvado y grisáceo, con veinte capas de pintura que los albañiles han sobrepuesto hace tres siglos.

Pobre San Cayetano, con su rígido manto de piedra, en donde las desportilladuras han ido descubriendo los colores; la cal blanca de 1620; el ocre de 1680; el azul violento del siglo XVIII, el verde claro de la independencia, el amarillo de la Reforma, el gris, el rojo, el cobalto de la época de las revoluciones.

¿Recuerdas, viejo, aquel maestro del Colegio de San Ramón, que te dejaba una vela todas las noches, después de ganguear el padrenuestro tres veces y persignarse nueve? ¿Y qué fue de la lamparilla que estaba pendiente de ese gancho y a la cual echaba aceite todos los días la lechuza aquella del beaterio de San Lorenzo? Y dime: ¿a dónde fueron a parar los ramos de jarilla y las varas de nardos con que te engalanaban las clarisas, y la sortija que te había colocado en el meñique aquella dama que una tarde descendió de su estufa e hizo colocar una escalera para llegar hasta ti?

¡Ah! ¡Pero si no oyes ya, si tus orejas han desaparecido, si tu capa está ya raída como la de un fraile mendicante, si estás encarcelado detrás de esas veinte superposiciones de pintura, si ya has envejecido tres siglos y estás ciego, con los ojos llenos de tierra, en donde ha crecido la hierba y los pájaros vienen a picotear, pobre San Cayetano!

EL MENDIGO

Un oidor y un clérigo pasaban aquella noche por la acera del Real Palacio, empeñados en debatir los sucesos de Guanajuato. Graves noticias llegaban de la Intendencia acerca de motines actos violentos contra los españoles.

—Y sépase vuesa merced que esas gentes no pueden nada contra el orden establecido —dijo el oidor doblando la esquina de la Moneda.

—Dios protege nuestra santa causa y nos conservará unidos a la Corona por los siglos de los siglos —agregó el clérigo mientras hacía una reverencia al palacio del arzobispo, por cuyo frente atravesaban en aquel instante.

Un mendigo les cerró el paso. Era un indio miserable, casi desnudo, de mirada vivaz, que tendía la mano implorando una limosna.

—Yo os aseguro —reanudó el clérigo— que Nuestra Señora de los Remedios . . .

—¡Por la Santísima Virgen de Guadalupe, una limosna! —gimió el indio, mientras que los otros le lanzaban una profunda mirada de desprecio.

–¡Por la Santísima Virgen de Guadalupe! –volvió a suplicar frente al oidor, quien se estremeció sin causa y le arrojó una moneda.

Atrás, en el reloj de la catedral, daban las once.

EL BARBERO

Al entrar a la tienda del barbero, lo primero que distinguí, cerrándome el paso, fue una media docena de gallos, que atados por una pata entreteníanse en traguitear el agua de los lebrillos y en esponjarse al sol que ampliamente inundaba hasta la mitad de la estancia.

–Note su merced –díjome el barbero entre servil y apresurado– este gallo giro, del espolón cenizo; mire su copete, que es de los famosos de San Juan del Río, y cómo no lo dejo cerca de los otros, que a poco daría cuenta de todos; y a Dios gracias que éste se lo echo al más pintado de las ferias del Bajío...

Y haciendo un molinete con la toalla, agregó:

–¡A las órdenes de vuesa merced! ¿Qué va ser? ¿Navaja, sangría o solamente una hermoseada?

Y mientras que el rapista entreteníase en hacer la jabonadura y en dejar como un sol de reluciente la bacía de azófar, negruzcas sanguijuelas maromeaban en los pintados tarros guanajuatenses y un vejete, a horcajadas en la silla de tule, ensayaba con monótonas repeticiones la popular cantata *El doncel animoso*, acompañándose con la guitarra que hace un momento descolgara de aquella percha, en donde todavía nótanse la capa de la esclavina corta y el bastón de cerezo, con puño retorcido en forma de culebra.

–Éste es el legítimo jabón de alcanfor –díjome llenándome de espuma el rostro–, y haga buches vuesa merced para que la navaja no tropiece, que he de dejarlo tan mondo y bien parecido que las mozas de las Cadenas y de Bucareli lo llevarán en andas.

Y desatóse en una plática intrincada, aturdida e inagotable de chismerío social, comentarios a *La Gaceta* y pullazos políticos.

–¡Oh, la exquisita agua de olor de mi tienda! –dijo espurreándome en la cabeza una de sus lociones, y cuando hubo acabado de pasarme los peines, acompañóme hasta la puerta, con muchas caravanas, mientras el vejete del guitarrón preludiaba la contradanza de moda entre los currutacos, y el gallo giro de San Juan del Río alzaba golilla a otro, que desconfiado y tieso lo miraba fijamente desde una estaca.

EL INSURGENTE

Llegóse con precipitación a la puerta de la Real Audiencia y con evidente nerviosidad preguntó por el fiscal.

–¡Pliegos urgentes de la Intendencia de Guanajuato! –gritó al ujier, quien se hizo a un lado para dar paso al que en tal forma requería la entrada.

Pero no bien hubo entregado los papeles cuando ya salía para montar el caballo que lanzó rápidamente por el Puente de San Francisco, ante la multitud que se apartaba para dejar pasar aquel extraño personaje de rostro moreno y traje de cuero, que era un centauro sobre la silla galoneada en donde fulgía un largo machete corvo.

–¡Un manifiesto sedicioso! ¡Una hoja impía! –gritó el fiscal, saliendo a los corredores del palacio.

Y daba grandes voces de cólera, y agitaba en sus manos una hoja toscamente impresa, y requería a los criados de perseguir sin dilación al mensajero.

Pero ya el insurgente había dejado atrás Tacubaya y como una saeta iba por el camino de Toluca, en derechura del Monte de las Cruces.

200

LA CASA

Puertas claveteadas,
ventanas con rejas,
cortinas ajadas . . .
cosas desmayadas
de viejas.

FERNÁNDEZ MORENO,
En la vieja sala.

La casa. La casa vieja, roja, roja toda, hecha de cubos de tezontle poroso que va chupando las lloviznas y las tormentas de hace cuatro siglos, reteniendo el polvo que levantan los carros, captando los ecos de todos los ruidos de la calle. Tezontle poroso que guarda las voces de los duros capitanes del siglo XVI y los gritos victoriosos de los revolucionarios del siglo XX.

La casa. La casa vieja, con sus ventanas de maderas carcomidas, encuadradas en cantería blanca; con su portón de cedro en cuyas hojas hay escudos nobles, relieves con hombres de nariz desportillada y animales a los que ya se desprendió la cola. La casa vieja, de almenas piramidales y canalones de piedra y hierro, verdes de orín.

Y el patio. El patio vasto, rodeado de arquerías que rematan las armas de los fundadores; con la fuente de nimios labrados; como en escalera amplia y señorial, de piedra gris y hierros españoles.

La sala, la gran sala que grandes cortinajes de damasco oscurecen; la sala, con sus goteras, los taburetes de caoba, las pantallas de plata que sostienen ricos arbotantes, las pinturas místicas encuadradas en marcos de carey y el baldaquín en donde Jesús dice la séptima palabra.

La alcoba, la sombría alcoba donde está el lecho de roble, los escabeles de nogal, el biombo de diez hojas y un reloj en su caja azul, que no ha vuelto a marcar las horas desde que en aquella estancia el señor conde entregó su alma a Dios.

Por la noche, la galería va repercutiendo el eco de unos pasos lentos y graves, y todavía, en las altas horas, se distinguen en un ángulo del corredor leves resplandores rojizos de la lámpara que ilumina la reja del oratorio.

Han dado las doce y ahora es la luna que va dibujando lacerías, arabescos y fantasmans, en el patio lleno de quietud y de silencio, como un cementerio.

DIÁLOGO CHURRIGUERESCO

Je regarde humainement les choses.
VAUVERNAGES.

El autor.–Os sacaré en un libro. Voy a galvanizaros en vuestra época; aquí no hablaréis con esas frases curiales y enrevesadas que nunca usasteis. Salid vos primero, don José Churriguera, uno de los más calumniados.

Churriguera.–Es verdad, se me toma por modelo de toda confusión y enredijo; se me conoce por la más antonomásica antítesis de la lógica. Si pasara cerca del Partenón, las pocas columnas que quedan en pie caerían sobre mí para despachurrarme rabiosamente. Los clásicos me odian.

El verdugo.–¡Si os hubiera conocido en el siglo XVII!

El Sagrario.–¡Cuidado! Estaba yo cerca de la horca y hubiera castigado tal atrevimiento. Vuestras cabezas no hubieran resistido una sola de las pirámides de mis remates.

La Iglesia de la Santísima.–Os hubiera ahogado, envolviéndoos en la profusión del follaje que decora mi portada.

El Sagrario.–Os hubiera atraído al laberinto de mis nichos, en donde todavía estaríais sin salir.

La Iglesia de la Santísima.–Bastaría un pedazo de mis canalones para abollaros la cabeza.

La casa de Santiago.–Uno de mis centinelas de piedra hubiera disparado su arcabuz.

El virrey.–¿Sin una orden nuestra?

La casa de Santiago.–No la necesito. Su Majestad concedióme guardia privada.

El visitador.–Podrías haberlo hecho, casa de Calimaya; entonces tenía yo las plenipotencias del rey.

El arzobispo.– . . .a quien Dios guarde. ¡Haya paz!

El visitador.–Y también contra vos. Podía haceros encerrar en un convento.

El fraile franciscano.–Hubiérale ofrecido el mío: era el más vasto y el mejor guardado.

El fraile dominico–Exageráis, hermano. Acordaos del mío que visitabais el día del encontronazo.

Tolsa.–Dejad tranquilo al señor Churriguera; tened en cuenta que sin él no tuvierais esos espléndidos conventos ni esas iglesias de arquitectura suntuosa y un poco . . .

El Palacio de Minería.– . . .bárbara.

Tolsa.–Callad, no cuadran con vuestro decoro esas salidas de tono.

Carlos IV.–Dejadle hablar. Tolsa, yo se lo permito.

El caballo de Carlos IV.–Y yo.

Carlos IV.–Guarden silencio las bestias.

El caballo de Carlos IV.–Perdón, pero aquí la bestia sois vos. Ya podíais quitar de allí abajo esas flechas que punzan mis cascos.

El padre Las Casas.–Pierde cuidado; os las quitaré.

El obispo Zumárraga.–Incurriríais inmediatamente en las censuras canónicas.

Fernández de Lizardi.–¡Al diablo con vuestras censuras!

El padre Avendaño.–¡Ay de mí y cuánta impiedad es la vuestra, señor Pensador; pues que si no teméis el castigo de la Iglesia, que santa madre hayamos, que luenga bendición denos, que generosa cobíjenos en la manta protectora de su perdón, es que vos mismo sois hijo rebelde suyo; y pues que si Satanás defeccionado hubo, y pues que lo invocáis, luego os acogéis a su malignidad; en consecuencia os declaráis su partidario y Dios haya perdón a mis culpas que vois sois el verdadero Lucifer, que las cruces espanten . . .!

El payo del Rosario.–Vaya en mala hora el enredista, que he de hacer con sus sermones una hoguera.

Don Pedro Moya de Contreras.–Yo la alimentaré con vuestros huesos.

Sigüenza.–Metería la mano a la lumbre por salvar esos papeles.

El inquisidor.–Papelitos tenemos . . .

Eguiara y Eguren.–Los recogeré todos. Necesito a Avendaño para la "A" del primer tomo de mi *Bibliotheca.*

Beristáin y Souza.–Siempre se os ha de escapar su biografía, que yo la tengo de cabo a rabo.

203

Osores.–No os fieis demasiado en vuestras papeletas, mi ilustre canónigo.

El Real Colegio de San Ildefonso.–No habléis a destiempo, don Félix; tiempo habrá de que yo os inmortalice.

Cabrera.–Mis discípulos le harán un retrato para vuestra galería. Os aseguro que será mi mejor obra de arte. ¿Qué decís de esto, colega?

Arteaga.–Nada. Pinto.

Cabrera.–¿Vos?

Arteaga.–Santo Tomás, el desconfiado, puede testificarlo.

Borunda.–¡Cielos! ¿Conocéis a Santo Tomás? ¿Habéis adorado en su capa a la Virgen de Guadalupe? ¿Sabéis que él y Quetzalcóatl son dos personas distintas y un solo hombre verdadero?

Fray Servando.–¡Eso es! ¡Y que no vengan ahora con cuentos los desvelados de la Colegiata!

El canónigo de la Colegiata.–Habremos de encerrar a este loco impío en los calabozos de Santo Domingo.

Fray Servando.–Encerradme diez veces; escaparía otras tantas.

El agustino.–A ver si calláis todos; estáis metiendo un ruido espantoso. ¡Cuándo dejarán trabajar a uno tranquilamente en esta tierra!

Sor Juana.–*Omnia tempus habent,* fraile estudioso, veos en este espejo.

El erudito.–El espejo de Sor Juana Inés, si hemos de creer en su palabra, existió desde el siglo XVII. Los primeros espejos llegados a la Nueva España los trajo el galeón *Santa María de Cádiz,* del cual era maestre Juan Almíndez, cuya firma apenas es descifrable en la segunda serie de legajos de "Naos" que se conservan en el Archivo General.

El colonialista.–¡Por fin! He aquí lo que se llama un pie forzado para una magnífica novela colonial. Manos a la obra: la titularemos *El espejo de la monja o la nao de Juan Almíndez.*

El autor.–Tú, *Visionario,* anda con Dios y quede aquí el epitafio de tres siglos de literatura retrospectiva. De los tratados de Córdova para atrás, sean estas últimas palabras. Buenas noches, mis viejos fantasmas: ya canta la alondra.

PERO GALÍN

GÉNERO

Il est difficile de s'entendre sur le sens de la réalité.

JEAN COCTEAU, *Le Secret Professionnel*

TIENE LA literatura mexicana, entre sus particularidades que los autores de futuros tratados no deben dejar inadvertidas, un género colonizante, que iniciado con los titubeos de Natal del Pomar y las novelescas reconstrucciones del general Riva Palacio, adquirió ya una suma de atributos esenciales, cuyo catálogo completo no es difícil ahora de rehacer y debe formarse sin pérdida de tiempo, tanto para que la erudición de la materia no sufra un punto, cuanto para que los hombres de letras del porvenir encuentren que solamente es necesario poner manos a la obra, como quien utiliza en la confección de los más intrincados guisos un infalible diccionario de cocina.

Desde que Ghislanzoni, estruendosamente comentado por la brillante partitura de Verdi, puso al alcance de todas las inteligencias la dramática historia del Egipto remoto, muy más accesiblemente que las interpretaciones de Champollion y que el tratadito de Maspero –cuyo éxito en las cátedras de exégesis artística es indudable– y la antigua Roma se traduce en estimables poemas aconsonantados con triclinios y lictores, las literaturas de reconstrucción florecen como una huaxteca inextricable y andan por ahí odas persas y baladas árabes tan falsas como las canciones de Bilitis.

Por más que el americanismo de jaguares y de selva virgen ha hecho fiasco, debemos convenir en que el color local, tan buscado en el siglo XIX, se salva por obra del género colonial que, poco a poco, lo mismo en México que en la Argentina y en Chile –y en Estados Unidos mediante la arquitectura imitativa–, fue cobrando voluntades y descubriendo vocaciones que pudieron haber fracasado en el ensayo inglés y en la novela rusa. Por otra parte, los aztecas y los incas están más lejos de nosotros que los virreyes y los oidores y es tarea más difícil la de interpretar sociedades aborígenes en el *Lienzo de Tlaxcala,* que la de animar un relato entre curas chocolateros, monjas de rosquillas de canela, fachadas del Sagrario Metropolitano y tormentos inquisitoriales, elementos todos que para regodeos de las bellas letras no han acabado de desaparecer de entre nosotros.

El cofre "perulero", el vocabulario en fabla con sus inapreciables *eses* largas, la nao de *la* China, la loza de *la* Puebla, los azulejos de Churubusco, el Archivo General de la Nación, la Colección Alcázar y la galería de retratos del Museo Nacional serán todavía por muchos años almacén inagotable del guardarropa colonial y filones tan ricos como aquellos de la Valenciana, de felice memoria, hasta que agotados los temas y a vueltas còn el repertorio, hágase imprescindible seguir el orden cronológico, pasar al género insurgente y de éste al del imperio maximiliano, el cual, por lo menos, será garantía de un magnífico éxito en los círculos sociales, en donde se conserva aún el plato con monograma de Su Majestad y preside el estrado un retrato venerable del ancestro a quien por el año del 64 honrara con su amistad don Juan Nepomuceno Almonte, cuya lugartenencia es como el guión invisible en donde coinciden el término de la aristocracia europea en México y el principio de la aristocracia poscolonial, sustentada en las pingües concesiones del General Carlos Pacheco.

No debemos entregarnos al desaliento, sino hacer pujantes esfuerzos por salvar esta idiosincrasia de nuestra literatura, cuya originalidad nadie puede disputarnos en el mundo de las letras; y si hasta ahora sólo el género novelesco fue el predilecto de la literatura neocolonial, quedan abiertos otros horizontes y pueden intentarse otros muchos ensayos. Y si nuestros consejos –*honni soit qui mal y pense*– interpretáranse por puñaladas de pícaro, no había más que lanzar una ojeada en torno. Voces nuevas surgen, aparecen imprevistos horizontes. Entonces, valientemente, echaremos los pintorescos despojos a la pira de los tributos y su homenaje será la espiral de humo que saluda a la nueva aurora.

OMETECUHTLI Y HABEDES

Engañaron sotylmente
por emaginación loca.

FERNÁN PÉREZ DE GUZMÁN,
Dezir de Loores

Hubo, hace todavía pocos años, un revuelo de agudo regionalismo en la literatura americana. Entonces, como ahora, usóse la palabra *tendencia* para justificar el revuelo. Trátase, decían los enterados, "de un vigoroso movimiento hacia el arte autóctono". Cada vez que se habla del arte autóctono, ya se sabe que es un atrevimiento discutir la tendencia autóctona de ese arte.

Eran los tiempos en que los poetas líricos se acogieron a la poesía épica; tiempos de Tabaré y de Chimborazo, de Tequendama y de Popocatépetl, de selva virgen y de Amazonas, de águilas altivas y de "cóndor colosal de orlado cuello". Fresco estaba aún el recuerdo de aquel "espléndido es tu cielo, patria mía, de un purísimo azul como el zafiro" y la epopeya uruguaya se reflejaba en México, exactamente con la misma combinación métrica, en *La gruta de Cicalco*, la obra maestra de José María Bustillos, el entonces joven poeta a cuya muerte la crítica del tiempo lo señaló con el epíteto de "malogrado".

Y al grito de "hay que ir a lo nuestro", los poetas preludiaban sus odas, invariablemente, pidiendo la lira, ya a Apolo, ya a Zeus, ya a Clío, ya al historiador de más popular consagración de su república. ¡Dadme la lira!, ¡traed la lira!, ¡quiero la lira de robusto acento! Y, después, las subdivisiones: la septicorde, la tricorde y "la más pesada y negra".

Todo lo que fuera americanismo teníase por "el último grito". Y si lo continental presentábase como nacional y lo nacional se sazonaba con sabores de la región y de la provincia, el éxito estaba más asegurado. Así, "el último grito" tornóse en una ensordecedora gritería continental cuyos postreros ecos –ya más afinados y seguros– diolos la poesía de Chocano.

Lo indígena, particularmente, fue lo preferido. Y era explicable, porque llegaba más a lo hondo de lo autóctono. En cada estrofa se insertaban palabras regionales indígenas, con sus correspondientes asteriscos o números de llamada y, al final de cada oda, caía en prolongada y sonora curva todo un torrente de erudición fisiológica. "Del *tirigay* en la empinada *curcha* el *pangelín* se llena de canciones", decía, aproximadamente, uno de estos poemas regionales. Y abajo, seguidos de sus correspondientes números:

> *Tirigay*, pajarillo que, como las alondras, canta sólo por la mañana y vive en las selvas del Orinoco; *curcha*, nombre con que se designa a los cerros de la frontera paraguaya; *pangelín*, árbol del Brasil, de la familia de las leguminosas, que crece hasta 12 o 14 metros de altura, con tronco recto y grueso, copa espaciosa y dispuesta en racimos, y fruto aovado de cuatro a cinco centímetros de largo, con una sutura elevada y longitudinal: contiene una almendra dura y rojiza llena de un meollo de gusto entre amargo y agrio, muy desagradable, que se usa en medicina como antihelmíntico.

Cada país de la raza indo-española tuvo su momento de poesía indígena: recordad a don Tomás Ignacio Potentini, cantor de Urica, Mucuritas, Las Queseras, Boyacá, Carabobo y Pichincha. Su entusiasmo provincial manifestábase en estos desbordamientos:

> Al narrar sangrientas cuitas
> de nuestros nobles pamperos,
> hay que romper los sombreros
> cuando digan: ¡Mucuritas!

El "movimiento", como se le llamó entonces, tuvo su más alta floración en aquella *Oda a la agricultura de la zona tórrida,* con que don Andrés Bello sorprendió a medio mundo. El botánico poema tiene la lujuria tropical de aquella hora: como lianas en selva inextricable se enlazan en el tórrido canto "el arbusto sabeo", "el ananás que sazona su ambrosía" y "la fresca parcha", musas inspiradoras, sin duda, de la fauna y la flora que en el *Tabaré* mezclan "las negras plumas del urú", "las hogueras del Tapá", "los nervios fuertes cual ñandubay" y "la flor de guayacán".

En México el arqueólogo don Cecilio A. Robelo, dado también a devaneos de semántica, desentrañaba la teogonía nahoa de los cuatro soles, en aquel canto cuya lectura era inútil de intentar si no se tenía a la mano el *Diccionario de aztequismos* del propio autor:

> El gran Ometecuhtli en Omeyocan,
> con Omecíhuatl, su inmortal consorte...

Aquélla fue, en la literatura española de América, la hora del Gran Ometecuhtli.

Pero muerta la última vestal de las evocaciones nahuatlatas, decadentes los estudios de erudición filológica que reconocían como ara sagrada de sus empeños al célebre diccionario de Remi Simeón, el color local se agazapó durante una veintena de años, mientras que amainaba el huracán de rayos y truenos cuyo inicial Jove dictador fue reconocido unánimemente en la persona de Rubén Darío.

De estampía y despavoridas huyeron las evocaciones indígenas, y de aquel plumerío de colores, de aquellas sonajas de barro, de aquellos cascabeles de cobre, de aquellas macanas de ébano, de aquellos teponaxtles retumbantes, de aquellas chirimías doloridas, de aquellos pintados escudos de cuero, no queda sino el borroso recuerdo en los ejemplares raros que cuidan celosamente los bibliófilos y en las reproducciones de los códices que Peñafiel y el duque de Loubat reprodujeron con acucia benemérita.

Habría de surgir y surgió en efecto, propagándose con persistencia y fecundidad, el género que la misma naturaleza, ordenada por el giro de la historia, marcaba en implacable cronología y entonces asistimos a la creación de una literatura que engordaba a ojos vistas con el evidente saqueo de esas sabrosas crónicas y leyendas en que son maestros reconocidos en América el peruano Palma y el mexicano González Obregón. Fue el desenterramiento de toda una guardarropía. Desenterráronse prelados y monjas, cerámica de la China, galeones españoles, oidores y virreyes, palaciegos y truhanes, palanquines, tafetanes, juegos de cañas, quemaderos inquisitoriales, hechiceras, cordobanes, escudos de armas, *Gacetas* del 700, pendones, especiería, sillas de coro, marmajeras, retratos en cera y mil cosas más, en apretada y chillante confusión.

Cada objeto era una evocación; cada evocación era un tema. Y para el desarrollo de cada tema se acomodó un léxico especial, hecho de giros conceptuosos y torturados, de olvidados arcaísmos, de frases culteranas, de gongorismos alambicados, que se enrollaban y desenrollaban como un laberinto, que llamaban a las cosas por tropos inverosímiles y que, cargados y recargados de adornos pesados y crujientes afectaban la resurrección de una lengua que nunca ha existido. Surgió, en una palabra, la fabla.

La fabla es la médula del colonialismo aplicado a las letras. La receta es fácil: se coge un asunto del siglo XVI, del siglo XVII o del siglo XVIII y se le escribe en lengua vulgar. Después se le van cambiando las frases, enrevesándolas, aplicándoles trasposiciones y, por último, viene la alteración de las palabras. Hay ciertas palabras que no suenan a colonial. Para hacerlas sonar se les sustituye con un arcaísmo, real o inventado, y he aquí la fabla consumada.

El escritor colonialista conoce bien estas triquiñuelas y las usa con aplicada técnica. Helo aquí ya en su mesa de trabajo, con la pluma alerta, porque una sociedad "artístico-recreativa" lo ha invitado para colaborar en cierto álbum, cuyos productos se destinarán a un asilo de señores sin trabajo. Habrá en el álbum –como lo pide el elaborado proyecto que formó la mesa directiva de la sociedad artístico-recreativa– artículos que, según lo anuncia el prospecto, *reflejarán fielmente los diversos aspectos de la vida nacional, en sus múltiples manifestaciones.* No podía faltar, en consecuencia, el artículo colonial. Y así es como, después de concienzuda rebusca de los giros más adecuados y de verificar nombres y citas, el escritor colonial coge la pluma y escribe:

"Ésta es la verdadera crónica de lo que aconteció al Caballero de Santiago don Uriel de Lanzagorta, en ocasión de la publicidad de su relación que se imprime con el nombre de *La famosa Villa de Meztitán y sus primitivos pobladores, y de otros sucesos que verá el curioso lector en el curso de la misma.*"

El escritor colonialista se ha detenido un momento, para releer atentamente, y luego de meditar las palabras y de consultar el diccionario de la lengua y el de sinónimos, pone una raya en donde dice *ésta,* cambia la palabra por la de *aquesta;* sustituye la frase *de la publicidad* por la de *del aparecimiento;* altera *relación* por *mamotreto; imprime* por *estampa; sucesos* por *subcesos* y *misma* por *mesma,* cambios todos que, a su juicio, han sido hechos con palabras coloniales hasta no poder más.

210

Y luego que ha escrito el rótulo, adornándolo de preciosos rasgos caligráficos, empieza su relación de esta manera:

"Habedes de saber que el anno Domini de mil y quinientos y ochenta y cuatro años..."

Aquélla fue, en la literatura mexicana, la hora del habedes.

GALINDO

I do not know how many years he has lived, perhaps forty, perhaps fifty, but he is very old. Something grey and bleak and hurtful, that has been in the world perhaps forever is personified in him.

SHERWOOD ANDERSON, *Horses and Men.*

Se llamaba Galindo y nació en la villa de Solumaya, en uno de los estados de la frontera del Norte. Solumaya es conocida en los documentos oficiales con el nombre de Solumaya de Chavira y en los documentos históricos se le llama la Heroica Solumaya de Chavira, porque en ella se distinguió, por el año de 1863, el coronel de la Guardia Nacional Justo Arcadio Chavira, quien en una acción de guerra derrotó con sólo quince patriotas de las guerrillas voluntarias a una partida de cuarenta invasores, entre los que iban zuavos y argelinos veteranos de los que habían llegado con Bazaine.

Solumaya de Chavira es una villa de cuatro mil habitantes, situada en un ameno valle y unida al resto del estado por una carretera que va a desembocar a la línea del Ferrocarril Central. Su comercio languidece por la postración de la agricultura, atenida a improbables lluvias, y es más importante la pequeña industria que está en manos de hábiles artesanos. Sus habitantes son, en general, laboriosos, honestos y retraídos. Parecen desazonados por el abandono en que las autoridades del estado tienen la villa, porque casi todas las obras materiales se destinan al embellecimiento de la capital y porque los regidores del Honorable Ayuntamiento del lugar se embolsan los escasos productos de la renta municipal. En consecuencia de ese retraimiento, las fiestas son escasas. Los domingos por la noche hay serenatas en el kiosco de la plaza principal, por la orquesta del maestro Corona, y entonces van las familias a oír la música y a tomar el fresco. El primer número de la serenata es una obertura y la obertura es casi siempre la del *Guillermo Tell*. El programa se cierra invariablemente con una marcha militar de las que compone el maestro Preza, famoso director de la Banda de Policía de la ciudad de México. Al terminar cada pieza, el público aplaude y hay sus comentarios.

—A mí me encanta Rossini —dice un caballero de edad—. Ahora la música está perdida con esas sinfonías modernistas y esos foxes estrepitosos. A mí que me den polkas y mazurcas y chotises y sobre todo óperas de Verdi, cosas que se entiendan y lleguen al corazón.

—¡Ay, sí —agrega una señora—, esto ya no tiene melodía!

Los grupos dejan las bancas y se ponen a dar vueltas en la plaza. En la acera intermedia entre el kiosco y los arriates del jardín están los pobres; las mujeres de rebozo, los hombres de sarape, mondando naranjas y cacahuates. En la acera exterior, cerca del jardín, circula la clase media y hacia la calle y en sentido contrario pasean las clases elevadas, estableciendo al mismo tiempo diferencias cuyo imperceptible matiz sólo pueden discernir los antiguos vecinos y las gentes muy experimentadas en el conocimiento de la población. Porque en Solumaya las castas existen y funcionan con la misma complejidad y rigor que en una baronía de la edad feudal. La gran división se ha establecido en aristocracia, en clase media, llamada también de medio pelo, y en clase baja o plebe, a la que los aristócratas llaman de *pelados*. A su vez, la primera clase comprende variantes entre la gente rica, los vecinos antiguos y sus alianzas, como los Rodríguez, los López y los Rodríguez-López, los pobres vergonzantes pero de buen origen y los nuevos ricos. Como en los camarotes de los trasatlánticos, la primera clase de la sociedad de Solumaya se subdivide en primera de primera, segunda de primera y tercera de primera, y entre éstas se encumbran, como dentro de una fulgurante aureola, las tres familias que han hecho viaje a la ciudad de México, que conocen las ciudades norteamericanas de San Antonio, El Paso y Laredo y que tienen en sus casas gran espejo biselado y dragón de madera cerca del estrado, ajuar curvo de los llamados "austriacos", amplificación al carbón de los parientes y algunos cojinetes de raso por el suelo de la sala de recibir: algo así como la *cabinne de luxe* de un barco.

Cuando por navidad o año nuevo hay un baile en los corredores de la escuela municipal para niñas, surgen conflictos y disputas estridentes de rencor y casuismo.

–Yo no voy a ese baile –dice una de las Polancos– si invitan a las Martínez.

–¡A quién se le ocurre –exclama otra señorita– tamaña revoltura; porque, aunque todas del mismo barro, no es lo mismo bacín que jarro!

Las más alarmadas con esta confusión de castas son las familias de tercera de primera, porque nunca imaginan que su clasificación baje del primerísimo lugar.

Señaladas, pues, con evidencia, las castas de Solumaya de Chavira, ya podemos decir, con precisión que no deje lugar a duda, que Galindo procedía de la más elevada alcurnia del lugar. Su padre era de allí y de su abuelo había felices memorias en las conversaciones de los viejos vecinos. Ambos habían explotado una mina de plata productora de un capital que permitía a la familia Galindo una vida muelle y abundante, incluso una volanta en la que se hacían excursiones a las huertas y aldeas de los alrededores. El nombre de Pedro –como en la Iglesia católica– era la piedra angular de la casa: Pedro se llamó el abuelo, Pedro era el padre y Pedro se llamaba Galindo, descendientes todos de un español de la partida con que don Nuño de Guzmán asoló a los estados de Occidente, en el segundo tercio del siglo XVI.

Aunque con cierta oscuridad, el dato puede ser encontrado en los inapreciables infolios que el señor Ortega y Pérez Gallardo, genealogista y rey de armas si los hay, dio a luz en tres gruesos volúmenes que son como el faro y oráculo de cuantas personas se interesan en averiguar la no nada remota ascendencia de la nobleza mexicana.

Y no bien el menor de los Pedros salía de la niñez y podía ya leer de corrido el *Presente amistoso* –que era la lectura favorita de la casa, por haber obtenido un *nihil obstat* del párroco solumayano– y haber recibido religiosa preparación con el catecismo sabatino,

213

sus padres empezaron a iniciarlo en las reconditeces genealógicas de la familia, clavándole en el espíritu, con inquebrantable tenacidad, la idea de la división y subdivisión de clases en la sociedad de aquel tranquilo lugar de la frontera. Y preparado de este modo, enviósele a la capital de la República, a la casa de la familia Vera, cuyo recato, costumbres y antecedentes eran garantía de la eduación del joven y del celo que habría de ponerse para mantener sin deslustre el ya tradicional nombre de los Galindos.

Ya en México, encontróse Pedro con una familia muy semejante a la suya en usos e ideas, con la diferencia –que inmediatamente produjo en su espíritu sensación inefable– de que, más en contacto con una cultura superior, en vez del ajuar curvo austriaco, del espejo con dragón de madera, de los cojines de raso por el suelo, de la alfombra con león y paisaje africanos, de las amplificaciones fotográficas al carbón, de la mesa "de tortuga" con rodapié al *crochet* y quinqué alemán, de los búcaros con flores de papel de China y del biombo de otate, imitación del bambú japonés, había en esta multitud de objetos que él presentía exquisitos y que ahora podía tener a la mano y gustarlos a su guisa, todos los días.

De todo aquello no tenía ni remota idea ninguna de las tres más encumbradas familias de Solumaya. Aquello sí que daba a las gentes un ambiente de refinado arcaísmo, de elegante antigüedad, de vida superior. Pedro Galindo oía de la familia de la casa intrincadas explicaciones, elaboradas historias sobre cada pieza de mobiliario y de adorno, que primero entendió con dificultad y que poco a poco, en complaciente esfuerzo, llegó a comprender con claridad. Pasadas las primeras *gaffes*, Galindo pensaba que nunca había salido de allí y que su conocimiento de las artes suntuarias era en él como una segunda naturaleza. Lo que hirió más vivamente su imaginación eran las cosas coloniales, porque tocaban más de cerca su manía tradicional en que habíase criado.

Del salón al comedor y las alcobas, pasábase las horas muertas señalando épocas, atribuyendo estilos, calificando maestrías. Conoció allí los bordados españoles del xv y el xvi, pesados de oro y plata, de ornamentación renacentista, con símbolos cristianos; leves manteles de altar, deshilados con primor en la vieja Malinas o en la tranquila Aguascalientes; las capas pluviales y los manípulos, con galón de plata en brocados lioneses o en terciopelos venecianos de un magnificente rojo avinado; los biombos de Coromandel, de lacas preciosamente ornamentadas con animales y flores; las esculturas guatemaltecas, de maderas pintadas con iridiscentes colores metálicos; platas segovianas, de grave ornamentación; sortijas de Oaxaca, trabajadas en hilo de oro, sutil y enmarañado; marcos de talla, con decoración de ramaje y manzanas, delicadamente estofados; llavines y cerrojos, labrados con rasgos, símbolos, monogramas y escudos por hábiles artesanos vizcaínos; gran copia de mancerinas de plata y de porcelana, con las marcas de sus antiguos dueños; armas, damascos, cuadros, relicarios, vasos, escabeles, sortijas, braseros, candiles, relojes, piedras duras, marfiles y todos los demás restos de las artes mayores y menores que la dominación española trajo a México y los que en aquellos lejanos tiempos produjo el ingenio de los nativos.

Pedro Galindo vivió su juventud en aquel ambiente. A la muerte de sus padres heredó modestas rentas e instalóse en su propia casa, que fue llenando de colecciones, primero con el plan de la casa de los Veras, después alterándolo según su propia inspiración. Frecuentaba las colecciones de Gargollo, de Miranda, de Martínez del Río, de Nájera, de Schultzer, de García Pimentel, de Dunkenley; se sabía de memoria la colección de sortijas españolas de don Artemio de Valle-Arizpe; coleccionó cuanto en artes plásticas mexicanas escribieron Manuel Revilla, Rafael Lucio, Edwin Atlee Barber, Francisco Pérez Salazar, Antonio Peñafiel, Sylvester Baxter, Federico Mariscal, Manuel Toussaint, el marqués de San Francisco, el Doctor Atl, Agustín Villa, Bernardo Couto, Alfonso Toro, Francisco Díez Barroso y Alfred Bossom; los domingos por la mañana hacía visita reglamentaria a las galerías de San Carlos, al Volador y al Museo Nacional, deteniéndose con más espacio en la colección colonial de don Ramón Alcázar; con su inseparable *Terry's Guide* recorría todas las viejas iglesias de la ciudad y sus alrededores; se pasaba las horas muertas en las tiendas de antigüedades de Gendrop, de Roubiseck, de los dos Bustillos; husmeaba en los bazares de españoles, en donde se suele encontrar cosas raras o simplemente viejas; se entraba por cualquier establecimiento de los que pueden semejarse al género de *objets d'art et de curiosité* y recibía las frecuentes visitas de Pérez, de Riveroll, de Salas y de toda la especie menor de vendedores de antiguallas y chucherías.

Ni el estruendo de la política, ni el ruido de la capital, ni los más escandalosos sucesos, eran bastantes a alterar el orden de su vida y el curso de sus ideas, y mientras más se aplicaba a la busca, examen y deleite de sus antigüedades coloniales, más se alejaba de la realidad de la vida consueta. Vistióse fuera de la moda, con corbata de damasco, con zapatos de badana y con chalecos de pana; sustituyó el cronómetro por el reloj de llave y se prendió a la corbata una miniatura de azulejo de Puebla; usaba antiparras con grueso marco de carey y tenaza de plata para los cigarrillos, tomaba rapé en caja de madera y escribía con pluma de ave.

Llegó a ser, en fin, un anacrónico caballero del siglo XVII en una ciudad con automóviles, rotativas y estaciones de radio. Y como su nombre, que era un lugar común a pesar de las referencias del nobiliario de Ortega y Pérez Gallardo, sonaba a vulgo y modernidad, decidió usarlo de un modo más consonante con sus gustos y costumbres coloniales, y sin pensarlo mucho, fuese derecho a la imprenta más antigua de la ciudad y allí, en caracteres góticos, hizo estampar en tarjetas de visita una sola línea que decía: Pero Galín.

EL CUADERNO DE NOTAS SECRETAS

Some men are born legendary, others achieve the distinction,
while others still have legend trust upon them.

ISAAC GOLDBERG, *The Man Mencken.*

Huyamos de la palabra *imaginista* –¡oh, tiempos!–, tan inquietante y tan moderna. ¿Por qué no conservar la de *imaginero*, tan sabrosamente colonial?

Las Ordenanzas de Gremios nos dicen que *imaginero* era el tallador de imágenes.

Y bien, amigos míos, hombres de letras, ¿por qué no habíais de ser vosotros los imagineros de hoy en día?

¿Habéis visto esos viejos tarros de Guanajuato, tan ebúrneos,

216

con sus listas rojas, azules, moradas y no os evocan pantorrillas que lucen, lánguidas, en la playa, sus medias rayadas?

Esos vasos que llaman *canillas* dicen unos, "Del Carmen"; dicen otros, "Del Convento de Teresitas"; dicen otros, "Uvate fino". Todos, por diversos modos, sugieren dulzura.

Imaginaos que desaparecieran al mismo tiempo ciertos anticuarios de México: Riverroll, Pérez, *Monsieur* Gendrop, Roubiseck, Bustillos, Salas... Sería un cataclismo que suprimiría, instantáneamente, el curso de nuestra tradición colonial. No más Cabreras inéditos, ni damascos, ni plata quintada, ni sillas fraileras, ni cajas de alcanfor, ni marcos de talla, ni Talaveras del XVIII, ni *agnus* en cera. La literatura perdería, también, una fuente de inspiración irreparable.

Tomad un plato cualquiera; decoradlo con azul de añil. Si lo cubrís de pintura y le ponéis paisaje minucioso, os resultará inglés auténtico, un *Hepple* inconfundible. Si solamente lo decoráis con ramaje y guirnaldas, con grandes claros, será Talavera poblana, un siglo XVIII absolutamente irrefutable

Anoche, durante una hora, estuve elaborando esta frase: "Señora mía y dueña: Acoged, mísero de mí, en el acomodado forlón de la vuestra benevolencia, el lueñe perfume que en tímido azoro despide la pitiflor del ánima." Me parece que esta tirada no tiene desperdicio en una novela de género, que he de aderezar entre visorreyes y objetos suntuarios, cuyos nombres ya he encontrado en cierto inventario del Archivo General de la Nación.

A Tolsá, renacentista de insospechable procedencia, ¿por qué esa insistencia de mezclarlo en las cosas del coloniaje mexicano?

Si Moralitos no fuera vivido, ¿existirían, por suerte, tantas telas de la escuela mexicana, tal Juárez y tal Villalpando y tal Echave y habrían llegado a México este Piero della Francesca y aquel Bernardino Luini? ¿Cuándo, en la historia de las artes plásticas en la República, se acogerá con reverencia el nombre de Moralitos?

¡Lo que ha elogiado mi último visitante este retrato veneciano! Se fue convencido de que era un Palma. Moralitos, genio inédito, ¡quién te lo hubiera dicho, cuando lo recubrías pacientemente de chapopote con aguarrás, lo dejabas al sol veinte días, en la azotea de tu casa; le ponías el *craquelé* en el horno de los bollos y con tu escopeta, a fuerza de perdigonadas, le diste ese aspecto de polilla secular!

Lista de los objetos que faltan en mi colección colonial y los cuales pienso adquirir en cuanto cambie la fortuna:

El único ejemplar del *Túmulo imperial de Carlos V*. (Lo tienen los herederos de don José María de Ágreda y piden por él cinco mil pesos. Si no lo compro, irá a parar a la Universidad de Texas.)

El ángel de marfil de la colección Alcázar.

Una espineta de rosa. (La atribuiré a la señora marquesa de las Amarillas, que es la señora más colonial de nuestra literatura.)

Un espadín de Maximiliano. (Conozco cerca de cuarenta.) Además, Maximiliano no es colonial; pero no sé por qué me parece que el espadín quedaría bien en una colección colonial.

Unos ornamentos sagrados del XVI. Han de ser toledanos.

Un costurero con almohadilla de seda. (Los hacen, casi auténticos, las alumnas de La Corregidora.)

Un ejemplar de los *Diálogos latinos* de Cervantes de Salazar. Tengo la edición de don Victoriano Agüeros; pero es del siglo XX. La edición de García Icazbalceta es del XIX, y en consecuencia es más colonial, porque el siglo XIX se acerca más al XVIII.

Un almirez de cobre. (El almirez de cobre siempre me ha surgerido idea de cosa antigua.)

Un Cristo de marfil sin brazos. (El Cristo con brazos denuncia, irrecusablemente, procedencia más moderna que el Cristo sin brazos.)

¿Qué sería de nuestra literatura colonial si no existieran las siguientes palabras: pitiflor, sacabuche, forlón, magüer, gregüesco, usarcé, Talavera, gorgorán y damasco?

Por los bazares de este tiempo han pasado cien veces más arcones coloniales de talla, que todos los que hubo en los tres siglos de la Nueva España. Se podría hacer un cálculo semejante de las casullas, sillones, repisas y cajoneras, lo mismo que de las sortijas en esmalte azul, de Maximiliano.

¿De dónde ese empeño en hacer que todos los personajes de las relaciones, novelas y cuentos coloniales beban precisamente el chocolate, tan antiguo y tan moderno? ¿No convendría más sustentarlos con arropes, tisanas y caldos forzados? Urge organizar la lista con nombres sonoros y arcaicos.

218

Es tiempo ya de creer que no solamente se bailaba la contradanza en la época de la Colonia. Con anacronismos de más o de menos se podrían intercalar, como al descuido, el ostendés y la varsoviana, tan lejos del chárleston.

En la época colonial los diálogos se sucedían de esta manera:

–Buenos días.

–Buenos.

–¿Por dónde andas tú ahora?

–Me voy a ver a la Ildefonsa.

–¿Que líos son esos que te traes?

–Chico, se vive como se puede.

Pero el *coronista* terquea en que ese diálogo era de este otro modo:

–Que tenga su merced muy buenos días.

–Dios Nuestro Señor nos los dé colmados de bienes por siempre jamás.

–¿Y en cuáles penumbrosos sitios pone los pies usarcé, que ya no me concede el don de su presencia?

–Mi señora doña Ildefonsa, la cuitada, que roba la calma de mi sosegado vivir . . .

–¿Quiere decir usarcé que el pagano Eros toca con un punzante dardo la mortal entraña?

–¡Pues que así lo quiere el Altísimo en sus designios inescrutables! *Laetus in praesens animus, quod ultra est oderit curare et amara lento temperet risu* . . .

ÉTICA Y ESTÉTICA

Such is the irony of life; the evil seed he helped to sow enormously increased; and his poet's dream is as wistfully lone as ever.

Waldo Frank, *Salvos.*

Así, pues, Pero Galín ya no era de este mundo. A los treinta años, a la edad en que los europeos empiezan a hacer cola para allegarse a la gloria y aspirar, a los sesenta, al sillón de los inmortales o a una cartera en el Gabinete, Pero Galín era una "pieza" de las muchas de su colección. Sentía –y mantenía con morosa delectación y con inocultable instinto– una sincera repugnancia por las cosas modernas; abominaba de la novedad.

Su casa era la casa de "taza y plato", vieja, fría, sin gota de sol en las piezas, con su maderamen chirriante en el piso, con su salitre desconchado en los muros disimulados por grandes cuadros de damasco; ardía el velón de cobre en la mesa atestada de papelones; relucían, en las noches de invierno, los carbones del gran brasero de latón; en el cubo del zaguán alumbraba el mechero de petróleo que una criada cuidaba de ir recortando cada semana y lucían en el bufete el anacrónico recado de las plumas de ave, el papel "de mano", el pulverizador de la marmaja y la caja de las obleas.

Casi por casualidad, en la calle, había oído hablar del *jazz* y algún amigo habíale explicado, entre escandalizados comentarios, qué música era ésta, de contorsiones de baile negro y de desarticulados sones de banjo y saxofón. Cuidóse, desde entonces, de que la noche lo sorprendiera cerca de algún cabaret que pudiera herir con el ruido de la moderna orquesta sus puros sentimientos coloniales.

–Me daré una pasadita por Santa Inés –decía en ocasiones en que despertábase su gusto musical–. ¿Ha oído usted el órgano de Santa Inés? ¡Ah!, dicen que no hay órgano mejor en México.

–¿Usted conoce el del cine Olimpia –replicaba un inoportuno–, ese instrumento que no tiene otro rival que el del teatro Capitol de Nueva York?

–No, no conozco ningún cinematógrafo, ni quiero conocerlo –argüía Galín, molesto–, porque en ellos el arte tradicional se desdora y rebaja.   .

El automóvil era su diaria pesadilla. Cuanto tenía relación con el coche mecánico, lo irritaba. Irritábalo el ruido de las bocinas, que turbaba el inefable silencio de sus habitaciones; el humo de la gasolina, que se introducía por zaguán y ventanas; el grito agudo de los muchachos que reclamaban pasaje para los camiones; el rumor de los motores y el silbato de los agentes de tráfico.

–¡Agua y aire gratis! –decíase comentando el reclamo de las estaciones de combustible–, ¡como si el aire y el agua no fueran dones universales de la divinidad!

Su mediana fortuna, asegurada en casas de las llamadas "de productos" y en hipotecas –desiderátum de los ricos mexicanos–, proporcionábale tranquila holganza y un vivir sin sobresaltos, entre su colección de antiguallas. Y así, su programa cotidiano realizábase fácil y mecánico. A punto de las seis, Pero Galín dejaba su monumental lecho de baldaquino, vestíase su batín de terciopelo con brandeburgos, sus zapatillas bordadas con estambre de colores, su gorro con borla, y hechas las abluciones no muy largas ni completas, esperaba que la criada le entrara el desayuno, que iba colocando en una mesilla de nogal toda llena de taraceas de hueso. Y mientras que pasaba la vista, una vez más, por los cuadros religiosos de Villalpando, por el grupo escultórico de la sagrada familia, por el escabel dorado, por la palangana de azófar, por el baulillo de cuero rojo claveteado, iba consumiendo, en plácido sosiego, el chocolate oloroso de receta exclusiva, las empanadillas de crema, las puchas empolvoreadas de azúcar y el gran vaso de leche con que solía rematar la colación matinal.

Nada de periódicos. Los periódicos, con sus noticias truculentas, con su afiebrada oportunidad, con sus comentarios sobre la política militante, apuraban sus nervios. Sólo en algunas ocasiones, cuando visitaba la casa de algún anticuario erudito, hojeaba *The Connoiseur*, la revista inglesa que con sus anuncios de ventas pasma a los coleccionistas de muebles, de porcelanas y de cuadros.

A las diez salía de casa. Atravesaba algunas calles, indiferente a la vida circulante, y llegábase a la Alameda a tomar el sol. Recorría paso a paso las callecillas del parque, examinaba las estatuas de las fuentes: el grupo de la murmuración, el Neptuno, el Mercurio de Gianbologna, la Venus; dejaba arrebatar su fantasía ante la insípida balaustrada de las bancas de piedra, sólo porque enantes rodeaba, en la Plaza Mayor del tiempo colonial, la estatua de Carlos IV y acomodábase, por último, en una de las bancas de hierro, provocando la desesperación y el comentario irrespetuoso de los limpiabotas que por ahí transitan y que no podían habérselas con los zapatos de aquel extraño personaje, por ser la badana reacia al trabajo de los lustradores.

Las tardes marcaban los momentos más importantes de la vida de Pero Galín. Después del almuerzo y la siesta, recibía o daba visitas a las dos o tres personas de su intimidad y colonialistas que iban a comentar y a debatir con él los puntos de duda de su sabiduría, y las noticias sobre las últimas ofertas y adquisiciones.

–A ver, señor Galín –decíale uno de estos coleccionistas– ¿qué me dice usted de este retrato en cera que acabo de comprar en diez pesos? Un joven que estaba en el bazar cuando yo adquiría el retrato me aseguraba que éste es una falsificación de arte industrial y que no tiene "carácter". Me hablaba no sé qué cosas de la cuarta dimensión, me citó a Picasso y acabó por decirme que cuando él fuera ministro de Educación Pública mandaría quemar la colección Alcázar y le daría el cese a Ramos Martínez, el director de la Academia. Amigo mío, a lo que hemos llegado: ésta es la influencia de Diego Rivera. –Y su herido sentimiento artístico desquitábase, al fin, con un largo suspiro de hombre calumniado.

–Veremos el retrato –decía Pero Galín cogiendo el que se le ofrecía.

Y después de examinarlo un rato, con minuciosa rebusca de detalles, agregaba:

–Vea usted: el color natural de la cera se sombrea en las curvas; la tela que está adherida al busto es una tarlatana de las que no se fabrican hace muchos años; el pelo se ha vuelto verdoso; el rojo de los labios se ha transformado en rosa transparente. Además, estos vidrios en concha ya no se encuentran; el latón del marco está trabajado a mano y las uñas que afianzan el marco son de las recortadas en punta. Puedo asegurarle, amigo mío, que este retrato en cera procede de fines del siglo XVIII.

Y con este dictamen, el feliz conquistador de la chuchería retirábase absolutamente convencido de que tenía en su poder un tesoro indiscutible.

Pero no todo era regodeo de estética y *expertise* coloniales en la vida de Galín. Como quien se aparta en retiro exclusivo para la contemplación de la más rara pieza, Pero Galín había apartado algunos momentos de su cotidiano horario para una visita que no tenía nada que ver con anticuarios, bazares y museos.

En la casa de los Veras, Carlota no era ya la niña de colegio, con su traje azul de listas blancas. Ahora era la señorita que de pronto se revelaba bella, inteligente, atrevida, extraño brote de aquella familia tradicionalmente conservadora. Pero Galín, que había visto crecerla, que había sufrido sus pequeñas impertinencias, sentíase ahora atraído por la gracia de aquella mujer que lo acogía siempre con una sonrisa inefable. Las frivolidades que no podía soportar en otras gentes, las conversaciones baladíes que en otras personas encontraba intolerables, en Carlota parecíanle de un encanto particular. Naturalmente, Galín acabó por encontrar la contracción colonial para el nombre de Carlota. La llamó Lota.

AMOR Y ANTIGÜEDAD

Amor, yo nunca pensé...
Juan II, *Canción*.

Lota era el raro producto de su especie, el fruto extraño que a veces se encuentra en una familia en la que por varias generaciones sus miembros tienen absoluta identidad física y moral y los bisnietos hacen las mismas cosas y mantienen las mismas ideas de sus abuelos; la excepción de una regla; el fenómeno que viene a trastornar un orden tradicionalmente inalterable. Y en la casa de los Veras, como en la de los Galindos, las genealogías habían transcurrido sin modificaciones ni sobresaltos hasta la aparición de Lota, verdadero producto revolucionario, hija de una época decisiva y audaz.

De los usos y costumbres familiares, Lota había conservado, intactos, dos atributos: su honestidad mantenida con decisión en el arrebato de la vida moderna y la escritura larga y angulosa que imponen a sus discípulas las damas de los colegios del Sagrado Corazón. Se asfixiaba en el ambiente de la casa familiar. Con su genial *sense of humour* metía la alarma y el escándalo en la rígida mesura de sus parientes, burlándose con aguda intención de cuantos vejestorios formaban el escenario del viejo hogar; de la falda larga, el moño y las trenzas de las tías cincuentonas; de los retratos al carbón; del álbum de fotografías; de la merienda de las cinco de la tarde; del gato con listón al cuello; de la afición al teatro de Echegaray; de la lámpara colgante con polea de cade-

223

nas; de cuanto detalle era característico de aquella casa sin renovación.

–Ya sé –comentaba Lota entre grandes risas– cuál es el obsequio que enviarán de mi casa en el día del santo de doña Isidora:
será un gran platón con arroz de leche; encima un rótulo con
polvo de canela que diga: *A doña Isidora, muchas felicidades;* cu-
briendo el arroz de leche una servilleta, dura de almidón; al
entrar el obsequio, el criado anunciará, inevitablemente: "Aquí
está esto, de parte de las señoras Veras, para que se lo echen en
una muela; y que les hagan el favor de devolverles el platón y la
servilleta."

Y volvían a reír locamente, entre la indignación de las pobres tías.

–En casa –decía Lota otras veces– vivirían muy felices las ra-
tas. Fuera de mi alcoba, lo demás se podría vender en el Volador.

Su alcoba, en consecuencia, era la nota desentonada en aquella
casa. Habíala decorado con papel de plata; una gran linterna de
pergamino y armazón de metal reluciente pendía del techo,
enredada entre grandes borlas de plata y negro. El lecho era un
primor de laca gris, con adornos de metal mate, y lo cubrían
grandes pieles, mimosas e inefables al contacto del cuerpo. Bajo
un gran espejo, enorme y redondo, una mesilla en donde daban
su nota de encanto los frascos de perfumes y lociones, de cristal
esmerilado, enanos, con sus motillas de seda, con la gracia de un
exquisito bibelot. Y nada más. Lota había depurado el sentido de
la sencillez, como fruto de un buen gusto que no era en ella
aprendido, sino fácil y connatural.

En el verano, con sus trajes claros, con sus gráciles sombrerillos, o en los vuelos en la mesa de *tennis*, o al volante en la caja *tabac
blond* de un *Lincoln*, o cabalgando en la calzada de un parque, con
su levita escarlata, o fumando su *Abdulla rose tip*, de codos en la
mesilla del club atlético, era la moderna alegoría de la primavera;
figurilla de gracia infantil y atrevida al par, entre ingenua y
canallesca, que hubiera estado admirablemente en una cubierta
de *Vanity Fair*, la revista *pompier* de los neoyorquinos, o en un
proyecto de refinada decoración interior por Joseph Urban. Su
melena de oro quemado brillaba al sol como un airón de lumbre
o se agitaba con dulce movimiento al contacto de la brisa inefable

224

del crepúsculo, provocando, con sensual invitación, el deseo de hundir la cara entre el luciente pelo, para aspirar hondamente el perfume de la rica mata.

Cuando Lota pudo advertir la pasión de Pero Galín, tomó el caso como un suceso lleno de novedad, que iba a provocarle una sensación imprevista para su programa social.

–¡Pero –decíale gozosa– tú eres el héroe de un drama de cinematógrafo! ¿De donde has sacado esa audacia y esa novedad de enamorarte de mí, tú que pelas la pava con el calendario azteca y con el estandarte de Hernán Cortés? ¡Me vestirías con falda de gro y blusa de chaquira si fuera tu mujer! ¡Qué quieres tú conmigo, si ahí están mis tías, con su gran moño y con gato y todo! ¡Pero: mira que te caes de tu nido!

Galín sonreía sin rencor ante los extremos de aquella muchacha a quien no importaba nada la sabiduría y la reputación del ilustre colonialista, y al despedirse cada tarde dejaba entre sus manos, como signo de suprema atracción –que lo era también de insensibles renunciaciones– una pieza escogida de sus joyas artísticas.

–Te he traído, Lota –decía al despedirse–, esta tortuga de cuarzo de la India. Procede de los templos de Delhi, la ciudad sagrada. Le he hecho poner un cordoncillo de seda, para que la uses como amuleto.

Lota hacía comentarios chocarreros sobre la India, sobre los templos de Delhi y sobre los amuletos, y con gracia encantadora se echaba al cuello la tortuguita de cuarzo.

–¡Hombre –agregaba–, sin quererlo me has encontrado un lindo *pendentif*!

Otros días eran una fruta de jade, o un pequeño pebetero de lapislázuli, o una mascarilla de cristal de roca, o una miniatura inglesa, o un cenicero de ágata, o una estampa de Hiroshigué, o un muñeco de Lenci...

Y primero fue la extrañeza de Lota, que no se explicaba el amor anacrónico de aquel amante de los museos; y después la curiosidad de todas aquellas cosas que de pronto le parecieron extravagantes o simplemente raras; y en seguida fue cobrando interés por tales piezas y demandando explicaciones sobre su origen; y con fácil intuición, transformábalas, unas veces, en adornos para su persona o colocábalas, otras, en los muros y muebles de su alcoba, transmitiéndoles, al ponerlas con desenfado en algún sitio, un sentido moderno de la decoración.

¡Cuán bien se veía la vieja tortuga índica cuando Lota la abandonaba entre los guantes de París! ¡Qué insólita novedad tomaba la mascarilla china de cristal entre la tensa malla de una raqueta!

Transcurrido un año, el espíritu de Lota Vera había evolucionado visiblemente y la muchacha se interesaba ya por cosas que antes hubieran pasado de largo o que, cuando mucho, habría acogido con un gesto de burla o de indiferencia. Y la linda criatura, que no tenía la paciencia de meditar cinco minutos sobre nada, resolviéndolo todo a golpes de intuición y a fuerza de temperamento, ahora, desde el revuelto nido de linos y encajes de su lecho, o cruzadas las piernas en el hondo sillón familiar, abstraíase frecuentemente pensando en Pero Galín.

Después de todo, Galín era joven y ella podría transformarlo. No le pediría que renunciara a sus gustos de coleccionista, a su irrefrenable pasión por las cosas antiguas; pero ella iba a despojarlo de su escenario de hombre envejecido; a sustituirle la ropa de utilería colonial bajo la dictadura de la sastrería de Valeriano Suárez; a cambiarle la bandeja de zinc, del baño, por una regadera de gran presión y una gran tina de porcelana; a mandar al diablo el brasero de latón para sustituirlo con un radiador de Westinghouse; a tirar a la basura el batín de terciopelo para darle un *smocking jacket* limpio y claro; a suprimirle el chocolate espeso y las arepas, por raciones matinales de café, jugo de naranjas, *grape fruits* y *waffles;* a arreglarle una casita con un *hall* y unas piezas decoradas en colores planos sin casullas ni trapos deshilachados, en donde, sobre un fondo sobrio y moderno, se destacaran las piezas de la colección. Lo haría leer, durante el desayuno, los diarios y comprarían un auto de turismo, para emprender las grandes excursiones; ella con sus trajes de *sport;* Pero Galín, ya sin bufanda, ni zapatos de gamuza, ni corbata de damasco, ni chaleco de pana, sino con su *lock* verde, con sus ternos nuevos, con su alegre corbata de los Fusileros de Dublín, armado con un gran estuche de *sticks* para pasarse las tardes en el campo de golf del Country Club.

Una tarde Pero Galín presentósele visiblemente emocionado. Su aspecto tenía una expresión indefinible, que por momentos

226

era de duelo y por momentos parecía de gozo frenético. Había agotado ya todas las pequeñas joyas de su colección y presentábale ahora la pieza más preciada entre todas: su salterio del siglo XVI.

Lota conocía ya el salterio y sentía por él una admiración extraña, como por algo sobrenatural, a fuerza de oír elogios de Pero Galín y de cuantos conocedores habíanlo examinado. Era una joya como no había ninguna semejante entre las mejores que se guardaban en el gran armario de los libros de coro de la catedral. Sus pastas estaban decoradas con escenas de la Pasión, trabajadas en mosaicos de pieles, entre una gran guarda de plata con espléndidos *cabochons*. Las capitulares, del vuelo de una cuarta, estaban preciosamente adornadas con miniaturas en acuarela de vivísimos colores, con fondo de oro, como no lo está el libro de *très belles heures* de monseñor el duque de Berry, que se conserva en la Biblioteca Real de Bruselas.

No podía pedirse un sacrificio mayor a Pero Galín.

–¡No perderás tu salterio! –díjole Lota aquella tarde–. ¡Volverá a ser tuyo, sin dejar de ser mío!

Y arrebatadamente, de una vez, comunicóle sus cavilaciones, descubrióle todos sus pensamientos y sin titubear le planteó todos sus proyectos.

Pero Galín, radiante, oía como en sueños:

–¡Te comprarás un aparato de radio!

–Bien, bien, lo compraré –decía Pero Galín, por cuya imaginación pasaba el órgano de Santa Inés.

–Vas a tirar mañana mismo el gran sillón frailero de tu alcoba.

–Mira, tanto como tirarlo . . . –argüía Galín tímidamente.

–Está bien: lo haré limpiar.

–Haremos un viaje –continuó Lota–, ¡vas a ver cómo cambia la decoración! ¡Con lo que me tienen aburrida tus bazares y tus amigos tan serios y tan tontos! Verás: nos iremos a California. Haremos las grandes excursiones en un *Buick* nuevecito; tú manejarás.

–¿Yo?

–Tú manejarás. *Oh, boy!*

INTERMEDIOS

*...and had my body not moved and worked mightly on earth,
you would never have found among the Shades even this wraith
of my wisdom.*

GEORGE SANTAYANA, *Dialogues in Limbo.*

EL COFRE

En el vestíbulo, cerca de la escalera de cuya balaustrada cuelga un
tapiz –en los muros cuadrillos con marcos de talla, repisas de
un antiguo altar, una katana, bateas de Puruándiro resplandecientes de axe, el plato falso con las dos MM de Maximiliano, la virgen *n-l* de Cabrera–, está el cofre colonial cuya auténtica se ha perdido. En la tapa hay unas armas nobles, en el
frente la inevitable águila bicápite, en cuyo pecho se halla in-
crustado el cerrojo de hierro que indudablemente procede de
la segunda mitad del siglo XIX. Es la joya de la casa.

Cuando entráis podréis no advertirlo; pero después de salir
del saloncillo y de revisar minuciosamente el *bric-à-brac*, escuchando con paciencia las intrincadas explicaciones del dueño,
acabaréis por oír la frase ritual.

–He aquí el tesoro de mi colección: el cofre colonial.

Y os explica cómo aquel arcón pudo pertenecer a Carlos V, por
el águila; cómo es de procedencia española, por las patas de
garra de león; por qué pasó a poder de una familia linajuda, por
las armas de la tapa; cómo guardó las más raras maravillas, por el
remoto perfume que se escapa de sus maderas de cedro.

–La chapa –continúa– es de Toledo; pero el hierro es de
Vizcaya. Alguien me aseguró que era mexicana, de Puebla.
¡Qué va a ser de Puebla! ¡Toledana, señor mío! Quizás el rey
Rodrigo . . .

EL COLONIALISTA CALLEJERO

El anticuario mexicano que no puede sostener un puesto en el
Volador, ni un "tendido" en el mercado de la Lagunilla y que
tiene su habitación muy alejada del centro de la ciudad, fuera del
alcance de los coleccionistas y viajeros, recibe el nombre de *cha-*

228

charero. También son *chachareros* el coleccionista y el maniaco que recorren habitualmente los puestos de antigüedades, en busca de baratijas.

El *chacharero* ambulante es un hombre siempre propenso –en México– a atribuir origen colonial a sus *chácharas* y a veces se dejaría matar en defensa de la autenticidad de sus baratijas. Los hay que guardan los objetos en el bolsillo; otros que hacen de ellos un atado, que van recatados con infinitos misterios y otros que colocan las cosas en una cesta cuidadosamente cubierta con trapos y periódicos.

El colonialista callejero se presenta al cliente haciéndose el reservado y el interesante. Saca de la cesta una almendra de cristal que lleva todavía el alambrillo de latón con que estaba sujeta a un candil.

–¡Una almendra! –dice–. Una almendra como ya no se consigue ahora. Mírela usted al trasluz: tallado en bisel, dos perforaciones diagonales hechas a mano y adornito opaco de flores. Tengo seis como ésta. ¿Qué le parece a usted? Es de una "araña" colonial que estaba en la iglesia de Tepotzotlán.

Y alza la diestra a la altura de la cabeza para mostrar mejor el cristalino colgajo, imprimiéndole un moderado balanceo. Después enarca una ceja y aprieta los labios, gesto característico de *connoisseur.*

–Pero, hombre –replícale el cliente–, ésta es una almendra de vidrio, checoslovaca, que no vale más de diez centavos.

El colonialista callejero suspende su gesto de conocedor, esboza un movimiento de sorpresa, adopta una efímera actitud de hombre molesto y poco a poco se ajusta al aspecto de un pobre diablo que quiere cubrir las necesidades prosaicas del día.

–Mire usted –agrega–, a usted no puedo engañarlo. Mis almendras no son muy antiguas; pero no dejan de serlo. Eso de vidrio checoslovaco es una broma de usted. No tienen trescientos años; pero no dejan de ser coloniales. ¿Ha consultado usted *Las artes industriales en la Nueva España*, del señor marqués de San Francisco? ¡A ver!

El colonialista callejero tiene siempre esa actitud de doctor en artes menores y se sabe de corrido toda la erudición que ha espigado en artículos curiosos y en anotaciones de revistas ilustradas sobre mancerinas, chales, almohadillas, plata labrada, marcos, cajas, cerámica, rejas, telas y una multitud de subdivisiones que él va creando a medida que extiende sus conocimientos.

Por una especie de bovarismo acaba por creer como indiscutibles ciertos errores, consejas, supercherías y mentiras, que primero lanza y acepta con timidez y como por ensayo de ingenio y que poco a poco, a vuelta de constantes repeticiones, va tomando en serio, hasta llegar a un período en que con la mayor naturalidad discute y aun se indigna cuando alguien llega a dudar de sus afirmaciones.

–Aquí le traigo dos metros de un brocado colonial, tejido con vellón de camello, que servía para asientos de sillones fraileros . . .

–¿Brocado de camello? –insinúa débilmente el cliente, asustado del aplomo.

–Sí, señor, de camello; vea usted en el Archivo General los libros de los galeones. El pelo de camello, mi señor, era llevado a Cádiz por los mercaderes que volvían del África, y de Cádiz los galeones los transportaban a Veracruz. Este tejido es brillante, resistente y vistoso y era usado para la tapicería de muebles. Si conoceré yo de esto, que he visto un ajuar completo tapizado con la misma tela.

El diálogo se intrinca y surge una discusión llena de matices y paradojas sobre el brocado y el brocatel, hasta que, llegados al punto concreto del precio de la tela, el colonialista va bajando poco a poco las gradas de su Olimpo y se coloca a ras de tierra, como cualquier ciudadano acosado por la necesidad.

BAZARES

El bazar es la suprema institución de los compradores y de los vendedores de cosas coloniales. No hay que confundir el bazar con el puesto, ni siquiera con la casa del coleccionista que vende y cambalacha. Esta última no ostenta rótulo a la calle, ni anuncia sus objetos y muchas veces ni paga contribución al fisco.

El bazar es absolutamente público, como el *Aztec Land* o los de Bustillos, o el *Sonora News*, o es muy conocido como el de *Monsieur* Gendrop. El bazar tiene varias secciones, que si no están separadas ostensiblemente, sí pueden percibirse con facilidad por el conocedor. En la sección de las alhajas se confunden las cadenas de oro, los relojes modernos, los pendientes de esmeraldas y el alfiler de perla, como el prendedor antiguo de filigrana, las *calabacillas* de estilo 1830, el relojito de esmalte y el *cabochón* que lo mismo sirve para un cintillo o un collar que para un marco de madera. En esta sección se encuentra también la plata. La plata de los bazares tiene siempre aspecto de antigüedad, aunque haya sido labrada el mismo día en que fue puesta en el aparador de exhibición. Las piezas de plata verdaderamente antiguas se encuentran por caso raro; pero los artífices nativos se dan sus mañas y luego se descubre en ellos la heredada maestría de aquellos remotos aurífices de Azcapotzalco, que tanto asombraron a los cronistas primitivos. Estos nuevos artesanos os hacen una escudilla, un platón, una fuente, una lámpara de plata cuyo origen es muy difícil de reconocer, porque se saben de memoria todos los viejos modelos y de añadidura usan punzones con marcas y quintos exactamente iguales a aquellos que tan larga fama dieron a sus poseedores de otros tiempos.

—Maestro —dicen a uno de estos artesanos—, quiero una salsera de plata antigua, de veinte onzas (porque el uso es el de contar por onzas el peso de la obra de plata).

—¿De qué época la desea usted?

—Bien, colonial, ya sabe usted.

—Dentro de una semana le terminaré a usted una salsera del siglo XVIII.

Hay la sección de los muebles, muebles modernos y muebles antiguos. Entre éstos, el colonialista encuentra casi siempre el bargueño y la cajonera con cajoncillos secretos. El bargueño está encerado por fuera y con la madera al natural por dentro, "para que suelte el olor del cedro", dicen en los bazares. Las cajoneras tienen unas veces tabla para escribir, aplicaciones de terciopelo viejo e incrustaciones de varias maderas. Es de rigor el cajoncillo disimulado, el falso fondo y otras ingenuidades de la mano de obra. Entre los muebles, el bazarista muestra de cuando en cuando alguna rareza que exalta con grandes manifestaciones de asombro o como quien comunica exclusivamente un secreto grave. Estas rarezas son, generalmente, una *étagère* de laca japonesa, un sofá chino con incrustaciones de nácar, una cajita inglesa para frascos de licor, un sillón con asiento de vaqueta y respaldo con escudo religioso, de talla, etcétera, etcétera.

La sección de arte y curiosidad es aquella en donde el bazarista exhibe las galas de sus conocimientos y sobre la cual discute todos los días con algunos visitantes expertos. En esta sección se encuentran los más diversos productos para tentar el deseo de los aficionados: la tetera de Wedwood, con su decoración de danzarinas y angelitos blancos sobre fondo azul; los azulejos "orientales" que un ocioso ha desprendido de las iglesias de San Ángel; el reloj de cuco con su mecanismo de pesas; la *sonnerie* que marca el curso de la luna y reproduce, al gusto, los toques de los *carillons* de Westminster y de Amsterdam: el abanico de hueso labrado; la bolsa de hilaza de colores, que unos atribuyen a Chiapas y otros a Guatemala; la lámpara de hierro dorado; las piezas de tecali, de Puebla, que comprenden tintero, secante, pisapapeles y cruz; el cenicero de *cloisonné* japonés, que se ofrece como chino; unas molduras de metal para cama; unas tapas sueltas de tibores; algunas monedas antiguas; el espinazo de un tiburón; un caracol con el rótulo *Recuerdo de Veracruz*, "para detener las puertas de los balcones"; la bola de vidrio, "para leer el porvenir"; el budita de latón; el collar de cuentas de Venecia y el monedero de cuero labrado con las reproducciones del escudo nacional y de las grecas de Mitla.

El bazarista tiene sus conocimientos reservados, de fabricantes de marcos de talla, obra de plata, obra de lana, cueros repujados y otros objetos de artes menores. A nadie revelaría los nombres y los domicilios de estos sujetos, porque eso forma parte del secreto profesional. Frecuentemente el bazarista se aparta con un individuo, en un rincón de su tienda, para el regateo de una repisa colonial. A veces la repisa surge triunfante en una vitrina; otras desaparece en manos del fabricante que no ha podido obtener el precio que desea; pero el rígido protocolo de los bazares no permitiría que un cliente o visitante de la tienda entrara en tratos, allí mismo, con las personas que llegan a vender sus cosas al bazarista.

La clientela selecta de los bazares está formada por dos grupos: el grupo de los turistas y el grupo de los anticuarios. El grupo de los turistas busca los *mexican curios*, o sean las jarras esmaltadas, los sarapes de Oaxaca, Satillo y Aguascalientes, los rebozos de vivos colores, las carteras y monederos con decoración azteca, las figurillas de barro y de cera, las pulgas vestidas, las semillas saltonas, las tarjetas postales con asuntos de los llamados típicos, la loza de Puebla, los objetos de tecali y las falsificaciones de arqueología nativa. De entre los turistas, los más linces se interesan por antigüedades y se llevan para decorar el lejano *bungalow* de Dallas, cuanto camelote está preparado para ellos, a saber: una banda de Iturbide, un piano de la archiduquesa Carlota, una sortija de Maximiliano, un portaplumas de Juárez, un *cuauhxicalli* azteca de yeso "patinado", una pistola de Francisco Villa. Los hay que buscan una flecha de Ilhuicamina, "flechador de estrellas".

El grupo de los anticuarios se subdivide en nacionales y extranjeros. Éstos son de los residentes en la ciudad de México y que preparan pacientemente sus colecciones para conducirlas el día de regreso al patrio suelo. Los anticuarios tienen sus días de visita a los bazares. Los hay que concurren día por día, para no perder latido, para no dejar que se escape un imprevisto hallazgo; los hay de dos veces por semana y los hay sabatinos, los más calmosos. El anticuario se sabe de memoria cada rincón del bazar, cada pieza de la tienda y el precio de cada pieza.

—Ahora no tenemos ese vaso japonés que usted quiere —dice el dependiente del bazar a un comprador eventual.

—¡Cómo que no tenemos! —prorrumpe el visitante anticuario que hace una hora está conversando cerca del mostrador—. Por ahí queda todavía uno, que por cierto no es muy viejo, pero tampoco es moderno; es un vaso con decoración de crisantemos amarillos y greca azul, como del 1860.

Diciendo y haciendo, se dirige con decisión a un aparador, de cuyo fondo extrae, con gesto de triunfador, el vaso japonés que, a su juicio es como del 1860, y entregándolo al dependiente, comenta satisfecho:

—¿Eh?

El experto

El experto llega al bazar o a la casa del coleccionista, con homenajes semejantes al descendimiento del Paracleto. Las voces se opacan, lo oídos se aguzan, las cabezas se inclinan. El experto va a hablar. Nada turba el recogimiento para oír sus palabras definitivas, su sentencia perfecta. Se le ha ofrecido una silla, la más cómoda. El experto parece abstraído. Su actitud aumenta la expectación...

Por fin, el experto pide un cigarrillo.

Seis cigarrillos se le tienden inmediatamente. Diez fósforos se encienden para prender el cigarrillo.

–¡Qué calor! –dice en seguida el experto.

¡Es verdad!, ¡nadie lo había notado! Pero ahora están todos acordes en que hay un calor intolerable.

Surge el más decidido:

–Maestro –dice–, ¿qué le parece este plato? El señor sostiene que es un Nevers; pero a mí me parece que es un Gubbio.

–¡Hombre, qué cosa está usted diciendo! –prorrumpe el experto sin poder contenerse, levantándose de la silla y alzando la voz–. ¿Pero es que hay quien pueda confundir un Gubbio con un Nevers? Este plato –continúa mientras examina minuciosamente la pieza– es, desde luego, un plato... antiguo.

Una corriente de sorpresa circula entre los admiradores del experto.

–Este plato antiguo –sigue diciendo– no es un plato muy antiguo, según lo que ustedes entiendan por antiguo; ¿me explico? Este plato me parece un Faenza. Pero no hay que hacerse ilusiones: hay Faenzas y Faenzas. Ahora bien, como ser Faenza, no hay duda de que es un Faenza; por otra parte, lo que se llama Faenza, no, no es un Faenza; ¿me explico? ¿Usted ha oído hablar de fra Isacco de Dondi? Aquél sí que es el arranque del árbol genealógico de estas mayólicas; pero ¿dónde encontrar ahora una pieza de fra Isacco? Ha llovido desde el siglo xv. ¿Pues y la capilla de los Vaselli en San Petronio de Boloña? Es como si dijéramos la antología de las mayólicas de Faenza. Éste es un plato que no es siquiera de la segunda etapa, en la que floreció el faentino; pero podemos clasificarlo en el tercer periodo que es el que viene corriendo desde la primera mitad del siglo xvii. Es menos que la decadencia; es casi como la neobarbarie del género. En una palabra –termina entre el asombro máximo de sus oyentes–, en una palabra, si es difícil establecer la Faenza no muy antigua, menos podría equivocarme si, en resumen, dijera que este plato puede ser muy bien una mayólica moderna de Deruta.

El experto ha recobrado ahora su aspecto habitual. Pide otra vez un cigarrillo.

EL PARAÍSO COLONIAL

Si es o no invención moderna,
vive Dios, que no lo sé.
BALTAZAR DE ALCÁZAR, *Cena jocosa*.

Frontero al Palacio Nacional, en el punto en donde interceden dos de las calles de mayor tráfago ciudadano, entre el ruido de las bocinas de los coches y camiones, de las campanas de los tranvías, de los reclamos estrepitosos de los vendedores; al sur el barrio de las tiendas otomanas, con su *barillería* indescriptible, sus botones de hueso y de nácar, simétricamente cosidos a los cartones, sus lápices de mina corriente, sus órganos de boca, alemanes, sus percales para delicia de las fámulas de la Merced y sus pomos de Todas Flores, Ilang-Ilang y Heno Cortado; al oriente la derruida Universidad, con sus puestos de neumáticos para huaraches; sus montones vegetales "de a cinco" y sus rápsodas que ofrecen –mediante prueba de canto– los *corridos* populares en hojas impresas con curiosos grabados de diablos, aparecidos, hadas y héroes, se encuentra el paraíso de los colonialistas mexicanos.

Es el Volador.

En aquel sitio es donde, aseguran los cronistas –los coronistas–, estuvo el Volador, volantín de los aztecas primitivos y cuyo terreno Hernán Cortés legara a la ciudad de México, para que sólo tenga uso de mercado hasta la consumación de los siglos. El Volador mexicano, como el Rastro de Madrid, es el muestrario del vejestorio y de la curiosidad, mezcla de *Foire des Puces* y de *Curios Store*. Su topografía y su clasificación se intrincan como un laberinto. De sus cuatro puertas, que dan a sendas calles, irrumpe muchedumbre de visitantes. Son más los curiosos que los compradores.

En las barracas del Volador, como en una variante del arca

de Noé, se amontonan todas las especies del hierro labrado: la cerrajería, la balconería, la lampistería; los clavos, la llave de tuercas, las herraduras, el bozal, el componedor de imprenta, el compás, el cortaplumas, el cuchillo de cocina, los tornillos, las alcayatas, el hacha, la escuadra, la plomada, el lavabo, la cuchara de albañil, el cortavidrio. El martillo, la plancha común y la plancha eléctrica, la sierra, la alezna, la lima, el cincel, la pala, la cadena, el rastrillo, el candado, el azadón, la aldaba, las tijeras, la balanza, el molino, el candelero, las tenazas. Hay cosas en orden y clasificación y hay cosas aglomeradas y confusas; unas se amontonan sobre el suelo y sobre mesillas de madera sin pintar y otras se muestran en anaqueles y en cajillas: la cajilla de los clavos de hierro, la cajilla de los clavos de alambre, la cajilla de los resortes, la cajilla de los punzones, las cajillas de los portapantallas... Hay cosas viejas y hay cosas nuevas. La gente va a buscar las cosas nuevas a precio más bajo que el de las grandes tiendas; pero el observador sabe que los precios de las cosas nuevas son, en realidad, más altos que en las grandes tiendas.

Las barracas de hierros alternan con las barracas de la baratería y de las antiguallas. En México, a estas barracas se les llama "puestos". Hay puestos de fonógrafos, puestos de utensilios eléctricos, puestos de baterías de zinc para cocinas, puestos de relojes y piedras falsas, puestos de fritangas, puestos de artículos de piel, puestos de loza y vidrio, puestos de sombreros. Entrando por la puerta del Norte, que da al Palacio Nacional, está la sección de los armeros, los que venden las armas de fuego, el rifle de salón, el revólver de cilindro, la pistola automática, los cartuchos y los fulminantes; por la puerta del Sur, están los puestos de los zapateros, los que venden las polainas de tubo, las botas para montar, los botines de resorte y los chanclos de gamuza, ribeteados de cinta y olientes a tintura de cascalote, de uso corriente en las curtidurías; los zapatos de becerro, de suela dura y rechinante; las sandalias o huaraches, con sus correas de intrincadas grecas.

En el Volador, los libreros tienen su zona. La librería de César Cicerón, el vasco, especialista en libros de texto; que sabe discurrir con aplomo sobre libros de medicina y explica por qué el Testut en español debe preferirse al Testut en francés; la librería de Ángel Villarreal, el hombre que cachazudamente espera a que el estudiante que ha ido seis domingos a regatear *María o la hija del campesino* suba diez centavos a la oferta; la librería de Juan López, el viejo masón, liberal de la época del Constituyente del 57, que se complace en poner rótulos de controversia política a cuantos grabados, cromos y litografías religiosas caen en sus manos, incluyendo, por de contado, los retratos de las gentes del partido conservador, de curas y prelados y de hombres señalados como de ideas reaccionarias. Los domingos, las librerías se extienden en mesas anexas, en las cuales se amontonan las colecciones de *La Ilustración Francesa*, los argumentos de óperas y los folletos sobre agricultura, industria y comercio.

Los anaqueles, el mostrador, los pilares, todo es aprovechado en las barracas de los libreros, para la exhibición de muestras y enseñas. Sobre el muro exterior, cordeles paralelos sostienen bandas de las materias más disímiles: bajan, sucesivamente, hasta el suelo, la Ley Orgánica del Ramo de Pesas y Medidas; el Informe del Gobernador Coronel Ahumada a la H. Legislatura del Estado Libre y Soberano de Chihuahua, en 1905; *Los errores científicos de la Biblia; Los grandes inventos,* de Louis Figuier; la Historia del almirante Jean Bart; los *Anales del Museo Nacional,* Quinta época, 3; el *Compendio de raíces griegas,* por el doctor Díaz de León, y los discursos de Antonio Juega Farulla, de Montevideo. Prendidos a un cordel, en el que se sostienen con pinzas de madera para ropa, están los cuadernos de *La Novela Semanal.* En hilera, sobre el mostrador, autores españoles y mexicanos, Valle-Inclán y Baroja, Caso y González Martínez; luego, unos tomos de Darío, de las obras completas, con autógrafo del niño Rubén Darío Sánchez y, destacando su nota naranja, otros de la colección de La Cultura Argentina. Cogida, también con pinzas de madera, una lámina antigua, con este rótulo: *Retrato de Señora, Cuadro de Jacinto Rigaud.* La señora lleva un sombrero sembrado de hierbas y flores en apretado haz, atadas con un lazo salmón. Ha venido a pararse cerca de un pozo, en cuyo brocal hay una carta con sello rojo, y una cubeta azul. Sobre una falda de concéntricos holanes, cae, desmayado, un abanico de plumas con varillaje de carey; del abanico de plumas pende una gran borla verde; la borla ata unos impertinentes de oro. La señora sonríe, con sonrisa triste; su mirada se pierde mucho más allá del pozo donde ha venido, quizá, a un cita amorosa. Un caballero –y esto ya fuera del asunto del cuadro– se acerca a la lámina y la examina con gesto de conocedor. "Rigaud –murmura–, ¡ah, sí, Rigaud ... ya lo creo ... es un pintor ... francés!" Satisfecho, vuelve a contemplar la lámina, moviendo la cabeza en señal de aprobación. Después, baja la cabeza y se pone a examinar los libros del mostrador. Hace varios meses que está ahí, colgado en sus pinzas de ropa, este pliego de música, sucio, amarillento, punteado por las moscas. La portada tiene una escritura de letra inglesa, con mayúsculas de ornato de presión fuerte y de presión suave, en armónica alternación. Es una obra italiana, impresa en Francia en 1844, que dice:

Amor gli scuti strali
trio dans l'opéra
L'Apoteosi D'Ercole
Musique
de Mercadante.

Nadie ha reparado en Mercadante. El Volador no es sitio frecuentado por los músicos. Arriba del trío de Mercadante ha sido colgada otra lámina, ésta sí muy atractiva para los visitantes. Tiene, en rotograbado, una docena de retratos militares y este rótulo: *Generals who have added lustre to french arms.* Abajo de la lámina, sujeto con alfiler, un cartoncillo manuscrito que dice: 10 cents.

Llega un señor de paso lento, de mirada profunda, de traje modesto. Lleva, bajo el brazo, un objeto envuelto en un periódico. Llega distraídamente, como por casualidad, como si no quisiera detenerse allí. Calla por un momento; echa una mirada a los libros más próximos. Después:

–¿Se interesa usted por un libro antiguo?

–Según ... –responde invariablemente el librero.

Hay otra pausa.

–Tiene más de cien años –se atreve a aventurar el señor del bulto.

El librero esboza una sonrisa.

–Lo veremos –responde.

El señor del bulto no se mueve.

–Tengo una oferta de treinta pesos por él.

Después coge el bulto, alisa el periódico que lo envuelve, desdobla el periódico y muestra un libro de forro de becerro. No hay duda, ahora, de que se trata de un libro viejo.

–Tengo oferta de treinta pesos –repite, y pone el libro en manos del librero.

El librero ve el lomo del libro y en seguida lo abre por la portada; recorre distraídamente algunas páginas y acaba por examinar el índice. El vendedor no despega los ojos del librero; con los dedos ejecuta un repiquito sordo sobre el mostrador. Está muy serio, muy serio.

–No me interesa –dice de pronto, decididamente, el librero, volviendo el libro a su dueño.

–Es un libro muy antiguo, tiene más de cien años; me deshago de él por necesidad; está completamente agotado; ¿cuánto ofrece usted? Fíjese usted en que tiene cuatro láminas en cobre.

–No me interesa . . . pero le daré cincuenta centavos.

El vendedor abre muy grandes los ojos. Se echa hacia atrás. Protesta. Es una edición completamente agotada. Tiene cuatro láminas en cobre. Es un libro de familia, lo adquirió de su abuelo. Está dispuesto a bajar el precio; pero no tanto. Es de 1794. ¡Están tan escasos los libros del 700! Tiene una magnífica oferta; pero no ha vuelto a ver a la persona de la oferta. El librero no cede; dice que apenas encontrará comprador por setenta y cinco centavos, después de muchos días. El vendedor vacila; se calma; calla un momento.

–¡En fin! –dice–. Por ser domingo. Todo está cerrado. Es de usted.

Y se retira, paso a paso, murmurando: "¡Si no fuera hoy domingo!"

El librero coge un cartoncillo, cuyo extremo inferior introduce entre las hojas del libro. Después coloca el libro en el mostrador. En el cartoncillo ha escrito con lápiz: $8.00.

Pero Galín llega al Volador los domingos, a las 11 de la mañana. Podría llegar más temprano, a las 8 o a las 9, para impedir que los anticuarios listos se lleven las "novedades" que pudieran interesarle. Podría llegar a la 1, para cambiar impresiones con los coleccionistas habituales de esa hora. Pero prefiere un término medio, que no lo haga aparecer ni como demasiado goloso de *trouvailles,* ni como demasiado indiferente de sus reconocidos gustos. Así, puede toparse con los unos y con los otros; ver salir al feliz comprador y ver entrar al amigo que va en busca de preciosidades.

Entra Pero Galín por la puerta oriental, salvando trabajosamente la multitud que se aprieta en la contemplación de los cromos suizos colocados en largas hileras sobre la acera y ante los puestos en donde se venden rebanadas de piña, bloques de papel, grasa para zapatos, periódicos, camisetas de malla y montoncitos de cerillas. Atraviesa pausadamente por los puestos de la entrada, saludando, con sonrisa de conocimiento, a los propietarios de las barracas. Echa una ojeada a los libros viejos, a la lámina de Rigaud, a un cajón en donde se confunden frascos de variadas formas, a la tabla en donde se exhiben relojes y alfileres de corbata, a la ferretería en donde ajedrecistas impenitentes juegan sin descanso, a la barraca en donde se hacinan y empolvan cadenas, lámparas viejas, vasos para ensayes metalúrgicos y marcos desportillados.

Si hay algo que pudiera interesarle en esos puestos, lo deja para después, y si no queda tiempo, no le preocupa la curiosidad de verlo. Pero Galín no gusta de salirse de su papel, ni de invadir el campo de los demás; colonialista exclusivo, él no debe aparecer como husmeador de hierros ni como *bouquiniste* de libros; los hierros y los libros sólo le interesan si son mexicanos y si proceden del siglo XVI al XVIII. En consecuencia, Pero Galín se dirige, con ostensible resolución, hacia el paraíso colonial propiamente dicho.

En el Volador, el paraíso colonial propiamente dicho lo forman cuatro o cinco puestos; aquellos en donde el conocedor y el *dilettante* pueden encontrar, o creen encontrar, objetos de procedencia o de aspecto colonial. Lo colonial se muestra, la mayor parte de las veces, en formas, estilizaciones y espíritu remotísimos; se necesita toda la agudeza del *connoisseur* que acude al paraíso, para sentenciar categóricamente sobre el estilo de las cosas que allí se exhiben. En cierto puesto existe el marco dorado, cuyas desportilladuras, denunciadoras del ocre y del yeso, son prueba agobiadora. En cierto otro puesto, está el "escudo de monja", con una escena de la huida a Egipto; el buen colonialista atribuye estos "escudos de monja", después de minucioso examen y ojeada a contraluz, con la diestra sobre la frente, a guisa de pantalla, o con los dedos formando cilindro, a guisa de anteojo, al mismísimo Miguel Cabrera, de cuya fe-. cundidad y de cuyos discípulos que lo imitaron los colonialistas se complacen en propalar una leyenda semejante a la verídica historia de Pablo Rubens.

En otro puesto, César Zelaschi, el italiano –a quien no se debe confundir con César Cicerón, el de los libros, el español–, atiende a los colonialistas, metido en su barraca, entre una confusión de vejestorios que él sólo es capaz de desentrañar hábilmente. Los que buscan galones saben que César Zelaschi tiene siempre varios rollos de galones deshilachados y sucios, de irrefutable procedencia suiza, que, con espíritu liberal y ancha conciencia, son ofrecidos y aceptados por galones mexicanos del XVI.

–Este galón –dice tal experto desenrollando la cinta y subiendo la voz para que se den cuenta las gentes de las cercanías–, este galón de oro es un galón de plata legítimo, de trescientos hilos; a primera vista parece una cinta de Utrecht; pero no es una cinta de Utrecht: es un galón español, de los que usaban para los ornamentos sagrados los canónigos de Santiago de Compostela. Hace muchos años que yo vi unos galones, iguales a éste, en la iglesia de la Compañía, de Puebla . . .

El experto regatea la joya y se retira con dos metros de galón de plata, legítimo, que ha pagado a veinticinco centavos el metro.

Con sonrisa complaciente Pero Galín ha contemplado la escena y luego, sin vacilar un punto, se dirige al *sanctasanctorum* del Paraíso: al puesto de Mariano Salas.

–¡Buenos días, don Andrés! –dice saludando alegremente a don Andrés, el propietario del puesto absolutamente contiguo al de Mariano Salas.

–¡Buenos días, señor Galín! –contesta en tono amable don Andrés.

–¡Señor Galín, muy buenos días: llega usted a tiempo! –dícele Salas, mientras estrecha la mano que se le ofrece–. ¡Tome usted asiento!

–¡Buenos días, señor Galín! –dice Guillermo, el hijo del señor Salas, discípulo aventajado de su padre en el conocimiento psicológico de anticuarios y coleccionistas.

241

–¡Señores, muy buenos días! –dice Pero Galín, dejándose caer en la silla plegadiza que solamente se ofrece a los huéspedes distinguidos–. Y ¿qué tal?...

Salas atiende a clientes y compradores con exquisita cortesía; para todos tiene un cumplimiento y una sonrisa; por nada del mundo disgustaría a uno de sus visitantes. Con la más amable de las exageraciones, él atribuye sus bronces a Cellini; sus platas, a los Arfes; sus cuadros, a Ticiano y a Vinci; sus porcelanas, al periodo de Ming; sus maderas, a Cano; sus chalchihuitles, a los nahuatlacas; sus vidrios, a los artesanos de Murano; sus telas mexicanas, a Arteaga y a Cabrera; sus láminas, a Durero y a Goltzius; sus abanicos iluminados, a Boucher; sus monedas son tolomaicas; sus cerámicas indefinidas, persas; sus tacitas japonesas, Satzumas; sus respaldos de tapicería, damascos; sus platos de corona, de Maximiliano; sus aplicaciones de bronce para muebles, Imperio; su cajonerita, Chippendale; sus tenazas para chimenea, vizcaínas; su armadura vaciada, milanesa; su mantón español "alfombrado", de Teherán; su Cristo de marfil, del siglo XV; su devocionario del XVIII, incunable mexicano; su cajita de linaloé, de Olinalá; su batea, de Tacámbaro; su sarape, del Saltillo. Cuando sorprende una variante que le era desconocida, fuera de los grandes nombres de uso corriente, ¡con qué fruición toma nota de ella y la espeta a la clientela! Así, por ejemplo: "Le aseguro a usted que se equivoca, mi querido señor Mendiolea; este bufete no es Chippendale: es lo que verdaderamente se llama un Hepplewhite"; o bien: "¡Qué va a ser Ming este *bowl;* es una pieza de la dinastía Kang-Hsi!" A Bruegel lo tiene atravesado, porque no ha podido citarlo cuando se habla de cuadros, pues teme incurrir en error, porque cierto día en que unos señores discutían en el puesto mezclaban a Bruegel de Velour con Bruegel de l'Enfer, y Salas no ha podido decidirse con autoridad ni por el Velour ni por el Enfer.

–Aquí tengo para usted –dice dirigiéndose a Galín– esta mancerina. Ya sabe usted cuánto se interesa por las mancerinas la señora Cowder, la esposa del ingeniero americano que vive en la Colonia Roma. La señora Cowder me ha hecho la lucha; pero las mancerinas no las vendo a nadie sin ofrecerlas antes a usted. Tiene nueve onzas y el quinto es del siglo XVIII. Me parece que estas mancerinas las hacía un tal Diego...

242

–Samaniego –rectifica con una leve sonrisa Pero Galín.

–Samaniego, eso es.

Pero Galín, sin levantarse de la silla plegadiza, coge la mancerina; la coloca en sus muslos; tira de una cinta en cuyo extremo hay un lente de aumento; coge nuevamente la mancerina, la suena con las yemas y pone oído atento a la vibración de la plata; la sopesa y vuelve hacia abajo; aplica el lente y examina la marca en zigzag del punzón y las letras del quinto.

–Aquí está la S –dice en voz baja–, pero arriba, más pequeña, hay una A; esto me confunde . . . una A arriba de la S . . . pudiera ser una abreviatura . . . espere usted . . . una abreviatura de Sevilla. O bien ¡de Sonora! . . . pero en Sonora no hacen mancerinas. Este quinto es muy raro; nunca había visto una marca igual. ¿Y cuánto pide usted por la mancerina?

–A usted, cuarenta y cinco pesos; yo creo que la señora Cowder me da los sesenta.

–Pero, Salas, por Dios –dícele Pero Galín–, ¿es que usted me toma por un millonario?, ¿ha olvidado usted que en los bazares no piden más de tres pesos por onza y que esta pieza, en consecuencia, no vale más de veintisiete pesos?

La discusión se prolonga, por intervalos. Pero Galín ha dejado la mancerina en un anaquel, con la firme intención de no retirarse del Volador sin llevársela. El señor Salas dice que no bajará de treinta y cinco pesos; pero íntimamente está decidido a bajar el precio a veinte, en el mismo momento en que se formalice la retirada de Galín.

Siguen llegando los habituales: la señora que se muere por las cajas de rapé con paisaje inglés; este anciano que viene, hace muchas semanas, para ver si casualmente encuentra las "almendras" de cristal para un candil; este caballero que cambalacha cuadros de santos por retazos de terciopelo, marmajeras por cabecitas de marfil; la señorita que quiere una bolsa de chaquira; el ricachón que busca turquesas, turmalinas, rosarios de marfil, Cristos de madera; el jovencito maniaco, a quien sólo interesan las campanillas de bronce, con fechas.

–Dígame, señor Salas –dice uno de los habituales–, ¿no le ha caído todavía mi pedazo de damasco?

–Ahora tengo uno –responde Salas–, no es del color que usted necesita; pero se le acerca mucho.

–No; ya sabe usted que lo que yo quiero es de un color bermejo; pero que no sea precisamente bermejo; algo así como "sangre de toro", pero más claro . . . tirándole a tuna.

Llega el caballero anticuario que habla de tener en su casa preciosidades. Nadie conoce su casa; pero todos acaban por creer que encierra cosas maravillosas. Llega el otro anticuario, el infalible, el afortunado, el dichoso mortal, el que siempre encuentra; se habla de su *flair* como de un don divino; pero es que él tiene su secreto: este anticuario afortunado, dichoso mortal, domador del éxito, al salir de su casa cuida de echarse al bolsillo ya un llavín con arabescos, ya una cuenta de jade, ya un sello de ágata, y cuando la requisa ha sido infructuosa, él no se da por vencido y sacando del bolsillo el objeto salvador, dice a sus amigos del paraíso colonial:

–Mire usted, ya me iba cuando he descubierto este sello de ágata; tiene dos VV enlazadas . . . Me parece que fue del Virrey Venegas . . .

Salas ha salido de la barraca para hablar aparte con un muchacho que le presenta, con recatos y misterios, cierta cajilla de madera labrada. Salas coloca la cajilla sobre la mesa de exhibición y luego, dirigiéndose a un turista que anda por ahí en busca de rarezas, le dice:

–¡El trabajo que me ha costado dar con este cofre del siglo XVI! Lo tenía la señora Cavazos, descendiente de los marqueses de Ulapa.

Pero el turista decide seguir al muchaho que trajo la cajilla. Lo alcanza en un puesto de sombreros. Breve diálogo, rápido apunte en un libro de notas. El muchacho se despide, agregando:

–No olvide usted, señor: se pregunta por Severiano Cortés, tallador, tercera Calle del General Anaya, 55, interior 40, al fondo . . . 55, interior 40; hacemos toda clase de antigüedades auténticas . . .

Pero Galín se despide. Hace como que no quiere hablar ni una palabra de la mancerina de plata. Salas se la recuerda, como si tampoco le interesara el asunto. Galín da algunos pasos hacia afuera. Salas le dice que por ser para cliente tan estimado le dejará la mancerina en veinticinco pesos. Galín replica que, en realidad, no le interesa mucho la pieza; pero que va a darle por ella veinte pesos. Salas protesta que la señora Cowder le dará treinta, si llega a verla (olvida que antes había dicho que le daría sesenta). Galín baja del entarimado de la barraca hacia la callejuela, extiende la mano para despedirse. Salas acepta los veinte pesos, con protestas de que hará un mal negocio y entrega la mancerina a Pero Galín.

Pero Galín ha aprovechado el domingo –su día– y sale radiante. Echará todavía una vuelta por la Avenida Madero; después se irá a casa a almorzar. Por la tarde esperará a sus visitas. Al anochecer irá a ver a Lota Vera, quien lo informará de los últimos preparativos para el matrimonio. Serán éstas sus últimas visitas al Volador. Pero antes, para reforzar la conversación, dará un repaso al capítulo aquel en que don Manuel Romero de Terreros diserta, con su habitual autoridad en la materia, sobre el marqués de Mancera y la invención de las mancerinas.

LA MARCHA NUPCIAL

> *Southern Pacific Service is the foundation upon which has been built the most efficient and extensive transportation system in the West.*
> SOUTHERN PACIFIC LINES. *Time Table.*

El viaje de bodas estaba preparado para el mismo día del matrimonio religioso. La noche anterior el juez del Registro Civil había casado a los novios y al alba siguiente el cura entraba en funciones. Una ceremonia breve y sin ostentaciones realizóse en la pequeña iglesia, y hechos los últimos arreglos de las petacas y recibidos los inevitables encargos familiares, Pero Galín y Lota Vera ocuparon el gabinete del *pullman* que los conduciría a El Paso, en la frontera de los Estados Unidos.

Hacía mucho que Pero Galín no se metía en un tren. Desde su llegada de Solumaya a la ciudad de México sólo había hecho breves excursiones a Querétaro y a Puebla, para visitar las viejas iglesias y a los coleccionistas de estos lugares. Ahora sentía una extraña sensación de novedad, como si fuera a un mundo diferente.

Atrás quedaba la ciudad de México en donde pasó los mejores años de su vida. Parecíale como que la tierra se tragaba su vieja casona, sus raros amigos maniacos, sus conocidos bazares, sus amadas baratijas que fueron por mucho tiempo la única atracción de su espíritu bueno y atrasado. Parecíale como que se desprendía de su propia naturaleza para dejarla ahí, abandonada a los mozos de cordel de la estación.

Metióse el tren por la red de hierros viejos, de tanques, de tubería, de carros de carga, de casetas, en el patio de la estacion; y era aquélla una clara mañana de sol, de las tibias y radiantes del gran Valle de México, para dar alegría y optimismo al espíritu.

Lota arreglaba las maletas, los estuches, las cajas de los sombreros, los útiles de aseo, mientras que el tren, por entre vallados de verdura, iba dejando atrás Tacuba, Tlalnepantla, Barrientos, Lechería, Cuautitlán, estaciones anunciadas por coros de viejas famélicas y de niños astrosos que ofrecen a los viajeros, con cargante insistencia, platos de pollo, naranjas, frutas azucaradas, tazas de café, ollas de leche, vasos de pulque.

Al pasar por Cuautitlán, el gabinete estaba ya del todo arreglado para vivir allí monótonos dos días y medio de viaje: las toallas con sus listas azules formando un rimero en picos sobre la parrilla del lavabo; los suaves almohadones blancos, que el *porter* negro había colocado maquinalmente sobre el sofá; abierta en la página de la tabla indicadora de la ruta México-El Paso, la guía oficial de los Ferrocarriles Nacionales.

—Todo está listo –dijo Lota sentándose por fin al lado de Pero, quién sonreía con evidente mortificación, como un muchacho tímido que se ha metido en una aventura.

—¡Ah, sí ... gracias! –fue lo único que pudo responder Pero Galín.

Lota, alegre, continuó:

—Bien, ahora ...

En el mismo momento sonó el zumbador eléctrico de la puerta del gabinete:

—¡Boletos! –dijo el empleado del tren, requiriendo los billetes de transporte.

Como a las dos de la tarde el convoy dejaba atrás San Juan del Río, entre la gritería de los vendedores que asedian a los pasajeros y a las 3 y 42 minutos se detenía en la estación de la vieja Querétaro, de donde partían agudos reclamos:

246

–¡Hay camotes!

–¡Los plátanos pasados!

–Niña, ¿no lleva los deshilados?

–¡Camotes!

–¡El turrón de coco, legítimo!

–¡A cinco solo, a diez con jarro!

–¡Los camotes!

–¡Ópalos, cinco pesos el paquete!

–¡Llevarán los camotes!

Pero Galín aguzaba la vista, tratando de descubrir algo.

–Mira –dijo–, aquí en Querétaro hay muchas cosas que ver . . .

–Sí –repuso Lota–, aquí hay muchas cosas que ver: santos apolillados, altares dorados, casullas viejas. ¡Que los parta un rayo! Para antigüedades, ahora te tengo a ti. Y cuidado que me costó trabajo entenderla y hacerme de ella.

A las siete se bajaron a estirar las piernas mientras el tren se detenía en Celaya. Más vendedores de fritangas, de sarapes, de deshilados, aturdían con sus ofertas. Aparecieron los que ofrecen las cajetas de Celaya, el más popular de los dulces mexicanos.

–¡Patrón, las cajetas del *caballito;* lleve usted una docena!

–¡Éstas sí son del *caballito*! –gritaba otro.

–¡Las cajetas del *Ferrocarril*, de a diez, de a veinte!

Un mendigo ciego, con arpa y lazarillo, se acercaba a los carros y cantaba:

Las cartas que me diste
en mi poder las tengo,
con ellas me entretengo
de noche sin dormir.

Caían sobre el roto sombrero monedas de cobre, mendrugos.

El tren siguió en la noche, mientras dejaba atrás Salamanca, Irapuato, Silao . . .

A las nueve apareció el *porter*.

–Con permiso de ustedes, voy a hacer las camas; ¿quiere usted que haga las dos de abajo? –dijo dirigiéndose a Pero Galín.

Hubo un momento de silencio. Lota, como distraída, se arreglaba el tocado en el espejillo de la bolsa de mano.

–Está bien . . . haga usted una –contestó Galín.

Y contra su costumbre, se puso a silbar, cualquier cosa, mientras salían a la plataforma para dejar al negro arreglar el cuarto.

247

El convoy con su ríspido ruido de hierros cruzaba ya por las áridas tierras de Zacatecas, que el fanal de la locomotora decoraba extrañamente con su intenso cono luminoso.

Cuando Pero Galín, al dejar el lecho, alzó la cortinilla del carro, el día estaba ya muy avanzado y el tren se detenía en Camacho, una de tantas estaciones con dos o tres miserables cabañas, el tanque que guarda el agua para los trenes y algunos arbustos que el sol y el polvo que azotaba en gruesos nubarrones habían resecado implacablemente. Dos gallinas, un cerdo, un niño desnudo, un charco, completaban el paisaje.

El camino iba desarrollándose entre lejanos y escuetos cerros, macizos de tostados yerbajos aquí y allá, terrenos resquebrajados por el calor. Después Torreón, la pequeña ciudad en donde convergen los negocios de la región lagunera, emporio del algodón mexicano.

Muy entrada la tarde inicióse la gran llanura del estado de Chihuahua. Las estaciones anunciaban nombres muy conocidos en la historia de las últimas revoluciones: Jiménez, Conejos, Bachimba, Rellano.

Pero Galín había pedido la carta al mozo del *buffet*.

–Queda café con leche y jamón. Si usted quiere otra cosa puede ser que en la próxima estación se encuentre algo.

Un momento de contrariedad y al fin decidióse por el café con leche y el jamón.

Otra noche de balanceo en el carro y de tremendos rechinamientos de hierros, alternados con el silbato de la locomotora y el choque de los carros cada vez que se detenía el tren. En el silencio de la noche se oía la voz de un garrotero:

–¡Ahora se murió la máquina! Hay que darle agua.

O bien:

–Se salió un carro de segunda. Van a poner las *tortugas* para levantarlo.

Pero y Lota oían con interés estas frases y a ratos sentíanse como arrullados, en las paradas eventuales del convoy, por el jadeo monótono de la máquina. Después algunas campanadas y volvía el ruido, el chocar, el tambaleo.

Al día siguiente la llanura era más escueta y a las diez aparecieron grandes masas de arena, como médanos, que a trechos eran detenidas por palizadas para que no inundaran la vía. A las

248

once veinticinco llegaron a Ciudad Juárez, en el mismo límite con los Estados Unidos, separada de El Paso por el río Bravo.

Pero Galín y Lota Vera descendieron del carro rápidamente, con visible deseo de poner fin a un viaje largo y aburrido, de salir de aquel reducido espacio, con su peculiar olorcillo a hule, a cocina y a hierro. Y evacuadas las formalidades de pasaportes y registro de equipajes, entraban a territorio de los Estados Unidos.

Lota guiaba; había hecho otras veces el mismo viaje y le eran conocidos los detalles del paso de la frontera. Pero Galín, con más curiosidad que temor, se dejaba llevar. Acomodáronse por unas horas en el hotel Paso del Norte, mientras que tomaban el tren que los conduciría a California.

Pero Galín observaba, intrigado, desde el balcón del sexto piso. Abajo una calle comercial, con muchos rótulos, con un tranvía que llevaba sobre la plataforma del frente unas banderitas metálicas, una de México, la otra norteamericana. Aquel tranvía era el que hace el tráfico por el puente internacional. Enfrente una casa de banco, un puesto automático de naranjadas, una tabaquería, una fonda; a la izquierda un edificio de doce pisos, el primer rascacielos que veía –fuera de los grabados– Pero Galín.

Un extraño conjunto de mexicanos y norteamericanos se mezclaban en las calles. Niños indígenas de Chihuahua ofrecían, en inglés, los diarios de la ciudad, con el inglés contraído y nasal propio de los Estados Unidos.

–Pas' Times! H'rald! E'vning Post! – oíalos decir, según la nacionalidad del comprador de los periódicos–: Five cents!, ¡cinco centavos!

Las primeras sensaciones de un nuevo país se atropellaban en aquellos momentos en la cabeza de Galín. Ni siquiera tenía tiempo de ordenarlas, de meditar en nada. Había que salir a tomar el tren para Los Ángeles. Esperaron unos momentos en la gran sala de piedras y mármoles blancos de la estación del Sud Pacífico, paso del Sunset Limited, el gran expreso que recorre la enorme curva que se extiende entre New Orleans, en el Golfo de México, y San Francisco, en el Pacífico.

De cuando en cuando, un hombre de uniforme azul gritaba maquinalmente con acento gangoso:

–¡Pasajeros al Golden State Express! ¡Sale dentro de diez minutos para Denning, Lordsburg, Bowie, Tucson, Maricopa, Phoenix, Yuma, Caléxico, San Diego!

Galín y su mujer subieron al Sunset Limited, el orgullo de la gran vía del Sud Pacífico. Acomodáronse en un *compartment* reluciente, cómodo para un viaje rápido, sin el estorbo del sofá de los gabinetes, con todos los detalles para cubrir las necesidades de un buen aseo.

Comenzó el desfile de pueblos, de granjas, de casitas. La tierra *yankee* se revelaba ahora con sus conocidas particularidades; sin ningún alarde de arquitectura, sin ningún monumento, preparada toda para la agricultura intensa.

Acodado en la ventanilla, Pero Galín veía pasar estaciones con nombres que nada decían a sus recuerdos ni a su imaginación: Anapra, Lanark, Afton, Aden, Myndus, Denning, Gage . . . Ni una cupulilla, ni una torre, ni un soportal a lo lejos. Nada de historia, nada de tradición, sólo las cosas que el dinero puede dar inmediatamente. Casitas de madera al frente de parcelas sembradas de trigo y de cebollas. En los poblados más grandes algunos rótulos sobre frontones de madera: la droguería, la tienda de comestibles, la oficina de correos. Ahora la velocidad era de 90 kilómetros por hora y el tren, sin choques, sin esperas, marchaba con regularidad fastidiosa.

–¡Qué insoportable exactitud! –había dicho Pero Galín.
Lota respondía:
–¡Tú crees que en esta complicada organización de transportes van a detener los trenes para que los viajeros busquen cúpulas de azulejos y bargueños apolillados! ¡Hombre, por Dios!

Recorrieron el convoy. Pero Galín comenzó a percibir aquellas cosas de organización y de sistema de que Lota venía hablándole. Visitó el carro-club, con su servicio de escritorio, con sus revistas ilustradas y los periódicos del día, con su cuarto de peluquería y planchado de ropa, con sus butacas para los fumadores; estuvo en el carro de observación, con sus cómodos sillones, con su plataforma cubierta de sillas plegadizas, para contemplar el camino; echó una ojeada al gabinete, en donde en plena vía el viajero puede darse un baño y pasaron ambos, por último, al coche-comedor –atravesando diez carros dormitorios– con su excelente servicio de viandas.

–Quiero una cerveza.

–Pero, hombre, tú que nunca tomas cerveza –replicaba Lota–, aquí se te antoja. Te darán *Budweisser* sin alcohol.

–¿Quieres decir que aquí no hay libertad?

–¿Quieres tú decir que así entiendes la libertad?

Y Pero sonreía, acostumbrándose un poco a su nueva vida.

–Estas comidas –agregaba– me saben a farmacia, a pintura. Prefiero mi atole de cáscara.

A la mañana siguiente atravesaban el río Colorado, en la región del Yuma, en los límites de Arizona y California.

–México irredento –comentó Pero Galín.

–Estos apóstoles –replicaba Lota– necesitan primero redimirse ellos de sus ideas y engrandecer la tierra que les queda. Mira, tú, redentor, a ver si te fijas en esas tierras para que cuando regreses a la tuya te dediques a levantar cosechas y a construir canales, en vez de poner todo tu espíritu en las baratijas y en las cosas que ya pasaron hace más de un siglo.

Ahora entrábase el tren por la región de Niland y llegaba, a poco, a las tierras de la pompa frutal. En filas estrictas alineábanse los naranjos, los perales, todas las variedades de la frambuesa, del higo, de la manzana, del melocotón. Separábanlos callecillas que se perdían en el horizonte, limpias, sin un abrojo.

–Quiero verte –decía Lota– en la costa occidental de México, haciéndole la competencia a estas gentes. Podrías exportar furgones de tomates y de melones, que aquí tienen un gran mercado.

–Ya me veo –contestaba Pero–, ¡ya me veo yo sembrando tomates en Mocorito!

Aparecieron las últimas poblaciones del camino: Savanna, San Gabriel, Alhambra, Shorb. Después el tren se metió por entre hierros y puentes y surgieron algunas calles con sus sucios galerones, con fábricas cubiertas de polvos amarillentos, de residuos de carbón. Carros de ferrocarril metíanse en los edificios, para descargar. En los cruceros sonaban las campanas de seguridad para detener el tráfico al paso del convoy. Fábricas, fábricas, fábricas. Camiones, *side-cars*, automóviles. Algunos negros, en las aceras, enseñaban su sonrisa blanca. Pasaban indiferentes unos chinos, en un tramo con vidrieras polvosas y rótulos en caracteres asiáticos. Después una maraña de rieles. En seguida el tren se detuvo en un andén cubierto con larguísimos cobertizos blancos. Los Ángeles. Un negro de gorra de cuero rojo echaba a un carrillo portátil los equipajes de mano. Un agente de transportes solicitaba los billetes de los baúles. Pero y Lota echaron a andar por un pasaje subterráneo, tapizado con carteles de excursiones y con anuncios indicadores de entradas y salidas y de la situación de los trenes. Surgieron por una gran escalinata que, a pocos pasos, conducía a la calle. Como cincuenta *chauffers* de taxímetros ofrecían sus servicios, con gritos agudos, sin pasar de una línea imaginaria en la mitad del arroyo.

–Ahora vamos a un buen hotel . . . nuevo . . . moderno –dijo Pero Galín, heroico.

Lota llamó un taxi y subieron. Lota ordenó:

–¡Biltmore Hotel!

LA LUMBRE DE HOLLYWOOD

> *The legitimate pursuit of the Western World has been the acquisition of wealth, enjoyment of the sense, and commercial competition. America is supposed to have come nearer to an achievement of these aims than any of the older countries. It is beginning to be evident that no nation can progress beyond our present state, unless it is "subjected to the creative will".*
>
> THE LITTLE REVIEW, *Machine Age Exposition.*

Repicaban en los cruceros con monótona regularidad las campanas para dirigir el tráfico y encendíanse, en pleno día, las luces rojas y verdes para detener o reanudar la circulación de las calles. El irlandés de sencillo uniforme azul, con dos escuadras de galones en la manga izquierda, hacía señales con reposada exactitud. Infundía seguridad y obediencia. Pasaban por las aceras, sin confundirse, las dos corrientes humanas que marchaban en dirección contraria. Hombres difíciles de clasificar, porque el aspecto de la indumentaria no varía en ellos sino en dos por cada cien; mujeres de faldas cortas, de sombrerillos de vivos colores, ligeras y desenfadadas; estudiantes con la nuca rapada; viejas con una bolsa de malla para ir echando las compras.

Imposible clasificar la geografía étnica en ese río de gentes. Apenas algún negro, algún japonés, algún latino de origen indígena. *Jerseys* y *sweaters* por todas partes, con su nota viva, reluciente, de cuadritos de colores rojos, azules, grises. Hombres gordos y muchachos que nunca han dado un estacazo en el *golf* van en traje de *golf*, a evacuar cualquier asunto que no tiene nada que ver con los deportes.

En los mostradores de *Bullock's*, de la *5th Avenue Store*, hay una balumba endiablada. Tres mil mujeres y dos hombres se atropellan, se confunden, manotean, chillan, gritan, ruegan, interrogan ante las mesas en donde hay pedazos de telas de los más diversos diseños, piezas de listón, guantes, aparatos para limpiar alfombras, gorros de hule para el baño, pañuelos *Arrow* en estuches de cartón, tubos con dentífricos, petacas para viaje, batas de baño, velas decoradas, novelones románticos, baterías de cocina, collares de vidrio, plumas-fuente. Apretadas hileras de gentes suben y bajan por las escaleras automáticas, desde los basamentos en donde está la última palabra del *bargain*, hasta el piso en donde se encuentran las piezas "de arte": biombos japoneses, *book ends* imitación de bronce, pebeteros de barro, veladoras de Chicago, cajitas checas iluminadas. Los rótulos colgantes son como faros para surcar aquella procela.

Lota y Pero mezclábanse por todos aquellos sitios, iban siempre presurosos, al ritmo de aquella ciudad que se ve crecer por minutos al influjo decisivo de su gran cámara de comercio, de su agricultura circundante, de sus pozos de petróleo y de su colosal industria del cinematógrafo.

Pero Galín –como habíalo anunciado su mujer– manejaba. Al volante en su *Buick* de turismo, conocía la complicada organización del tráfico. Como si no hubiera hecho otra cosa en su vida, metía con facilidad y por todas partes su coche, entre los dos millones y pico de vehículos que circulan en California. Para sentir más seguridad en su nueva vida habíase inscrito entre los socios del *Automobile Club of Southern California* y había hecho colocar, en el radiador del carro, la conocida insignia de la campana y la rueda. Sabía también cómo no perder la cabeza en el intrincadísimo orden que imponen las reglas del tráfico, por medio de rótulos obsesionantes:

Despacio
Alto
Izquierda
Derecha

Una vía
No se detenga aquí
Puede usted estacionarse aquí hasta las diez de la
mañana y desde las nueve de la noche
Puede usted estacionarse por cinco minutos
Hay una escuela cerca
Hay un parque para niños
Tenga cuidado
Curva
Cuide su paso
Zona de seguridad

Sólo el problema del estacionamiento agotaba su paciencia.
Las prohibiciones surgían a cada paso, implacables:

No parking
No parking
No parking
No parking
No parking
Propiedad privada: no se estacione aquí
Hospital: no se estacione aquí

Sentía por todos lados el brazo inflexible de la prohibición,
tenaz, inaplazable. Ahora valoraba el tiempo. ¿Por qué esa insistencia de hacerlo perder cinco, diez minutos, para ir a buscar el
auto park donde meter el carro, el garaje de diez pisos para
hacer obligado tobogán?

Había se encontrado en el hotel al amigo que va a pasar temporada a Los Ángeles, renegador de cuanto ve, viajero indócil
que todo lo encuentra inapropiado.

—¡Señor Galín, usted por acá! ¡Cuán transformado lo encuentro!

—Sí, me he transformado... en la casa de Alexander, ¿sabe?
Buenas telas, buenas cañas, buenos sombreros ingleses. No he
venido aquí a buscar pantalones *balloon*...

—Por supuesto que ha ido usted a visitar las antiguas misiones.

—Por supuesto que no. Las antigüedades de aquí no me interesan. Ya quisiera conocer bien los monumentos de mi país.

—¿Quiere decir que no ha visitado usted las tiendas chinas de
la Séptima Avenida?

—No, señor; pero me sé de memoria el camino de la Calle

Figueroa para ir a visitar los pozos de petróleo que están en la vía del puerto de San Pedro.

—Amigo Galín, me confunde usted con su apostasía. ¿Cómo pensar en usted, interesado en ver los campos de petróleo; en usted, hombre de buen gusto? ¿Por qué no va usted a San Francisco? Encontrará allá más cosas admirables que aquí. Verá usted el museo de arte; no es gran cosa, pero tiene sus piezas. Hay que ver la ciudad y la bahía desde Twin Hills. ¡Ah!, ¿y el barrio chino? Hay preciosidades. Busque, busque usted. Encontrará algo notable de cerámica. Y un teatro chino en la Avenida Grant. Es un poco aburrido; los actores hablan en chino y deben decir cosas graciosas porque el público chino ríe a veces. Bueno, con ver dos escenas ya vio usted el teatro chino. Y hay estatuillas de piedra, de jade, de ágata. ¿A usted le gustan los kakemonos? Pues en la zona china se los consigue magníficos, y estampas en papel de arroz, pomos pintados por dentro, telas bordadas, tallas en madera dorada . . .

—Mire usted, yo no he venido aquí a buscar esas cosas.

—Créame usted, no se arrepentirá de un viaje a San Francisco. ¿Usted conoce los trajes de mandarín?

—No, ni quiero.

—Bien. Ahora oiga usted lo que voy a decirle. Sería un pecado que usted, el anticuario más famoso de México, no fuera a ver esas cosas. ¿No quiere usted ver la ciudad china? Está bien, no la vea. Pero ¿usted sabe quién es Gump?

—¿Gump? No lo conozco.

—Ya me lo figuraba. ¿Pero usted sabe lo que es el paraíso?

—¡Hombre!

—Pues bien, Gump es el paraíso. El paraíso, sí señor. Si va usted al Hotel St. Francis, sale usted del Hotel St. Francis y camina por el lado izquierdo de la plaza, la plaza esa en donde está la columna del Almirante Dewey; camina usted media cuadra más en la Calle Post, y allí está Gump, enfrente de la librería de Paul Elder. No se detenga usted, después irá a la librería de Paul Elder, en donde hay cosas muy buenas, ¡oh, qué pastas inglesas, qué ediciones raras!, ¡y todas las novedades literarias! Gump está enfrente. La planta baja no tiene importancia. Suba usted. Pregunte por Robert Livingston Gump. Lo recibirá un caballero gordo, rubicundo; le hablará de su colección de pinturas. Es él. No haga usted caso de la colección de pinturas. Es mejor que pregunte por Robert Livingston Gump, *Jr.* Es el Virgilio.

—¿El Virgilio?

—Él lo guiará. Entonces verá usted la realidad de los sueños, la encarnación de los cuentos de hadas, la materialidad de las concepciones de Leon Bakst, los cuentos orientales a lo vivo, la *féerie*. Verá usted cómo van desfilando en los salones los tapices afganos, los vasos del siglo v, las armaduras persas, las lámparas hindús, las filosas armas de las Indias Holandesas, los libros raros del Oriente lejano, las miniaturas que son prodigios de paciencia y calidad, los manuscritos de los poetas chinos, Hiroshigués y Korines. Gump os abrirá, al final, el salón de las más raras maravillas, depositadas en cuencos de madera, con cristal y puertas de seguridad. Veréis lo que va apareciendo en cada cuenco: los vasos de piedras duras, monolíticos, con diez y seis argollas labradas en el mismo vaso; los Budas incrustados de resplandeciente pedrería, los cetros de oro y jadeíta, las ajorcas, los dioses mayores y menores de las religiones orientales. Amigo, hay árboles de jade, ¡árboles! Se reirá usted de las pequeñas piezas que usan los joyeros. ¡Árboles, con sus hojas, con sus frutos de jade, con adornos de ágata, con flores de coral! Gump . . .

Lota bajaba en aquellos momentos por la escalera del *lobby*.

El *lobby* del Hotel Biltmore era su sitio predilecto para descansar, sin aburrirse, de las fatigas que le causaba la vida febril que hacía entre Los Ángeles, Hollywood y los contornos. Acomodábase en un sillón, cerca del *stand* de los cigarros, para ver cómo discurría la gente pasajera. Al vasto salón de estilo español, con sus muros y sus columnas de una piedra pajiza que el arte industrial había imitado admirablemente, al *plafond* de maderas pintadas, a las pequeñas bóvedas de las galerías, de tono azul claro, a la magnífica rejería de la puerta que comunica con la Calle Olive, a toda aquella decoración suntuosa y arcaica encontrábale cierto ambiente de escenario de ópera. Si se despejara la sala de aquellos turistas y agentes de negocios, ¡cuán bien entonaría allí una orquesta ejecutando alguna obra del viejo género melódico, mientras que los actores descendían, con sus trajes de utilería, por la doble escalera con reja de hierros dorados, que iba a terminar a una gran puerta recargada de pilastras y remates! Aquella puerta habíala visto, alguna otra vez, en una representación de una ópera de Donizetti.

A cada momento veía pasar grupos de viajeros que dejaban sus maletas en manos de los criados, mientras que inscribían sus nombres en el mostrador de mármol, desde donde el *bell captain* dirige la complicada organización de las siempre urgidas llamadas de los teléfonos. Repicaban como lluvia de piedrecitas las máquinas de calcular que funcionan tras de las rejas que cubren las oficinas instaladas bajo los dos arcos de enfrente. El *bell boy*, con su uniforme azul y plata –los colores de la casa–, hacía quinientas veces en un día el mismo recorrido, metiéndose por todos los salones, galerías, pasillos, oficinas y comedores de la planta baja.

–Call Mr. Kineham, 6-3-2! Mr. Greeter, 4-8-3! Mrs. Manspeaker, 2-8-9! Mr. López, 9-7-4!

En torno, en los sillones, en los sofás, cerca de las mesas con carpetas y lámparas cubiertas de telas moradas, o de pie cerca de los ceniceros de hierro, las gentes que no tienen prisa, que comentan cualquier cosa, que fuman, que escriben tarjetas postales, que esperan la hora de la salida de los trenes.

Clavaba los ojos, en seguida, en los rotulillos luminosos de cristal verde, que son guías indispensables en el pequeño mundo de cualquier gran hotel norteamericano:

Tienda de cigarros
Humedecedor de tabacos
Teléfonos a los cuartos
Transportes
Información
Flores
Billetes de teatros
Taxímetros
Llaves
Estenógrafo
Western Union
Droguería
Excursiones
Elevadores

Esparcidos en el *lobby* y salones anexos, los rótulos colgantes hacíanle impresión de raras luciérnagas.

Recorría después el grave salón para las damas, con su techo de *encasetonados* y relieves de bronce; la "galería real", larguísima, silenciosa, con sus cuadros, tapices y bronces de mal gusto; el espléndido comedor; la enorme sala de baile; los cuartos de exposiciones, y prefería tomar el almuerzo en el lindo *grill,* tan cómodo y acogedor.

Parva urbe, orbe minúsculo, inquietante y nuevo, resultaba aquel hotel en la vida de Galín. Insensiblemente su espíritu íbase allegando aquellas cosas que lo rodeaban cada día y en rápida asimilación gustaba ya de las complicaciones que hacíanle fácil todas sus necesidades. El hotel le dio mucha luz para ver claro en la organización de la vida norteamericana. Encontró entonces mejores explicaciones de las tres grandes virtudes de aquel pueblo: sistema, cooperación, disciplina. Todo lo vio subordinado a estas tres ideas. El hotel se reproducía en el almacén, en la fábrica, en los transportes, en la granja, en los servicios municipales, en California, en la nación: sistema, cooperación, disciplina. Ahora encontraba la razón de muchos aspectos de la vida americana y descubría, también, la causa de las limitaciones espirituales de los Estados Unidos. Las tres grandes palabras habían acabado por dominar toda la vida material y toda la vida sentimental. En realidad, lo mismo la actividad agrícola que el progreso del arte dramático, que la enseñanza universitaria, que el transporte de los combustibles, que el matrimonio, estaban regidos por sistemas iguales desde Florida hasta Oregon, por organizaciones legales semejantes en fondo y finalidad por una cooperación mecánica y unánime de todos los individuos del país. Era la peligrosa perfección del submarino, maravilla de la ciencia, tan cercana a las grandes catástrofes.

¡Es mucho hotel este país! –exclamaba Pero Galín cuando lo asaltaban estas cavilaciones. Y reflexionaba, luego, en la enorme importancia que conceden los norteamericanos al servicio contra incendios. A veces es sólo un hotel el que se quema, a veces es toda una ciudad, que es como un gran hotel al pantógrafo. Imaginábase al presidente de la república como al *chief-fire* de los Estados Unidos.

Frecuentemente sacábalo de estas meditaciones el grito agudo del *bell-boy:*
–*Call Mr. Galín, 9-3-2!*

Era Lota, que urgida en el coche, lo esperaba en el callejón de vehículos que colinda con la galería.

–¡Basta de hotel –decíale–, vámonos a Hollywood!

Y el carro partía, en pintoresco itinerario, recorriendo unas treinta cuadras de la Calle Sexta, por el rumbo del Westlake Park, para entrar por la Avenida Vermont a los dos grandes bulevares de Sunset y de Hollywood.

La Meca del cinematógrafo atraíalos irresistible. Iniciados en la vida del modernísimo barrio, sabían encontrar y gustar fácilmente los encantos ocultos para el viajero inadvertido. Toda blanca, toda clara, llena de alegría, cómoda, cara, de plástica sencilla, de alma turbadora, rica, plácida en unos barrios, febril en sus largos bulevares, deslumbradora de día, deslumbradora de noche, ingenua en apariencia, complicada en realidad, moderna, nueva, *up to day* por dentro y por fuera, Hollywood estaba ahí, tentando a cada hora el renovado espíritu de Pero Galín, el alma radiante de Lota Vera.

Y metiéndose de rondón en el parque de automóviles, dejaban allí el carro y encaminábanse al teatro Grauman's Egyptian, encanto de los bobos que se recrean en el patio de utilería, y piedra de toque para los grandes estrenos del cinematógrafo. Otras veces, en el café Montmartre –tardes de los sábados, reunión de las estrellas del *film*– alegraban el almuerzo con el espectáculo de los danzantes del cabaret, los últimos foxes ejecutados por el famoso *jazz* de la casa y la contemplación de los artistas. Entonces sobrevenían las desilusiones:

–Ésa –decíales un amigo–, ésa es Ruth, la estrella de la última película.

–¿Ésa? –exclamaba desconsolado Galín–. ¡Yo la creía de veinte años! Además, esa nariz... Prefiero verla en la pantalla.

Los héroes, los villanos, las ingenuas, las vampiresas, los príncipes, las hadas, los esclavos, las santas, todas las grandes figuras del cinematógrafo, cuyos nombres son lugares comunes de las gentes, estaban allí en grupos, alrededor de las mesillas, almorzando unos, consumiendo, otros, el *ginger ale* de las verdes botellitas. Un falso turco, con chaqueta bordada, calzón bombacho y fez, distribuía tazas de café que iba sacando de un estrambótico aparato de latón reluciente. De cuando en cuando los caballeros metían mano al bolsillo trasero del pantalón, de donde extraían frascos metálicos con *whiskey* para mezclarlo al *ginger ale*. Como muestra de acato a la ley antialcohólica ponían los vasos de *ginger* cerca de las rodillas y ahí hacían la mezcla con el *whiskey*. La convención consiste en no servir el vino sobre las mesas, y aunque todo el mundo se entere de la ingenua triquiñuela, fingen creer que la dignidad de la ley queda así a cubierto.

Amigos del cabaret Montmartre habíanles franqueado las puertas de los grandes "estudios", los de las calles de Vine, de Cahuenga y de Sunset. Conocían, pues, de cerca –al pie de la vaca, como se dice en México– los santuarios mismos de la industria cinematográfica, la revelación de los misterios de la pantalla, los trucos de lo maravilloso, los escenarios a donde no es dado penetrar sino a unos pocos elegidos. Por ahí habían visto, democráticamente sentado en los peldaños de una escalinata de cemento, a Adolfo Menjou, desdeñoso señor de los grandes dramas y árbitro de elegancias fotográficas; por ahí, en una silla de campo, entre cuerdas, alambres y tablas, habían encontrado a la misma Pola Negri, estrella insuperada, envuelta en una gran piel espléndida, con su rostro turbador de frente plana, de ojos cansados y profundos; y a la dulcísima Agnes Ayres, de claro pelo, toda llena de dignidad y lentas maneras, de inefable voz mesurada; y habían admirado la gracia de la pequeñita Shirley Mason; y departido un rato con algún gran director, sabio en la técnica de los estudios: y estrechado la mano de Novaro, el mexicano triunfante, sencillo, denunciando siempre su constante vibración artística; y la del *sheik*, Valentino, alegre, activo, apasionado, centro de cien intrigas amorosas.

No es fácil franquear la puertecilla en donde un vigilante atisba la llegada de los artistas, de los obreros, de las gentes que van a arreglar un negocio en las ventanillas de las oficinas, esperando horas y horas en el duro banco del pequeño vestíbulo. Después internábanse por entre las construcciones del "estudio". Aquí una sala que contiene la biblioteca de referencias; enfrente un galerón con telones y bastidores; más allá los cuartos del tapicero, del yesero, del electricista; luego una galería en donde se guardan las más diversas cosas: alfombras, ajuares, cortinajes, plantas, máquinas, armas, telas; a uno y a otro lado de una callecilla las casas minúsculas en donde se visten los artistas principales. Después los grandes escenarios, debajo de enormes construcciones de madera, y una red, una complicada red de tablas, de tabiques, de cuerdas, de tubos, de bambalinas. En los claros de este laberinto es donde se impresionan las cintas del cinematógrafo.

Pero y Lota gustaban de ver a Raúl Walsh dirigiendo, como un comandante desde su puesto de combate en la torre de un acorazado, el paciente y complicado trabajo. La silla verde, con el nombre del director, era el centro de las operaciones. Dos o tres fotógrafos manejaban las cámaras. Walsh dejaba su silla a cada momento, para observar la escena en la escena misma; hacía cambiar la postura de unos y modificaba el gesto de otros; volvía a la silla. Un criado avanzaba al escenario para limpiar con unos trapos la pintura del pavimento, que simulaba un piso de ónix.

Después un grito:

–¡Listos!

Todavía un momento de observación.

–¡Cámara! –gritaba Walsh.

Y las cámaras funcionaban pocos minutos, a veces unos segundos. Muchachos con bloques de rótulos entre marcos de latón corrían frente a los aparatos para que éstos impresionaran la indicación que después serviría para el arreglo definitivo de la cinta; y los rótulos señalaban un número, un cambio, una reprobación. Los comparsas –los "extras" se les llama en los estudios–, que esperaban su escena, acogíanse a las bancas inmediatas, indiferentes o soñolientos. Cabeceaban, en la espera, negros ataviados de trapos chillantes.

–¡Listos! – repetía Walsh y se encendían al momento los intensos reflectores.

En el escenario un oriental representaba el temido soberano de algún remoto país.

–¡Cámara!

Y el oriental, envuelto en el hermoso manto de oro, cogía con dedos de largísimas uñas una uva escogida de la bandeja de frutas que le presentaba una esclava. El gesto indiferente y la mirada burlona y cruel, cogía de los dientes la semilla de la uva y la arrojaba al suelo, mientras que un vasallo herculeo y tremendo presentábale un collar de piedras preciosas.

–¡May! –gritaba Walsh y aparecía el vasallo, instrumento terrible del amo omnipotente.

El director observa el gesto en la presentación del collar, la manera de arrojar la joya sobre los almohadones, y suspendía la escena. Y era después un ir y venir sobre el escenario, y un encender y apagar los reflectores y nuevas carreras de los muchachos con los bloques de latón. Diez, veinte, treinta veces repetíase la escena, ahora con un guiño modificado, ahora con un paso más breve, o bien suprimiendo algún pequeño movimiento, hasta que la exigencia del director quedaba satisfecha.

El pretendido mundo maravilloso del cine se les revelaba con categoría inconfundible: los claros de luna eran de mercurio; los mármoles, de betún; la melancolía la infundían una pianista y un violinista que ejecutaban valses desmodados, cerca de la silla del director; los palacios de Shariar eran escenarios de teatro; el gran mundo lo componían pobres diablos, "extras" de a cinco dólares al día; todo era la misma ficción del teatro, en donde el trabajo de calidad suele ser del autor y de los protagonistas.

Salían. En otro claro del laberinto se preparaba otro asunto: el hotelucho del *border*, con aventureros, vino, tiros, botellazos, *sheriff*, muchacha violada, sombreros tejanos, villano perseguido y héroe triunfante; todo lo necesario para hacer una cinta "mexicana", para ir sembrando la duda de México por esos mundos.

El bulevar henchíase con la salida de "extras", de oficinistas, de obreros, que asaltaban los restaurantes. Mujeres por todas partes; mucho menos hombres que mujeres. Disciplina y sistema también en las comidas: la taza de caldo, la ensalada de lechuga, el insoportable pastel, la tacita de café. Nada más. Los dispendiosos piden el *pollo a la king*, que consideran el colmo de la *gourmandise*. Se van llenando los mil refugios para saciar el apetito: el *grill*, el restaurante, el café, el *quick lunch*, el *lunch room*, el *cabaret*, el *coffee house*, la cafetería.

Hollywood, barrio de Los Ángeles, no quiere ser un barrio: impone su personalidad y de buena gana levantaría su muralla china, para evitar confusiones. Tiene sus hoteles, sus escuelas, sus bancos, sus teatros exclusivos. Se viene de Los Ángeles a Hollywood; pero el hollywoodense piensa que no necesita para nada a Los Angeles.

262

Cae la noche. Se encienden las lámparas urbanas, rebrillan los aparadores de las tiendas, las luces de los puestos de frutas, las linternas de las estaciones de gasolina y los rótulos, un delirio de rótulos por todas partes: los que se tienden en los predios sin construir, los que se elevan sobre el último piso de los rascacielos, los que sobresalen en los frontones, los que anuncian los teatros y cafés. Cabriolean las luces, se encienden y se apagan en atractivas combinaciones, ciegan como un fanal, corren, saltan, se ocultan, vuelven a encenderse. A lo lejos, en la parte más alta de la gran colina, hay unas letras luminosas, enormes, que dicen *Hollywoodland*.

Otras veces, Lota y Pero cambian la ruta, vanse al gran salón del Ambassador, escaparate de las elegancias del cine, cita del gran mundo. ¡Dioses! ¡Lo que diría don Pancho Bustillo si viera a Pero Galín, con *smoking*, bailando el fox de *Helen Gone*, subrayado por diez saxofones que hacen piruetas y chistes musicales! ¡Si lo viera ahora en su mesita, con sus botellas de *ginger* que complementa el frasco oculto en el bolsillo trasero del pantalón! ¡Si pudieran verlo los señores del bazar de la calle de Bolívar, rodeado de *flappers*, entre esta decoración de palmeras, tienda de beduino y globos de goma! ¡Con lo que ha cambiado el tema de Galín!

—Prefiero el *jazz* del Biltmore —dícele a sus acompañantes—. ¿Se han fijado ustedes en la manera de arrancar? Es menos ruidoso que éste; pero con más dignidad musical . . .

Las dos de la mañana. La concurrencia empieza a desfilar. Las mujeres se llevan las preciosas figurillas de cera que decoran las mesas. Chispean las ricas pieles de los abrigos, las joyas. Una última mirada a las estrellas del cine, que van saliendo con ese aire triunfador que no las abandona nunca. Apriétanse los grupos al pie de la enorme pérgola, mientras los criados llaman a los coches. El jardín del *Ambassador* pone frescor inefable en las fatigadas gentes. Algunas parejas irán a pasar un rato, todavía, en las inmediaciones del gran estanque. En la terraza, aislado, el departamento de Pola Negri está todavía encendido. En la puerta, quizás, Lope, el secretario, gordo, sonriente, espera a la señora. La calle está en sombras. A lo lejos se divisan, todavía a esta hora, los anuncios luminosos del distrito comercial. Siguen desfilando los coches bajo la pérgola. Suben al suyo Lota y Pero. Vuelven a su hotel, sonrientes, satisfechos, cansados, en silencio. Sopla dulcemente la brisa de la noche.

AURORA

> Entonces el canto del gallo se armonizaba con mis sueños, enriqueciéndolos con un subrayado de clarín.
>
> ALFONSO REYES, *El plano oblicuo.*

El rancho está a cuarenta kilómetros de la ciudad de México. Tiene una cómoda casita, en la que viven los dueños y en torno de ella hasta diez cabañas para los labradores.

Hay un pozo artesiano, una huerta, un establo y un automóvil con carrocería cubierta de tierra y con placa de la ciudad de Los Ángeles.

El ferrocarril pasa a pocos metros de la casita, y del carrocorreo cae todos los días un paquete con periódicos.

La casita tiene sus comodidades: dos buenas alcobas, un pequeño comedor, un baño, un cuarto con escritorio, papeles y libros, una terraza con macetas. Dos perros bravos están atados, durante el día, cerca de la terraza. Además hay un aparato de radio, que es el asombro de los campesinos que van a reunirse, todas las noches, cerca de una de las alcobas, para escuchar los conciertos y conferencias que transmiten las estaciones difusoras. Acaba de llegar otro chisme maravilloso; es un fonógrafo ortofónico que va a dar mayor amenidad a las veladas.

Los labradores tienen sus parcelas y buen jornal por su trabajo en las tierras del amo. Están contentos y no pueden –ni saben– desear más. Por las tardes los hijos de los campesinos dejan sus cabañas y van a reunirse a la terraza, en donde la señora del amo los enseña a leer. De cuando en cuando reciben mantas, sombreros, zapatos.

El amo es bueno y tiene siempre una sonrisa para todos. Los que han ido a la ciudad de México dicen que tiene una casa linda, muy grande, muy grande, con cosas muy raras.

–Tiene cosas como esas de las iglesias –dice un labrador.

–Y hartos trapos muy finos –agrega su mujer.

—Al patrón le gustan mucho los monos –dice el labrador–: tiene unos de palo, así de grandes.

Van reuniéndose las gentes cerca de la casa; un pastor saca del bolsillo un organillo de boca y se pone a tocar un aire de la tierra; el amo y su mujer, sentados en las mecedoras, desde la terraza, conversan con los labriegos.

—Patrón –dícele uno–, a Juancho se le atoró el tractor en un surco y el demontre ya no quiere salir . . .

Todos ríen como si hubieran escuchado lo más gracioso del mundo.

—Si no *cai* la helada –dice el mayordomo– la cosecha de este año será *rebuena*.

—No, este año no *cai* la helada –dice un viejo.

—¿Crees tú que caiga? –dice otro labrador.

—No, yo creo que no.

—¿Y tú?

—No.

—Yo prefiero al cacomiztle –dice una mujer.

Todos vuelven a reír.

—¿Y usted, patrón?

—Yo también prefiero al cacomiztle –dice el patrón.

—El cacomiztle se ha comido ya cuatro gallinas.

—Sí, cuatro.

Por la mañana las labores comienzan a las cuatro, cuando el campo está todavía en sombras.

Los amos son también madrugadores. A las cinco están en pie. El patrón monta en su caballo y sale a recorrer el rancho, a visitar el establo, a vigilar el riego.

Amanece. Pero Galín y Lota Vera, de pie en la terraza de su casita, cogidos del brazo, aspiran la brisa inefable de la madrugada. La tierra –recién llovida– exhala un vaho de energía. Cantan los labradores en los surcos. Chocan los botes en el establo. La tierra mexicana, fecunda y buena, va descubriendo su profundo paisaje. Un niño ha gritado "¡Mamá!" desde la alcoba. Va saliendo el sol.

PROSA VARIA

PROSA VARIA

AUTOMÓVILES *

Los ómnibus automóviles comienzan a inundar la capital y ya más de alguna persona se habrá reconciliado con los que antaño erigían su individualidad en la posesión de un motor mientras que el común de los ciudadanos caminábamos trabajosamente a pie. El problema de ir en automóvil, que había provocado el insomnio en sujetos muy recomendables, se resuelve ahora con diez centavos, y a falta de un coche que nos conduzca a nuestro antojo desde el Zócalo hasta el Bosque y de Peralvillo al Niño Perdido, hemos conquistado la pequeña satisfacción de viajar sobre neumáticos desde el Cinco de Mayo hasta la Alameda de Santa María, con derecho a ver una sola de las aceras del trayecto. Con menos se conforma el Cuartel General Inglés, cuando anuncia en sus partes haber conquistado un kilómetro de frente por cien metros de profundidad a costa algo mayor de la erogada en nuestra más reciente victoria urbana.

El automóvil es una participación estimable en la vida espiritual de nuestra vieja ciudad. De mí sé decir que cada vez que paso por la Alameda, los automóviles que allí montan la guardia en línea desplegada me sugieren propósitos de una infinitud que a veces se confunde con la rotación de la tierra y en ocasiones recuerda el desastre del carro de Faetón. Fomentan en mi ánimo una literatura extraña, en la cual me ha iniciado un amigo mío que conoce lejanamente, por Faguet, las doctrinas de los filósofos; pero que se transforma, ennoblece y radia cuando diserta sobre las cámaras de aire, los chasís y los carburadores. Mi amigo me coge del brazo y a la latitud de Guardiola interrumpe mi conversación y comienza el desarrollo de sus ideas sobre los automóviles, las cuales, naturalmente, terminan o se suspenden a la altura de "El Moro", salvo el caso improbable de que tomemos la acera de enfrente para regresar. Tiene conocimientos muy sugestivos, sobre las llantas, que no cambiaría por la resolución del problema del conoci-

* *Pegaso*, t. I, núm. 9, 4 de mayo de 1917, p. 9.

miento; para estimar la pintura de las carrocerías, supera a Rimbaud cuando establece el color de las vocales y os dará un rato de agradable divagación si lo escucháis hablar de la importancia de las marcas y de la calidad de los blasones y de los monogramas de las portezuelas. Como no consulto frecuentemente la obra del señor Ortega y Pérez Gallardo –desquite de la nobleza de esta muy leal ciudad contra las omisiones del Almanaque de Gotha–, en alguna acasión me permití establecer una duda acerca de la rectitud lineal que existe entre el blasón de cierta portezuela y los merovingios más remotos; pero mi Virgilio neumático disertóme galanamente de ciertas complicidades entre el azul celeste de la sangre y el ocre terrenal de los talleres de reparaciones.

Los automóviles han provocado, también, tragedias que no se refieren precisamente a atropellamientos y descalabraduras, ni coinciden con las del Hipódromo de la Condesa. Figuraos el duelo doméstico, el rencor infinito de un agente de bolsa, a quien el destino voluble del papel moneda dio posesión de un coche de quinientos dólares y que ahora remuele secretamente su más cruel fracaso y se decide a subir a un ómnibus, humillado a viajar en compañías incógnitas, él que no concebía ir de la Bolsa a Cinco de Mayo, a vender sus Topilas, sin poner en movimiento cuatro llantas, romper un par de bocinas y dar las órdenes al *chauffeur,* en voz alta, de manera que los cambistas que en las aceras realizaban pozos improbables se percataran de la presencia de aquel fugaz accionista de la riqueza nacional.

En cambio, me consuela y tonifica el placer del estudiante rico de Cadereyta o de la familia acomodada de Salvatierra, que los domingos, al ir a tomar el coche, son asediados por una legión de muchachos que les gritan las marcas de los autos, les encarecen la cantidad de los asientos y les cuentan los dos, los cuatro, los seis cilindros del motor. ¡Pues de seis cilindros, no faltaba más! Y allá van disparados, explicándose vagamente las desventajas de los coches de caballos, sin soltar las manos de los sombreros y pidiendo a cada paso informaciones al *chauffeur,* que procura mantener el equilibrio entre su grave dignidad de metropolitano y la curiosidad preguntona de la "carga," que va de Chapultepec al Zócalo, remirando estatuas y anuncios, sin sospechar que el guía no dirá una sola palabra de la casa de los Condes de Santiago ni detendrá su coche delante de la fachada de Loreto.

No faltará, por otra parte, quien sostenga que cambiaré de opinión el día en que me vea propietario de uno de esos "seis cilindros", cuya estupefacción atribuyo provisionalmente a la familia de Salvatierra.

LA "GAVOTA" DE PONCE*

Lentamente los violines van diciendo una frase elegante y acariciadora... Dicen los violines las primeras estrofas de un poema de amor, con la gentil cortesanía de un bardo de la corte, que recitara cadenciosamente unos versos de homenaje. Lentamente los violines modulan el tema de las antiguas elegancias y en el aire leve de la gavota flotan reminiscentes perfumes de blasón, suspiros que se recatan en frondas festivales, sonrisas y epigramas, declaraciones de amor, frases imprecisas de frivolidad y de querella, fragancia lejana de viejos madrigales, Versalles (*Versailles, cité des eaux, jardin des rois!*) y Tirsis, el adorable Mozart y Francisco José Haydn.

Cuchichean en la doble cuerda los violines, traen las flautas dulces ecos de la vieja Francia y vienen a la memoria los versos de André Fontaines, que evocan el espíritu de los clavecines, las caricias abiertas en rápidos hurtos, las confidencias de amor de las antiguas violas...

Y tras el preludio fugaz, del tapiz de terciopelo se adelanta con suave y ritmado paso una evocación encantadora. Es lo plástico que se anima con el espíritu de la Gracia; lo visual que se mueve con el soplo de la vida; la materia que la chispa divina ennoblece. Y es, azul y blanca, una porcelana de Copenhague la que avanza al desmayado compás de la *Gavota*... ¿De qué deschapada rinconera, de qué vitrina en donde yacía entre miniaturas, abanicos y camafeos, de qué repisa de sándalo, de qué remota chimenea se desprendió esta grácil figura que conduce el ritmo a su capricho y otra vez nos deslumbra

* *Pegaso,* t. I, núm. 18, 13 de julio de 1917, p. 3.

con la pueril y banal visión de los trianones? ¿Qué raro prestigio es éste que con tal palpitación de vida insufla movimiento a las figuras del *Embarque a Citeres*?

Ante la sala maravillada se mueve la graciosa porcelana de Copenhague. Finge dos alas la sobrefalda que cuatro dedos finos y punzantes sostienen levemente; los chapines van leyendo, en pasos acordados, los lentos temas de la *Gavota;* recitan las manos en lenguaje expresivo una comedia de cándida intriga y ora señalan un macizo de los regios jardines del señor Luis XIV, ora forman pantalla a la respuesta de una declaración apasionada, ora se vuelven en rápido movimiento de énfasis o se abaten y ahuecan en la profunda inclinación del homenaje. Y los brazos se tienden diagonales, hacia un punto lejano, en llamada implorante; o se levantan con la suave ondulación de una guirnalda de rosas, o con la firmeza de un tirso en las fiestas galantes, o con la línea asimétrica del estilo Luis XV, o forman un arco leve y tembloroso, o se derrumban con la triunfal opulencia de una cornucopia dibujada por Luca della Robbia, o se abren como las alas vastas de un albatros sobre la majestad de los mares, o se pliegan como una muselina, o se enredan como las serpientes de un caduceo, o se cruzan gravemente como en una oración musulmana.

Zumba la cuarta cuerda y el baile marca la crisis de una intriga galante; otra vez las yemas agudas se posan en la sobrefalda que menudas coronas decoran, y cuando los pasos avanzan, se vuelve la cabeza para insinuar una respuesta y hay un presagio tenebroso en la cinta negra de terciopelo, que en el brazo izquierdo denuncia un compromiso. Y mientras que los violines repiten lentamente una frase acariciadora y elegante, la pantomima es una evocación deleitosa, lo frívolo adquiere la fuerza serena de la belleza, lo plástico se disuelve en la gracia infinita del ritmo y hay entre la música y el baile una consonancia tan cumplida y un latido tan acorde, que parecen el diálogo de un mismo poema.

Por última vez dibuja la danza una figura elegante, se esboza una declaración de amor, y mientras que el tema recita sus postreras frases y se desmaya en los arcos la última nota, la figura azul y blanca se inclina como el tallo de un lirio marchito y dobla profundamente la cabeza, como una corola que se cierra en la noche.

MENSAJE A TRAVÉS DEL OCÉANO *

Y bien, Rafael, ya estás allá. Te aseguro que hemos sido fieles a toda tradición clásica.

Si vieras, cuando a la hora del té hablamos sobre todas las cosas, el compadre Benoit asoma una lágrima entre sonrisa y sonrisa. Otro enarca maliciosamente otra sonrisa, bajo el bigote recortado; otro nos quiere comunicar de una vez todo lo que piensa y atropelladamente discurre entre el comentario de una carta y el de una comedia desconocida en México. A todos haces falta para darles esa decisión imprescindible de medir la Calle de Bolívar, cuando el crepúsculo ensaya sonatas liliales y suena el ángelus en la vieja torre de San Miguel.

Nadie ha perdido la costumbre de rezar el Ave María. Nos conforta como si el mismo ángel apareciera de nuevo en el mundo. ¿No rezas tú ahora en la Basílica de San Juan de Letrán o frente a la petrea creación de Bramante? A pesar de todo, aquellas excelencias no las cambianos por nuestra excelencia.

Y sin embargo, no nos consolamos viendo tu cubierto sin huésped. La más bella rosa, una rosa morena como un anacardo, adorna la mesa, y a veces la prende en su ojal nuestro amigo diminuto y delicado como una miniatura inglesa. (¿Por qué habrá olvidado su cálido perfume por el de los hidrocarburos de Tampico?)

¿No sientes a tu lado nuestras sombras, a las seis de la tarde, cuando las siete colinas envueltas en la sombra recuerdan siluetas de México?

* *Revista Nueva*, núm. 1, 9 de junio de 1919, pp. 29-30.

DE ITALIA *

BORRADORES DE VIAJE

Carrara, 1921.

Como una aguja violenta, el tren va ensartando el largo hilo de túneles de la Riviera. Es un túnel cada cinco minutos.

Me figuro que vamos bordando un mantón de fiesta y que de entre los ojos sombríos de las montañas surgen, de trecho en trecho, las manchas de plata del mar.

Ahora estamos en Carrara, en donde la vía está empedrada con las blancas astillas de los mármoles. Y llegamos a Génova, negros de humo, emparedados de carbón, como si fuésemos aquellos aventureros que saltaban a la costa ligura a burlar el poderío de Andrea Doria, alteza serenísima del mar.

Génova, 1921.

Génova es la tenacidad, el esfuerzo humano movido por el ímpetu divino, una de las más grandiosas acumulaciones del trabajo del hombre. Para mí todas las grandes obras materiales contienen latentes grandes fuerzas del espíritu. Génova es bella por su tenacidad, por el cúmulo armonioso de las piedras que detienen las olas y que prolongan artificialmente las estribaciones de los montes.

Los turistas, los que van siguiendo los planos del librillo rojo y coleccionando cucharillas de plata y tarjetas ilustradas, encuentran que Génova es poco interesante para el viajero. Para ellos no es nada más que el paso obligado entre la cornisa francesa y la Riviera italiana. Aseguran, además, que lo único digno de verse allí es el cementerio "monumental", indigno alojamiento de la muerte.

Pero Génova es la revelación de un carácter, de una fuerza de la naturaleza interpretada por la humanidad, monumento del espíritu tenaz. Enclávase el puerto en las montañas que se adelantan hasta el golfo y penetran al mar. Tejen los cerros,

---

* *La Falange,* núm. 2, 1º de enero de 1923, pp. 74-77.

por todas partes, su maraña de piedra y aquello que parece hecho para refugio de monstruos fabulosos ha sido acondicionado para la vida moderna. No es una novedad la virtud tenaz de los genoveses: recordad a América. Los que habéis cruzado el Atlántico en los barcos modernos podéis juzgar profundamente de aquella hazaña en los remotos buques del siglo xv.

¿Génova dio a los norteamericanos las primeras ideas para construir los araña-cielos? Desde la bahía es una ciudad de araña-cielos. Las casas trepan por los montes y en donde remata un edificio principian los cimientos de otro. A veces, para ir de una calle a la inmediata, habría necesidad de recorrer algunos kilómetros; pero los genoveses han horadado la montaña y un ascensor os conducirá en pocos segundos. La lucha del hombre contra la roca os asalta y asedia a cada momento.

Es el *subway* y el "elevado"; pero al aire libre, sin el incómodo tráfago de las estaciones de New York. Las obras del puerto antiguo y especialmente las del puerto moderno, que recuerdan la munificencia de la duquesa de la Galliera, no tienen igual en el mundo. Sin mucho aparato, son portentosas. Todo en Génova es labor de topo, de pica y de turbina; cuando contempláis este esfuerzo innumerable, sentís el peso del trabajo humano y casi os echáis a sudar.

A quien diga que Italia es tierra de placer, de molicie, de *belcanto* y de lagos azules para idilios románticos, debéis arrojarle a la cabeza el *Baedecker* y enviarlo a ver la maravillosa tenacidad de Génova.

Lido d'Albaro, 1921.

Se llega jadeante, bordeando estos bastiones tallados en la roca viva. La gente del pueblo viene aquí, unos a ver el mar, a coger los cangrejos, otros al baño gratuito. Es un alegre escándalo de colores. Los obreros y los niños se confunden en amables grupos. Aquí hay una señora que se quita sus medias rayadas, como las de esos caballeros de Londres, tan graves de aspecto y con medias de ruedecillas azules, rojas, verdes.

Un barco entra poco a poco a la bahía. Lleva la bandera de la "Veloce", viene de América.

—¡Viene de América! —dice una mujer, quedándose gravemente contemplativa, de pronto, mientras seca al sol sus cabellos mojados.

En el hotel del balneario, la terraza se anima cada momento más. Mis amigos sienten también la alegría de la luz dorada y del agua azul. Sáyago se ha decidido a bailar con esta chica que nos está mirando con larga y acogedora sonrisa. Pero ella no acaba por levantarse de la mesilla cubierta con vasos de *birra* tierna. Mi amigo no se explica esta contradicción. El otro me aconseja cierto encuentro en el *hall* del Hotel Palace, de Madrid. Me dice que Alfonso Reyes está en el secreto, que *Mme.* Selivanoff es más atractiva que las indispensables visitas al Prado y a la Armería.

Mientras tanto, Sáyago pierde el tiempo, insistiendo. Se va la tarde. La señorita se ha levantado de la mesa y se despide. ¡Calle, si es coja! Y ella se aleja, siempre sonriente, quizás remoliendo el despacho del baile que pudo haber sido.

He aquí un coche. Regresamos a Génova.

El ideal. Florencia, 1921.

¿Pero cuál es el ideal de Italia? No lo sé; pero lo presiento abstracto, nebuloso como un poema simbolista. ¿Acaso se ha podido materializar alguna vez el ideal de un pueblo en una fórmula concreta? ¿Lo han hecho las naciones industriales? ¿Expresáronlo los griegos o lo manifestaron exactamente los asiáticos?

Pero el ideal de Italia existe y se siente en sus manifestaciones de fuerza joven, de anhelo constante, de batalla de ideas. Es, como el nuestro, cosa inasible y aun vaporosa; pero que el tiempo, tiempo infalible, va cristalizando, entre océanos de rumbos, de caídas y de obstáculos.

Recordad que de Italia han salido siempre las innovaciones y que es en ella en donde se han elaborado ideas que, absurdas en su apariencia unas veces, intangibles otras, van por la humanidad atrayéndose adeptos y materializándose en obras inmortales. Todas las nuevas ideas sobre arte y expresión estética, que parecen salidas unas de Francia, otras de Rusia, tuvieron su origen en Italia; los *ismos,* fracasados o triunfantes, incubáronse en los audaces cerebros italianos, lo mismo que ciertas revoluciones científicas de trascendencia universal. Ahora es Ottorino Respighi quien con sus sinfonías extrañas va más allá que las últimas novedades de la *Chauve Souris*.

El pueblo así como es bravo y decidido para entregarse a todos los ensayos, es lento y cauteloso para aceptar sus consecuencias, como no podía menos de suceder en un país que ha recorrido toda la gama de las experimentaciones. La misma gente que siguió frenética en Roma a Gabriel D'Annunzio y que se hizo solidaria de la gloriosa aventura de Fiume, exalta al patriota, pero desconfía del charlatán.

Italia no es un pueblo medroso. Nada lo detiene en sus altas inquisiciones; seguirá buscando y abriendo caminos para realizar su ideal, sin miedos burocráticos y con la fe resplandeciente que ilumina todos sus actos.

LETRAS MINÚSCULAS *

El rey

Pasaba el rey en la procesión, bajo un palio que cuatro caballeros de Malta sostenían. Las guirnaldas entrecruzábanse entre las casas y recorrían las calles.

Viejas, ministriles, aldeanos y curiosos apretábanse para ver mejor.

–Ahí va el rey –dijo el viejo señalando a la niña un personaje que pasaba con una corona de puntas en la cabeza.

La niña repuso sin sorpresa:

–Padre, en el huerto hay un granado en donde he visto eso muchas veces.

Interior

Mi cigarro es un cigarro sencillo y elegante. Su papel blanco está hecho con pasta de arroz del Japón; tiene una suave boquilla de oro mate y lleva un monograma con mis iniciales en tinta azul.

* *México Moderno*, t. II, núm. 4, junio de 1923, pp. 206-208.

Mi cigarro es un compañero delicioso que ilustra mis aburrimientos con láminas encantadoras.

Cuando enciendo mi cigarro, la habitación se llena de un tibio humo azulino y yo sigo por los sillones, los libreros y los cortinajes extrañas figuras que se forman y se deforman y me quedo semidormido, viendo cómo un dragón chino enrosca su cola punzante y enciende los fanales dorados, violetas, rojos y amarillos de su piel magnificente.

LA DAMA GORDA

La dama gorda habita en una callejuela que llena con sus carnes risueñas, dadivosas y desbordantes. La dama gorda inunda con su alegría el barrio y su voz va más allá de la triste Plazuela del Árbol y sube más alto que los pájaros que chillan en las más altas ramas que decoran el eminente muro de la vecina iglesia.

Al caer la tarde, la dama, con su bata de terciopelo, es un viejo retrato de Jérome Bosch, que se cubre de sombras en las cuales chispean los puntos brillantes de sus dientes de oro.

LA CAJA DE CERILLAS

Yo me siento orgulloso con mi caja de cerillas, que guardo celosamente en un bolsillo de mi chaqueta.

Cuando saco mi caja de cerillas, siento que soy un minúsculo Jehová, a cuya voluntad se hace la luz en toda mi alcoba, que un minuto antes estaba en tinieblas, como el mismo mundo hace muchísimos años.

LA FUENTE A MEDIANOCHE

A medianoche la fuente se duerme bajo las ramas de un tilo que moja sus puntas en el agua estancada.

Cuando aparece la luna, el tilo alarga sus brazos como si quisiera atrapar una moneda; pero la luna se esconde entre las nubes que se deshacen en la lluvia. Y la lluvia moja el jardín,

278

ahuyenta los pájaros y pone suaves murmullos entre las hojas del árbol, que recuerda a estas horas el paraguas verde de aquella muchacha que vino a descansar bajo su copa una tarde calurosa.

El pez

Un día iba un niño por el camino que bordeaba un estanque y se detuvo a platicar con el pez barbudo y sordo que estaba tomando el sol entre los juncos que emergían del agua.

El niño preguntó al pez por la posada más cercana; pero como éste era sordo y viejo quiso inclinarse un poco para oír mejor, perdió pisada y se ahogó.

Rackham

Acababa de llegar de los climas de Capricornio y me hablaba desatadamente del *ballet* ruso. Era un mediodía en el dulce valle de México y yo veía, a cada momento, desfilar negros ataviados con telas de oro, danzarinas de Afganistán con corseletes de acero, arcángeles con espadas arábigas en las manos y flamas rojas en la cabellera, torvos dioses de jade en camarines iluminados con linternas de seda.

Venía de los climas de Capricornio y continuaba hablándome de telas suntuosas y de tapices espléndidos. En la grama tejían extrañas danzas mujeres de vapor de agua y caballeros lánguidos.

Cuando terminó, el sol tenía raras entonaciones de escenario.

Radio teléfono

VLA Caras graves de Nueva Zelandia.

WCAE Pasa por Pittsburgh el expreso Yorker.

KGF Pomona. Huele a manzanas del Valle Imperial.

CQA Es el rastrillo en la mesa del casino de Mónaco.

DAA ¿Qué hay de nuevo en la Ruhr?

SNA Onda de 500 metros entre la cimera del Cuauhtémoc de Río de Janeiro y el dardo del Cuauhtémoc de México.

F   *Tiens, mon Paris!*
XNA   Habla China, con una voz de tres mil años.
CYA   No se entiende. Emoción, nudo en la garganta. México.

N.Y.*

BROADWAY

De pronto una inyección luminosa corre por Broadway, la espina dorsal de New York.

East River y Hudson se oscurecen y se meten en sus abrigos de pieles (*petit gris* que hacen brillar las lucecitas de Jersey City).

La Libertad ha metido su antorcha por Battery Place y el fuego ha corrido instantáneamente hasta la punta opuesta de Manhattan.

Los *Gold Fish* del Aquarium brincan como chispas por toda la avenida. Un gimnoto se instala en la cúspide del *Times;* las truchas hacen graciosas curvas por Columbus Circle.

Vuelan bisontes del Bronx hasta el cementerio de Trinity.

(En la casa de Poe se oyen voces de una estación radiotelefónica que está en ninguna parte.)

¡Hey! ¡A ver esas chicas del Midnight que se sonrojan con el anuncio luminoso del Boston Garter!

Ladys and Gentlemen: la prohibición ha cesado, ahora todo New York, de cabeza, por el *sub*, se meterá al mar –*Passing Show Whiskey*– hasta el límite de las aguas territoriales.

TIMES SQUARE

Son las veintitrés. Las gentes se precipitan a la calle por las puertas del Strand, del Capitol, del Rialto. El Century es un Niágara: el Hippodrome, un Iguazú.

El chop suey. Bajo las linternas de papel con borlas amaranto, Ming, emperador de 7000 años, y Betty, *girl* de 19 (*put vanity case*), cambian sonrisas y beben coñac en tazas de té.

* *La Pajarita de Papel*, 1924.

El judío Rosenberg tiene paciencia; la tienda estará abierta hasta la una. Puede entrar y pedir cuellos del 18 ese señor obeso que se ha detenido ante el aparador o puede entrar a ver las corbatas de artiseda (*guaranted silk: Dls. 6.99 up*) este joven uruguayo que ha pedido fondos, por telégrafo, a Montevideo.

Ved la pantalla del *Times*. El corazón del Square palpita aceleradamente, estremecido de sensación. Ganan los *Blancos* de Pittsburgh a los *Gigantes* de Savenah. A cada telegrama, la cuadrícula se llena de numeritos y de miradas. *All America Cables!*

Este borracho contumaz ha encontrado la manera de burlar la prohibición (al diablo el *Budwaiser* sin alcohol) y se embriaga y pierde la cabeza sumando los números de los *tax*.

En la azotea del Astor los muñecos de Wrigley bailan la zarabanda del chicle, entre fuentes muy siglo XVIII y pavones de pedrería luminosa. En el *yellow tax* 96269 (¡capicúa!) una pareja se hace el amor en español.

El tigre del anuncio de los cigarrillos no se cansa de voltear la rueda.

–¡Un dólar a China Town! –grita por la milésima vez el *cake eater* instalado junto a un camión con linternillas japonesas. Hace una hora que hay sólo dos asientos vacíos y el *cake eater* no cesa de pedir más gente.

Ahora la muchedumbre se ha detenido al borde de las aceras. Una voz colosal llena la plaza: *"Look!* –grita–. *The marvelous vesubian and popocatepelian entertainment!"*

Y por el agujero del *subway*, al centro del Square, como impelidos por el fuego hacia la boca de un cráter, saltan sobre New York estupefacto negros y judíos, *brokers* de Brooklyn, bonos del Tesoro, sinfonías de la orquesta de Filadelfia, cuadros del Metropolitan Museum, pesadillas del cinematógrafo y la catedral de San Juan el Divino, con estruendo de órganos, de ángeles, de diablos.

ELEVADOR

–Next, please!

Subiremos en este elevador, desde el basamento en donde se amontonan y confunden las cosas más objetivas del mundo, hasta la pura región de las estrellas.

–Going up!

Y allá vamos, arriba, a nivel, verticales, como el géyser que se desprende el centro de la tierra para ir a refrescar a los lunáticos.

Vamos por tirones. De tirón en tirón pasaremos piso por piso. Habremos de llegar al piso billonésimo. Ahora, apenas empezamos.

–Going up! –escúchase en la puerta de cada piso, llamando a los decididos, a los valientes de espíritu.

–Mezzanino! 3th floor! 5 000th floor! 1 000 000th floor!

Llegaremos al piso billonésimo y por la balaustrada de la torrecilla respiraremos el aire inefable de la teoría de la relatividad, mientras allá abajo circulan, por calles minúsculas, los jupiterinos, echando ridículos rayos; los marcianos, armados de punta en blanco, y más allá, entre el puente de Brooklyn y el puente de Williamsburgh, algunos terrestres disputan por cualquier cosa y junto a casitas de 40 pisos distínguese todavía esa otra, de un solo piso, en cuya puerta hay un rótulo que dice: *J. P. Morgan.*

CHUFAS Y CAPICÚAS *

Madrid, verano y yo ¡ay, me! en este junio que pone cabrilleos de sol que ciegan, temperatura de asfixia, haciendo aquí el viajero entretenido cuando todo el gatuperio que se respeta se evade; cuál a San Sebastián, cuál a Deva, cuál a unos cuantos kilómetros, al Escorial de Arriba, en donde hay arbolados y sombras del místico Felipe, para allegarse siestas históricas.

Se sale uno de este *hall* del Palace con señoras internacionales, con novelistas, también internacionales, arrellanados en los sillones de bejuco; pasa la sombra leve de Raquel Meller, trágica ilustre a fe mía, desde el tabladillo en la Calle de la Mala Saña y se sale uno –decía– en busca del aguaducho de las chufas. ¡Por Dios, dejadme ver Madrid; sin Museo del Prado, sin toros y sin Botín!

He descubierto las chufas con el mismo alborozo con que un

* *Antena*, núm. 4, octubre de 1924, pp. 3-4.

revolvedor mexicano de papeles descubre nuevas cartas de Cortés en el archivo de Simancas. ¿Desde cuándo se conocen en Madrid las chufas? ¿Hay papeletas acerca de las chufas en el Centro de Estudios Históricos? ¿Las cita Ticknor y las alude Cejador? ¿Se dice *chufa* o *chufla*?

Las chufas, amigos míos de México que habéis tomado conmigo la horchata de tamarindo y el agua fresca de jamaica en el portal de los Mercaderes, son una cosa entre la patata y el cacahuate –"*Cacahuets!*", gritan aquí– con las virtudes de la almendra. ¿Se puede clasificarlas entre las papaveráceas? Las chufas se convierten en horchata y para apurarlas os ofrecen una pajilla. Lo cual equivale a despachar con pajilla una pasta de Morelia, porque las chufas son reacias al sistema de la capilaridad. Se ve, de prisa, la exposición de arte prehistórico, en donde hay un mataor prehistórico que remata al volapié a un búfalo de las grutas de Altamira; y entre búfalo y búfalo el público se abanica y se pasa el pañuelo por la frente. La sesión se remata con chufas. Se sale del Casino –¡aquel cepillo giratorio para los zapatos!– para caer de bruces ante el vaso de chufas. Viajero incompleto: si no habéis apagado con chufas la sed, regresad a Madrid y agregadlas al libro de ruta.

No salgáis de Madrid sin conocer las chufas. Ellas os harán pensar en la mala fe y la equivocación de los políticos que creen en la España negra. Hay en esta mezcla de chufas y de agua fría una anunciación de renovaciones. Son refrescantes, sedantes, alimenticias y democráticas. Yo les aseguro que algún día han de llegar a la Peña y al Ritz. Por ahora deben buscarse en la Plaza Mayor, en tal o cual esquina y en las inmediaciones de la estación de Atocha. Sería inútil preguntar por ellas ni siquiera en la Viña P.

Cerca de una mesa de chufas alguien os ofrecerá un capicúa. Esto es épico y es lírico. Una demostración de la vieja hidalguía de la raza.

"¿Y la bondad, y la bondad florida?"

Sí, quedan aún raíces de esta planta en la vida. Quien os ofrece un capicúa es siempre un altruista y un estoico. Sabe que se desprende, a vil precio, de una fortuna.

Capicúa ¿es palabra catalana? Sí, debe significar cabeza y cola. Capi –*caput*–, cabeza, y coa, cola. En México existe la *ilamacoa*, culebra de gran cola. Entonces, esa coa o cúa de capicúa ¿es catalán, o es indígena? O bien, pudo la palabra ser llevada por los conquistadores que fueron a América y que conocieron a los kikapús o kikapúas. En consecuencia, capicúa puede escribirse también *kapikúa*.

El capicúa tiene simetrías arquitectónicas. Así el número 11011 es una portada que tiene un porche oval con dos torrecillas agudas a cada lado. La Puerta del Sol hace capicúa entre la Carrera de San Jerónimo y la Calle de Alcalá, como el Salón del Prado hace capicúa entre la *Cibeles* y la fuente de Neptuno. El Mediterráneo es, asimismo, un capicúa entre las penínsulas ibérica e itálica.

Artemio ha hecho una frase capicúa perfecta:

¡Ay, Dios, ya!

Dios, centro de todas las cosas, entre dos exclamaciones salidas de lo íntimo del corazón.

SONRISA *

Sonrisa no es alegría, es inteligencia. O, por lo que se acerca a la risa, es la alegría –contenida en el triunfo– de haber comprendido. Sonreír es, pues, posesión del conocimiento todavía inconcreto; pero tan hondamente aprendido ya, al vuelo, que basta el instante mínimo del paso de la luz por el diafragma.

* *Sagitario,* núm. 9, 15 de febrero de 1927, p. 4.

CRÍTICA

"LA MUERTE DEL CISNE"

Últimos versos de Enrique González Martínez

Gentilmente recorridas las sucesivas etapas cíclicas por las que fatalmente debe pasar la mayor parte de nuestros poetas –imitación inicial, tanteos personales, retoricismo y sectarismo o influencia de determinado grupo, escuela o persona–, Enrique González Martínez publica *La muerte del cisne*, su quinto libro de versos, y nos ofrece en él, sabiamente depurada, su ya completa personalidad artística de antemano presentida, merced a la fuerte autoridad del éxito, desde la aparición de *Silenter* y *Los senderos ocultos*, sus anteriores obras.

Pagada ya en la inevitable contribución a las influencias y los dogmas, practicados los ritos tradicionales en este o aquel templo, hecha la adoración ante los altares máximos de los prudentes antiiconoclastas, recorridos los senderos que tienen *Baedecker* y anuncios para el fácil tránsito de los caminantes –¡oh, plácida e ingenua doctrina del señor Gómez Hermosilla!–, probada el agua de Grecia en la fuente de todos los Helicones, satisfecha la tentación de modular las églogas en las cañas panidas y, más que todo, de tocar bellos aires en el gran "orquestrión" del maestro Darío, el poeta ha matado el cisne, y, sin volver atrás la vista, no triste ni arrepentido, se decide a guardar piadoso el lindo blasón y a concentrarse absolutamente en labrar los surcos que han de producir la propia cosecha, limpia de todo reflejo y cuidada solamente por la virtud de las manos que la cultivan. Abjura de la gracia plástica de las melodías lunáticas, de los ropajes recargados de lujo, de los escenarios decorados estruendosamente por Baskt, y se declara –desde el libro anterior estaba señalado– por la emoción intensamente vivida, por el alma de las cosas, por lo que dicen las voces ocultas de lo inanimado; va tras el precepto que dictan lo impersonal y lo subjetivo y toma de la vida lo que naturalmente enseña, sin el artificio de los hombres, en sus virtudes fundamentales. Frente al simbolismo preciosista del cisne, presenta, como su nueva fe, el símbolo espiritual y profundo

287

del búho sapiente, sereno, misterioso, concentrado e introspectivo. Yo siento –dice el poeta– que su inmóvil pupila me saluda desde el profundo abismo de su meditación.

> ¡Ya conozco hace mucho tu silueta sombría,
> ave callada y negra de la sabiduría,
> pájaro esquivo y noble, ave que eres la mía!...
> ¡Hace mucho que cantas para mí tu canción!

Su fe poética ha ido arrojando, poco a poco, todo lo superfluo y artificial; pasa indiferente ante las tentaciones de lo raro y lo brillante, y no son bastantes a hacerla volver la vista las deliciosas serenatas en donde malabarea la retórica y lanza cohetes de luz lo barroco. Es una fe que ya no ríe ruidosamente ni desata sus lágrimas en raudales de plañidera; ahora va serena y desnuda por los senderos de una alta y grave simplicidad, diciendo con voces naturales y gesto sencillo, suficiente y armonioso, la vera palpitación de un numen ya acariciado por los aires puros de la cumbre. Como señalaba Alfonso Reyes, "ya no se desperdicia en estériles espasmos de virtuosismo: ya sacó la antorcha". ¡Sí, es verdad, ya sacó la antorcha y ahora la eleva, rútila y enhiesta, sobre su cabeza! No se agita su espíritu con el estruendo de la sinfonía metálica de Chocano, ni lo atrae ya el esplendor de las tapicerías perfectas de Heredia. Recorridas por él todas las pautas, acepta y se detiene ante la de menos notas, pero que suena más hondo y más alto. Su último culto ofrenda emociones sencillas y cristalinas en los altares de Francis Jammes y natural aliento vigoroso e intenso ante los de Émile Verhaeren.

El poeta –como dice Jean de Gourmont– no ha hecho sino transformar el fervor de su alma. ¡Ah!, pero en el nuevo libro no encontraréis un fervor más grande que en los anteriores, sino más definido, mucho más orientado; porque entusiasmo devoto González Martínez lo ha gastado generosamente en toda su labor poética, hasta llegar a ese misticismo particular que en varias ocasiones se le ha señalado y que es como la emoción central, el *leit-motiv* de su tendencia y su manera. Ama, en verdad, místicamente, todo lo que de espiritual y misterioso tienen las cosas, los seres y lo increado; dialoga con la estrella, saluda a la brisa, besa la espina que punza, da su adiós al pájaro que erra, hunde su frente reverenciadora en el polvo de todos los caminos, brinda su caricia al insecto, llora con la fuente, ríe con las campanas matinales . . . Sabe que, como en el verso de Nerval,

Un pur esprit s'accroît sous l'écorce des pierres.

Ésa es su devoción que se inicia y difunde desde las páginas de *Silenter* y que en el último libro se fija, depura y estiliza, fuera ya del enfático verbalismo y moviéndose cada idea dentro del terreno estético correspondiente. Ese fervor franciscano que podría resumirse en la estrofa de "Los senderos":

Busca en todas las cosas un alma y un sentido
ocultos, no te ciñas a la apariencia vana,
husmea, sigue el rastro de la verdad arcana,
escudriñante el ojo y aguzado el oído . . .

Es el mismo que se desarrolla en "Irás sobre la vida de las cosas", de la misma obra, y afina su virtud y su tendencia a lo fácil y lo simple en casi todos los poemas del último libro, como en el que, dirigiéndose "A un alma ingenua", dice:

Tú que bajo del árbol canturreas
vaga canción del céfiro aprendida,
cuerpo desnudo y alma sin ideas,
dame tus ojos para ver la vida.

Dialoga también con "Una piedra del camino", a la que quiere como cabezal para sus sueños y, en un rapto de desprecio a lo social y lo tradicional, como si en supremo anhelo quisiera sacudir la carga de saber que presta el mundo, quiere

En la tabla rasa convertir la mente . . .
volver a los espantos interiores
que ven duendes y trasgos en la estancia,
. . .
en un viaje
de azoramiento contemplarlo todo.

Su rumbo hacia la sencillez se nos muestra en la idea diáfana, en la bondad casi religiosa y en la clara gracia que inundan sus poemas. Tiene de Jammes y de la condesa de Noailles; de son de balada de Paul Fort y de dolor resignado de Charles

Guérin; y su simplicidad ideológica y verbal se manifiesta también hasta cuando saca la paleta de Albert Samain o mueve el bello cinematógrafo de Henri de Regnier. Oíd cómo el uncioso autor de *Clairières dans le Ciel* se transparenta en esta estrofa de "El espíritu viaja", de González Martínez:

> Se despiertan las cosas de la niñez lejana,
> indistintas, borrosas, como vistas en sueño:
> un rosal que crecía junto de la ventana,
> un patio luminoso, un perrillo pequeño . . .

Luego, en otra parte del libro, recuerda la campana de otros días, la oída en los primeros años, la que decía "frases que ya se despiertan dentro del corazón", y como si el arrepentimiento se lo dictara, le confiesa que ha vuelto a la vieja senda, ingenua y limpia.

González Martínez gusta de compartir frecuentemente su lección de experiencia –de experiencia subjetiva– y decididamente lanza su declaración de sabiduría de lo que ha visto y oído en sus caminos, que son "sendas que sabe palmo a palmo". Esta manifestación de alertismo estético, de microfonía espiritual, la encontraréis ya definitiva y magnífica en la bellísima "Plegaria de la noche en la selva", en donde el poeta, desnudo de todo contacto intelectualista, dice que

> todo hablaba en la augusta soledad a mi oído.

Esta seguridad en su experiencia de ensueño se diluye con fe ardorosa y confianza alegre en "La canción de vida", que es un saludo entusiástico a la nobleza y elevación de vivir, y en el bello poema en que nos anima con fuerte impulso hacia la lucha, cuando dice:

> ¡A vivir, a vivir que se escapa la vida!

Después de este entusiasmo, se hace menos agitado y, reposadamente, exclama:

> ¡Ah, ser fuerte y sereno con el ansia tendida a lo ignoto,
> y afianzado a la vida, ir buscando en un vuelo remoto
> el anímico rastro de las aves, las notas y el viento! . . .

Mi espíritu desgarra envolturas y formas
en un anhelo insomne de bondad y de gracia.

A veces, en el vasto optimismo que se difunde por la obra
–ya habréis notado que González Martínez es fundamentalmente optimista– encontraréis que se desliza como si se ocul-
tara la voz ahogada del dolor muy íntimo o del pesimismo
inevitable. Leed, si no, las "Estancias" y "Bajo una pena
honda". Pero ese pesimismo no se debate, es tranquilo, casi
plácido, como cuando dice:

> pero una vez curada la pena que no es mía,
> sigo la vieja marcha por la doliente vía,
> a solas con mi sueño y a solas con mi fe.

¡Ha matado al cisne! ¿Pero perdurará el búho? ¿Se confirmará
el poeta en su nueva fe, encontrará otra mejor, o volverá a
cantar las viejas romanzas? ¡Quién sabe! Es tornadiza la vida
y el hombre es proteico. Por ahora, González Martínez vive y
vibra en un constante anhelo de romper el más allá y de mantener igniscente su entusiasmo por el descubrimiento de nuevas emociones, de nuevos *frissons*. Ha hablado con la Esfinge,
pero quiere que la Esfinge hable con él:

> ¡Quién pudiera librarse de la prisión oscura
> de la presente forma con su brutal estigma,
> y vivir descifrando el pretérito enigma
> absorto en el misterio de la visión futura!

Ésta parece ser, definitivamente, su más amplia ruta: encontrar para su espíritu sucesivos estados que le muestren, en cada
vez, sensaciones nuevas y es así como, en su "Alma errante",
declaración de fe en que ninguna acepta, interroga a su alma:
"Alma mía: ¿cuál será tu creencia de mañana?" Sin embargo,
no cree en la transformación radical de la tendencia lírica;
sabe que las mismas emociones vienen tamizándose por diversos temperamentos desde remotos tiempos; siente que la
belleza pretérita y primigenia sigue siendo la de ahora y de
mañana, y no espera que un sentido nuevo de la vida venga a
inhumar lo que ha sido y será la canción eterna. Lo dice el
soberano poema que cierra el libro:

Y todo será inútil, y todo será en vano,
será el afán de siempre y el idéntico arcano
y la misma tiniebla dentro del corazón.

Y ante la eterna sombra que surge y se retira
recogerán del polvo la abandonada lira
y cantarán con ella nuestra misma canción.

Alta emoción lírica, gemela de aquella no menos grande,
que di

Nous apportons, ivres du monde et de nous-mêmes,
des coeurs d'hommes nouveaux dans le vieil univers.

Enrique González Martínez nos ofrece, en *La muerte del cisne,* el
máximo producto de su numen, y en tal libro aparece definida, dentro del proceso de las obras que lo precedieron, la
necesaria convergencia de aptitudes personales y de circunstancias infinitas del poeta, según la inteligente expresión del
autor de *Los forjadores de ideales.*

En varias ocasiones se ha hecho notar el valor homogéneo
de las obras del poeta y el íntimo enlace o imperceptible gra-
dación que median entre sus libros sucesivos. Es verdad, nuestro poeta ha ido desarrollándose sin espasmos ni trampolines,
con la misma facilidad con que la planta suelta primero sus
ramas, sus hojas y después da sus flores y sus frutos, unos tras
otros. No hay que tender puentes entre los libros de González
Martínez: aquél completa a éste, éste continúa en el siguiente: en
cada uno hay cumbres, cada cual tiene sus horizontes; pero tras
de esas montañas distinguiréis la línea concéntrica de la cordillera que viene atrás; si llegáis hasta el límite ideal de ese horizonte, hallaréis que al fin se abre otro más lejano; la estructura de
aquí tiene más allá una superestructura. De tal manera, la obra
total resulta incoercible.

Yo os digo que escuchéis lo que dice esta música encantadora y culta, que gusta de las reminiscencias de los viejos maestros, pero cuya ejecución es únicamente de su autor. Suya es la
concepción y suyo el instrumento, pero ya sin metro, estilo
que le señale cómo se desarrolla el ajeno virtuosismo, sino sabiamente espontáneo y personal; ya toca lo suyo, sin reminis-

cencias de los álbumes y las antologías. Es inconfundible el *tono-González Martínez,* como actualmente lo he visto nombrado. "Su técnica –decía Francisco A. de Icaza en su última conferencia en el Ateneo de Madrid– caracteriza hoy su poesía original del todo, pues da siempre sangre y vida a las entrañas, sin reclamar nada de ellas: sabia en el mecanismo de la expresión, va tan unida al sentimiento que la impulsa, como producida sin necesidad de medios exteriores." Mas yo os aseguro que si aplicáis el oído a esa técnica, en verdad original, podéis escuchar bellos aires de Francia que difunden su gracia exquisita y su perfume amable en la urdimbre de las estrofas. Y es que se puede ser autónomo de rumbos y distancias, pero se es también Prometeo de afectos o inclinaciones, y González Martínez ha robustecido mucho su personalidad artística y su cultura personal con el trato constante y simpático de los poetas franceses, cuyo proceso evolutivo y estetismo de ambiente conoce y estudia con amor; a esa comunión debe no despreciable integración de su figura literaria y, conjuntamente, de su estilo numeroso y magnífico. Él puede tocar todas las sonatas en su arpa, pero gusta de que ésta lleve la marca de París. Sus versiones nos lo confirman. Desde sus primeros libros González Martínez emprendió hazañosas y triunfales excursiones por los ajenos cercados, trayendo de allí frutos codiciables. Téngolo, con Valencia y Díez-Canedo, por uno de los más interesantes y acertados traductores al habla española, y de los nombrados es el que ha realizado una más extensa labor en aquel género. Él y Fernando Fortún son los que mayor cosecha aportaron a la antología publicada por la Editorial Renacimiento. En *La muerte del cisne* nos ofrece regular número de esos ejercicios de literaturismo en que gusta prodigarse, como en homenaje a los poemas extraños, armónicos con su propio "temblor". *El árbol,* esa honda emoción lírica de Verhaeren, encuentra en la versión de nuestro artista una delicadísima emoción, y da vida intensa en nuestro idioma al símbolo del poeta belga, en el tronco que se arraiga profundamente en la tierra, mientras eleva al cielo, en un rapto de pujante ascenso, sus brazos que cargan hojas y que ofrendan nidos . . . ¡Bella y humana visión de equilibrio entre el mundo y el ensueño, que nos muestra cómo es posible y perfecto vivir entre las cosas del mundo, con los pies que se asientan en el barro, pero puestos los ojos en los cielos prometedores!

He aquí, pues, al gran poeta, al definitivo, al que en pujante dinamismo de belleza ha llegado a la cumbre serena. Ya tiene la sabiduría de la completa facilidad con que deben unirse el "canto" y la armonía en la rima retórica y en el ritmo interior; abandonó las inquietudes que prestan los senderos ocultos y a fuerza de recorrerlos, ahora va por ellos familiarmente; cada vez más lejos de lo academista y de lo literario, su canción dice la belleza que es verdad y que, "siempre adelante, hasta por encima de las tumbas" –decía Goethe– sube cada vez más y, como Pegaso, descansa cada vez en más altas cumbres.

UN NUEVO LIBRO DE GONZÁLEZ MARTÍNEZ

"JARDINES DE FRANCIA"

Hay un alto en el camino. El poeta viene de recorrer sus rutas conocidas, sus veredas íntimas, sus amados rincones, sus senderos ocultos. Después de dar el fruto de su propia cosecha, ahora se detiene un momento para ofrecernos, bajo el traje de su particular transcripción, los productos del cercado ajeno; tendido el concierto de las propias obras, oiremos sonar en la misma lira aires nuevos de la vieja Francia. Por un momento, este poeta tan particular e interior va a salir a la terraza de los rumbos, de los panoramas y de los colores; el introspectivo y concentrado se asoma a las ventanas que dan al mundo exterior; él, personal, se da al regodeo de volver por un breve momento a los encantos del abandonado virtuosismo; él, que tan bien ausculta las simas o vuela por las cumbres, quiere tener un rato de expansión en el llano y, en un viaje de curiosidad intelectual, parece retroceder para vivir, aunque sea brevemente, la vida de lo literario. Hay que aceptar y hasta que aplaudir estas modalidades de quien tan bellas obras produce y promete todavía muchas y más altas manifestaciones estéticas.

Tras de pocos meses de publicado *La muerte del cisne* aparece *Jardines de Francia*, colección de poemas vertidos del francés, obra amorosamente ejecutada por Enrique González Martínez, correlativamente con sus libros anteriores. Faltan algunos de los incluidos en las dos primeras obras del poeta, aparecen otros reformados y algunos se publican por primera vez.

Un libro de traducciones de poetas de varia índole, dentro de la obra igual pero ascendente del autor de los *Jardines,* no marca una contradicción ni implica una consecuencia en la tendencia cada vez más señalada y desnuda del bardo mexicano, ni es voz disonante entre las que armonizan y distinguen el conjunto de la producción, ni siquiera un caso insólito entre los artistas más unitarios. Recordemos –entre otros– el ejemplo de Baudelaire. El poeta no hace sino acomodarse a los imperativos dictados de su temperamento y de su tiempo, al transcribir los poemas que encuentra consonantes con los que le dicta su propio pensamiento y sigue las huellas que en materia de traducciones han dejado Jiménez, Zayas, Díez-Canedo y Fortún, en España, y Díaz y Valencia en América, para no citar sino los más salientes. En la hora corriente se traduce por todas partes y este equilibrismo verbal ha venido ennobleciéndose al grado de que ya se manifiesta como un aspecto importante de las corrientes estéticas. Pensemos, con André Gide, que la literatura no se desarrolla solamente en una dimensión y acojamos con interés este nuevo esfuerzo de González Martínez, que comprende que un arte que se aparta de la vida de su tiempo (sería más exacto decir de las costumbres) es un arte muerto, sin contacto con la realidad según la expresión del flamante Beauduin.

Pocos poetas que escriben en español han superado el valor y la cantidad de las versiones de González Martínez; pero es indispensable, en esta línea, no dejar inadvertidos los libros *Del cercado ajeno* e *Imágenes,* de Díez-Canedo; el esfuerzo de Marquina, más editorial que espontáneo, para traducir a Verlaine y Baudelaire; la peligrosa aventura de Zayas, entrándose por todos los *Trofeos,* y las bellas realizaciones de Valencia, con poemas alemanes e italianos.

En nuestro país, fuera de los intentos de Balbino Dávalos, muy pocos trabajos aislados se registran y muchos de ellos, en materia de evolución y novedad, andan todavía remontados al romántico de Tarbes.

Con decir que las composiciones que integran el nuevo libro de González Martínez señalan desde la iniciación literaria del poeta hasta los últimos días, está explicada la variedad de tonos que suenan en la colección. Dicho está, pues, que los *Jardines* no pretenden marcar ninguna disciplina estética. En consecuencia, los poetas traducidos marcan las sucesivas etapas por las cuales ha ido desarrollándose la tendencia poética del traductor, en sus obras personales. Las diversas emociones –tanto las abandonadas como las persistentes– tienen un representante en las páginas del nuevo libro; allí están las preferencias que sucesivamente acogió el autor a través de la evolución de su temperamento. La obra, almacén de pensamientos y de sentimientos –decía Brandes– no es sólo resultante de la personalidad del autor sino también imagen refleja del estado psíquico de su tiempo.

Andan por las páginas de los *Jardines de Francia* los inevitables sonetos de Heredia, vertidos allá cuando el traductor recibía los primeros aplausos, por su poesías "tropicales", por sus paisajes en donde indispensablemente salían las notas "criollas" o "americanas", o cuando andaba, unas veces, solicitado por las visiones preliminares: el bohío, el maizal ¡o el pajarillo que canta en la enramada!, y otras por la de una imperativa y doméstica Clío, que le imponía la indeclinable contribución a los hombres de la Reforma y de la Independencia. Eran aquéllos los tiempos –no muy lejanos todavía y aún muy cercanos para muchos– en que parecía oportuno y obligatorio detenerse con exclusivismo faccioso ante los altares de los *poétes maudits* y acoger sin reservas el ruidoso chin chin y el penacho agradable y fanfarrón con que se presentaba el afortunado Rostand. Pero el poeta en su ascensión que todos le reconocen ofrecía con cada nuevo libro suyo muestras de las nuevas corrientes del pensamiento poético extranjero, en forma de traducciones tan gallardamente realizadas que atrajeron vivamente la atención del público; y así fue como, deteniéndose más largamente en los representantes franceses del simbolismo, encontró el clima de su propia personalidad y produjo las más acabadas versiones a la lengua española, prestándoles el distintivo de su propio tono ya tan característico y personal que se le reputa de epónimo.

El poeta de *Los senderos ocultos* nos muestra en su nuevo libro un interesante aspecto de su tendencia lírica por más que no sea una sorpresa la aparición de sus traducciones francesas; de antaño sabíamos que este vate viene en línea directa de la tierra en donde se erige el gallo y canta la alondra y que la eterna Francia sigue siendo para él el imán que le presta afectos estéticos e imaginerías literarias. Decía Barrès a una de las grandes poetisas contemporáneas: "Usted viene del Danubio, como Ronsard, y de Bizancio, como Chénier."

Nuestro compatriota –ya lo hemos dicho– vino de Francia. Ese quietismo interior que nos revela en sus obras originales no quiere decir budismo inconsciente o renunciación oriental.

Esperemos todavía de él muchas cosas más; esperemos que tras el anunciado *Libro de la fuerza de la bondad y del ensueño* venga la segunda serie de esos fragantes jardines con las más recientes flores de la bandería del unanimismo o de esos bravos muchachos que tienen su tribuna libre en la *Nouvelle Revue Française*.

[1915]

LOS LIBROS MEXICANOS DE 1810

Es innegable que en los primeros años del siglo XIX el arte tipográfico en México había alcanzado una notable decadencia, hecho de fácil comprobación, ciertamente, pues basta examinar los libros, opúsculos y "hojas volantes" de aquella época, para distinguir la considerable diferencia que presentan comparados con los siglos XVI y XVII y aun con algunos del XVIII, en que comenzó a decaer el arte de la imprenta.

Las imprentas de los Valdés y de Zúñiga más se cuidaban de la oportunidad de las *Gacetas* y de los *Calendarios manuales* que de la belleza tipográfica de las "plantas" y de la corrección de los papeles; y otros impresores dedicábanse a multiplicar novenas y jaculatorias que, si no eran atractivo de bibliófilos, sí en cambio recompensaban largamente las erogaciones de sus editores. Arizpe y la señora Fernández de Jáuregui, que eran de los más solicitados impresores, estaban a mucha distancia, en materia de arte, de sus colegas de dos y medio siglos antes, y así fue como en los principios del decimonono no habían producido nada que se asemejara a lo que Juan Pablos hacía en la mitad del siglo XVI, ni a los hermosos ejemplares del *Sermonario en lengua mexicana* de fray Juan de la Asunción, salido de las prensas de Antonio Ricardo en 1557, notable por su correctísima formación bicolumnaria, por su impresión neta y por la belleza de sus tipos comunes y capitulares. Las portadas, hechas con la aglomeración de desiguales y desagradables "familias" tipográficas, estaban a cien kilómetros de aquellas otras formadas con caracteres de hermoso trazo irregular, con letras de Tortis o de las del estilo ahora llamado "Caslon" o grabadas en madera dulce, con reproducción de blasones, marcos, viñetas religiosas y orlas arborescentes intrincadas. El *Psalterio* y el *Antiphonarium,* impresos por Ocharte, hacían ruborizar a los desmedrados ejemplares de los Valdés; los frontis de gusto itálico, usados por el mismo Ocharte; el *Poeticarum Institutionum,* que salió de las prensas del ilustre Enrico Martínez y los primores de Antonio de Espinosa, que hacía colofones de irreprochable disposición y portadas de alto mérito, y aquel rarísimo *Túmulo imperial* que lo menos quisieran sobar Karl Hierssemann y los hermanos Porrúa, nada de todo esto era igualado en el año en que Miguel Hidalgo dejaba su plácido retiro de Dolores para lanzarse a las tormentosas faenas de la independencia de México. La producción de libros, aunque abundante, estaba sostenida principalmente por los escritores de folletos que se vendían a real y a medio real, en las alacenas que los editores de la *Gaceta* habían instalado en el portal de Mercaderes en la librería de la esquina de Santo Domingo y Tacuba o en la de los bajos del Seminario, en donde el buen don Zeferino Martínez expendía consuetudinariamente los cuadernillos que le llegaban de la metrópoli, en los que se ponían de oro y azul a Napoleón y a sus hermanos, que en aquella época daban mucho quehacer a Europa, y los folletos en donde los modestos insurgentes mexicanos no salían mejor librados que el poderoso capitán francés.

Al iniciarse en Dolores la insurrección contra el gobierno virreinal, eran cinco las principales imprentas que funcionaban en la ciudad de México: la de don Mariano de Zúñiga y Ontiveros, en la Calle del Espíritu Santo; la de don Juan Bautista Arizpe, en la primera Calle de la Monterilla; la de doña María Fernández Jáuregui, en la de Santo Domingo; la de don Alejandro Valdés, también en Santo Domingo, y la de don Manuel Antonio Valdés, en Zuleta; y todas ellas diéronse a acoger y editar libros, folletos y hojas sueltas en los que, con el fin principal de adular al virrey y a los más acatados funcionarios, los insurgentes recibían injurias y maldiciones, suscritas unas veces por autoridades civiles, otras por militares, prelados, capellanes y numerosos individuos a quienes disgustaba profundamente la idea de dar a México un gobierno nacional. La propaganda impresa fue tan activa como impune, y la acción de los revolucionarios era casi nula, pues sólo hasta diciembre de 1810 consiguieron publicar en Guadalajara su primer periódico: *El Despertador Americano*.

Además, las autoridades habían lanzado un bando en el que se anunciaba que los documentos insurgentes serían quemados en dondequiera que se encontrasen y sus poseedores castigados como reos de alta traición; y los periódicos de la época no acogían más noticias que las oficiales del virrey y el arzobispo, y así fue como el *Diario de México* no dijo una palabra de la insurrección sino hasta el 2 de octubre, en que publicó el bando del virrey, expedido el 27 de septiembre del propio año, fulminando amenazas contra Hidalgo y sus compañeros de armas. Y era tan incauto e infantil el procedimiento de la prensa para desviar la opinión y ocultar la verdad, que el 8 de noviembre el mismo *Diario* reproducía una carta que el arzobispo de México dirigió a los curas y vicarios de su jurisdicción, ordenándoles:

> Digan Vms. y anuncien en público y en secreto, que el Cura Hidalgo y los que vienen con él, intentan engañarnos y apoderarse de nosotros para entregarnos a los franceses, y que sus obras, palabras, promesas y ficciones son iguales e idénticas con las de Napoleón, a quien finalmente nos entregarían; pero que la Virgen de los Remedios está con nosotros y debemos pelear con su protección contra estos enemigos de la fe católica y de la quietud pública.

Por su cuerda, el *Semanario Económico de México* no prestaba atención y fingía no dar interés al movimiento de independencia, y fuera de insignificantes alusiones y de algunas cartas que se atribuyen a Fernández de San Salvador, y mientras que la revolución ganaba el centro de la Colonia y aumentaba sus contingentes, el solapado y farragoso semanario llenaba sus hojas con literatura deslavada y asuntos del carácter de éstos que al azar espumamos: "Medicina doméstica sobre los catarros o resfriados"; "Arte de vivir sano y mucho tiempo"; "El niño benéfico, anécdota moral"; "Felicidades del matrimonio, idilio" y "Arte de tener dinero, por el autor del silbato"...

Deben ser unos doscientos treinta los impresos, entre libros, opúsculos, proclamas, bandos, novenas y hojas sueltas, que produjeron las prensas de la capital de Nueva España en 1810, sin contar los diversos números en que se dividían los cuatro periódicos de la época: el *Diario de México*, la *Gaceta del Gobierno*, el *Semanario Económico* y el *Correo Semanario*.

Medina, el más grande de los bibliógrafos de la América Latina, registra doscientos diez y ocho impresos; pero hay algunos que escaparon a la investigación del eminente chileno y que he logrado ver en bibliotecas privadas de México.

Casi todos los folletos publicados en los tres últimos meses de 1810 son una sangrienta invectiva contra los insurgentes. Hidalgo, sus capitanes y partidarios recibían calificativos los más viles, a veces en el tono autoritario o insolente de una proclama, en ocasiones en aburridos diálogos que se llamaban festivos, y en otros, el estilo pedante e insustancial denunciaba la pluma de un tinterillo. El carácter de los impresos presentaba diversos tonos y variados matices: insignificantes, como la *Carta de un concolega a don Miguel Hidalgo* por el doctor zamorense don Blas Abadiano y Jaso, abogado de indios en la Real Audiencia; mendaces, como la *Carrera militar del cura Hidalgo*; festivos, de un humorismo funerario, como el *Desengaño a los indios, haciéndoles ver lo que deben a los españoles: diálogo muy curioso entre un dragón, una tortillera y su marido Pasqual*, reproducido en el *Diario* de 1º, 5 y 9 de diciembre de 1810, y el *Diálogo casero: el aguador, la cocinera y el insurgente*; en algunos impresos, el ataque a los libertadores se desvanecía bajo el halago y la adulación a los personajes del gobierno, tales la *Expresión gratulatoria al Rey Nuestro Señor Don Fernando Séptimo, y al Exmo. Señor Virrey Don Francisco Xavier Venegas por la fidelidad, valor, constancia y disciplina acreditada contra los insurgentes por las tropas*

leales americanas y sus jefes, y el que redactó el capellán de palacio don Anastasio José Rodríguez de León, con el título de *En
elogio de las dos gloriosas acciones con que han acreditado su pericia militar, reputación y buen nombre don Torcuato Truxillo y don
Félix Calleja;* en otros se predicaba la unión y se exaltaba la fidelidad al trono, como en *Males de la desunión, y utilidades que
debe producir la fraternidad,* por Antonio Torres Torija, y *México fiel y valiente en el crisol que la pusieron los insurgentes,* suscrita
por "Un Mexicano" y, finalmente, no pocos eran un tejido de
dicterios y de expresiones descompuestas, como sucedió con
un folleto que imprimió Zúñiga y Ontiveros, con 16 cartas
anónimas que estaban encabezadas en la siguiente forma: *El
Anti-Hidalgo. Cartas de un Doctor Mexicano al Br. D. Miguel Hidalgo y Costilla, ex-Cura de Dolores, ex-Sacerdote de Cristo, ex-
Cristiano, ex-Americano, ex-Hombre, y Generalísimo capataz de saltea-
dores y asesinos.*

El virrey-arzobispo don Francisco Javier de Lizana y Beau-
mont publicó en 1810 seis impresos (actas y proclamas), y entre ellas una *Exhortación* contra los insurgentes. Los inquisido-
res no se quedaron atrás; antes bien, tras de condenar en
agudos términos el movimiento iniciado en Dolores, daban
a conocer doce proposiciones contra Hidalgo y, con cándida
gravedad, lo citaban públicamente a comparecer ante la terrible
institución.

El año de la independencia fue de fecundidad para la literatura política del entusiasta realista don Agustín Pomposo Fernández de San Salvador, que tantas dificultades debía sufrir,
poco después, como consecuencia de la actitud francamente
revolucionaria de su sobrina y tutoreada Leona Vicario, quien
más de una vez puso en aprietos graves a su tío, por sus relaciones con los insurgentes y en particular con don Andrés
Quintana Roo, con quien, como es sabido, tuvo matrimonio.
Don Agustín Pomposo, que llegó al extremo de entregar a su
sobrina a las autoridades realistas, poniendo por encima del
cierto afecto que la profesaba, su pasión de partido, no era,
por consiguiente, de los que se ocultaban para manifestar sus
antipatías por los insurgentes y así fue que el dicho año de
1810 publicó la *Memoria cristiano-política sobre lo mucho que la
Nueva España debe temer de su desunión en partidos; la acción de*

301

gracias a nuestra Generala María SS. de los Remedios, disipadora de las nubes fulminantes de la ira de Dios; la carta de un padre a sus hijos y la América en el trono español, y se atribuyen al mismo Fernández de San Salvador las *Cartas patrióticas* suscritas por Roque Adelai y Cambrai, publicadas en folleto y en los periódicos de la época.

No menos activa que la anterior fue la campaña emprendida por el licenciado don Francisco Estrada, rector del Colegio de Minería y presidente de las Academias de Jurisprudencia en el Real Colegio de San Ildefonso. Este señor, con el seudónimo de "El Durangueño L. F. E.", imprimió en 1810 *El centinela de Santiago,* diálogo entre la Ronda de Tecpan y un clérigo; *La erudita,* diálogo entre una currutaca y don Felipe; *El patriotismo del lancero, El centinela contra los seductores* y *La defensa del cura Hidalgo combatida por la razón.* También el doctor Luis Montaña manifestóse dotado de inagotable ardor para combatir la naciente independencia, y antes de que terminara el año había lanzado seis impresos –una oda, una elegía y escritos en prosa– en los que la balanza complicaba una notable inclinación en favor de los realistas.

Fuera del gran número de obras antiinsurgentes que hemos citado, en el año de 1810 salieron de las prensas de México varias proclamas de los virreyes Lizana y Venegas, una de ellas escrita en español y azteca; libros religiosos en gran cantidad, algunos opúsculos para celebrar la llegada de Venegas y folletos contra Bonaparte, que a la sazón pretendía asentar su dominio en España. La propaganda impresa contra Napoleón se extendía principalmente a los periódicos, en donde todos los días se le formulaban graves cargos y violentas apreciaciones. El mismo año, la imprenta de Zúñiga y Ontiveros publicaba el conocido devocionario traducido del francés por José Antonio de Lavalle; el reputado predicador y literato, cura del Sagrario, don José Miguel Guridi y Alcocer, dio a la imprenta su *Sermón* guadalupano; don Juan Wenceslao Sánchez de la Barquera, uno de los fundadores del periodismo en México, publicaba un opúsculo para refutar una proclama de José Bonaparte; el bachiller Rafael Sandoval produjo su *Arte de la lengua mexicana*; el fecundísimo historiador don Carlos María de Bustamante publicó su *Memoria principal de la piedad y lealtad del pueblo de México* y quiso la casualidad que el mismo año de la iniciación de la autonomía mexicana, surgiera un fraile llamado, como el cura de Dolores, Miguel Hidalgo, que editó con el nombre de *Jardín florido* una novena a Santa Rosa de Viterbo. La imprenta de Arizpe reimprimió el *Semanario político, histórico y literario de la Coruña* y la de don Miguel Antonio Valdés publicó unas *Efemérides* mexicanas que, a pesar de su nombre nacional, solamente se referían a asuntos de la vieja España. Por último, y siguiendo la costumbre de años anteriores, don Mariano José de Zúñiga y Ontiveros imprimía sus populares *Calendario manual, Guía de forasteros* y los *Pronósticos temporales* que formaban, dentro de las necesidades y recursos de la época, documentos informativos de los más útiles y completos que corrían por tierras de América.

Desgraciadamente, la mayor parte de los impresos de 1810 no se encuentran en este país: fuera de algunos que están en poder de las bliblicotecas Nacional y de Guanajuato y de dos o tres bibliófilos, de los demás sólo existen ejemplares en el Museo Británico y en la Biblioteca de Medina.

[1916]

POETAS NUEVOS DE MÉXICO

INTRODUCCIÓN

Principalmente, este libro está destinado a presentar en grupo armonioso y definitivamente consagrado a los poetas nuevos de México, con una suma de noticias útiles a la vez que para el investigador, para quien, fuera del país, quiera informarse del valor de nuestra poesía lírica, con mejores datos de los que suelen ofrecer en otros países publicaciones en donde el movimiento literario mexicano está registrado con mucho de escasez y más de inexactitud y en las cuales, frecuentemente, nuestras manifestaciones artísticas andan representadas por hombres cuya boga pasó hace cincuenta años, por individuos insignificantes pero suficientemente desenfadados para ofrecer su colaboración a periódicos extranjeros y por un par de nombres prestigiados que han persistido fuera de nosotros: Gutiérrez Nájera y Díaz Mirón.

Para formar la antología de *Poetas nuevos de México*, hemos querido reproducir en esta obra, con toda exactitud –y de esta manera prestar un servicio a quienes se interesan por nuestra literatura reciente– el plan de que se sirvieron Ad. Van Bever y Paul Léautaud en su famoso libro *Poètes d'Aujourd'hui*, que ya pasó de la veintena de ediciones en la selectísima biblioteca del *Mercure de France*. De los florilegios franceses, entre los que hay varios excelentes, no conocemos ninguno superior en práctica organización y útil consulta a este del *Mercure*. La *Antología de poetas franceses del siglo XIX*, arreglada e impresa por el conocido editor Alphonse Lemerre, contiene una información deficientísima; se ve que Lemerre sólo pretendió aprovechar en una nueva edición los originales de que es propietario. La de Walch resulta superabundante en la selección y de escaso interés en la parte crítica; *La Poésie Française*, de Faguet, es solamente uno de los numerosos esfuerzos de vulgarización de este escritor, y no es raro encontrar que a un poeta le dedica únicamente tres líneas; algo semejante pasa con la *Anthologie de Poètes de Montmartre*, de Bertrand Millanvoye, y con la de *Poètes Nouveaux*, publicada por Figuière, y apenas se salva de esta escasez informativa y reducción crítica el bello florilegio de poetisas que con el nombre de *Les Muses Françaises* publicó Alphonse Séché. Las antologías populares que edita Michaud y que arreglan Poinsot, Normandy, Séché, Larmand y otros solamente reproducen series de poemas de índole determinada, sin más interés para el investigador y el erudito. La de Van Bever y Léautaud, que por necesidad es limitada, porque sólo representa el movimiento contemporáneo, definitivo y consagrado, de la poesía francesa, sin ir más allá de Mallarmé (1842-1898) y de Verlaine (1844-1896), ni venir más acá de Luci Delarue-Mardrus (1880) y de Émile Despax (1881), ofrece una suma de noticias de tal suerte útiles, desconocidas, interesantes y sugestivas que, como dijimos, son ya más de veinte las ediciones que ha tenido esta colección de trozos escogidos. Cada uno de los poetas tiene unas breves notas de biografía literaria y una minuciosa bibliografía en la cual, tras de enumerarse los libros de cada autor, viene una lista de los juicios publicados sobre dichas obras y un catálogo iconográfico.

Una colección así organizada vale la pena de realizarse para cualquier país, y por esto y por lo anteriormente expuesto nos decidimos a aceptar el magnífico plan en una antología de *Poetas nuevos de México,* en la que tuvieran un lugar todos los que en el movimiento contemporáneo de la poesía mexicana representen alguna nota personal digna de consideración, alguna influencia estética, o algún admirable esfuerzo de estímulo o de orientación; a fin de realizar no solamente el programa aludido, lo que juzgamos por lo menos de utilidad para los estudios literarios en nuestro país, sino también el conocimiento en el extranjero, de las personalidades más salientes en la mejor etapa literaria que ha tenido México.

Pensamos que una antología, por extensa y elaborada que sea, no debe estar formada solamente por una agrupación de trabajos escogidos, sino también de escritores escogidos; y si a este concepto unimos el de limitación anejo a un corto periodo literario, y a este último sumamos el de representación y significación de un grupo determinado de poetas, huelga explicar que, hasta donde lo permiten los aciertos y los errores ambientes, nuestro libro será un huerto sellado y no un catálogo popular en donde encuentren cómodo abrigo y cordial recibimiento todos los que en México hayan escrito versos durante la época a que se contrae la antología. Por lo mismo, no es la nuestra una obra de complacencia, de urbanidad o de transigencia literaria, aunque si a veces –y juzgado el caso de una manera rigurosa– alguno de los poetas incluidos en la colección parece desprenderse del grupo de los nuevos que hemos seleccionado, su presencia está justificada por causas correlativas al movimiento contemporáneo de la literatura en México. Si figura aquí Justo Sierra, no es ciertamente por el valor de su obra poética, lejos, por otra parte, de ser desdeñada, sino por la considerable altura de su personalidad literaria y de su influencia estética en nuestro país; porque sin haber llegado a la suprema realización, sintió como pocos el espíritu de la poesía moderna; porque debido a su influjo personal y a su sabiduría artística se produjeron obras de aliento y de innegable belleza y porque era considerado el Maestro por antonomasia de la generación épica y lírica de 1895 a 1910. Si algunas páginas están ocupadas por Jesús E. Valenzuela, no es porque Valenzuela haya traído influencia o novedad a la lira mexicana, ni realizado obra de belleza duradera, sino porque fue un personaje tan popular, querido e influyente en el cenáculo de los escritores de la *Revista Moderna,* el grupo dominante de su época (1898-1910), que túvosele –y lo fue en efecto– por encarnación de aliento inagotable, de fecundo entusiasmo y de larga protección para los mejores poetas de su tiempo. Tiene, pues, su presencia en esta antología, mucho de homenaje y de reconocimiento.

Otros hay que, siendo generalmente considerados como poetas nuevos, no han sido incluidos entre los de esta obra; pero si bien se mira, se justificará su ausencia porque, unos, o son nuevos sólo cronológicamente, lo cual no entra en nuestra cuenta, o hasta ahora no tienen labor bastante para estar en una antología y no han publicado libro alguno; o si la tienen, no lograron imponer con ella influencia, o rumbo, o doctrina, ni provocar autorizadas muestras de aprobación; o bien, otros, no han pasado más allá de una medianía que no incita a ser presentada públicamente. La misma obra que nos sirvió de guía podría servirnos de disculpa para este caso, y por cierto que con mucha latitud, pues no encontraréis por ninguna parte en el libro de los *Poètes d'Aujourd'hui* nombres ya tan prestigiados y aplaudidos como los de Nicolas Beauduin, Guillaume Apollinaire, Julian Ochsé, Paul Claudel, Francis Carco y Alexandre Marcereau, por no citar sino unos pocos de la legión francesa que podríamos llamar novísima, y en la cual hay ya algunos que entraron al otoño de la vida. Sin embargo y como estamos muy lejos de querer aparecer radicales y facciosos o de fijar una dirección admirativa, hemos arreglado para el final del libro un apéndice de "Otros poetas nuevos", en el cual están representados con uno de sus mejores poemas los poetas de muy escasa producción o de corta carrera literaria y que, a nuestro juicio, son dignos ya de figurar en una colección de la índole de ésta.

Hemos fijado como punto de partida de la nueva poesía mexicana a Manuel Gutiérrez Nájera. A quienes no estén muy enterados del desarrollo de nuestra literatura, parecerá extraño que tratándose de una compilación de poetas *de ahora*, tengamos que remontarnos a un personaje muerto desde 1895; pero no pensarán lo mismo quienes saben que Gutiérrez

Nájera no solamente marca el principio de una evolución ascendente hasta nuestros días, sino que es, quizás, el poeta más grande que ha tenido México. La misma antología de poetas franceses que hemos mencionado presenta entre sus poetas nuevos a Tristan Corbière, que murió desde 1875, y a Jules Laforgue, muerto en 1887. A mayor abundamiento, por lo que toca a Gutiérrez Nájera, no debemos olvidar que fue el fundador y director de una de las capillas literarias más influyentes en este país: la *Revista Azul*. La *Revista Azul* acogió y propagó las primeras manifestaciones de la influencia francesa en nuestros escritores y las mejores producciones de los poetas autónomos de la época (1894-1896). No estuvo cerrada, como después lo estuvieron otras revistas, a banderías y a credos artísticos; pero sí tuvo notable preferencia por las nuevas tendencias que entonces se manifestaban; y aunque no fue un periódico de rigurosa selección de los escritos, sí lo fue de escritores selectos.

Los tres grupos o cenáculos que han difundido en México la poesía nueva están ampliamente representados en esta antología: el de la *Revista Azul,* al que pertenecen, junto con Gutiérrez Nájera, Justo Sierra, Salvador Díaz Mirón y Luis G. Urbina. En él se iniciaron casi todos los que vendrían en seguida y que pertenecen a otro grupo, segundo en orden cronológico; el de la *Revista Moderna*, en donde encontraron acogida, con riguroso y entusiástico exclusivismo, todas las manifestaciones estéticas que nos venían de Francia o que se reflejaban de aquel país. "Popularizó entre nosotros la poesía posromántica", dice Alfonso Reyes, y "apenas murió con su misión". Jesús E. Valenzuela reunió en este cenáculo a Amado Nervo, Manuel José Othón, Francisco M. de Olaguíbel, Efrén Rebolledo, José Juan Tablada, Balbino Dávalos, Rubén M. Campos y algunos más, y de este grupo, los de última hora quisieron agruparse en torno de *Savia Moderna*, revista de muy corta duración. El tercer grupo, sin duda el más orientado, comprensivo y disciplinado de todos, fue el del Ateneo, de donde salieron varios de los que habían hecho sus primeras armas en la *Revista Moderna*, como Enrique González Martínez, Manuel de la Parra, Rafael López, Alfonso Reyes, Roberto Argüelles Bringas, Eduardo Colín, Luis Castillo Ledón y Rafael

Cabrera, y no es raro encontrar que algunos poetas como Nervo y Urbina, con todo y traer su origen desde el tiempo de Gutiérrez Nájera, todavía en nuestros días siguen siendo unos poetas tan "nuevos" como los más nuevos que hayan surgido. Muerto el Ateneo, o por lo menos en una ya larga inactividad, el grupo más reciente de poetas mexicanos y con él los que se inician y revelan en la hora de ahora, han prescindido de toda comandancia y sólo de tarde en tarde se reúnen en pequeñísimos grupos independientes, aunque generalmente trabajan por su cuenta y realizan gallardos frutos, que se muestran en la actividad editorial que viene manifestándose en nuestros días.

En México, como en toda la América Latina, los florilegios son escasos y generalmente no ofrecen un plan didáctico, o crítico, o histórico, sino que son formados de prisa y sin más intención que la de obtener un éxito de librería que se traduzca en rápida y abundante remuneración para los compiladores. En nuestro país, si exceptuamos la *Antología del Centenario,* que responde a un vasto programa, pero de la que hasta ahora sólo se ha publicado la primera parte y *Las cien mejores poesías líricas mexicanas,* que siguiendo el plan de las extranjeras de su clase, resulta útil y bien seleccionada, las demás colecciones están formadas, unas, sin orden ni concierto y otras con la simple agrupación de poemas determinados; a veces con la estrecha justificación de poner "al alcance de todas las fortunas" la lectura de los poetas; a veces para el libro de lectura en las escuelas y en ocasiones para propia exhibición del autor; y ni favorecen ninguna enseñanza, ni aportan ninguna información, ni determinan ningún valor estético.

De acuerdo con el plan que hemos aceptado para la antología de *Poetas nuevos de México,* los autores aparecen en orden alfabético de apellidos, y de cada libro de poesías de cada autor se reproducen algunos de los mejores poemas, según el orden cronológico de las obras. Debajo de cada composición colocamos el título del libro de que fue seleccionada, y cuando no se encuentra dicho título debe entenderse que el poemas es inédito o no pertenece a obra alguna. Las bibliografías están dispuestas de manera que se den a conocer en ellas los títulos de las obras de cada autor y las diversas ediciones de éstas, según su orden cronológico, la imprenta o casa editorial de que proceden, lugar y fecha de publicación, dimensiones de los libros y calidad de los ejemplares impresos, cuando esta indicación se encuentre en las ediciones respectivas. Se informa también en esta sección de los prólogos escritos por cada autor y de las publicaciones en las cuales hay trabajos no compilados en ningún libro. El título *Consúltese* figura a la cabeza de una lista de trabajos sobre cada poeta, en donde se informa de los juicios publicados sobre la personalidad del escritor y calidad de sus obras, con la expresión de los nombres de los autores de dichos juicios, libro o periódico en que éstos aparecieron (prefiriéndose la indicación de publicaciones mexicanas) y fecha del periódico o revista. Cuando no aparece señalado el lugar de publicación de revistas y periódicos, debe entenderse que éstos son de la ciudad de México. Por último, hay iconografías en donde están enumerados, por orden alfabético de autores, los retratos en pintura, dibujos, aguasfuertes, litografías, etc., o esculturas que representen a cada poeta, con expresión de los poseedores de los ejemplares. Después de las noticias biográficas y antes de las bibliográficas, hay apreciaciones críticas sobre cada uno de los poetas que integran la antología. Para esta parte del libro hemos seguido la excelente costumbre de algunos florilegios modernos: publicar sobre cada autor las mejores opiniones, las más orientadas y de mejor sentido crítico, o la más aceptable cuando no todas son buenas, con lo cual se logra que la antología no lo sea únicamente de las poesías y de sus creadores, sino también de las opiniones. Entre estos juicios se encontrarán algunos inéditos, que han sido escritos especialmente para este libro. Cree el autor que no estaría bien que él tuviera a su cargo, íntegramente, la tarea crítica porque aparte de que hubiera resultado unilateral y desautorizada, se corría el riesgo de que apareciera suficiente y presuntuosa.

Mucho tiempo y cuidado hemos empleado en compilar las notas biográficas y más particularmente las bibliográficas, y a pesar de esta circunstancia algunas resultarán incompletas. Que no hay bibliografía completa, es cosa bien sabida de quienes se dedican a este linaje de averiguaciones; pero en México la labor se hace tanto más penosa cuanto que las bibliotecas

309

públicas no siempre cuentan con todo el material necesario para estos trabajos, ni es muy fácil encontrar ciertas colecciones, casi siempre truncas; y además, pocos, muy pocos escritores, cuidaron de reunir sus datos personales que necesitamos para la antología, y los que lo hicieron, olvidáronse de recoger anotaciones de lugares, de autores y de fechas. Atentas estas causas, suplicamos excusa por cualquier falta de tal género y solicitamos de los poetas el envío de los datos que nos falten, para aprovecharlos después, si fuere posible. Por último, cabe aquí manifestar nuestro agradecimiento a las personas que prestaron su contingente de información para la obra, especialmente a nuestros amigos don Genaro García, don Luis González Obregón y don Enrique González Martínez, en cuyas ricas bibliotecas encontramos muchos valiosos datos que fueron utilizados en la formación de la antología de *Poetas nuevos de México*.

[1916]

LA BIBLIOTECA DEL REAL COLEGIO DE SAN ILDEFONSO

La historia del libro en México, considerada en su desarrollo tipográfico, en la parte puramente técnica de la bibliografía o en lo relacionado con el aspecto biblioteconómico, es de un interés tan subido y presenta caracteres tan determinantes, que sin ambages puede señalársele como la primera de América, desde el punto de vista de su importancia influyente y documentaria.

Todavía permanece casi intacto el comentario histórico que se relaciona con nuestras bibliotecas, pues aun Medina, que agotó las fuentes informativas para escribir su eruditísima Introducción a *La imprenta en México*, solamente dedica nutridos comentarios a impresores, grabadores, libreros y bibliógrafos, sin estampar ni un par de líneas sobre las bibliotecas o "librerías" como más señaladamente se les llamaba en tiempos de la Colonia. Trabajos posteriores han sido destinados a la descripción histórica y estadística de bibliotecas mexicanas modernas;[1] pero to-

---

[1] Los principales trabajos son: *Las bibliotecas de México,* por Manuel Payno,

davía queda el campo libre por lo que toca a las espléndidas librerías de la Real y Pontificia Universidad Mexicana, Biblioteca Turriana, las de los colegios primitivos, de algunos conventos y de hombres de letras, cuyo conocimiento será, sin duda alguna, fuente de muy curiosos documentos para la apreciación de los diversos periodos de la cultura nacional.

La actual biblioteca de la Escuela Nacional Preparatoria, como el establecimiento de que depende, trae su origen del Nacional y más Antiguo Colegio de San Ildefonso y, en consecuencia, del Real Colegio del mismo nombre y su fundación fue simultánea a la de éste, pues sus patronos, al mismo tiempo que dotaban a la institución de edificio, muebles, enseres y constituciones, cuidaban de proveer la librería con las obras que en el siglo XVII eran consideradas como propias para la enseñanza y espiritual alimento de los educandos; y comoquiera que al mismo tiempo que se fundara el establecimiento se unía a éste, en 1618, el Colegio de San Pedro y San Pablo, los jesuitas que tomaban a su cargo los institutos unidos recibieron los libros del segundo y aumentaron con ellos la naciente colección del de San Ildefonso.[2] Entonces era provincial de la Compañía el padre Nicolás de Anaya y rector del Real Colegio el padre Diego Larios.

México, 1869, 4º; *La Biblioteca Nacional*, por Luis González Obregón, México, 1910, 12º: "La Biblioteca Palafoxiana de Puebla", por Juan B. Iguíniz, en *Anales del Museo Nacional de Arqueología. Historia y Etnología*, t. V. Núm. 5, 1915. *Discurso sobre el origen de las bibliotecas públicas en la República Mexicana*, por Manuel Cruzado, México, 1890, 4º; *Discurso sobre las bibliotecas*, por Joaquín Blengio,

[2] Este y la mayor parte de los datos empleados en el presente trabajo los tomé del manuscrito inédito titulado "Apéndice histórico sobre la antigüedad y otros particulares interesantes al mismo Colegio de San Pedro, San Pablo y San Ildefonso", por Félix Osores, que se encuentra en la rica biblioteca del Sr. D. Genaro García. El MS. está al final del segundo tomo de la obra llamada *Noticias biobibliográficas de alumnos distinguidos del Colegio de San Pedro, San Pablo y San Ildefonso de México, por Félix Osores*, pp. 167-253, y el cual, ya publicado en los tomos XIX y XXI de la colección de Documentos inéditos o muy raros para la Historia de México, pertenece también al Sr. García. Seguramente don Manuel Berganzo conoció este MS., pues el artículo sobre la Biblioteca de San Ildefonso publicado en el tomo I del *Diccionario universal de historia y geografía*, p. 591, es una copia casi al pie de la letra de dicho documento, a pesar de lo cual Berganzo no indica ni sugiere su procedencia. También da como suyos los datos con que formó el artículo sobre el Colegio de San Ildefonso, en el cual aparece completa la lista de los rectores; por lo cual debo declarar que en este trabajo, como en el anterior, está también casi reproducido el documento inédito del doctor Osores.

En aquel tiempo el local que ocupaba el establecimiento estaba reducido a la parte llamada ahora "Colegio Chico".

Pocos años después de la fundación, durante el periodo de 1621 a 1625, en que la rectoría estuvo encomendada al padre don Pedro de Velasco, este religioso, que fue muy celoso administrador, no solamente se preocupaba en adquirir ricos paramentos y valiosas alhajas para la capilla, sino que llevado de su cariño al lugar donde recibiera la educación, pues se contaba entre los ex colegiales de San Pedro y San Pablo, dio grande impulso a la librería y la dotó con las mejores obras que llegaban de la metrópoli o salían de las prensas del virreinato.

Mas hubo de llegar quien superara al padre Velasco en su afán por impulsar la dotación de libros del Real Colegio y esa persona fue la del excelentísimo e ilustrísimo señor doctor don Manuel Antonio Rojo del Río Lubián y Vieyra, ilustre prelado mexicano cuya cuna se disputan hace mucho tiempo los pueblos de Tula y Huichapan. El señor Rojo, que había sido alumno del Colegio, donó a éste lotes de tal importancia y en este sentido su generosidad "fue tanta, que la librería empezó a merecer el nombre de Biblioteca".[3] La fiesta del Colegio se celebraba cada 23 de enero, día de San Ildefonso (tradición ya olvidada en nuestra época), y uno de esos días, en el año de 1759, el Illmo. Sr. Rojo del Río, nombrado arzobispo y capitán general de Manila, celebró de pontifical en la capilla del plantel y con este motivo obsequió al establecimiento diversos objetos; pero muy señalado entre los otros donativos fue el de su librería, calificada entonces de copiosa y exquisita. Inmediatamente, casi todos los libros de que ésta se componía fueron llevados al Colegio y reunidos a los demás de que se hace mención, y en cuanto a algunos que el arzobispo consideró que le serían indispensables para la consulta, se los reservó en calidad de prestados y poco antes de su muerte encargaba a sus albaceas que fueran restituidos a la biblioteca de San Ildefonso.

Otro de los hijos agradecidos del Colegio, que fue seminarista del mismo allá por el año de 1756, el Sr. don Pedro Pablo del Villar y Santelices,[4] fue también un distinguido benefactor de la

---

[3] MS. citado.
[4] En los apuntes bio-bibliográficos de Osores se le llama Pedro *Pérez* del Villar y Santelices.

institución y propulsor de su librería. En efecto, el distinguido teólogo y canónigo de la Metropolitana dotó al Colegio con seis becas para estudiantes teólogos, con cuatro mil pesos cada una; con una cátedra de Teología para la cual asignó otros cuatro mil pesos y cuatro capellanías para alumnos, a las cuales correspondían veinte mil pesos o sean cuatro mil cada una. En cuanto al benéfico impulso que imprimiera a la colección bibliográfica, debemos advertir que no sólo la dotó con muchos volúmenes sino que, además, éstos se consideraban como "exquisitos y costosos".

Comienza después para el establecimiento que nos ocupa una época azarosa y llena de angustias y penalidades. Como resultado del célebre Consejo Extraordinario y por decreto de 27 de enero de 1767, el rey de España, que en esta vez como en otras muchas hizo sentir que lo era también de las Indias Orientales y Occidentales, ordenó la expulsión de los jesuitas de la Península y sus dominios, disposición que en la Nueva España cumplió a maravilla el cuadragésimo quinto de los virreyes, marqués de Croix, cuya severidad de ejecutor llegó al grado de prohibir los comentarios sobre la expulsión y de publicar un bando en el que se decía que los vasallos debían saber "que nacieron para callar y obedecer y no para discurrir ni opinar en los altos asuntos del gobierno". La expulsión de los jesuitas se efectuó en México el 25 de junio de 1767, y como los administradores y educadores del Real Colegio de San Ildefonso pertenecieran a la Compañía de Loyola también fueron embarcados en Veracruz, como los demás, a puertos europeos, particularmente con destino a Génova; y el secuestro de sus bienes se aplicó al fondo entonces llamado "de temporalidades".

Abandonado San Ildefonso por los jesuitas, el oidor don Jacinto Martínez de la Concha fue comisionado el mismo año de 1767 para ocupar las "temporalidades" y con tal motivo mandó que fuera formado un catálogo de la Biblioteca (uno de los primeros trabajos de bibliografía en México) en cuya ejecución, que duró muchos días, fueron ocupados varios individuos. Se sabe que este primer catálogo formaba un grueso volumen en folio; mas como de él no se hicieron copias y a principio del siglo XIX ya no se le encontraba por ninguna parte,[5] se ha llegado a

---

[5] Investigando hace pocos días el señor don Alberto María Carreño, encon-

creer que fue de lo remitido a Madrid, cuando se dispuso que valiosísimos documentos de las Colonias pasaran a la Metrópoli; especie de saqueo bibliográfico poco justificado en una época en la cual no se barruntaban los menores desórdenes o desobediencias contra el dominio europeo en América. La real orden de 1784[6] es un documento de sumo interés que arroja plena luz y explica cómo pudieron desaparecer de México libros y documentos cuya escasez o falta absoluta han motivado diversos comentarios entre los bibliógrafos y pérdidas irreparables para los países a que pertenecían. Esta orden, que sin duda fue girada a todos los establecimientos dotados de archivos o librerías, fue dirigida al rector de San Ildefonso en los términos siguientes:

Por Real orden de 22 de febrero de este año, me previene S. M. se recojan cuantos papeles curiosos y manuscritos puedan servir a la ilustración de la Historia General de América; en cuya atención vengo y encargo a v.m. que con la mayor actividad y diligencia solicite en ese archivo toda clase de documentos y manuscritos curiosos que puedan servir al expresado fin, en la inteligencia de que se dejarán a v.m. copias de ellos a costa de la Real Hacienda, siempre que lo pida y le convenga.

El sujeto que entregará a v.m. este oficio debe estar a la mira de no dejar este asunto hasta que se haya conseguido el fin: Por lo cual ruego a v.m. igualmente le franquee su Biblioteca, auxiliándolo por sí mismo y entregándole todo lo que se encuentre, en lo cual hará v.m. un particular servicio a S.M. que espero ejecute como fiel vasallo.

Dios guarde a v.m. muchos años. Tacubaya, 12 de septiembre de 1784.

(Firmado:) *Matías de Gálvez. Francisco Frnz. de Córdova.*

La orden, como se ve, era terminante y de una urgida exigencia, por lo cual es de creerse que tanto el rector como las demás personas a quienes se dirigió la prevención hayan cumplimentado ésta con la eficacia y festinación que se les ordenaba. En el antiguo archivo de San Ildefonso, que he consultado repetidas veces, no hay comprobantes que señalen el número y calidad de las obras y documentos remitidos a España, aunque sí se encuen-

tró en el Archivo General y Público de la Nación varios catálogos originales y MSS. de las librerías de algunos colegios mexicanos primitivos.

[6] Documento inédito que encontré en el Archivo del Más Antiguo Colegio de San Pedro, San Pablo y San Ildefonso.

tran algunas importantes copias cuya ausencia de originales denuncia el estricto cumplimiento de la inicua orden de despojo dictada por el rey; y en la actual biblioteca de la escuela es notable la falta de obras de aquella época, aun de las que se imprimieron en la imprenta que tuvo el Colegio desde 1748 hasta 1767. La folletería antigua que existía en el archivo del Real Colegio, entre la que hay algunos ejemplares impresos en dicho instituto, fue puesta al servicio de la biblioteca de la Escuela Nacional Preparatoria, desde el año próximo pasado de 1915.

Aunque reputo como causa principal de la desaparición de preciosos ejemplares la real orden de 1784, no fue, desgraciadamente, la única, pues no habían transcurrido muchos días del arresto y marcha de los jesuitas cuando el edificio fue ocupado militarmente como cuartel del Regimiento de Flandes.[7] Con este motivo, los muebles escolares fueron retirados de los diversos departamentos y los libros que pudieron salvarse, pues algunos fueron esparcidos en la calle,[8] se guardaron en una bodega de la planta baja, en donde permanecieron confusamente hacinados durante cuatro años; y como la pieza, además de mal situada, era húmeda, muchos ejemplares se destruyeron al grado de que, de unos, no pudo salvarse una sola hoja y otros quedaron incompletos e inútiles. Además, teniendo en cuenta que en la época a que nos referimos se decía que los jesuitas eran "autores y tenedores de libros probabilistas o de doctrina laica", un real acuerdo dispuso que todos los libros de San Ildefonso fuesen prolijamente examinados, con el fin de retirar del servicio aquellos de que se hace mención, y dado el ambiente hostil en que por aquel tiempo estaba envuelta la Compañía de Jesús y sus observantes, la búsqueda fue exigente y radical.

Corrían los años de 1764 a 1767 cuando un jesuita ocupaba

---

[7] No es ésta la única vez que el edificio del Colegio ha sido ocupado militarmente. En 1847 uno de los cuerpos norteamericanos, del ejército expedicionario del general Scott, convirtió en cuartel al Más Antiguo y Primitivo Colegio de San Ildefonso, según refiere don Francisco Guerrero Moctezuma en su artículo "El Colegio de San Ildefonso en 1847, según un colegial de entonces" (Boletín de la Escuela N. Preparatoria, número extraordinario, 19 de febrero de 1909, p. 22). También durante la intervención francesa, tropas del invasor se alojaron en San Ildefonso cuyos patios fueron convertidos en cuadras. (Véanse los "Apuntes biográficos del Sr. Lic. D. Joaquín Eguía Liz" por don Manuel Miranda y Marrón, El Tiempo, México, núms. 8694, 8696 y 8698, de octubre de 1909.

[8] Así lo asegura Berganzo en el artículo citado.

por última vez en el siglo XVIII la rectoría del ilustre colegio, y el dicho padre, que era don José Julián Parreño, fue a Italia con los demás expulsados y en un convento de Ferrara dejó transcurrir los últimos días de su vida; pero antes de morir dispuso su testamento, en el cual establecía que, "toda su selecta y numerosa librería" fuera traída a la ciudad de México a aumentar la del Colegio cuyo rectoral ocupara en otro tiempo el generoso donante. Personalmente estampó en la portada de cada uno de los libros la siguiente leyenda: *Defferatur S. Ildefonsi Mexicano Seminario.*

Después de este periodo, la biblioteca, sacada del tiradero a donde se la había arrumbado y perdidos allí muchos de sus ejemplares, volvió al servicio del Colegio, no sin que nuevamente sufriera mermas que le causaban los mismos colegiales al sacar los ejemplares fuera del departamento en que éstos se encontraban. Debe de haberse desarrollado mucho esta costumbre, porque el vicerrector don Agustín Díaz de León, en escrito dirigido al arzobispo el 15 de junio de 1776, pedía nada menos que la pena de excomunión mayor contra quienes no restituyeran los libros que hubieran obtenido prestados de la biblioteca de San Ildefonso. Damos a conocer, en seguida, la solicitud relativa: [9]

El Lic. Dn. Agustín Díaz de León, Clérigo Presbítero y Vice-Rector de el Real y Más Antiguo Colegio de San Pedro, Sn. Pablo y Sn. Ildefonso de esta Corte, como mejor proceda, comparezco ante V. S. y digo:

Que la Librería de dicho Colegio se halla desposeída de muchos libros que sus alumnos le han extraído para aprovecharse en ellos estudiando las materias, que respectivamente se les han ofrecido. Y aunque es cierto que en poder de cualesquiera que los tiene se hallan sin peligro de fraude; pero así porque puede acaecer algún olvido, descuido, o contingencia, como porque al Colegio es indecoroso estén los volúmenes de esta oficina incompletos, y ser conveniente, que a cualesquiera que se le ofrezca ocurra a estudiar el punto a ella, como es práctica corriente de los demás Colegios y Comunidades, a V.S. suplico, que en atención a estos y otros muchos inconvenientes, que hay para que siga destituida de sus propios bienes, se sirva mandar que pena Excomunión mayor *ipso facto in currenda,* y que no admita interpretación: cualesquiera sujeto de cualesquiera estado, calidad o condición que sea luego que llegue a su noticia estar fulmi-

[9] Documento inédito en el archivo de San Ildefonso.

nada la referida Excomunión los restituya a ella. Y que apercibidos con la propia pena, y la misma clase de sujetos en lo de adelante ninguno los saque; sino que baje a estudiar allí el punto que necesite: para lo cual, y que ninguno pueda alegar ignorancia, asimismo se ha de servir V.S. mandar se fije esta Excomunión en una tabla, y se ponga a la puerta de la referida Librería.– Por tanto, a V.S. suplico se sirva mandar en todo, como llevo pedido que es justicia y recibiré merced.

(Firmado:) *Licdo. Agustín Díaz de León.*

México, junio 15 de 1776.

Don Pedro Rangel, uno de los rectores de más dilatado periodo, pues duró en su encargo veintidós años y durante él desplegó excelentes dotes de administrador, formó en 1797 un minucioso aunque descuidado índice o inventario de la biblioteca, por el cual se llega al conocimiento de que entonces aquélla tenía "50 estantes de cinco cajones y más de cuatro mil y trescientos cuerpos". Al referirse a tal índice, Osores, que lo conoció, afirma que "fuera de no ser alfabético, ni estar clasificado por materias científicas, tiene multitud de defectos de varias clases y por eso la Visita ha mandado se forme uno como corresponde".

Don Juan Francisco de Castañiza González de Agüero Larrea y La Fuente, marqués de Castañiza, que gobernó el Colegio desde 1807 hasta el año de la reposición de los jesuitas –1816– y que de sus antiguos alumnos fue uno de los más distinguidos, donó a la real institución, para cuando falleciese, toda su librería, que a más de ser numerosa se reputaba de selecta. Tal donativo estaba anunciado en el informe rectoral rendido por el propio marqués de Castañiza, en 30 de diciembre de 1815, al visitador don Manuel Campo y Riva.

Como se sabe, Castañiza fue promovido al obispado de Durango y una vez allí se arrepintió de su oferta, pues al hacer testamento de sus bienes dividió el legado de los libros entre el Seminario Conciliar de Durango, a quien dejó los que allí tenía, "que eran casi todos", y el Real Colegio Mexicano, al cual tocaron los libros que le dejara el obispo-marqués al abandonar el rectoral y los cuales abarcarían alrededor de doscientos de lo que entonces se llamaban *cuerpos;* "pero de obras muy exquisitas y apreciables". Mas a pesar de la exquisitez del legado, la biblioteca, por efecto de los saqueos y descuidos de que fue víctima en anteriores épocas, no debe de haber sido entonces de primera importancia, porque, al referirse Osores en su importante "Apéndice histórico" al donativo de Castañiza, dice que "ni aun merece esta librería, con el rigor debido, el nombre de Biblioteca", pues que "en nada corresponde a la enseñanza y saber de Seminario tan renombrado" y "menos a la excelencia y grandiosidad en el edificio",[10] y afirmaba también que no era tan buena como las de la Universidad, catedral y Colegio de Santos, aunque pudo haber llegado a equipararse y aun a sobrepujar a la del Seminario Conciliar Palafoxiano de Puebla, si no se hubieran desaprovechado magníficas oportunidades para enriquecerla como en el caso de que cuando otros establecimientos recibían asignaciones especiales para el fomento de sus librerías, el de San Ildefonso, con más derechos, no recibía ni solicitaba igual servicio, o como cuando se vendieron a precios mezquinos y aun llegaron a ser arrojados a la calle los libros de la Casa Profesa, de San Pedro y San Pablo, de Tepozotlán y otros.

En esta ocasión el visitador del Colegio solicitó que la librería de éste fuera enriquecida con las de los ya entonces extinguidos conventos de San Juan de Dios, Betlemitas y San Hipólito; pero

[10] Durante el rectorado de Castañiza ya el real colegio merecía los dictados de excelente y grandioso que le da el autor citado, pues al pequeño edificio puesto bajo la advocación de Nuestra Señora del Rosario, llamado ahora "Colegio Chico", se le había unido, al poniente, la fábrica que en la actualidad es conocida con los nombres de "Patio de Pasantes" y "Colegio Grande". Al rector padre Cristóbal Escobar y Llamas débese la continuación del edificio, en cuyas obras empleó durante su gestión (1727 a 1742) la cantidad de cuatrocientos mil pesos, suma que veinticinco años después, en 1767, fue reconsiderada por la de doscientos noventa y seis mil setecientos cincuenta y ocho pesos, un real y cuatro granos, en el avalúo efectuado por el gobierno. En el General del Colegio, llamado ahora Salón de Actos, existe todavía el retrato al óleo del ilustre rector, con la siguiente elocuente relación de sus méritos: "El R. P. Cristoval de Escobar y Llamas de la Compañia de Jesús natural del Obispado ue Mechoacan alumno de este Colegio en el q estudio hasta la Theologia despues entrado en la Compañia leyo las Cathedras de Rhetorica Philosophia y Theologia en el Col.º Maximo de San Pedro y Sn. Pablo, fue Rector por espacio de 16 años de este Re.l y mas antig.º de Sn. Yldefonso a el que ilustro y fometo instituyendo los annuá.es examenes y el continuado exercicio en las Acad.mias y los actos menores y mayores, a q añadio con universal aplauso la dotac.on de una borla de Theolog.ª y una licenciatura en jurisprud.cia como tambien la erecion de la Cathedra del Mro. de las Senten.as con cuyos honorificos estimulos logro este Cole.io muchos alumnos de singular literatura. Levan.to desde sus fundam.os la Magnifica y solida fábrica de este Semina.io a que dandole quasi la ult.ma mano vino de Roma elec.º Prov.l de este Prov.ª de Nueva España año de 1723 dejando en su salida las correspondien.es proporcio.es para su perfe.on y una perenne memo.ia de sus gran.es talen.os."

anduvo con tan mala suerte su excelente iniciativa que, según el autor del "Apéndice", al registrarse los lugares indicados se encontró con que la mayor parte de las dichas librerías estaban formadas con ascéticas que a su insoportable vulgaridad reunían la más pequeña dosis de importancia teológica, histórica o bibliográfica.

El local que albergaba la biblioteca ildefonsiana no tenía, sin duda, durante la época de iniciación de la independencia nacional, las debidas condiciones de adaptación, porque entonces se pensó en la conveniencia de construirle un local *ad hoc* en el patio que se encontraba a espaldas del edificio y que daba a la Calle de Montealegre, para lo cual se dispondría del solar que era una de las propiedades del Colegio[11] y en donde se encontraba instalada una carrocería.

El proyecto quedó como tal y el edificio fue ampliado por la Calle de Montealegre hasta hace seis años, con la fábrica que todavía no está concluida.

Vino en seguida la reposición de los jesuitas y, a poco de consumada la independencia mexicana, el establecimiento cambió la designación de Real por la de "Nacional y Más Antiguo", que mantuvo hasta la transformación que se le dio, como resultado de la ley expedida el 2 de diciembre de 1867, por don Antonio Martínez de Castro.

[1916]

LOS LIBROS DEL AÑO

Se dice que en México reflorece la vida editorial; que después de un largo periodo durante el cual se aburrían las prensas, se encuentran ahora en plena actividad. Hay más entusiasmo que verdad en estas afirmaciones. Nuestra producción de libros ha aumentado, evidentemente, pero de modo muy modesto. Y es que hace algunos años la aparición de un libro tenía las proporciones de un acontecimiento nacional y ahora va desapareciendo el horror al público y a los aparadores de las librerías:

---

[11] En aquella época y desde su fundación, el Real Colegio tenía propiedades urbanas y rústicas en la ciudad de México y en algunas provincias.

los editores se lanzan a improblables empresas y los autores se deciden a no guardar mucho tiempo sus manuscritos. Estamos, sin embargo, muy lejos de registrar en los anales del libro mexicano, los 25, los 50, los 100 mil títulos que se producen en Francia, en Alemania y en los Estados Unidos. No publicamos todavía ni la centésima parte de lo que se imprime en España. La intensidad de nuestra vida editorial es, pues, todavía muy pequeña.

La paralización de nuestras fábricas de papel, el alto precio que tienen ahora los artículos de la vida corriente, la producción cada vez más limitada del papel extranjero, son obstáculos muy considerables para la industria del libro en México. En 1916 se imprimieron más libros que en 1917, y sabemos de algunos editores que tienen varios pendientes de imprimirse, mientras cambian las condiciones que se han señalado.

La mayor parte de los libros y folletos que aparecieron durante el año que va a terminar fueron editados por las librerías de Bouret, de Porrúa y de Botas. Vamos a reseñar los principales.

La literatura ofrece el contingente más numeroso: Julio Torri, el joven ensayista cuyo espíritu se ha nutrido abundantemente en las fuentes directas de la estética, decidióse a publicar una parte selectísima de sus escritos y nos dio en *Ensayos y poemas* una obra de exquisitez y de refinamiento, cuya aparición ha marcado, sin duda, un acontecimiento en las letras mexicanas. Enrique González Martínez, cuyo solo nombre dice ya más que cualquier elogio ocasional, publicó sus últimos poemas bajo el título de *El libro de la fuerza, de la bondad y del ensueño,* en el cual se ha ocupado ampliamente la crítica, considerándolo como la cumbre artística del gran poeta. Publicó también González Martínez la traducción de *Pensamiento de los jardines,* de Francis Jammes, uno de los libros en que más delicadamente se muestra el espíritu del suave cantor de las bestias domésticas y de las cosas humildes y sencillas. Francisco Villaespesa, el celebrado poeta español que es nuestro huésped, escribió y publicó en México su drama en tres actos y en verso, *Hernán Cortés,* del cual ha hablado largamente la prensa. Salvador Cordero, cuya predilección por describir la vida de los pueblecitos se manifiesta en novelas cortas y cuentos escritos en el estilo llano que tanto gustan los lectores de Pereda, dio a las prensas sus *Semblanzas lugareñas.*

Rafael Cabrera y Efrén Rebolledo tradujeron *La muerte,* de Mauricio Maeterlinck, cuyo conocimiento para los lectores que no están familiarizados con la lengua francesa es muy recomendable. María Luisa Ross reunió en su tomo *Lecturas selectas* una nutrida cosecha de prosas y poemas de reputados autores. Julio Sesto, el incansable escritor español de novelas mexicanas, está representado en la producción del corriente año con dos nuevos libros: *La Ciudad de los Palacios* y *La casa de las bugambilias.* Dos jóvenes prosistas, Guillermo Jiménez y Manuel Horta, hicieron sus primeras armas con *Del pasado* y *Vitrales de capilla,* breves impresiones sobre cosas y paisajes de nuestra tierra. Rafael Pérez Taylor publicó su drama *Un gesto,* representado recientemente en el Teatro Virginia Fábregas, y *Don Quieto* (Pacífico Redondo) coleccionó en un libro sus artículos *Por España,* publicados en la prensa metropolitana. Traducida por Carlos Docteur, la librería de Bouret imprimió la novela *L'Adjudant Benoit,* de Marcel Prévost, con el nombre de *Flaqueza de héroe:* una patética narración de la vida de un oficial francés en las trincheras de la Champagne, durante la gran guerra. Las piezas literarias que se dijeron en la reciente velada en homenaje al escultor francés Augusto Rodin (un poema de Enrique González Martínez y un discurso de Jesús Urueta, cuyo texto íntegro conocen ya los lectores de *Revista de Revistas)* fueron impresas en un folleto. Por último, acaba de publicarse *Mis dramas íntimos,* versos de Marcelino Dávalos, el conocido dramaturgo mexicano.

En filosofía solamente se registra el libro de Emilio Boutroux *El concepto de ley natural en la ciencia y la filosofía contemporáneas,* cuya versión al español se debe a Antonio Caso, el excelente maestro y expositor de doctrinas filosóficas.

La educación tiene buenos representantes en los libros del año. Aparecieron los cuatro tomos de la serie *Rosas de la infancia,* por María Enriqueta; los dos tomos que con el nombre de *Trabajo* escribió Benito Fentanes, para lecturas infantiles, y las *Memorias de una niña,* lecturas escolares por María Luisa Ross. Guillermo Gándara, muy conocido entre la gente de ciencia por sus trabajos sobre plantas mexicanas y por su acertada labor en la enseñanza de la botánica, publicó las *Plantas útiles mexicanas. Dónde se encuentran y para qué sirven,* libro en el cual se trata de remediar las deficiencias de la enseñanza de la botánica sistemática, por medio de un sistema dilemático para clasificar las familias fanerógamas mexicanas. Julio S. Hernández, el conocido profesor que ha escrito numerosísimas obras sobre enseñanza, ofrece *La sociología mexicana y la educación nacional,* obra en la cual se propone atacar los sistemas educativos en desacuerdo con la índole del pueblo mexicano, la desorganización de nuestras escuelas y señalar cuál es en su concepto, la preparación que necesitan nuestros educadores. Elisa Núñez produjo su *Teoría y práctica del Kindergarten,* en la cual examina y divide en nueve partes el sistema fröbeliano de juegos maternales, y reproduce los grabados de Fröbel y Unger, publicados en 1843. El último libro de educación salido de las prensas es el de *Fábulas en verso,* selección y notas de Enrique González Martínez; reproduce las mejores fábulas de escritores españoles y latinoamericanos, ilustradas lindamente por Antonio Gedovius.

La historia está representada con tres libros: *Vetusteces,* en que Luis González Obregón, el amenísimo cronista de nuestras cosas viejas, reunió numerosos artículos suyos sobre la vida colonial y episodios de la revolución de independencia. *Don Agustín Rivera y Sanromán,* folleto publicado bajo el patrocinio de la Academia Mexicana de la Historia y que contiene una biografía y una bibliografía del historiador jalisciense, escritas por Alfonso Toro y Juan B. Iguíniz, respectivamente, y *Francisco Javier Mina y Pedro Moreno,* monografía que acaba de publicar Antonio Rivera de la Torre, en ocasión del aniversario del fusilamiento de aquellos paladines de nuestra independencia.

En materia de jurisprudencia señalaremos cuatro obras: *Estudios sobre las pruebas en materia civil, mercantil y federal,* por Manuel Alarcón; *Ley sobre relaciones familiares, comentada y concordada con el Código Civil vigente en el Distrito Federal y leyes extranjeras,* por Eduardo Pallares; *Nociones de instrucción cívica ajustadas a la Constitución de 1917,* por Genaro García, y *Constitución política y demás leyes fundamentales de los Estados Unidos Mexicanos,* concordadas y anotadas por Trinidad García.

Deben mencionarse, también, entre los libros del año, el titulado *México y los Estados Unidos,* en que el ingeniero naval Miguel Rebolledo apunta muy interesantes observaciones sobre la preparación militar y la defensa territorial de México; el de J. D. Ramírez Garrido, sobre el *Porvenir de la América Latina;* el de Darío Rubio, *Los mexicanismos de la Real Academia Española,* en que expone con abundancia de pruebas los errores en que incurre la docta agrupación al atribuir a México algunas de las palabras que anota en su léxico; el de Enrique Santibáñez, *México y sus relaciones internacionales,* en el cual apunta algunas ideas sobre la organización de la Secretaría de Relaciones Exteriores; el folleto *Bancos de emisión,* de Eduardo Ramos, en donde a propósito de la creación de un banco de Estado en México se describe la organización de los bancos de Francia, Alemania, Rusia y Japón; *La apicultura moderna,* obra en la que J. de Boer, profesor de dicha materia en la Escuela de Agricultura, expone sus observaciones sobre la manera más conveniente de propagar la cría de las abejas en México y constituir con sus productos una industria lucrativa; un *Tratado de teneduría de libros y contabilidad,* por Emilio López, y dos libros de cocina: uno del reputado *maître* Pardo, y el otro de la señora Concepción O. Vda. de Rivera.

Sabemos de un solo libro médico: la *Guía de la enfermera,* del doctor Eduardo Lamicq, con abundantes grabados, lecciones para aprender a observar los síntomas de las enfermedades, administrar los medicamentos, clasificarlos según sus efectos, y reglas para su aplicación.

La Dirección General de las Bellas Artes publicó dos excelentes monografías: la de la catedral de México, con un breve y comprensivo estudio de Manuel Toussaint y reproducción de numerosas fotografías de Silva y Kahlo, y la de *El arte musical en México,* por Alba Herrera y Ogazón, obra indispensable para cuantos quieran enterarse de la historia de la música en nuestra patria.

La revista antológica *Cultura* ha publicado durante el año en curso magníficas selecciones de los mejores escritores nacionales y extranjeros. Entre las últimamente aparecidas mencionaremos los *Cartones de Madrid,* de Alfonso Reyes; los *Escritos y composiciones musicales,* de Manuel M. Ponce y Gustavo A. Campa, y *La literatura indígena mexicana,* seleccionada y comentada por Luis Castillo Ledón; los estudios de Francisco González Guerrero, Manuel Toussaint, Antonio Castro y Rafael Cabrera, que se encuentran en los folletos sobre Julio Herrera y Reissig, José Asunción Silva, Bernard Shaw y Marcel Schwob, respectivamente.

Mencionemos ahora los libros de autores mexicanos publicados en el extranjero: *El suicida,* ensayos de Alfonso Reyes; *Rubén Darío en México,* del mismo autor; *Memorias de fray Servando Teresa de Mier,* con una introducción de Alfonso Reyes; *La literatura mexicana en la guerra de independencia* y *La vida literaria en México,* por Luis G. Urbina; *Pitágoras,* por José Vasconcelos, y varias obras sobre política e historia, por Carlos Pereyra.

Los Ministerios de Fomento, Hacienda, Industria y Comercio y del Interior, publicaron también varios folletos sobre legislación y asuntos técnicos de la jurisdicción oficial. Una importante publicación de este género es el *Petróleo crudo como combustible,* de Eduardo M. Wilson.

La Constitución Mexicana en 1917 ha sido editada más de diez veces en el curso del año, en folletos oficiales, en opúsculos de propaganda y en los folletines de la prensa. La primera edición es de *El Universal,* la última de la librería de Bouret.

Por último diremos que la carestía y a veces la falta absoluta de papel apropiado ha suspendido la publicación de varios interesantes libros literarios, que seguramente aparecerán en el curso de 1918, como los poemas de Alfonso Reyes; *Animula vagula,* prosas de Mariano Silva; *El monismo estético,* ensayos de José Vasconcelos; *Bajo la luna y frente al sol,* versos de José Juan Tablada; *La hora del Ticiano,* versos de José de J. Núñez y Domínguez; *Cosas de México,* versos de Rafael López; una versión del *Cantar de los cantares,* de Luis Cabrera, y las obras primogénitas de varios escritores jóvenes: Julio Muñiz, Julio Jiménez Rueda y Martín Gómez Palacio.

[1917]

LEOPOLDO LUGONES

"POESÍAS" *

A Lugones, como a la mayor parte de los poetas sudamericanos –Rubén Darío es la excepción– apenas se le conoce en México. Se sabe de él muy poco por las revistas y mucho menos por los libros. Oiga bien esto el señor López Méndez, único proveedor conocido entre nosotros de los libros de la América Latina.

Y aquí cabe anotar este acierto de la revista antológica que divulga en México una selección del gran poeta argentino.

El estudio que precede a los poemas es de Antonio Castro; unas apostillas que ven y explican con rigurosa exactitud la obra poética de Lugones, y que para quien no ha recorrido ésta sino ligeramente o con insuficientes datos pueden servir como iniciación en la exégesis espiritual, profunda, complicada, extraña e inquietante del sutil lunático a quien tanto comenta y de quien tan desacertadamente se burla en voz baja la mayoría letrada pero incomprensiva, por esa exactitud ideológica y visual, que no alcanza, y que el poeta pone en todos sus giros insólitos y en sus hallazgos desacostumbrados. El breve estudio de Castro era necesario y es saludable para la difusión de la personalidad de Lugones.

Por unos días y con motivo de la aparición de este fascículo, se ha vuelto a insistir en la estética de Lugones, como tema de las conversaciones literarias, especialmente frecuentado desde que con la muerte de Darío el cetro de la poesía americana anda en vil subasta y en regocijada rebatiña. Cuando por primera vez se publicó en México algo de *Los crepúsculos del jardín* y del *Lunario* pareció surgir un acuerdo tácito en clasificar a Lugones como versificador raro o extravagante, o a lo más, personal. Todavía no se caía en la cuenta de sus parentescos espirituales, y se leía muy poco a Laforgue. La crítica hubiera llegado a señalarle una cédula con número clasificador.

Ahora ya es llegado el tiempo en que la gente comienza

* Leopoldo Lugones, *Poesías*. Estudio de Antonio Castro. México, Cvltvra, t.III, núm. 4, 1917.

a explicarse los *gatos a la valeriana,* por qué es materia poetizable el gendarme "con su paso de pendular mesura" y cómo encierran sugestiones exactas los ilusorios charcos de mercurio, la rentista que desborda en un balcón la esférica arroba de gelatina y el buho con ojos de caldo. Aunque todavía hay quien cree que la tersura verbal y la emoción estética sólo pueden realizarse prolongando hasta nuestros días el acordado son de las octavas reales o la urgente solicitud rimada con que desde el siglo XIX algunas personas vienen pidiendo la lira, desde Heredia hasta nuestros días, pasando por Zorrilla de San Martín, que quiso la más pesada y negra.

No, *ya no hay princesa que cantar;* pero aunque la hubiera, aunque Olga y Tatiana siguieran en Tzarcoezelo, la maestría de Lugones para aprehender la emoción que le sugieren todas las cosas que ve sería nuestro refugio para librarnos de tantas incursiones rimadas por los sitios que muchos se siguen forjando para nuestro tormento y engaño. ¿Habéis oído en nuestra lengua sones más patéticos, alusiones más sugestivas y palabras más adecuadas con temas más familiares, intuiciones más simples y voces más conocidas? Y, sin embargo, a pesar de que sabe ver mejor que los otros, como explicaba Maeterlinck del autor de *Las moralidades legendarias,* entre los que leen para oír los versos y los miran sin caer en la cuenta —¡oh, escoceses!— Lugones solamente nos dice asuntos triviales en frases corrientes pero enrevesadas. Es que los asuntos sencillos suelen mezclarse y confundirse con los vulgares, y que los vulgares suelen desdeñarse y desperdiciarse como materia inutilizable. Recordad a Shelley: "La poesía descorre el velo de familiaridad que empeña el mundo sensible, y de esta suerte nos hace ver objetos familiares como si no fueran familiares."

Lugones es dueño de la visión directa, y esta facultad en él genialmente desarrollada la aplica a sus temas "interiores" y a sus temas "exteriores". Su paisaje tiene una fuerza evocadora y una sugestión incomparables; carecen muchas veces de la vaguedad, pero nunca de la fuerza precisa, que corresponde y coincide con lo que se ve, y se resuelve en maestría de expresión. Nada más verdadero que el verso

con un dedo pueril rayando el agua,

y si las palabras son el pensamiento y la emoción, como pensaba Pater, nunca un episodio de la naturaleza fue revelado tan justamente como en estos dos versos:

el cerro azul estaba fragante de romero
y en los profundos campos silbaba la perdiz.

Tal el poeta que, como observa Castro en su estudio, realiza en el vocablo más desabrido un resumen de intuiciones inagotables. Ahora se le discute apasionadamente; pero se le discute como a gran poeta, sin precedente en América.

[1917]

LA NUEVA LITERATURA CHILENA

Al poeta Núñez y Domínguez, fervoroso propagandista del acercamiento intelectual de la América Latina.

En realidad conocemos muy poco de la literatura de los pueblos americanos y este desconocimiento se extiende tanto a la gente de letras como a la masa semiletrada. Algunos literatos y *dilettanti* amigos nuestros se han echado al coleto todos los comentarios del conde Prozor sobre el teatro de Ibsen; los grandes libros orientales, con todos sus *Ramayanas, Harivanchas, Panchatantras* y *Kamasutras;* conocen al dedillo los *Reisebilder* de Heine; os hablan con rara habilidad del intrincado William Blake; os enumeran las innumerables ediciones de los *Rubáiyat* de Omar-Al-Kayan; se saben de memoria *Las guerras de las Galias,* y los *Diálogos* de Luis Vives y están enterados de que Amy Lowell y Robert Frost son los poetas de moda en los Estados Unidos. Me encanta esta dilección espiritual y siempre me encontrarán de su parte para preferir y glosar tales lecturas; pero quedamos, pues, en que la literatura de nuestros hermanos del Sur (hablo del Sur de América) nos es desconocida y la desestimamos, con excepción de unos tres o cuatro hombres ilustres que no quiero repetir aquí para no molestar con una enumeración que ya va siendo vulgar y empalagosa.

327

¿Habéis, por rareza, oído hablar por ahí de los poetas del Paraguay, de los historiadores del Brasil, de los filósofos peruanos o de los críticos del Ecuador? Es verdad que entre la literatura europea o la asiática y la latinoamericana, la elección es rápida; pero, a pesar de todo, parece extraño que conozcamos más sobre Li-Tai-Pe que sobre Graça Aranha; es increíble que haya en México un solo ejemplar de *El cascabel del halcón*, del argentino Enrique Banchs, que es tan refinado como cualquier Aloysius Bertrand que nosotros guardamos como oro en paño y lo disputamos a los libreros, a cualquier precio.

Ya se olvidaron Rafael Obligado y Calixto Oyuela, José Martí y Ricardo Palma, Bello y Pombo, Montalvo y Mitre; ahora dejemos en paz un momento, que ya tienen encima una buena carga de gloria y homenaje, a Darío, Silva, Valencia y Rodó; dejemos un poco en paz toda la literatura de los cisnes, los nocturnos y los camellos, y vengamos a los que siguen, que algunos traen un magnífico mensaje de belleza que es justo reconocer y aplaudir.

De la literatura chilena conocemos tan poco como de las más exóticas; apenas si han llegado débilmente a nosotros algunos nombres aislados: Francisco Contreras, Diego Dublé Urrutia y Manuel Magallanes Moure, en revistas y alusiones, casi nunca en libros.

Muy pronto hará dos años que llegó a México, quizás extraviado en las valijas del correo, un ejemplar, uno solo, de una revista magníficamente impresa que tenía el extraño rótulo de *Los Diez*. Allí, en los mostradores un poco polvorientos de la librería de los hermanos Porrúa, permaneció la revista esperando una mano –como el arpa de Bécquer–, una mano que le arrancara la fajilla y la violara con la plegadera. Por fin la revista fue abierta y a los pocos días, como es de rigor en nuestro familiar mundillo literario, pasaba de unas manos a otras y daba la vuelta al ruedo de los plumíferos, entre un caluroso coro de alabanzas. Aquel periódico fue la revelación de un fuerte movimiento artístico, lleno de vigor, de juventud y de talento, que realizan en Chile algunos escritores. Es decir, estamos tan despegados de todo lo que más cercanamente nos afecta, que sólo una casualidad o un descuido del correo pudieron mover un poco nuestra atención al excelente grupo de los literatos chilenos. Ahora tenemos vagas noticias de que en Brasil hay un movimiento intelectual de alta importancia; ¿pero es necesario esperar algún tiempo, quizás una semana, quizás diez años, para que una nueva casualidad nos diga qué clase de movimiento es ese que distinguimos como el polvo de una nebulosa? Si esto es indiferencia, debemos remediarla inmediatamente y no quejarnos más de que la literatura mexicana no sea suficientemente conocida en América; si esto es desvío, ¿qué diríamos si supiéramos que en los paises del Sur alguien comentara nuestros mejores libros con la malevolencia de una sonrisa despreocupada? Una *entente* cordial literaria entre los pueblos de este continente haría mucho más que todos los discursos que se pronuncian cada 12 de octubre.

La revista *Los Diez* nos reveló, entre otras cosas, que en Santiago existía un grupo literario cuya bandera es ésta: estudiar, trabajar. El único programa, a fe mía, aceptable para las gentes de letras que no quieren medrar entre la pereza y la murmuración inherentes al oficio. *Los Diez* publicaron su revista alternada con libros de Ernesto A. Guzmán, Pedro Prado, Manuel Magallanes, Ángel Cruchaga, Alberto Ried, Víctor Domingo Silva, Augusto Thomson, Rafael Maluenda, Federico Gana, Armando Donoso y Eduardo Barrios. La empresa fue breve. Una de esas empresas de las que en México se proyectan y mueren por docenas, cada año; pero establecieron y fomentaron en Chile todo lo mejor que de ella pudiera esperarse; difusión de nuevos conocimientos artísticos, introducción de las formas literarias en boga, como el ensayo y el poema en prosa, conocimiento directo de las fuentes estéticas, penetración en los estudios críticos, desligamiento de los errores tradicionales en las letras, antiacademismo y personalidad. ¿Qué más se puede pedir a un grupo tan bien intencionado?

Llegaron también las cartas, un medio que cuando no se usa para molestar y pedir autógrafos, dedicatorias y prólogos, es excelente ponderador de muchos valores estéticos y difunde un íntimo conocimiento de los hombres y sus producciones. Uno de ellos, Ernesto A. Guzmán, hizo algo más: publicó en Buenos Aires un ligero estudio sobre algunos poetas mexicanos, revelador del interés que rápidamente despertaron, en el Sur, nuestros escritores.

La juventud chilena, pero no la que se lanza al público desde las mesas de las cantinas ni la que disputa flores *naturales*, sino la otra, la que se oculta en los cuartos de estudio o se afana en los bancos de las universidades, es la autora de este vigoroso movimiento de renovación que ahora comenzamos a conocer, sorprendidos. Es la misma que en la Argentina produce a Arturo Capdevila, a Enrique Banchs y a Fernández Moreno, confundidos todavía en la masa luciente que destella el magnífico Lugones.

La nueva literatura chilena, la que ahora florece en próvidas cosechas, se inicia con el paso de Rubén Darío por el país meridional y tuvo sus primeras manifestaciones en Diego Dublé Urrutia, Eduardo de la Barra y Julio Vicuña Cifuentes. Dublé Urrutia y Pedro Antonio González compartían la corona y en torno de ellos se agrupaban los nuevos. Surgieron extraños movimientos de rebeldía a los cánones que entonces llegaban de España; Manuel Magallanes Moure desentrañaba desusados sones de la lira y, de pronto, Francisco Contreras imponía la moda francesa con su tomo de *Esmaltines* que abrieron de asombro a muchos ojos y de protesta a muchas bocas. Publicó un manifiesto (entonces los manifiestos menudeaban) en donde pedía el libre desarrollo del espíritu creador, y a poco, desde París, lanzaba su *Toisón*, que la crítica de aquel tiempo acogió con agrado. Por entonces surgieron Antonio Bórquez Solar, Miguel Luis Rocuant, Víctor Domingo Silva, Carlos Pezoa Véliz y otros muchos. Floreció la novela, el cuento tuvo excelentes cultivadores y hubo también un momento en que la literatura chilena parecía estrecharse a un nacionalismo un poco desdeñoso.

Pero vinieron los últimos, el arte no reconoció fronteras y diéronse todos a la labor voluntaria y libre, y entonces las letras hiciéronse más personales y vigorosas. Naturalmente, la influencia de Rubén Darío, palpable en América y España, no podía faltar en Chile y se publicaron versos en donde el espíritu del gran poeta se reproducía más o menos fielmente. Aparecieron Carlos Mondaca, Alberto Ried, Jorge Hübner y Daniel de la Vega. La literatura no fue ya un ocio sino la noble tarea del arte unida a la grave sabiduría de un oficio. Huyeron los versos de álbum y de festivales patrióticos; desapareció el

catulmendismo "pour rire"; se acabaron las novelas de concurso
con temas forzados y los escritores se dieron cuenta de que sus
aficiones, sin el auxilio de los estudios constantes y de las disciplinas estéticas, serían inútiles devaneos de los cuales no saldría nunca la voz de Apolo.

Hay en Santiago de Chile tres poetas que –pienso– son los
que llevan la nueva bandera, quizás desdeñados por el inevitable grupo de los que se quedaron en las posadas del despecho
y de la impotencia, sin fuerzas para continuar el camino o sin
capacidad para adaptarse a las innovaciones. Los prefieren los
jóvenes y ellos lanzan impetuosamente al mundo la carga preciosa de sus pensamientos emocionados y de sus cantos matinales. Estos tres poetas se llaman Pedro Prado, Ernesto A. Guzmán y Lucila Godoy, y los tres, como influenciados por su
similitud espiritual, se parecen asombrosamente en la realización verbal y en el vigor que emana de todos sus escritos.
Gustan los tres del verso sin arquitectura aparente, ese que
suena con las voces estrictas de lo natural y que se mueve con
los movimientos justos de las criaturas de Dios, con una indo-
lencia y un desenfado encantadores. Muy lejos de ellos están
aquellos romances que golpean con la regularidad de un péndulo; atrás se quedaron aquellas décimas que tocaban, como
en un "orquestrión" todos los instrumentos y aquellas octavas en
donde los poetas prendían, como en una cucaña, todos los ar-
tificios de la retórica, todos los recovecos de la semántica, en
un ruido indescifrable de pájaros cantores, rumores de las sel-
vas, tumbos del mar, huracanes, auroras, féretros, cartas de
amor y toda la guardarropía retórica ahora en descrédito.

Son los suyos, casi siempre, versos sin rima, premeditada-
mente rudos, sin unidad en las estrofas, sin aliño musical; pero
no groseros, no toscos, no disonantes, sino que os producen
una indefinible sensación de que los poetas os dicen cosas trascendentales con palabras sencillas; de que la mentira y el artificio no pueden asomar en donde la boca está diciendo lo que le
dicta el corazón con latidos rotundos. Sentís, leyendo esos
poemas, que es un espíritu lleno de robusta emotividad el que
se os presenta; que es la sangre caliente la que mueve ese espíritu o que la mano franca de un hombre justo estrecha la vuestra en apretado movimiento de sinceridad. Aun podría asegu-

raros que por momentos se pierde el sentido de la literatura y ya no se piensa en que lo que se lee está en verso. La ausencia de la rima, total en los versos de Guzmán, desconcierta un poco pero no disgusta porque, como en el pensamiento del gran cisne lírico, "la música es sólo de la idea, muchas veces".

De los tres, Pedro Prado tiene más variados aspectos. Escribe versos, ensayos, parábolas, poemas en prosa, toda esa modalidad delicada y sutil, breve y sustanciosa, en que Heine fue maestro incomparable. Tiene, además, una extraña novela, *La reina de Rapa Nui*, hecha con asuntos y materiales de la tierra chilena; una novela algo fantástica que os produce una exquisita sensación de exotismo.

Los primeros versos de Ernesto Guzmán fueron recibidos con una verdadera alharaca. Una alharaca de protesta, de descontento, de murmuraciones y también de envidias. Surgieron inmediatamente los discípulos del señor Pérez-y-Curis. Algunos entendían vagamente, otros sólo escuchaban un ruido insoportable y preguntaban: ¿Desde cuándo se llama poesía a la prosa vil? Pero Guzmán se impuso con la misma naturalidad que la aparición de los delegados del señor Pérez-y-Curis y ahora se le discuten algunas nimiedades, pero se le acepta como a uno de los mejores poetas de su tierra.

¿Quién ha oído hablar por ahí de Lucila Godoy? Lucila Godoy es una modesta mujer que enseña las primeras letras en una escuela de la cordillera, precisamente en un pueblecito que se llama Los Andes. Ahora ha marchado a un pueblo más meridional, cerca de la Tierra del Fuego, en donde continuará la dura labor del maestro. Pero en sus ratos de ocio escribe poemas, de los cuales unos cuantos, muy pocos, han llegado a México, los suficientes para conocer todo el valor de la poetisa. Es muy difícil creer que los suyos son versos de una mujer, porque tienen un vigor tan hondo, que parecen escaparse con los latidos del corazón del mundo. Y a la vez son ingenuos y tristes como el balido de una oveja, o candorosos como la risa de un niño; de una música un poco bárbara, que canta los afectos sencillos y las emociones puras con la voz de los pájaros, o el rumor de las hojas en los árboles, o el ruido del agua en las olas. ¿Podría asegurar que Lucila Godoy es el primer poeta de Chile? Puede ser; pero la verdad es que en sus versos hay tan alta emoción y voces tan humanas y que a veces realiza tan vigorosamente el espíritu de las pequeñas tragedias de la vida, que sin querer se piensa que el arte de esta rara mujer tiene evidentes simpatías y signos de inteligencia con aquellos otros tan admirables de las Lucie Delarue-Mardrus, y las Hélène Vecaresco. Sus primeros versos que conoce el público son ya de una asombrosa perfección; parecen el producto de una larga obra pacientemente moldeada y devastada de todo intelectualismo. Esta insigne artista es más conocida con el bello nombre de Gabriela Mistral.

[1919]

UN "RARO" DE LA LITERATURA AMERICANA*

Cuando André Gide manifestaba en su conferencia *De la importancia del público* que nuestra época quiere más inteligencia, decía una verdad que, por fortuna, va siendo entendida por los artistas de América. Si el arte es cosa inmanente y unánime, su realización es mudable, varia y ondulante como el hombre de Montaigne. Pasan rápidos los tiempos y, por más que los grandes hombres permanezcan en la eternidad, no se concebiría su resurrección en la época de ahora. En las letras, como en el Libro de la Sabiduría, hay tiempo de todo: de humanidad, de fantasía, de realidad, de pasión y de indiferencia; tiempo de creación y de imitación; de desenfado y de estudio. Ahora, en nuestra época, queremos más inteligencia; y en la inteligencia, como es natural, caben sus atributos más próximos y más lejanos: la profundidad y el dilettantismo; la percepción aguda; la sonrisa que comprende o que condena; el troglodita de las bibliotecas y el mental bolsheviki a quien los hombres del mundo huyen como demonio y los ángeles de Jesús le hacen signos acordes.

En la literatura continental de los latinos de América, Rubén Darío es el hombre de su tiempo. Su "mayor inteligencia" se

---

* Sobre el libro *Un día*, de José Juan Tablada.

refleja en su vasta obra, con todos esos elementos que son la gracia plástica, el vuelo gallardo de sus versos; el sentido elegante de las cosas, y en todo, un refinamiento y un decoro de que sólo saben adueñarse ciertos espíritus de selección. El arte inteligente no es el arte absoluto, ni marca los cien grados del genio, que decía Hugo; pero requiere cierto conocimiento de la hora del mundo, cierta virtud de atrapar el sentido exquisito y raro de las cosas.

Convengamos en que esa virtud existe en potencia y en manifestaciones de una admirable lucidez literaria en selectos grupos de literatos de México, de Argentina, de Chile; nombres escasos, ciertamente, pero que reivindican lo que la pereza y la incultura de los demás tiene abatido. ¡Ah!, en América estamos descubriendo mediterráneos todos los días; pero convengamos, para consuelo nuestro, en que los europeos todavía no descubren nuestro continente. Demasiado conocida –dice Gonzalo Zaldumbide en excelente y desconocido ensayo– es la ansiedad del que en América aspira a la superioridad de una auténtica cultura... y sabido es que en el medio, denso de opacas ignorancias, repercuten tardadamente las ideas, que llegan ya atrasadas.

No íbamos a ser nosotros los afortunados a quedar libres de esto que en las ideas del artista ecuatoriano parece exagerado pesimismo, y en México, como en los países del mediodía americano, florecen y se expanden las peores opiniones estéticas al lado de productos superiores que pueden colocarnos a la cabeza de la literatura continental.

José Juan Tablada es de los que oyeron la voz divina y supieron comprender. Su arte, desde la iniciación del poeta en la vida de las letras, fue siempre acorde con el momento del corazón del mundo. Alejado un poco de la literatura durante algunos años, un joven y ya distinguido escritor le reprochó pecados de inercia literaria; pero Tablada, cuyo cerebro no ha cesado en realidad de ebullir un momento ante todos los problemas y las novedades de la estética, en poco tiempo volvió a renovar sus triunfos y levantó al viento la bandera de su arte gallardísimo. Ya lo sabía yo: no podía ser que este espíritu siempre alerta dejara pasar de largo, indiferente y desamorado, las nuevas ideas y los triunfos nuevos. Su percepción, su conocimiento de las mil artes menores con que adorna y exalta su arte mayor eran garantía de encontrarlo siempre en la fila de los inteligentes de América, en la misma en donde lucen ahora Vasconcelos y Torri, Banchs y Fernández Moreno. Tablada –me decía hace poco, desde Europa, un gran amigo mío– se ha olido lo que pasa en el mundo. ¡Ay!, ¿cómo demoler el campanario a que se arriman tantos artistas potenciales para quienes sólo existe el pobre límite geográfico, en donde se albergan las musas que nada saben de la palpitación universal? Sí, Tablada se ha olido lo que pasa en el mundo y le son conocidas las cosas que nacionales Colones todavía no sueñan en descubrir. Yo no sé si le interesan de verdad las ideografías de Reverdy, las impuntuaciones de Huidobro, los poemas tipográficos de Apollinaire, los raptos líricos de los muchachos que encabeza Cansinos; pero él ha querido conocer todos los "últimos gritos" de la moda y ejecutarlos con un desenfado elegante y exquisito, como quien nada teme y conoce la fuerza de su espíritu para transitar sin peligros –antes lleno de confianza– por todos los caminos.

Ya en otro libro anterior –*Al sol y bajo la luna*– se encontrarán sus nuevas maneras de ejecución en más de seis poemas, y ahora, en *Un día,* hallaréis visibles sus capacidades de renovación y su sed de novedad. La expresión lírica es indefectible y la síntesis es perfecta. ¿Es un mérito la brevedad?, preguntaba Amado Nervo en una de sus prosas. Es un mérito si realiza bellamente la síntesis, digo. Es un mérito si la brevedad está en Salomón y San Mateo, si la suscriben Rénard en sus *nouvelles,* Baudelaire en sus poemas en prosa, Bertrand en sus fantasías, Heine en sus baladas, Uhland en sus leyendas, Gide en la filosofía de sus *Nourritures,* Lamb en su *humour.* Es un mérito en los poemas de Torri y en *Un día* de Tablada.

En este breve libro, Tablada es el viejo conocedor de las artes suntuarias, el amante del exotismo, el artífice de las más raras joyas. Son poemas de tres versos, a veces asonantes, a veces arrítmicos, en realidad libres o arbitrarios y siempre precisos, sugerentes y plenamente realizados; son la mejor réplica a la menguada doctrina de George Drapper que ha dicho que el ritmo –el ritmo del péndulo– es requisito elemental de la poesía y su necesidad biológica, y se prende de la camisa de Aristóteles que creía que el ritmo es una necesidad cósmica, sin pensar, naturalmente, en lo que iba a suceder después de veinticuatro siglos.

No puede pedirse más ajustada sencillez, ni más fácil suges-tión que ésta de "El cámbulo":

> El cámbulo,
> con las mil llamas de sus flores
> es un gigante lampadario.

O esta del pavo real:

> Pavo real, largo fulgor,
> por el gallinero demócrata
> pasas como una procesión.

Lo cual es exacto y en menos líneas de las que empleamos para comentarlo sugiere visión plástica y excelente *humour*.

El libro de Tablada es evidentemente intelectual; pero de esos que no solamente se pueden hacer a base de lecturas se-lectas, sino a condición de llevar adentro el inquieto demonio que se complace en visitar el cerebro de los escogidos. Su vi-sión poética está vuelta ahora como un magnífico girasol, a la nueva luz que ilumina al mundo, y si hoy se prende sobre el minúsculo universo de *Un día* mañana irá a posarse sobre las grandes inquietudes de los hombres, que ya se anuncian doloro-sas y espléndidas.

[1919]

JULES RENARD

Jules Renard nació en Chalon-sur-Mayenne, Francia, el 22 de febrero de 1864, cuando su patria se hallaba empeñada en la expedición de México. Su infancia, dicen sus biógrafos, puede encontrarse en su obra maestra, *Poil de Carotte* y tuvo como teatro un pueblecito, el de Chitry-les-Mines, en donde el padre de Renard era contratista de obras públicas. Su periodo escolar transcurrió entre Nevers y París y poco después ganaba trabajosamente la vida como dependiente de empresas indus-triales y comerciales.

Su carrera de hombre de letras la inicia en 1883, como poeta, y poco después se le encuentra en los salones literarios, en las tertulias en donde terribles señoras exigen recitaciones y en los cenáculos que por entonces eran multitud. En 1886 publica su primer libro, un libro de poemas rotulado *Les Roses,* y dos años después hace coincidir su matrimonio con la aparición de *Crime de Village,* su segunda obra, en donde coleccionó algunas novelas cortas. A partir del 90 el *Mercure de France* es la tribuna de la reputación de Renard; se le comenta y se le discute; entabla relaciones con los más grandes artistas de Francia y, a su vez, organiza sus tertulias de literatos. Después de este periodo en que los artistas buscan acomodarse al ambiente de su época y han entrado francamente al templo de las consagraciones, recibida la cruz de la Legión de Honor y un asiento en la Academia Goncourt, el trabajo de Renard se regulariza, se reglamenta y empieza el oficio del artesano. Su nombre se hace habitual en las mejores revistas, sus libros son esperados ya por el público definitivamente convencido.

En 1904 se le elige alcalde de Chitry-les-Mines y Renard acepta su nuevo papel, literariamente. El funcionario no se preocupa demasiado por los caminos vecinales, ni turban sus sueños el alumbrado público ni el tanto por ciento municipal. Dedícase a las conferencias y allá va, de pueblo en pueblo, de comuna en comuna, a decir algunas palabras sobre los más variados temas: preocúpanle Molière y Victor Hugo; la sordidez de los ricos y la hipocresía cural. "Su ideal –dice un crítico– fue sólo eclógico: el de un Alcestes ermitaño y radicalmente socialista que alabara al Señor en la flor y en el ave." Un periódico parisiense lo clasificaba en el Jules Renard de invierno y en el Jules Renard de verano: el de invierno es el que iba a París a escribir sus libros y hablar de todo un poco con la naturalidad del que sabe de lo que habla y el de verano el que iba a arrancar al campo sus *Histoires Naturelles* y a inculcar a los campesinos una democracia fundamentalmente cristiana.

Hace algunos años tropecé en alguna revista con el retrato de Jules Renard. Desde luego llamaron mi atención sus diminutos ojos vivaces y el aspecto general de su rostro, que lo hacían semejante a un ratoncillo. Tratábase, seguramente, de un hombre dotado de gran poder escrutador. No en vano Valloton, en el famoso *Livre des Masques,* habíale dibujado en la cara aquellos dos puntos penetrantes. Confirmé mi impresión cuando leí por primera vez las "cosas" de Renard. Eran pequeños apuntes, minúsculos rasgueos, puntas secas de una parvedad increíble, observaciones apenas moduladas, miniaturas de dibujante; pero precisas; pero hondas; pero completas; pero casi siempre punzantes y no pocas veces feroces.

Su ironía, grácil y concisa, recordábame frecuentemente a la de Heine, un Heine más dulce y más cercano a la divinidad de las cosas. Entre los cuatro o cinco escritores de este siglo que la posteridad acogerá –dice un comentarista– ¿pueden citarse dos o tres que lo igualen? Yo no encuentro en las obras de Renard el olor de eternidad de las grandes obras maestras, pero sí hallo en sus páginas la calidad de perfección que es tan rara aun en los libros llamados "de aliento" y de vasta popularidad. Habrá quien prefiera los grandes lienzos murales, los frescos incomparables y gigantescos; pero sin duda que un sentimiento delicado y en tono menor puede encontrar la belleza, cuan profunda es, en las breves miniaturas de este escritor incomparable y ya largamente imitado.

Se habla de su vida como de una condición inseparable para juzgar de sus obras; se las cita a aquélla y a éstas como modelo de unidad; y aunque la vida del escritor fue generalmente sencilla y bella, su reflejo no es necesario a la obra y ésta puede presentarse, sin otros antecedentes, como una de las grandes realizaciones de la literatura contemporánea.

Jules Renard es conocido en América casi por una sola de sus obras, *Poil de Carotte,* que se reputa por la maestra. ¿Quién no la ha visto representar en el teatro o leído en la novela, de la cual recientemente publicó una traducción Enrique Díez–Canedo? Libro doliente e irónico a la vez, en el que la alegría de la acción suele mezclarse con la ruda íntima tragedia de un niño sin fortuna; lo vulgar cotidiano bellamente ennoblecido por lo humano trágico; la breve historia infantil sabiamente desarrollada en un mundo de pequeñas pasioncillas domésticas, entre los perros y las gallinas, y el ambiente de la escuela en donde a veces el autor supo encontrar situaciones admirables que sólo pudo descubrir una visión clara, *l'oeil clair,* como él mismo se expone en el título de uno de sus libros.

También su novela *L'Écornifleur,* exposición de caracteres, sobria y punzante; su *Lanterne Sourde,* de cuentos cortos que a veces son verdaderos ensayos; su *Vigneron dans sa Vigne,* donde están sus más admirables *nouvelles* y sus *Histoires Naturelles* diéronle larga fama. Remy de Gourmont encuentra en ellas maravillas de la literatura. Pero la literatura no se encuentra en este libro, o bien su técnica, ajustada a la más pura visión de las cosas, la oculta rigurosamente, o bien este pequeño universo de animales y de plantas es sólo historia natural hecha de literatura y de ingenio.* René Boisleve encuentra en las *Histoires* palabras asombrosas y epítetos geniales. Sus personajes no han sido escogidos entre los deslumbrantes y legendarios de la mitología. Si halláis al toro es en su aspecto campesino y utilitario; los caballos no surgen de los áticos, sino de las cuadras en donde trasciende la avena; las abejas no fueron desprendidas de la heráldica ni transportadas de Grecia, sino que rumorean en el panal que pende del árbol junto al río; Pan no hace danzar los chivos, pero los chivos transitan por el caserío y se alzan sobre las patas traseras para leer los carteles del alcalde; no croan las ranas en las fábulas magistrales, pero rebullen en los charcos campesinos y saltan entre la yerba como pesadas gotas de aceite frito; la gallina es simplemente una gallina. En este libro como en los demás, pero principalmente en este libro, Renard escribió fuera de las ideas; pero muy adentro de la vida y siempre usando de la expresión directa de la palabra insustituible y de la visión nítida.

No incluimos en esta selección que hoy aparece en *Cvltvra* sino aquellas obras que al ofrecerse fragmentariamente no sufren en su unidad, porque están formadas por capítulos que no se relacionan o que lejanamente tienen cohesión. Por esto no figuran aquí *Poil de Carotte* (ni era indispensable traducirla en fragmentos porque de sobra es conocida íntegramente), ni la admirable novela *L'Écornifleur,* que es indebido mostrar en retazos. Pero están los cuatro ases de la otra baraja de Renard: *La Lanterne Sourde, Le Vigneron dans sa Vigne, Coquecigrues* y las *Histoires Naturelles.*

* El pastiche de Renard, que con el nombre de *Zoología pintoresca* publicó el señor Hernández Catá, es indigno de la literatura española. Este género de imitaciones requiere grande ingenio y no tamaña incomprensión. El señor Catá escribió algo que es verdaderamente zoológico.

Este hombre único que interpretó maravillosamente la vida sin complicaciones nutre ahora con sus huesos, en un cementerio aldeano, las raíces de los árboles con los cuales un día quiso emparentar.

[1920]

PRÓLOGO A "REMANSO DE SILENCIO"

Remanso de silencio es el nuevo libro de versos de Joaquín Ramírez Cabañas. Remanso de silencio, rincón amable de paz, sedante retiro, dulce telar de ensueños, canción con sordina, dolor melancólico y apacible que va soltando el chorrito de su queja; todo eso es la poesía de este hombre de aspecto huraño y de corazón acogedor –empero– a la bondad que hace clara la vida y presta fáciles emociones para dar un sentido poético a las cosas.

Este cantor que así va diciendo su celeste mensaje en el turbión de la existencia; este delicado observador del espíritu que prende alas a los momentos amargos, no es el lánguido morboso adolescente que habla por imitación de dolores no sabidos y de concupiscencias que no ha vivido; no es el zurcidor de acuarelas y fantasías de un valor plástico descolorido, sin asomos de espiritual calidad; no ensaya en la rima descoyuntamientos de novedad más pasajera que el aire; es, sin duda, un poeta atormentado que sabe contener los ímpetus del drama y disolverlos en canción acendrada y en delicada mesura.

El que siempre fue un luchador denodado; el que a brazo partido pugna en los campos de la actividad febril; el incansable periodista, desdeñoso de la lasitud burocrática, siempre en el yunque voraz del diario matinal que desvela, siempre atento a la noticia premiosa que no espera, es el poeta que sabe desvestirse de sus arreos de lucha y entrar sereno, desnudo de extrañas actividades y de prejuicios momentáneos, a la pura región del sentido y al limpio cielo asaeteado por las "torres de Dios".

Joaquín Ramírez Cabañas es un poeta difícil a las influencias; no ha sido tentado ni siquiera por ese alejandrinismo tamborileante y vacío que sólo ha servido para desconcertar principiantes, en los últimos años, y para perder vocaciones que pudieron cuajar en sospechadas realidades. Notad su manera, muy insistente, de no perder su pensamiento en la música solamente verbal y de defender sus ideas, aunque padezca la rima tradicional. El verso no se detiene por razones de sincronía, ni busca en simétricos giros producir aires vulgares; pero no por eso es descompuesto ni quiere sorprender con posturas imprevistas. Lo imprevisto como "manera" está mandado retirar de la circulación estética. Lejos de eso, Ramírez Cabañas se complace en reducir –*multum in parvo*– su mundo espiritual y los materiales del artesano. Desdeña el arsenal complicado y, como los artífices de la buena época, casi no tiene más instrumentos que sus propias manos. Lejos quedan los poetas de "La sirena" y el estruendo de Soffici. Se complace en decir llanamente su canción profunda y en acomodarse a los clásicos sencillos escenarios, y en ellos lanza sus quejas, exalta sus alegrías, goza de sus bienes y llora sus tristezas, siempre de abajo para arriba, siempre en exaltación, clavando al cielo las largas flechas de sus canciones, como los alarifes góticos dirigían a las nubes las puntas de sus poemas de piedra.

Todo esto y algo más hallaréis en este *Remanso de silencio*. Algo más: compostura literaria, actitud respetuosa del arte. Es consolador encontrar, en esta balumba de frescura y despreocupación, en este borbollar de versos malos, de ripiosos audaces y de simulación indescriptible, con que a diario tropezamos por ahí, en las hojas de los periódicos y en las veladas de beneficencia, un artista consciente –por modesto que aparezca– que no usa ni abusa de la posibilidad de irritar las orejas con ridículos devaneos rimados, con malabarismos tramposos, sino que recatado desde la grata penumbra que él mismo ha buscado con un orgullo sin petulancia y con un gesto entre humilde y desdeñoso, cuida de su huerto con virtuosa calma y de tarde en tarde, sin la precipitación fenicia de los editores, muestra a los ojos de la gente su pequeña y escogida cosecha.

Leed estos poemas bajo el tibio fulgor de la lámpara familiar, en vuestro rincón habitual del jardín, en la íntima butaca del estudio; pero lejos de la garrulería de los modistos profe-

341

sionales y de las agresivas posturas de los galafates de la literatura. Sentiréis la suave inundación de la vida buena como el pan.

[1922]

LA REVOLUCIÓN SUPRARREALISTA *

¿Pero es una revolución? Una revolución la hacen contenidos esfuerzos cuando, ya desatados, se dan a formar un nuevo estado. Una revolución es la resolución violenta de un ideal. Una revolución, añadamos todavía, es la caída de un sistema para erigir un nuevo sistema.

Y aquí, en ésta, nada se ha conmovido; ni siquiera los sectarios se revuelven airados contra los conocidos regímenes literarios y filosóficos; ni siquiera se escucha el rugir del futurista de hace quince años, que pedía la destrucción de todos los monumentos plásticos y mentales, para sustituir el sentido de la belleza tradicional por el de una locomotora a escape y desenfrenada. Después de la gran revolución de Baudelaire –cuyas profundas convulsiones no pasarán todavía en mucho tiempo–; después de la hazañosa asonada de Apollinaire, tan fecunda en movimientos de transformación, en ansias vitales, en verídica novedad, los estandartes sectarios pierden adeptos. Todo deviene en personalidad y en individualismo. Se sigue a las gentes; pero fracasan los programas. Esto es el fondo de la verdadera revolución literaria.

Han ocurrido escándalos para la policía: el ultraísmo termina su aventura en cualquier comisariato de Madrid; el unanimismo no encuentra imitadores más allá del Bulmich; los dadás se dan a los diablos cuando ven que les ha fallado la trascendencia.

Ahora sigue el suprarrealismo: *La revolution surréaliste,* como la llaman André Breton, el *dux* del movimiento, y Pierre Naville y Benjamin Péret, sus publicistas. Os desconcertaréis un poco si queréis iniciaros: los *cahiers* explicativos

* *El Universal,* marzo 4 de 1925, p. 3.

son, desde luego, desconcertantes. Un anuncio dice: "Estamos en vísperas de una revolución. (Sigue el grabado de una trucha con el rótulo *Suprarealisme*.) Podéis participar. La Oficina Central de Investigaciones Suprarrealistas, 15, Calle de Grenelle, París, está abierta todos los días, de las 4:30 a las 6:30."

El suprarrealismo –dicen los suprarrealistas militantes, saliéndonos al encuentro– no es la exposición de una doctrina. ¿Será, entonces, una doctrina cuyo sentido no es dable, todavía, revelar? Luego os anuncian que ciertas ideas que por ahora le sirven de puntos de apoyo no permiten, en absoluto, prejuzgar de su desarrollo ulterior.

Quieren los autores de esta nueva teoría literaria –llamémosla así respetando su propia voluntad que todavía está en espera de realizaciones– que el ensueño, el producto del sueño, sea la pura fuente de la obra literaria. No de otro modo, hace largos siglos, han pensado, bajo diversas advocaciones, millares de poetas, imaginistas de todos los nombres. El ensueño del suprarrealismo comprende a todos: al del sueño, al del opio, al del éter, al del desmayo. Todos, proclama, producen la excelsa obra de arte. El suprarrealismo, como oficio, usa de sus procedimientos: la escritura automática y la transcripción inmediata, en forma literaria, del estado subconsciente.

Ya James Joyce, sin ser de la banda, ha logrado mejores resultados con procedimientos no iguales, pero semejantes; su despertar del sueño tiene páginas de una realidad mucho más original que la irrealidad entrevista por los suprarrealistas. Y es que Joyce, en su procedimiento, parte efectivamente de la suprarrealidad, mientras que los suprarrealistas de "escuela" trabajan, aunque no lo adviertan, en la infrarrealidad, es decir, con los materiales del sueño.

Los ensayos –en el fondo sólo influencia freudiana– tienen la desmaña y la curiosidad infantil, primitivismo analítico como se llegará a decir por ahí, abusando, por la enésima vez, de la tendencia de confundir lo "primitivo" con la inhabilidad.

El niño que hace química a la diabla arroja en una botella los elementos más incongruentes, improvisa ebulliciones, obtiene increíbles precipitados, incógnitas iridiscencias. A veces la mezcla ebulle más de la cuenta y el experimento termina en explosión. El químico sonríe al "primitivismo"; pero también puede ser que el poeta sonría triunfante al resultado "suprarrealista".

La "Oficina" os dará algunas cábalas para iniciaros. ¡Cuidado con llamarlas recetas, porque eso os haría sospechosos de mala fe! En toda revolución literaria debe ocultarse cuidadosamente la palabra "reglas". ¡No hay reglas, hay que acabar con las fórmulas, oh, amigo Horacio, risueño siempre a través de todas las palabras! Se coge el papel –o la botella–, y ahí se van poniendo ideas, cosas, recuerdos, sobresaltos, humorismo, a veces con régimen de sustantivo y verbo, a veces tergiversando la construcción; no importa que el pronombre relativo concuerde con su antecedente repetido; se puede encajar una evocación anamita con el sonido XIII, luego una tirada arcaizante y al fin, si la explosión no sobreviene –que no sobrevendrá–, se puede añadir cal hidráulica con ordenanza de aduanas.

Vivimos todavía –dice Breton en su *Manifiesto,* que es la Biblia del suprarrealismo– bajo el reinado de la lógica. Y pide, casi con la misma fe de los hombres de ciencia que se duelen de que todavía no pueda utilizarse la energía solar, que no haya más desperdicio de la energía subconsciente del sueño. Estos intérpretes de las teorías de Freud quieren captar, bajo la pluma de la literatura, lo que la industria, tratándose del calor del sol, pretende para ella. Hay, dicen, un desperdicio que no tiene razón de ser: el de las vagas imágenes, el de las vaporosas ideas, el de las nebulosas construcciones del ensueño.

La Oficina Central de Investigaciones Suprarrealistas es el laboratorio de donde ha de surgir la nueva belleza. Por ahora –lo proclaman los profetas del nuevo arte– hay que esperar todavía.

Esperemos, pues, mientras que una nueva oficina de *recherches* nos anuncie todo lo contrario. Desde luego hay material para algún tiempo y los editores pueden preparar una docena de fajillas con el atractivo rótulo de "Acaba de aparecer". No es, por desgracia, todavía, una revolución este pacífico episodio.

"LOS ÚLTIMOS PÁJAROS" DE LUIS G. URBINA *

EL ÚLTIMO ROMÁNTICO DE LAS LETRAS MEXICANAS

Sr. D. Jenaro Estrada.
México.

Mi querido amigo:

Hace cuatro meses me permití enviar a usted una carta y un ejemplar de mi libro *Luces de España*. Ignoro si llegaron a sus manos. Sospecho que sí, porque los envíos fueron certificados.

Ahora le mando, con esta fecha, *Los últimos pájaros*. Mi lírica de los aleteos finales... en público; que lo que es en privado, volarán y cantarán, como de costumbre. La cabeza de un poeta viejo es siempre una pajarera. Seguiré, pues, teniendo la cabeza a pájaros.

No me atrevería a jurar, con las manos puestas en los Santos Evangelios, que abandono el verso y que el verso me ha abandonado. No; eso, no. Sin él, no tendría razón de ser este resto de vida que me queda.

Pero sí me he comprometido conmigo mismo a no publicar más versos. Un poco de reflexión me ha llevado, como de la mano, a este término. Disueno ya entre los nuevos ruiseñores. Mi canto, anticuado, no armoniza con la orquesta primaveral que oigo en torno mío. No me quejo. Natural es que los hombres de la generación anterior se pongan al margen de la generación que llega. Eso está muy bien. Sólo que un artista, cualquiera que sea su valer, debe buscar el momento de retirarse –no de huir– antes que los otros lo retiren.

Para *inter nos*, le diré que he comenzado a sentir las primeras ráfagas de la indiferencia. Es justísimo. Es que quizá no siento ni pienso como los recién llegados. Comienzo a percatarme de que soy un incomprensivo.

En esta situación no queda mal una afectuosa despedida. No deseo que, como a las tiples quintañonas, me silben las romanzas que me aplaudían en otro tiempo. Por lo demás, seguiré con vivo interés las nuevas y turbadoras formas artísticas. Hay en ellas un gran esfuerzo de renovación. Es la tarea incesante.

Ahora, mi verso se esconde acobardado y avergonzado. En adelante, únicamente aparecerá mi prosa, esta vil prosa del periodismo que aún tiene la virtud de dar de comer a los míos.

Perdone usted, mi querido Jenaro, este romántico desahogo, esta pueril explicación, y mande, como guste, a su viejecito y fiel amigo.

Luis G. Urbina

El Universal, 25 de febrero de 1925. p. 3.

Cuando Luisa Tetrazzini triunfaba en México y el viejo Teatro Arbeu se desplomaba en aplausos de un público entusiasmado por el delirio de Lucía de Lammermoor –esa Ofelia cursilona que dice su tormento entre *gruppetti,* trinos, *floriture* y cadencias que malabarizan en la escala y arrancan suspiros auténticos a las señoras sentimentales–, Luis G. Urbina escribió una de sus crónicas memorables. Dolíase el *Viejecito* de la derrota de la música melódica y del avance del *leit motiv.* (Por aquel tiempo la señora Turconi Bruni hacía una verdadera revolución con la *Tosca.)* La *Tosca* era música para los iniciados y difícil manjar exclusivo para los gustadores de lo raro, *o tempora!* Y Urbina, que veía los avances de la música operística (ya en Europa habíase escrito la *Suite Bergamasque*), celebraba el triunfo de la diva como el de una brillante indisputable justificación del bel canto. ¡Aún había ruiseñores en los foros!

Han corrido los años y el antiguo lamento –la vieja lágrima– del poeta Urbina vuelve a brotar con la misma melancolía de enantes. Y retoñará siempre en los corazones sentimentales, en los sensorios románticos, si la evocación la sugiere un aire lánguido de Bellini, una dama pintada de Manet, un poema crepuscular de Luis Urbina.

Su doliente despedida de la poesía tiene ese mismo aire desmayado de aquellas vespertinas que gustaba de contemplar, mientras su brazo rodeaba, trémulo, el talle de la amada. Es, como en la amante heroína de Dumas, el aria final, el *addio del passato,* la postrera romanza; pero sin la torva y desgarrante tragedia de la muerte, sino con la suave declinación natural que hasta el último momento pinta en los labios la fina sonrisa del eterno amador y la suave amargura escéptica del caballero romántico. Porque Urbina es eso en la poesía mexicana: el maestro del bel canto, el perfecto compositor melódico. Su estro es el estro de la bella romanza, que él dijo entre los sacudimientos de su brava melena, con un sentimiento de melancolía, de dejadez, de contenido dolor, que cuadraban admirablemente con esa música de recóndito llorar, de ahogado suspiro, que él supo poner en todos sus versos.

Así, Urbina tuvo su momento. Pero el momento de Urbina no es de los que pasan, fugaces, atropellados por los últimos gritos de la moda, arrollados por las últimas manifestaciones de los más audaces. Fue, cronológicamente, de los postreros románticos mexicanos; pero diferente de los otros románticos y estrictamente personal. Ni ahora ni andando el tiempo, nadie podrá negar su característica emoción, su desenfadada facilidad, su natural elocuencia rítmica, su peculiar manera métrica dentro de la tradicional forma endecasílaba, su sentimiento crepuscular de la vida, su melodía fluente, fácil y embriagadora.

Musicalmente sus versos no tienen nada que ver con la sinfonía; literariamente están situados –pero bien situados– en el 1840 francés y en el 1895 español, aunque vestidos, *cela va sans dire,* con los trajes de su época. Decir las cosas bien, hacer las cosas bien: esto no tiene tiempo fijo, ni para atrás ni para adelante. Urbina tuvo su canción personal, exclusiva, y gustaba de repetirla en la misma postura, acompañándola del mismo instrumento, ¡pero con qué gesto de viejo conocimiento del oficio! ¡Pero con qué gallardía natural, con cuál garbo de fácil saber!

Ahora abre todas las puertas del viejo palomar y deja que escapen, libres, sus últimos pájaros. Reconoceréis éstos, como aquellos de las *ingenuas,* en la gracia del vuelo. Rayan el azul con la misma línea ondulante y grave. El poeta los ve partir con su sonrisa irónica, mientras en las pupilas se cuajan, inevitables, las lágrimas.

Pero no, no es anticuado el canto de Luis Urbina; no será de los que pasan por haber tenido su hora. Su arte no es el efímero de los cortadores de trapos, ni tiene la gracia fugaz de una cancioncilla de ba-ta-clán. Vivirá por sobre las palabras de las últimas estéticas de todos los días, porque tiene la médula del amor, que es eterno; de la verdadera emoción, que es humana, y del dolor, que es inmortal. Y cuando los tiempos hayan corrido mucho, cuando la marea haya arrojado a las playas los detritus de todas las literaturas, flotarán todavía, bajo el calor del sol de las nuevas mañanas, muchos versos de Luis G. Urbina, el último romántico de las letras mexicanas.

LAWRENCE EN MÉXICO *

Desde luego el hostelero no ha caído en la cuenta. En el registro está el nombre de D. H. Lawrence, como podrían estar los de Pacob y Clarence Copeland, agentes de tierras incógnitas o "Colones" de improbables pertenencias mineras. Es allí un extranjero más, de indefinible origen geográfico. En las calles, por los muros, la gente que va pasando sonríe, con sonrisa de conocimiento y satisfacción, al nombre de la Pavlova.

Se llega a una alcoba, sencilla, casi desnuda, sin decoración, iba a decir pobre. En la alcoba hay un señor que se ha incorporado del lecho para ir a recibiros. El señor es un señor como todos, con los que os tropezáis cada día. De pronto no tiene nada de extraordinario y está vestido como yo, como usted o como aquél, o quizás más simplemente que aquél, que usted y que yo. Es muy delgado; el pelo, en un compacto y fuerte mazo, quiere bajar a la frente y enciende, a la débil luz de la tarde, fulgores rojizos. Cristiana es la barba, y los hundidos ojos, en palor de agua marina, os lo están diciendo todo antes de que la voz, de pequeña, recatada modulación, os revele al hombre. En el centro de la habitación hay una mesa, sin más que alguna pieza de nativa cerámica y una pera, dos naranjas, tres manzanas, quizás una hoja de papel, probablemente una caja de cerillas. Yo he visto, en alguna otra parte, esta naturaleza muerta: una vasija, unas frutas, una hoja de papel, una caja de cerillas. A medida que la tarde se oscurece, cambian el color y el sentido de esta composición y en pocos minutos se ve cómo van transcurriendo los años desde Cézanne hasta Braque. El señor no ha hablado todavía y claramente se nota que uno y otro estamos abstraídos con la composición que hay sobre la mesa. Ahora comienza a hablarme, poco a poco, de cualquier cosa, de nada, sobre la manzana, de un viaje a Oaxaca, de su regreso a Nuevo México. Me parece estar en otra parte, lejos del mundo. En torno, afuera, la ciudad se agita con la última truculencia. El señor es David H. Lawrence.

Para justificar una presentación –decía yo en una reciente tertulia de hombres de letras– convengamos, por obvias razo-

*El Universal, 12 de marzo de 1925, pp. 3 y 5.

nes de la ambiente pereza de nuestro deshecho mundo literario, tan dado a enervarse en medio de sus escasos materiales
de trabajo, que este hombre, David H. Lawrence, es un desconocido. Empeñados más de la cuenta en que si la condesa de
Noailles o en que si *Les Mariés de la Tour Eiffel,* el universo del
conocimiento ha establecido sus preferencias –en México– entre el Cabo Finisterre y el de San Vicente, entre Gibraltar y el
Canal de la Mancha. Estamos en el periodo portugués de los
descubrimientos geográficos.

Y bien: este David H. Lawrence, como ya lo habéis observado, es –al menos para nuestra visión de americanos latinos–
un hombre extraño, cuya presencia entre nosotros invita mejor a la observación del pintor que al estudio del crítico. Su
cabeza –que tanto recuerda la de Antonio Pronst en el retrato
de Manet–: su barba, de esas que estarían bien, meditativas,
sobre el pecho de un personaje en la tragedia de *Ricardo III,*
su misma actitud de recogimiento y hurañería, todo esto es
atractivo para la curiosidad de conocer de cerca una gran figura literaria. Porque Lawrence, tan pobre de color estridente,
tan nada ruidoso, tan mal estratega para administrar su publicidad, tan lejos de los cínicos, es efectivamente y por derecho
propio una gran figura literaria.

Él mismo da la impresión de que lo ignora. Allá, en Lobo,
en su rancho de Nuevo México, entre la montaña árida y el
hosco desierto, con su mujer, su huerto y sus animales, este
David, débil y sencillo como aquel otro, lanza la piedra a las
estrellas. Él debe asombrarse cuando, después, le llueve el devuelto fuego de la gloria.

Los críticos encuentran semejanza entre este caso y el de
Shakespeare, ignorado o casi desconocido en su tiempo, y
aventuran, no sin decisión, la palabra "genio". Lawrence, sin el
aparato de los genios de ahora, busca recatados itinerarios; se
refugia en Sicilia (Marsala, vino de los pobres); en Cerdeña,
de claras apacibles radas, y esquivando, con repulsión confesa-
da, los ruidos de Nueva York, va a parar a los campos australianos, de donde a poco, esclavo Géminus en busca de la más
pura libertad –como en el verso parnasiano– allégase a los
campos de México, y una vez en el lago de Chapala y otra vez

en los montes de Oaxaca, va cumpliendo su vida sin biografía aparente.

Pero la obra, arrancando la admiración del mundo, destella por todas partes el nombre del autor. Martyn Johnson nos dice: "Lawrence es la más significada figura de las letras inglesas de hoy; probablemente una de las más importantes en todos los rangos de la literatura." Comparten esta opinión Arnold Bennett, May Sinclair, W. L. George, Sherwood Anderson, Amy Lowell, John Macy y algunos otros. La crítica inglesa y norteamericana, que apenas hemos desflorado en este caso, está acorde en aceptar el de Lawrence como un caso de extraordinaria inquietud y originalidad. En la enumeración de semejanzas y comparaciones que la crítica ha usado para calificar su obra, se le equipara, por su original filosofía, con el mismo Nietzsche. Todo es sorpresa tratándose de desentrañar el espíritu de este novelista insigne; todo es confusión admirativa, tratándose de otorgarle una categoría.

Lawrence, polígrafo, joven todavía, hace pensar en la grandeza de su futura obra total. Ahora sus trabajos irrumpen a todas las direcciones del pensamiento; novelista, sobre todo, en *Kangaroo,* en *The Lost Girl,* en *Aaron's Rod,* en *Women in Love;* poeta de fragante emoción en *Birds, Beast and Flowers;* ensayista y filósofo en su *Psychoanalysis and the Unconscious* y crítico originalísimo en sus estudios de literatura clásica norteamericana.

Con su habitual silencio se ha escondido un par de meses en Oaxaca. De allá vuelve con un libro de asunto mexicano, que ha de encumbrar nuevas voces admirativas en Inglaterra y en los Estados Unidos. Será un México como nunca antes se había conocido, alguna extraordinaria interpretación que una vez más nos hará pensar, con Edwin Muir, el crítico de *The Nation,* que Lawrence es el hombre que sabe ver de un modo nuevo en la literatura.

POR EL CAMINO DE PROUST

Observador de su propio sueño, va arreglando el fichero del tiempo –perdido– con el análisis de sus pinzas de bruma.

Amanuense del ensueño que le dicta el sueño, sus materiales son infinitos por incoercibles. La concreción es constante, precisamente por salida de la bruma, como una nube nos puede dar, en pocos momentos, toda la lotería de figuras: el elefante, el árbol, el palacio, el sepulcro.

Taquigrafía del espíritu.

Se ha dicho que es un atormentado buscador de la verdad. La verdad es que se recrea en la anatomía del recuerdo: desde el recuerdo de la mentira hasta el de la ciencia. Amontona la imprecisión con tantos datos concretos: examen de nubes. Se pierde la cuenta cuando se cuentan las estrellas.

La imaginación de Proust es la más cercana a la realidad. O al revés. La historia vivida, cuando la explica la subconciencia, se vuelve novela. El análisis del espíritu ¿no os hace dudar de vuestras más claras realidades?

Todo en su obra es la propia presencia en discusión con el autor. De nada os serviría pensar —los muy listos— en que os va a guiar en la lectura de la obra proustiana el viejo truco de la clave: el autor os entrega la llave desde el primer momento. No hallaréis sino el cuarto oscuro, dentro del cual sólo el que sueña puede ver claramente.

Sin embargo, la revelación del complejo es transparente. Transparente dentro de las apretadas hojas con que se tupe el gran árbol del fárrago.

Proust, receptor delicadísimo de perfección científica, trasmite en pulsaciones irregulares de punto y coma, con el evidente dolor de la obligación. Su sentido mórbido de percibir las sensaciones, hasta aquellas que parecen inaprehensibles, ilumina todos sus instantes, hasta que le baja la sombra de la trasmisión obligatoria.

De Boileau a Proust, ¡qué gran lección de Francia sobre la evolución del espíritu, para los admiradores de la teoría de Victor Hugo!

Entonces el arte de Marcel Proust ¿puede encontrarse y ser fijado en esas discordancias aparentes con que reúne, en su largo discurso, las más heterogéneas ideas? Fácilmente eso puede señalarse como un procedimiento; pero los procedimientos interpretan las normas, las normas valen tanto como decir la ley y la ley del escritor es el mandato del arte.

Define su arte como de sensaciones involuntarias. Nada más sujeto a la voluntad, sin embargo, que este imponerse del complejo, que esta facultad de examinar **una** por una las arenillas del sueño y de saber mantenerse en el estado involuntario.

La crítica, esta enfermedad de análisis premeditado, que caza ángeles para su gabinete de teratología, ha acabado por confeccionar el hábito proustiano. Paul Souday dijo: oscuridad; Gabory: difusión; Mechin: sinfonía; Pierre-Quint: epopeya. Me acojo al sentido de Pierre-Quint, porque Proust, barajando los tiempos –perdidos, encontrados–, ha escrito ya la pequeña épica de esta época sin epopeya, perdida en el maquinismo y sus problemas sociales.

¿Difusión? Sí, como procedimiento de confusión, que no es nido de urraca, sino caos cósmico de donde va brotando la lucecita de la creación, que luego se enciende en soles y va alumbrando, uno a uno, los episodios, hasta ser la proyección fiel –intolerable– de la verdad. Cazador de la verdad por la selva sin veredas.

Explorador de ritmos de la vigilia.

El pensamiento tiene la capacidad del desdoblamiento para situarse, simultáneamente, en los más opuestos extremos. Tesis y antítesis sin un temblor en el pulso. La prueba y la réplica, sin segunda instancia.

Para buscar la verdad –esa obsesión– se vale de un sentido extraño, del amor y de la amistad, usando de su sistema analítico que a veces la interpretación puede traducir por egoísmo. Se cansa –y nos cansa– con ese sistema, ¿estilo?, tan parecido al del hombre de ciencia, al del lógico con imaginación.

Nada menos prevenido para la originalidad. Y sin embargo... Pero es que su obra tiene todo el aparato del silencio, o mejor, de la soledad.

[1928]

INFIERNO Y PARAÍSO DE LETRAS FRANCESAS

Ahora con la preciosa complicidad de Salvador Dalí, en fino esfuerzo de interpretación y de síntesis dibujística, insiste el surrealismo y realiza otra salida en manifiestos y ensayos de aparatosa tipografía para bolsillos prevenidos.

Todo cabe en esta interpretación de los sueños, como todo sale del mágico sombrero del prestimano. En consecuencia, si todas las sorpresas están previstas, no queda ni para iniciados ni para legos la sorpresa de lo imprevisible. La baraja de la buenaventura y de la fatalidad es un inocuo juego de niños, al lado de este bien surtido cajón de sastre, en donde cabe el directorio clasificado del teléfono y queda todavía ancho campo para un surtido de sensaciones, complejos, voliciones y subconscientes. De todos modos, recojamos siempre esta repetida novedad, para desquite de la sordera a que nos tiene acostumbrados, hace años –con la inevitable excepción de Cocteau– la fácil izquierda de Francia.

René Char abre el fuego con *Artine*.[1] Es decir, nada con los elementos del macrocosmos, en un texto cuya longitud se extiende en la palma de la mano. El escenario requiere una descripción más larga que el asunto soñado de *Artine*: en un lecho un animal sanguinolento, una sortija de plomo, una ráfaga de viento, un caracol helado, un cartucho sin bala, dos dedos de un guante y una mancha de aceite, para que el lector, al dilatado antojo de su fantasía –o de sus sueños en trance de surrealismo–, arregle lo que va a seguir (se las arregle, dirían otros) en un asunto en donde todo puede pasar, sin deseos de que suceda nada. Y como preludio de esta acción en blanco de las sombras, el profundo rasgueo gráfico de Dalí.

Por su parte, Dalí no se queda atrás, antes se adelanta gozosamente entre el terrible estruendo de su *La Femme Visible*,[2] en donde más que iconoclasia, erige en prosa y en verso la tribuna de la política literaria, de la pedriza recia y de la defensa rijosa, por medio de lo que él llama –con un orden sistemático que quizá no ha advertido por la graciosa cólera de que está animado– la voluntad violentamente paranoica de sistematizar la confusión.

Peligrosa fórmula por su accesibilidad a las más ingenuas malicias, por su previa justificación a los resultados más pueri-

[1] Editions Surréalistes, París, 1930.
[2] Editions Surréalistes, París, 1930.

les, por su seguridad en la calificación y en la descalificación a ultranza –pólvora entre las manos inoficiosas del chico y falsa renovación para los intereses literarios del desaprensivo.

En Dalí, tan fino dibujante, tan largamente enterado que ejecuta juicios literarios gráficos entre sombras y rasgueos doreanos de plena realización actual, sus escritos parecen mejor comentarios, secundariamente concebidos, de sus atormentadas grafías; y, en cada momento, comentarios polémicos, a puño cerrado, a empellones violentos que lanza contra el adversario, de lejana e hipotética beligerancia, toda la basura en que suele incurrir la cólera, y esa putrefacción de desperdicios en que tan minuciosamente insiste el autor, para arrojarla sobre el inexistente enemigo, o para castigar la sospechosa inocencia de un transeúnte cualquiera.

Hasta se vuelve a la lucha contra un "arte nuevo", muerto definitivamente en la exposición de París de hace treinta años, y que ya no se intenta ni en las decoraciones de sucias peluquerías; y se enjuicia a los remisos y a los traidores para esta revolución, localizadamente parisiense, que ya va quedando fuera del cuadro de las novedades, desde que la insistencia segura de Paul Valéry ha marcado, en nuestros días, un ritmo unánime que va a poner en aprietos a los cortadores novedosos de trapos y a los ficheros profesionales.

Sistematizar la confusión resulta una fórmula más, con la diferencia sobre el recetario anterior, de que es una fórmula positivamente tomista, como aquellas en que Grocio quiere demostrar la impotencia de lo todopoderoso, por medio de impasables barreras silogísticas. Se trata de volver de revés el guante del orden desclasificado por la confusión, hecho ciertamente fácil de realizar y hasta divertido, porque, en el fondo, todo se resuelve en ingeniosos *jeus de mots*.

André Breton es quien alcanza la más alta cumbre en esta guerra de fantasmas y es quien ha trepado hasta ella para clavar la bandera que formalizará la rota de las sombras enemigas, a la voz del *Segundo manifiesto del surrealismo*,[3] en donde se dan nombres concretos de heterodoxos y se inserta literatura documental de la Sociedad Médico Psicológica y del

---

[3] Editions Kra, París, 1930.

periódico de Alienación Mental y de la Medicina Legal de los Alienados.

André Breton se atribuye ya definitivamente el papel de líder en esta lucha de clases. Pero de líder apostólico y enjuiciador, como un Pablo que distribuye epístolas y espadazos, o como un dictador latinoamericano que ofrece a elección de partidarios y desafectos el pan o el garrote. Más palo que otra cosa, porque lo menudea incompasivamente, para arrojar del templo hasta la sospecha de un desacuerdo. Lo cual, por lo menos, es garantía de una apasionada sinceridad, que no debemos desconocer ni en las travesuras *dadás* que revolvían papelitos, ni en los caligramáticos juegos de Apollinaire; que todo es aportación y química para la siguiente depuración, que a su vez irá a parar, fatalmente, al alambique de la futura valorización, sin punto final, afortunadamente.

Blaise Cendrars nos ofrece ahora el libro documental, pero sin erudición, cuya naturalidad –no tiene nada que ver aquí el realismo literario– es quizás su más destacado mérito, porque interesa y, más que eso, apasiona este relato que se parece mucho a una novela y que supera a muchas novelas de intención histórica a veces sospechosa y, por tanto, insospechable para quienes no se dejan llevar sólo por las apariencias.

Rhum [4] es este libro que Cendrars dedica a los jóvenes fatigados de la literatura, para probarles que una novela puede también ser un acto. Y un acto, agregamos, toda una vida contenida en los parvos linderos de cualquiera acción advertida y sostenida sólo por un protagonista, sin escenario ni público.

El autor de *El oro* y de los *Poemas elásticos,* el intérprete de lo mínimo negro y de las aventuras extraordinarias, acaba de escribir la mejor de ellas, la aventura de Jean Galmot, y ha sido suficiente la simple relación de los hechos, tirar del hilillo directo que mueve los pasos de un hombre, para hacer surgir del aventurero inconfundible, ardiente de resolución, bloque de energía, iluminado de porvenir, al puro héroe, tan lavado de culpas que a poco sus adeptos le vislumbran el halo de la santidad.

Jean Galmot, hombre de ahora, aventurero en la Guayana,

[4] Grasset, París, 1930.

traficante de ron y de maderas odoríferas, explorador heroico, es después el negociante en alta escala que sube y baja valores, que influye en la política y que, en medio del infierno moderno de las complicaciones públicas más atrevidas, esconde su propio demonio y acecha su ideal. El cual no es otro que el muy levantado de dar autonomía y personalidad a un pueblo, a costa de propias renunciaciones y del más elevado espíritu de sacrificio.

Anotemos el desconcierto que puede procurar a la información literaria la nota crítica que Philippe Lamour ha deslizado en su sospechosa revista *Plans,* a propósito del libro de Cendrars, cuya calidad patética y honda se deja pasar, escurrida entre dos lugares comunes.

Y pasando sin transición de un mundo a otro mundo, recojamos el hecho de que un sector del arte, conmovido por la muerte de Sergio de Diaghilev, lanza a la tierra "la amarga palabra del último adiós", para desaparecer con apenas la huella de un fantasma clarolunar, entre brumas de Schumann y sílfides de "tutú" con música de Franz Liszt.

La última nota del romanticismo de época que quedaba en pie huye de este mundo en el preciso –y oportuno– momento en que la literatura conmemoraba el centenario de "la batalla de *Hernani*" y reúne en la capilla votiva de la ceremonia funeraria –*Les Ballets Russes de Serge de Diaghilev*–[5] a Benois, uno de los grandes sacerdotes, padre del director de la última temporada de ballets en México; a la condesa de Noailles, de quien nunca faltarán justificaciones para su indispensable presencia; a Michel-Georges Michel, el cronista andariego que seguía como la sombra a las estrellas de la danza; a Larionow, el pastelista de escenarios y figurines, y a otros sumandos que se han agregado, a buen título, a esta misa de difuntos, solemne y melancólica.

Muerta Ana Pavlova, loco Nijinsky, desaparecido Léon Bask y cuando Thamar Karsavina, reclamada por la diplomacia de su marido, se aprestaba a publicar sus memorias que acaban de salir en *Les Annales*, ya sin Cocteau ni los decorados

---

[5] *La Revue Musicale,* París, 1930.

de Gontcharowa ni los estudios de Derain, Picasso y Utrillo, ni la final colaboración de Falla, la muerte de Diaghilev, el animador único e insustituible, era el final biológico y admisible de este movimiento que tuvo una duración de largos veinticinco años que corren entre *Las sílfides*, evocadoras de un segundo imperio, y *Desfile*, última resurrección del cubismo, con un centro deslumbrante en donde Stravinsky colocó su *Consagración de la primavera*.

El denodado Diaghilev, jefe de este movimiento que logró reunir y coordenar, entre saltos elásticos de la vieja escuela imperial rusa, toda la vanguardia de su tiempo con pintores, decoradores, poetas y músicos que todavía resaltan en primera fila, ha ido a morir, como enantes patricios y artistas de fama, en las riberas de Venecia, llevándose con él, como los caudillos, todo el aparato de una organización y el nombre de un insustituible.

Se ha corrido definitivamente, en este último acto, la cortina morada de la vida, pasión y muerte del ballet ruso.

[1931]

CARTA A UN ESCRITOR DE MÉXICO

Madrid, 20 de enero de 1933

Amigo mío: Ya ha pasado el medio año de aquella carta que usted nos dirigió a Alfonso Reyes y a mí: una carta en común. Mis deseos fueron los de haberla contestado de inmediato; pero en mi espíritu se contradicen y chocan tantas cosas, que a veces no me decido a expresar lo que pudiera tomarse por un arrebato, o contrariamente a esto, por una lánguida opinión. Estoy fatigado de asistir al fácil juego de los extremos, con su correspondiente cacería de los medios. La suya era una carta común, en la que nos pedía que adivináramos la temperatura en que fue concebida, porque venía –así nos lo anunciaba su bondadosa amistad– a buscar la mejor sentencia y el mejor juez. Esto, querido amigo, es excesivo para mí, porque, entre otras muchas razones, no puede ser el mejor juez ni dar la sentencia perfecta quien, como yo, junto con la pasión por la amistad y la desbordada gratitud por el bien, se apasiona también contra las injusticias y se revuelve contra la perversidad. Mi difícil disciplina, seguida invariablemente por largo tiempo, para acallarme los impulsos, para frenar el ímpetu, para enfriar un temperamento siempre dispuesto a la lucha –a la lucha que no se debe confundir, no, con la fácil algarada, con la vulgar insolencia y con el pueril oportunismo de los explotadores de la vida, de la política y de las letras–, no ha podido todavía vencer a ese demonio nativo de la pelea, que llevo en la sangre; y ya es mucho que haya debido callar tan largamente, tan lealmente a mis deberes y que haya encontrado en mis posibilidades espirituales el aceite suficiente para calmar el encrespamiento que a veces se producía dentro del marco de mi aparente indiferencia. Un juez que, como yo, decide tomar partido en estos temas tan esenciales de la vida pública y espiritual, no puede ser ni indiferente ni desinteresado.

Cuando leí los juicios de usted, los encontré (debo corresponder a su confianza), los encontré personalmente situados en el terreno de las circunstancias de un momento tan fugaz y tan inconstante, que lo mejor que me ocurrió entonces fue poner a usted dos líneas, aconsejándole abandonar alegremente ese empeño. Si no lo hice fue porque en el fondo sé que puedo equivocarme y me parece mal que, por mi consejo, lo más cordial que sea, se cometa un error. Yo soy decidido para afrontar las responsabilidades mías; pero mi espíritu es muy ondulante cuando me presenta el caso de decidir lo que otros deben hacer.

Cuando digo que los juicios de usted los encontré personalmente situados en el terreno de las circunstancias, no quiero con ello definir nada parecido a una equivocación. Me parece que es Ortega quien ha fijado por ahí lo consuetudinario de lo circunstancial, y es claro, porque en realidad esto, que parece vario y diferente, es el hecho fijo en su misma variedad.

Cuando se sale de la casa nativa a respirar el aire del mundo, entendemos con más claridad nuestros propios egoísmos. Usted nos habla, en su carta, de la "vanguardia", del "grupo" este o aquel. ¿Cuál grupo, qué vanguardia son esos que en el mundo no definen o deciden alguna cosa medianamente esencial o universalmente influyente? Porque era cosa de que ya la hubiera advertido cuando así se lastiman espíritus tan discretos como el de usted. Todo es relatividad y circunstancia, todo es medida y geografía. Vaya usted, de pronto, a su nativa provincia o vaya al otro extremo, a Chihuahua, y ya verá cómo cambia la clasificación de las cosas que parecen tan grandes o tan pequeñas en una ciudad sin más perspectiva ni más planos de relación que los habituales, de una domesticidad peculiar. Nuestros pobres problemas literarios, ¿quiere usted situarse solamente en Arizona para ver lo que son? Ya ahí, en la misma frontera, habrá desaparecido, no sólo el *problema*, sino hasta el conocimiento de su existencia. Pues no le digo a usted lo que pasa retirándose un poco más.

Nada, querido amigo, que cuando esté usted leyendo esta mi carta, en febrero de 1933, habrá modificado algún punto de vista y, lo que es de más importancia, la que usted concede a esto que pasa a nuestras letras o, mejor dicho, en cierto cercado de nuestras letras, que no es otra cosa, para decirlo de una vez, que un pobre juego de pequeñas acciones en donde, como en cualquier lío municipal, se mezclan apetitos también pequeños, inútiles envidias, desorientación imitativa, pequeños escamoteos en donde el público advertido divisa el truco, tópicos de importación y rijosidad en que no se distingue bien en dónde principia la literatura y en dónde la lucha "intelectual" por los mendrugos de la burocracia.

Sí, es claro que hay desorientación en estas generaciones; pero ¿es que no la hubo en las anteriores? ¿O ha existido la orientación definida y sistemática? No la distingo por más que procuro divisar en el pasado. En México, como en muchos países, peculiarmente en los que se nos parecen, nunca ha existido la organización literaria, ni mucho menos la moral literaria organizada, aunque de cuando en cuando se hable de meter eso en carriles; pero se habla con la misma falta de precisión y hasta de intención de hacer las cosas bien, que siempre me recuerda esos anuncios de algunos vivos, que al tomar posesión de un puestecillo informan a la prensa, con deseos de que los oigan las esferas, que van a "reorganizar". Alguna experiencia tenemos allá de estos reorganizadores.

Lo que pasa, querido amigo, en México como en los más cultos países, es que entre la frondosidad de las pequeñas pasiones, de la esterilidad intelectual, de la pereza de los aspirantes a escritores, son unos cuantos los que cuidan de mantener la llama viva y toman en serio y con respeto el arte de escribir, que es cosa noble entre las mejores. Esos cuantos son los que la historia, la fama o la opinión distinguen y exaltan definitivamente cada cincuenta años. Lo demás muere, aunque se haya realizado entre gran alharaca, propaganda y escándalo. Muere por razón biológica, sin descendencia y sin herencia. Y todavía sería preciso añadir que, por lo general, el que trabaja y se obstina es el que triunfa, pasajera o largamente, pero triunfa. He aquí un defecto grave de nuestro medio, que es preciso que en él pongamos enérgicamente las manos: la pereza del intelectual. Nuestros escritores (siempre será necesario en estos casos apartar las plausibles excepciones con que contamos) a veces son muy inteligentes, con sus añadidos de finura, estilo, elegancia y brillo; pero desgraciadamente en muy raras excepciones se proponen escribir unas pocas líneas. Casi habría que obligarles, con la debida protección, a que se decidieran a trabajar si quieren conservar el título de escritores.

Reconozco que nuestro ambiente está lleno de defectos; pero esto no es peculiar de México. Y distingo en este caso dos culpabilidades: una, la de los escritores que en el fondo no les interesa sino llegar a una situación (generalmente burocrática o politicaizante), a quienes se les da un pepino las ideas y sólo tienen el ojo avizor en el gesto de agrado o de enojo del superior, para aplaudir o para agredir. La otra, la del cultivo de las pequeñas pasiones entre escritores, fomentado con propósitos de un tercero, que casi siempre sale de la lucha sin otra huella que la que lleva oculta en la conciencia.

Y de todo esto, los resultados como que van cayendo por su propio peso: decadencia de las normas morales, irrespetuosidad para el mérito, énfasis afirmativo de los más ignorantes o de los más inmorales, y confusión, exuberante confusionismo, para mezclarlo todo y para cometer con impunidad inmediata los más insolentes atropellos. El principiante que todo lo espera de cualquier sujeto, sea quien fuere éste, está decidido en cambio a darlo todo; y el audaz que explota con maña al principiante o al intelectual sólo ejercita acciones de baja calidad.

Lo que hace falta, entre otras cosas, es definición y decisión.

Definición para extraer de lo confuso y apartarlos del mal camino a quienes por él transitan a sabiendas; y decisión sólo para una cosa, una cosa muy simple, muy llana y muy provechosa: decir la verdad, valientemente, pero sin pasión ni *parti pris,* decir la verdad a quien quiera enturbiarla, decirla sin temor a la venganza, ni al atropello, ni a las malquerencias, ni a la audacia, ni al cinismo; porque por este camino, que es de honradez y rectitud, es por el único por donde México y sus intelectuales pueden marchar limpios y hacia buena meta, para que nuestro país, tan merecedor de un excelente papel en el mundo –cosa hacedera por los propósitos de la continuidad en la acción–, lo obtenga de pleno derecho, sin impertinentes alusiones.

Hace falta una unidad y una continuidad de propósitos. El día en que se logre clavar esta idea en la cabeza de todas las gentes de buena voluntad, estaremos salvados. Una unidad de propósitos de todo género, en todas las actividades, aun en las privadas. Y un plan (no político, no personal, no burocrático), un programa concreto o tácito, en donde la gente exhibiera sus mejores proyectos, para cumplirlos fielmente. En este programa ¡cuántas bellas apetencias intelectuales me vienen atropelladamente a la imaginación!, ¡qué de importantes elementos hay en México para realizar estupendos programas!, ¡y cuántas bellas capacidades se podrían unir en estos trabajos! Pero no; la gente de nuestro país es desconfiada y quizá con razón; su sensibilidad se mella, su pesimismo es un mar sin orillas. Para qué –dirán– empeñarse en estas cosas, si a lo mejor se presenta un audaz (de esos que no pueden perdonar que otros tengan talento) y lanza una declaración en el peor de los énfasis y hasta se ensaña por destruir las obras y las ideas más nobles.

Además, como que hemos olvidado que para estas cosas existe, si no una justicia divina de esas que se invocan en los dramas, sí una sanción cívica y una opinión ciudadana; de donde resulta que, como no se practica la sanción, el atropellador, una vez repuesto de su fracaso, se recobra a los meses, o a los años, como si se tratara de la crisis semanal de una tifoidea y vuelve a las andadas con el mismo ímpetu, hasta que execrado y condenado en silencio por la gente, se retira y desaparece . . . para que su sitio lo ocupe otro igual o peor.

En estas cosas del trabajo intelectual, querido amigo, no me duelen prendas. Por lo cual no me importa que, de pronto, germinen o desaparezcan los esfuerzos. Ya sé que, si son buenos, el tiempo se encargará de la ardua sentencia; y que si son malos y equivocados, también vendrá algún día un fallo justiciero a declararlo. Mi mejor satisfacción en el tema del trabajo intelectual sería ver y poder contribuir a un México trabajador, serio, orientado, con programa y sin las pequeñas pasiones que prenden en el corazón de alguna gente. Pero esto, que no es imposible, sí es difícil por el ambiente que nos hemos hecho y dentro del cual vivimos ya casi naturalmente. Este ambiente, que asfixia toda idea de regeneración y mejoramiento, no tiene nada que ver con las letras ni con los escritores, por más que unas y otros salgan perjudicados.

En una palabra, y para terminar, si usted o cualquiera otra gente de buena voluntad y de recta intención buscan un mejoramiento en los propósitos y realizaciones intelectuales de México, el remedio habrá que aplicarlo al más grande mal, al fundamental problema, porque una vez curado el total, todo será asequible para ir a los detalles. Y ese fundamental problema no es otro que el de variar, con ánimo sereno y enérgico al mismo tiempo, una situación social en donde han naufragado los valores y sustituídose los principios. Cuando termine ese aplastamiento y esa cobardía de los hombres que con su cerebro pueden crear una nueva nación, y vuelva a su espíritu el valor de ser ciudadanos, de llamar a las cosas por sus nombres y de alzar el látigo contra los mercaderes impunizantes, el camino se volverá llano para un México respetado por toda la humanidad, para una nación en donde floreciera una vida pública sencilla y sobria, sin los dogmas –no discutidos, rígidos, primarios– en que hemos convivido indefinidamente.

Crea, mi querido amigo, en la sinceridad de los cordiales sentimientos con que soy su amigo afectísimo.

ASCENSIÓN DE LA POESÍA: NERVO

Cuando Amado Nervo salió de Mazatlán, ya todo el espíritu del poeta esencial y antonomástico había cuajado en él, entre planos y perfiles de tan acusada personalidad que lo único que hacía falta era echar a andar –a volar– aquella finísima susceptibilidad a la poesía, que era la poesía misma de pie entre apenas la leve materia que aprisionaba un temperamento todo puesto al servicio del arte. Del soleado y exuberante litoral del Pacífico llevaba ya en pleno brote la flor excepcional, que poco más tarde iba a difundirse en la suave fragancia que hasta el último día fue su peculiar emanación. Dejaba allá muchas gacetillas, algunos poemas y reseñas de los bailes de la provincia, en las que el uso de la época imponía para cada linda muchacha una alusión deliberadamente romántica con poesías en verso o en prosa. Ya desde entonces cultivaba el hábito del silencio y el discreto refinamiento de la austeridad; buenos heraldos para el seminario de donde sacaría el toque decisivo de su carácter, en el que un misticismo más poético que monástico le presta cierta fisonomía muy popularizada para juzgar de su obra.

Salía Nervo a la vida literaria cuando en México se marcaba, con la obra de Gutiérrez Nájera, un acontecimiento de decisiva influencia en las letras americanas, prelativo de aquel otro todavía más profundo de Rubén Darío, cuyos resultados permanecen aún y no desaparecerán en mucho tiempo. Entre este triunfo de premeditados ecos franceses, principiaba a destacarse la poesía, entonces indudablemente original, de Amado Nervo, enamorado también de los modelos ultramarinos. La aparición de sus *Perlas negras* y de sus *Místicas* no ha podido olvidarse aún. La poesía era auténtica y estaba además embellecida por unas formas expresivas y musicales, entre graciosos ritmos que se combinaban con giros de danza, con estructuras métricas agradablemente dispuestas y con un aire de dolor elegantemente recóndito y reservado.

Desde entonces la obra de Nervo se marcaba, y así continuó hasta el fin, por su ausencia de la circunstancialidad y porque se produjo sin solución de continuidad, indivisible, como un solo poema –es muy fácil verificarlo– hecho a pulsaciones de la misma circulación. Unas poquísimas excepciones con que salió al paso de indeclinables compromisos ni pueden oponerse a la unidad del monumento poético nervino.

Entre él y su poesía se puede distinguir en el curso de la obra el constante descendimiento de la revelación. Es una señera figura, que levanta el dedo prometedor al cielo, o pasa el roce de sus alas por las cuerdas mismas que producen estos poemas. La revelación insistió siempre en el poeta, hasta el momento final, y era en su boca aquella llamada insistente a Dios: revelación y solicitud a la revelación; aceptación previa del más allá y ejercicio de vuelo hacia él. Tanto ejercicio, que llegaba a la levitación. A partir de *Serenidad* hasta *La amada inmóvil* su poesía había dejado de ir a excursionar por las zonas de la atracción física, para recrearse en lo ascensional y en lo estratosférico como caminos del cielo. Y además –tenía que serlo– su poesía fue observatorio, un observatorio ascensional, para nubes y cielos, para astros y luceros, en aquellas mansas noches de abril en donde las margaritas descendían como lluvia de pálidas estrellas; telescopio para distinguir ángeles vagabundos y serafines rafaelescos, anteojo para surcar nociones celestiales. Ahondando la exploración y fatigando la busca, el observatorio quiso llegar más allá: ya lo había intentado siempre Nervo cuando distinguía los sollozos del viento, el baño del rayo de luna en la fuente y las nubes que pasan; pero su voz se perfeccionaba cada vez más en el reclamo supremo, explorando los caminos de la divinidad. En sus versos finales ya se puede distinguir la perfección del éxtasis, desaparecida la angustia de la busca y sustituida por la segura esperanza. De esos esfuerzos de revelación salió, finalmente, un estado de beatitud poética, suavemente iluminado con los halos de la bondad y de la renunciación. Todo, hasta su misma pasión amorosa, lo había concedido en holocausto al acceso de su mansión segura.

Ante la vida fue Amado Nervo el hombre siempre de paso, cada día más seguro de su desistimiento secular, estoico en ir arrojando los bienes del mundo y desnudar su propio espíritu. Era un obseso afán de lustrarse por la renuncia y de arrojar velo tras velo para que la pureza fuera perfecta, con apenas el comentario de una sonrisa lejanamente amarga, en la que la lágrima está recatada por una contención fundamental y noblemente orgullosa. De aquí esa tendencia de representarlo como un monje felizmente triste. Su tristeza era como la alegría teresiana: más que una revelación del temperamento, una elegante actitud de serenidad y de desapego, cada cual a su modo.

Estaba de paso y ya hacía mucho tiempo que había escogido el cielo. Por eso su paso por el mundo le interesaba esencialmente como una marcha hacia el cielo y conocía bien todos los caminos de la buenaventura; los de la sencillez, los de la serenidad, los del recato, los de la tristeza, los del ensueño, los de la renunciación y los del amor: los del amor, en primer lugar.

Casi siempre su poesía es directa y cuando no lo parece es que sólo se ha envuelto temporalmente en abrigos gaseosos que puedan servirle para la ascensión. Hubo un tiempo en que se le creyó encontrar por los caminos del simbolismo; pero esto sólo podían ser afirmaciones para ficheros críticos. Era una poesía directa en sus alusiones, en sus intenciones y hasta en su técnica; poesía sin más ni menos, que se remontaba directamente a sus temas, como es directa la plegaria. La alegoría, que tantas veces usara, no escamoteaba la intención ni defraudaba el pensamiento poético; sólo usaba honorablemente de su papel para realzar la belleza del concepto. Nervo no quiso hacer otra cosa que poesía, con la recta intención del poeta natural y muy lejos del que sólo quiere publicar libros de versos, con las sencillas recetas que tan bien se saben los versificadores sin poesía.

La sencillez y la soledad, buenas hermanas, lo eran a su vez de Nervo, y siempre asoman en sus versos, sobre todo la sencillez, por la cual sentía tales atracciones, que quizás sirvieron para desnudar de tal modo el concepto, la alusión y el sentido, que a veces daba la impresión de un lavado que, sobrepasando los límites, acababa no sólo por apartar todas las impurezas de la poesía, sino aun a desteñirla, dejándola como el eco débil de una tenuísima vaguedad. Así, pensaría el poeta, era más susceptible el estado de levitación y ascendimiento, y lo fue en sus últimos libros, porque ya bien situado entre los vagorosos ámbitos de los caminos del cielo, Nervo era una pura nube de poesía lloviendo un fino rocío de gracia, de serenidad y de sencillez.

A esta situación sólo podía corresponder aquel tono en voz baja, que fue uno de los mejores motivos de belleza de sus poemas. La voz baja, que no supone ausencia de pasión, antes puede prestarle mejores acentos, pudo efectivamente dárselos a la poesía de Nervo, sirviéndola admirablemente para recatar y atenuar los colores y para ese amable y lejano tono de grisalla que aparece aquí y allá a lo largo de su obra.

Iba por el ensueño a la perfección y quizás pudo lograrla en lo íntimo de su corazón; iba a Dios por la poesía y se empeñaba en llamarlo en voz baja, pero ardiente de seguridad; quería despegar el cuerpo de la tierra y llegó a levantarse en el avión azul de su maravillosa fantasía; fue bueno y serenamente feliz por la renunciación. Su obra está esperando todavía el estudio más o menos definitivo de este gran poeta, uno de los más grandes de la lengua española, cuya influencia, si parece recatada ahora, como lo fue siempre el poeta mismo, habrá de ser reconocida no muy tarde.

Antes de salir para la América del Sur –¡aquella noche en que su voz con lentos y suaves murmullos acuáticos quería agotar en una conversación los buenos consejos de su poesía!–, Amado, definitivamente situado en lo que otro poeta llamaba la planicie de la sencillez, era ya la anticipación de su sombra. Persiguiendo el fantasma, se había transformado en el fantasma mismo. Iba a escribir su último libro, que era como una despedida misteriosamente prevista.

De su sepulcro, allá en el cementerio de Dolores, en México, ha de levantarse un día la losa que lo cierra. Entonces...

[1934]

NUEVO EXAMEN DE ALARCÓN

Un estudio del Sr. Alcalá Zamora

Don Juan Ruiz de Alarcón, tan equilibrado, regular y actuante siempre fuera del mundo imaginativo de las alegorías, tiene por eso una calidad humana tan fina y sin afeites, que su misma naturalidad y hondura resisten un examen indefinido y a fondo en cualquiera de los aspectos por donde el analista quiera descubrirle la autenticidad cualitativa, la esencial razón de sus principios, la maestría de su procedimiento y –lo que marca una prueba inconfundible para la jerarquía de la obra literaria– nuevos aspectos, inéditas huellas de aquellos trabajos que durante muchos años han estado bajo el examen de la crítica, y aunque el tiempo parezca agotar todas las posibilidades de otros descubrimientos, siempre quedarán intactos, para asombrarnos, el día menos pensado, ciertos aspectos de la obra que, al pronto, parecían recatados o huidizos, pero que en verdad contenían sensibles impresiones de un espíritu exquisito.

Don Niceto Alcalá Zamora, que siente tan decidida y profunda atracción por el espíritu jurídico de las ideas, hasta el punto de que las normas correspondientes constituyen uno de los valores más destacados de su personalidad, debía de ser, escogido por la suerte o por la razón –plausible contingencia en ambos casos– quien enlazando atractivas inclinaciones por el estudio del teatro, destacada personalidad en las disciplinas del derecho y más elevada todavía como personificador de una nación, unidas tales cualidades y circunstancias, fuera ahora el observador perspicuo que al descubrir en el teatro de Alarcón frecuentes y sutiles alusiones de tipo jurídico las recogiera con devota complacencia, para devolvernos –con el simbolismo que en este caso implica por venir de quien viene– una figura más depurada y acrecentada del inmortal mexicano en cuya sangre y en cuya obra se revelan las nutridas raíces de la afinidad española, estupendamente equilibrada con el espíritu peculiar de la tierra de México. Agradezcamos, en prelación de cortesía, a tan ilustre comentador, el hecho de recoger y estudiar, y ya con insistencia, a uno de nuestros clásicos que lo es también de primer rango en su país y el de haber establecido prácticamente el principio jurídico –llamémosle así cuando viene tan a pelo tratándose del trabajo que reseñamos– de que el Jefe de Estado de la nación española acepte y reconozca con plenitud la nacionalidad de la más ilustre pluma mexicana de la antigüedad.

En *El derecho y sus colindancias en el teatro de don Juan Ruiz de Alarcón*, el señor Alcalá Zamora nos ofrece, decía, un nuevo punto de vista, como sumando indispensable en el juicio total del famoso dramaturgo: el de investigar cómo en el espíritu del escritor reacciona y se revela lo que en él había de abogado y de funcionario y también los aspectos de concomitancia profesional que toman a la moral y a la política.

Por muchas partes halla el autor que en el teatro alarconiano salta, aquí y allá y con la naturalidad de lo espontáneo, ya en simples alusiones incidentales, ya aplicado a la doctrina de cada argumento o bien hondamente enraizado y sirviendo de sustento a destacados pasajes, el punto de vista jurídico, que en el eximio dramaturgo estaba tan a la mano por su condición de abogado y relator del Consejo real, que era en él fácil impulso de instintiva fluencia y consuetudinario latido, propio de una función de normal gemelitud a la otra de allanar el paso a las comedias que iban "de las musas al teatro"; y llegado a este punto todavía el señor Alcalá Zamora establece un fino distingo entre la influencia que en la obra del dramaturgo dejaron, bien distintamente y en la parte proporcional cuya medida establece el letrado, de mediana talla como tal y el relator, perfecto como relator y muy a sus anchas en esas funciones, donde su vida halló el anhelado e ideal acomodo. Al escudriñarse este aspecto de don Juan Ruiz de Alarcón, viene como desprendido por su propio peso el que se refiere a la calidad de su cultura, formada de un apreciable aunque desigual conocimiento de humanismo –y un poco de todo– de ciencia histórica, religión, escolástica y cierta inclinación a las artes ocultas, todo lo cual sería indispensable amasar discretamente siempre que se trate de dilucidar la obra respectiva, para llegar a aquella inclinación a la ironía y aun al ataque que es fácil descubrir en quienes, por ser blanco de ambos, reaccionan cuando la ocasión viene a mano y a veces con más fuerza que la que provoca la respuesta, sobre todo en los casos en que la timidez de un defectuoso físico actúa con extraños complejos.

Aquí y allá, en escenas de diversas obras, va descubriendo el crítico estas inclinaciones de la preparación intelectual del dramaturgo, señalando en unas escenas la influencia dominante de la cultura histórica, apuntando en otras sus raíces jurídicas o curiales y extrayendo de las más la huella profesional en donde el funcionario se adorna con las galas del artista y el creador de escena añade al vuelo de la fantasía el impulso de la gravitación –que es al mismo tiempo plomo detenedor– de la doctrina legal. De lo cual se deducen, ya lo habréis entendido, los hábitos de orden, de moderación y de cordura que forman la verdadera personalidad íntima del, por su rango literario, eminente escritor.

La obra del dramaturgo se halla en este estudio íntimamente

relacionada, cuando no francamente subordinada, a la moral del funcionario y se mezclan y confunden tal como en el espíritu de Alarcón se mezclaban hondamente ambos deberes; y aunque del análisis se desprende que las costumbres de la época y las flaquezas de las gentes hallaban en el teatro de Alarcón liberal tolerancia y comprensión perfectamente humana, esta generosa manera de ver las cosas, o quizá sencillamente este modo natural de ver las cosas, tenía, en cuanto a procedimientos de técnica, sus contrapesos de doctrina jurídica, tales como el escrupuloso respeto de la verdad y del secreto, que coinciden precisamente, según la certera observación del señor Alcalá Zamora, con los deberes esenciales de un secretario de Sala, severamente exigidos por las leyes del Consejo de Indias.

En este punto de la doctrina moral del teatro de Alarcón, es importante observar y verlo observado, aunque no explícitamente dicho por el ilustre crítico, que el concepto del honor en el dramaturgo mexicano, con todo y ser éste español y súbdito español en su tiempo, no es el mismo que generalmente se entiende y acepta en las interpretaciones del espíritu español propiamente dicho, porque en Alarcón está alimentado por subterráneos complejos de juridicidad y generosos atavismos de explicarse y disculpar las flaquezas de las gentes, mientras que el otro es el que se dispara al primer llamamiento de la heredada sangre, de la insatisfacción por la ofensa y de los principios reales, e inclusive imaginarios, de la dignidad humana.

El resultado de esta exploración positivamente original por el teatro de Alarcón y Mendoza agota, si no en extensión, sí en profundidad, el tema de las influencias del Derecho en la obra del mexicano y descubre interesantes y curiosos aspectos que hasta ahora habían pasado quizás inadvertidos y nunca comentados. ¡Cómo es sugestiva la opinión según la cual Ruiz de Alarcón plantea en algunas escenas de *El dueño de las estrellas* y de *La crueldad por el honor* todo un programa de reformas legislativas, revelador de muy nobles preocupaciones sociales! De estos problemas de Derecho el señor Alcalá Zamora descubre que el teatro alarconiano está lleno y aun impregnado.

Se necesitaba, claro se ve ahora, un criterio tan ciertamente equilibrado en las disciplinas de Derecho como curioso de las otras en donde se juntan las ciencias históricas y filosóficas y las artes del teatro de la poesía, para desentrañar estos modos del dramaturgo que, si no eran nuevos en la intención, sí lo son en el examen y el descubrimiento; y así, por suerte de tan felices circunstancias, se revela a nuestro conocimiento esta pequeña y apretada selva de casos y de votos, de casos como en Moore y de votos como en Vallarta, que no otra cosa son los que el ojo jurisperito del crítico va extrayendo, como el hábil cirujano para quien las reconditeces de la anatomía son tan familiares como lo son, para el ignaro, extrañas e inexplicables.

Puesto a tales trabajos, el señor Alcalá Zamora ha encontrado en las comedias que examina muchísimos casos de doctrina jurídica, que él se complace en aludir, enumerar y clasificar, pasando como de la mano de la región ideal del Derecho a la menos elevada de la política, para discernir en ambas afinidades y concomitancias que, como es real, resultan positivamente inseparables en la práctica.

Juzgado en esta indispensable correspondencia el ideario político de Alarcón, ofrece juicios muy interesantes de observar cuando se refiere a la aristrocacia y los defectos de su tiempo, al ejercicio del poder y sus injusticias, tanto como a la responsabilidad atañedera al soberano –tema sobre el cual se han vertido ríos de tinta–, a las confusiones en la teoría y en la práctica de los gobernantes y a otros varios puntos de todo lo cual Alarcón sale como un conservador, muy alejado ciertamente del tipo revolucionario; no digamos de nuestros días, sino aun del de aquellos tiempos. Cuando mucho y llamado ahora a tareas legislativas, ocuparía don Juan en un régimen parlamentario un sitio en el centro de la derecha.

Una discreta y somera referencia a los aspectos morales y filosóficos de la poesía alarconiana cierra este penetrante estudio del Derecho y sus colindancias en el teatro de don Juan Ruiz de Alarcón.

En suma, el estudio del señor Alcalá Zamora es una preciosa contribución al esclarecimiento del gran dramaturgo, porque descubre, con perspicacia y con novedad en la investigación, un aspecto hasta ahora inédito en el ideario de Alarcón; revela nuevos senderos por los cuales es útil y a veces indispensable ir a desentrañar la psicología del artista; propone todo un sistema para intentar a fondo, nuevamente, el estudio del respectivo teatro; inicia el conocimiento de otros modos de quien por tantos diferentes es conocido y admirado, y formula tesis cuyo aparato erudito y hondura espiritual se ofrecen liberalmente a los constructores de un Alarcón definitivo. Al lado de los estudios, incompletos en su tiempo, pero base de los posteriores, que se hicieron en España y de los mejor informados que después se han realizado en México, el que ahora publica el señor Alcalá Zamora no sólo agranda la figura del dramaturgo y descubre en ella, para sus estudiosos, perfiles de auténtica originalidad, sino que devuelve a España, con la triple autoridad del crítico, del jurista y del supremo magistrado, la preocupación y el deber de estudiar nuevamente y con hondura la figura excelsa de quien sigue siendo, por propio derecho, lo mismo para México que para España.

[1935]

PRIMOR Y GENEROSIDAD DEL LIBRO

En *El refinado*, de Aloysius Bertrand, aquel hombre que paseaba por la Calle Real no tenía para comer; pero con sus escasísimas monedas se compró un ramo de violetas. ¿Gesto fanfarrón? Pero heroico y elegante. ¿No es éste, acaso, el mismo que ahora reproduce con garbo la Biblioteca Nacional al renovar el lejano perfume romántico que emana aquella edición de *Los mexicanos pintados por sí mismos,* con igual gracia en la moda y en la actitud que la que hace ochenta años pusiera Murguía para dar en México el tono que en obras parejas llegaban de Francia y España? Ni más ni menos, y gracias sean dadas al actual director de la institución por su gesto tan semejante al otro del personaje medieval del ramo de violetas.

¿Cuándo nuestra biblioteca mayor ha sido atendida con el deber y los recursos que pide una colección nacional de su jerarquía? ¿Cuándo, a título de instrumento de cultura o de centro de investigación, o de necesidad popular, no digo la munificencia presupuestaria que necesita, sino la primaria obligación de atenderla, han funcionado para ir en ayuda de quien siempre debió recibirla, para devolverla con creces en la mejor moneda de fácil lectura y de estar al día, siquiera de lejos, en cuanto a los frutos de la inteligencia, tan útiles y aun de primera necesidad como los otros con que la naturaleza premia el trabajo de los hombres?

La Biblioteca Nacional, sujeta en toda su vida a régimen de minoría, reclinada en los tesoros con que la Reforma la dotara en otra hora, sin donativos, sin recursos casi para sus más indispensables urgencias físicas y –dicho se está– sin los libros que requiere ni los servicios que supone su denominación, ha vivido en la espera de la hermana Ana, acogida al calor paternal que le han prestado algunos directores como aquel Vigil, héroe silencioso que puso su cabeza y sus brazos al servicio constante de la institución, y este mosaico Fernández Ledesma, que hace brotar algunos libros de la roca, con la varita que llama a las puertas sensibles de la simpatía y de la caridad. No hay recursos para dotar a la biblioteca de personal, ni de muebles, ni de aquella liebre tan indispensable en todo guisado de liebre, y que en este caso está representada por los libros.

¿Qué hacer para dar vida a este cuadro eriazo y desolado? No siempre es posible crear los sustitutos del dinero. Sin embargo..., sin embargo, he aquí que puede surgir el delicado *edelweiss,* la florecilla que, sin raíces nutricias, se debe a la mágica de la voluntad. ¿Qué sería posible hacer con unas monedas para quien necesita muchos millares de ellas –no soñemos en los millones que en verdad exige– para llenar sus funciones naturales? ¿Comprar un voluminoso diccionario, una mesa de lectura, dos lámparas, veinte escobas, un fichero? Nada de eso remediaría las muchas necesidades... ¡Pues ya está: el ramo de violetas! Y en este caso el refinado vase en derechura de la curiosa antología costumbrista de la casa de Murguía, y con el amor intelectual que sabe dar a estas empresas, he aquí que pone de pie, una vez más, el periodo galante y romántico de cuando al otro lado del mar las heroínas se morían de amor entre lánguidos valses y arrebatadas mazurkas, y en la tierra de México los piratas rimaban el azul del cielo con el tul de las nubes e infundían a sus lectores un pavor rigurosamente literario con aquellos terribles árabes que arrastraban el alfanje por la arena.

La necesidad se prende en el ojal de la rosa de Ronsard, con lo cual el paisaje sin plantas ni frutos, sin agua ni nubes, adquiere de pronto un insospechado acento decorativo, tan imprevisto como suele suceder con muchos de nuestros fenómenos sociales; y el instituto, que tanto nos tiene habituados a su resistencia para vivir del aire delgado del valle de México y de la inagotable esperanza de todo fiel cristiano, se remoza con las galas que ahora acaba de sacar al sol de lo profundo del arcón de 1854, para lucir entre la reverberante luz de este verano de 1935. Es el episodio de la gran señora venida a menos que, en sus horas de penuria, cansada de la pobreza, se viste un rico traje de la remota bisabuela.

Esto del rico traje es un decir en este caso, pues más que galas o belleza lo que se puede encontrar en la edición de Murguía –quien por cierto no fue un impresor de buen gusto– es el influjo de evocación, la gracia ingenua del texto y de sus ilustradores, el aspecto documental de la edición y, eso sí, las finas litografías de Iriarte y las iniciales de gusto romántico con fondos arquitecturales, detalles ambos que han debido sufrir considerablemente, perdiendo aquella incomparable suavidad de tono, al pasar de la impresión de las antiguas piedras a la reproducción metálica del *offset,* lo que, unido a que las páginas y las láminas han sido reducidas y a la calidad inapropiada de la tinta, ha jugado una mala partida en estos detalles a quien con tan ejemplar entusiasmo se empeña en estos amables divertimientos en que la cultura y la tipografía suelen hermanarse. Él mismo lo dice, saliendo al paso de tal reparo, que nunca se cansará de lamentar la pobreza y el descuido de impresión de una obra como *Los mexicanos pintados por sí mismos,* y si tal es el caso tratándose de una edición facsimilar, quedaba siempre el atractivo de las láminas que, lo repetimos, han sido lamentablemente maltratadas en las reproducciones.

Pero en cambio la buena voluntad no ha sido vencida, y lo que pudo tener un valor de plástica lo cambia, por lo accesible de su precio, en un servicio popular al poner al alcance de modestas posibilidades la lectura de una curiosa antología de costumbres que, si ya están olvidadas, su conocimiento puede servir todavía de explicación y de inteligencia para las interpretaciones del pasado.

A propósito de esta publicación, largamente se podría discutir acerca del valor, el sentido y la oportunidad de las ediciones facsimilares; pero dejemos por ahora este tema para hacer resaltar, nuevamente, lo que de generoso se halla en la actitud de haber puesto en las manos de todos un libro que hasta hoy había pertenecido al mundillo exclusivo de los amantes de la curiosidad libresca.

[1935]

LOS MANUSCRITOS DE MÉXICO
EN EL ALCÁZAR DE MADRID

La biblioteca del Palacio Nacional de Madrid que fue hasta hace poco tiempo la de los reyes de España, independiente de la Biblioteca Nacional española y de las otras pertenecientes al Estado, advino a la institución del Patrimonio de la República cuando ésta fue instaurada en 1931.

De muy poco hubieran servido los tesoros que aquélla guarda, a no ser porque a partir de 1908 el insigne Menéndez Pidal se ha ocupado en describir las crónicas generales de España de dicha colección y el laborioso conde de las Navas, bibliotecario que fue de la real casa, sacaba en letra impresa algunos de los papeles inéditos. De la misma biblioteca de Palacio han salido otros varios estudios sobre diversas materias, entre los que recordamos los que sobre pintura ha publicado, con avara rareza, el buen conocedor de artes plásticas y admirado hombre de letras don José Moreno Villa.

Pues ahora nos viene don Jesús Domínguez Bordona con un tomo muy importante, que es un catálogo de los manuscritos de América que figuran en la vieja colección de los Austrias y de los Borbones españoles. Sin ninguna dificultad hemos podido separar rápidamente, para su examen, las fichas que se refieren a los papeles sobre México. Sin acercarse, ni mucho menos, a la suma de documentos de interés para México que se conservan en el Archivo de Indias, en la Biblioteca Nacional de Madrid y en la ilustre Academia de la Calle del León, los que posee la de Palacio ofrecen, en ciertas piezas, una gran importancia; y, aunque algunos han dejado de ser inéditos, muchos otros, la gran mayoría, continúan siéndolo y pueden ser piezas muy útiles en la determinación de hechos históricos.

Códice preciadísimo para México de los que tiene la biblioteca de Palacio es la *Historia universal de las cosas de la Nueva España*, de fray Bernardino de Sahagún, de la cual conserva los libros primero y quinto en lengua española (se recordará que son doce las partes de que se compone esta obra) y el primero, segundo, tercero y cuarto en lengua mexicana. Este trabajo es el publicado en Madrid en 1905-1906 por nuestro ilustre compatriota don Francisco del Paso y Troncoso, quien, para completarlo, en parte, se sirvió de las otras secciones de la obra existentes en Florencia y en la Academia española de la Historia. Obra tan fundamental para la historia de México está todavía a la espera de su completa publicación, o de una gran edición crítica, lo cual sería más recomendable, que comprendiera los textos en español y en mexicano, para sustituir a las únicas disponibles y manejables en la actualidad y cuyos defectos son bien conocidos o sean la edición de Bustamante, de 1829-1830, y la versión francesa de Jourdanet y Siméon, publicada en 1880.

Algunos papeles podrían revelar hechos y **opiniones** prácticamente ignorados hasta hoy; tal es un expediente iniciado en 1846 por el ministro de España en México, señor Bermúdez de Castro, sobre el proyecto de convertir nuestro país en una monarquía, con un príncipe español; otro relacionado con ciertas negociaciones políticas sobre México, seguidas en París en los años de 1828 a 1834 por el infante don Francisco de Paula, y varios sugestivos informes económicos y políticos, producidos a raíz de la consumación de la independencia.

Allí se encuentra la *Historia de la Nueva España*, de Alonso de Zurita, en cuatro partes, la primera de las cuales se publicó en 1909, así como las *Noticias particulares de la Nueva España*, del mismo autor; el *Breve resumen y descubrimiento*, también de este país, escrita en el siglo XVIII por autor desconocido; las obras de Ixtlilxóchitl, copiadas de un ejemplar del coleccionista Panes y publicadas posteriormente por nuestro Chavero; una *Historia de los indios de México*, escrita en 1541 por uno de los doce primeros franciscanos llegados a estas tierras; un ejemplar del manuscrito recopilado por Veytia, *Modos que tenían los indios para celebrar sus fiestas en tiempo de la gentilidad*, con muchos dibujos coloridos y que presenta variantes con el Códice Florentino que de igual obra publicaron en facsímil la señora Nutall y el duque de Loubat, el de los *Baluartes de México,* también de Veytia (probablemente se trata del publicado en 1820); varias instrucciones a los virreyes, de las cuales –unidas a las ya conocidas y a las que existen en Sevilla y en la Biblioteca Nacional de Madrid– se podría reunir y editar una colección homogénea, que sería utilísima para construir la historia de la época colonial. Regístranse también muchos papeles inéditos referentes a Palafox y Mendoza, a sus famosos pleitos con los jesuitas y a la violenta literatura que con este motivo se produjo.

Hállanse en la colección el original de la famosa *Biblioteca hispano-americana,* de Beristáin, tan conocida y consultada por nuestros historiadores y bibliófilos; una *Descripción de la Nueva Galicia,* por Lázaro de Arregui; una descripción de las costas de California y del Mar del Sur desde el cabo de San Lucas, por Íñigo de Abad y la Serra, y una de la región de Durango, por don Pedro Tamarón; la memoria sobre el cultivo de la grana, por Alzate y Ramírez, y varias piezas literarias de los tiempos virreinales, no publicadas hasta ahora.

Cerca de doscientos títulos se podrían recoger relacionados con México, en la colección de manuscritos de la Biblioteca del Palacio Nacional de Madrid; bularios, cartas, cedularios, mapas, informes, relaciones, testimonios, memoriales, instrucciones, consultas, dictámenes, proyectos, estudios, descripciones, alegatos, proposiciones, noticias, defensas, peticiones, ordenanzas, leyes y otros muchos documentos relativos a los más diversos temas, la mayor parte de los cuales permanecen inéditos; con lo cual se podría intentar la formación de un catálogo especial y comentado de dichos papeles que, junto con los que llevamos publicados de los existentes en otras entidades de cultura y los que podrían realizarse con los que se hallan en otros institutos, formarían una colección de indispensable y provechosa consulta para los que se alleguen a la investigación de las fuentes españolas para la historia mexicana.

Don Jesús Domínguez Bordona, el autor del libro a que se refiere esta nota, es un infatigable trabajador en temas de historia y su personalidad se ha destacado con gran relieve en sus estudios sobre la miniatura española, de tal modo que se puede afirmar que es el primer especialista sobre este género en su país. Lo afirmamos así, porque no conocemos nada mejor que su monumental trabajo publicado en Florencia sobre la miniatura española: el pequeño de popularización sobre el mismo arte y su obra sobre manuscritos con pinturas; indispensables los tres para la historia de los orígenes de la pintura en España.

Señalamos al interés de nuestros investigadores la aportación del señor Domínguez Bordona para el conocimiento de un notable grupo de documentos sobre la historia mexicana.

[1936]

"RESIDENCIA EN LA TIERRA", DE PABLO NERUDA

Cuando el poeta ha dicho *residencia en la tierra,* ya está hecha la primera revelación de su libro, con sólo enunciar el nombre. Porque si la poesía es de la tierra y nacida en ella y para ella, como nosotros mismos, ¿para qué situarla en su sitio natural y propiciador? Saldría sobrando la pregunta, claro está, como también ia intención de rotular así un libro poemático, si no fuera porque la poesía salida desde la tierra tiene una fuerza de ascensionalidad que le es tan peculiar como indispensable y que por tendencia física la aleja de la gravitación y de las ideas planetarias, para impulsarle vuelo y suspensión en su atmósfera más adecuada.

Para una valuación de la poesía contemporánea apenas tendría sentido querer situar en América el libro de Pablo Neruda; sería mejor darle una categoría en la de la lengua española, pero para colocar la flecha en el blanco está el mundo total, con lo que se puede decir, sin más, que ésta es la poesía nueva en todos sus grados de universalidad y de jerarquía unánime que se escurre y escapa a cualquier atisbo analítico de orgánica literaria. La poesía, agregaría yo, tan difícil de aprehender y cultivar libremente, en las regiones en donde la temperatura de la confusión mantiene su clima interesado.

Al grupo de la gran poesía nueva de la lengua española podía enfrentársele otro, en no importa qué país, que lo superara en la calidad y en la suma de los valores de alta estimativa. No puedo distinguir esa superación, ni en la misma Francia, en donde todo ingenio y novedad hallan su asiento natural. No es extraordinario, en consecuencia, que la voz poética de Neruda se destaque ahora sobre su mejor paisaje de fondo en el hogar común en donde suenan las más auténticas de la nueva poesía.

El poeta tiene o se hace su universo poético. Como el artesano sus materiales de trabajo, como el erudito sus papeles y sus fichas, como la mujer su cosmos de amor, de ornato y de complejos, como los estados su orden social siempre en discusión, el poeta tiene su mundo; pero cada poeta tiene el suyo particular. A veces, como en los partidos de la política, está afiliado y tiene sus deberes programáticos, gústenle o no. Pablo Neruda tiene el suyo, hechizo en la buena acepción. ¿Se parece a ciertos mundos franceses y norteamericanos? Sí; se parece y aun coincide; pero es original, a pesar de su parentesco español con el de Rafael Alberti.

La poesía en poesía está aquí, sin concesiones; aquella que se muestra en toda su desnudez compleja. Sin temas preconcebidos y sin técnicas regladas. La atmósfera que la envuelve no puede ser otra que su propia atmósfera. Para intentar una división clasificativa, habría que recurrir a la pintura misma, no a la literatura, el retrato, el paisaje y el bodegón; la historia y la mitología; el mundo y el cielo, el reglismo, el tenebrismo y el manierismo. Aludiendo al reproche de Petronio, decía Kingsley Porter que también nosotros, como los romanos, estudiamos el arte en vez de crearlo. Sólo que a veces en las artes del poeta, al estudiarlo por razones de la eterna continuidad de la poesía, acierta a crearlo sin proponérselo. Picasso, cumbre del continuismo pictórico, crea un nuevo espíritu de la plástica, tanto como en Stravinsky culmina en la creación de una nueva sensibilidad el pulso de muchas generaciones de músicos. Neruda es también un sensibilísimo receptor de los últimos mandatos de la poesía. Y ése es, nada menos, el deber esencial y divino del poeta: recepción. Lo demás es añadidura, buena o mala.

Lo primero que sorprende –exteriormente– en la poesía de Neruda es su arquitectura, hecha de trazos largos y undulantes en donde la proporción armónica o se muestra en la línea general de la construcción o va corriendo, intravenada, sin perder un punto su acento –o su intención, que tanto monta– de rítmica constante. La actitud plástica de los poemas, es decir, eso que podríamos llamar su dignidad personal, ¡cuán bien que anuncia y denuncia su pensamiento y la significación interior de su poesía, tal como en esas construcciones cuya fachada, si bien se ve, ya está revelando la traza de su planta!

"A lo sonoro el alma rueda cayendo desde sueños", dice Neruda en su *Residencia en la tierra,* y ésa sería la definición de su poesía y de su técnica. Desde los sueños la poesía viene a habitar en la tierra. Como en Dalí, este Dalí en verso recoge del sueño sus materiales y aquí está, en plena corporeidad y en el juego de sus elementos, en el goce de la plástica pura, entregada al ejercicio de la alegría o al duro placer del llanto. En sus manos la poesía se transforma en cuerpos sólidos y las sustancias se volatilizan en poesía. Eficaces probetas las suyas para hallar los más sensibles alcaloides.

En los poemas de Neruda el juego entre la realidad y el mito lo abarca todo, aun en las más delirantes sugerencias; y entre la una y el otro hay un constante acercarse al mismo tiempo que una fuga –lo digo en el sentido propiamente musical– cuyo enlace y desenlace se suceden sin interrupción; en un momento la realidad deslumbra con sus variadísimos elementos objetivos; pero luego puede verse que todo ello no es sino punto de partida para dar paso al mito cargado de profundos misterios, a la vigilia infrarreal de los sueños y al secreto intraducible que sigue, como la propia sombra, a las palabras. Sólo el espíritu saturado de la más recóndita física de la poesía puede asir, en el giro de la alusión sustantiva y de la palabra cotidiana, la entrañada sutilidad de su esencia, la intimidad de su misterio y la gota inefable de su recóndita virtud.

En este estado de la poesía el lenguaje puede ser coincidente o elusivo de la expresión directa para mostrarse como un simple instrumento de ejecución; pero en este caso se halla sustituido por la calidad evocadora de las palabras, cada una de las cuales va exprimiendo insospechados jugos, a veces de exclusivo valor plástico; pero tan cargadas de vislumbres.

La vislumbre en los poemas de *Residencia* es siempre tentacular. ¡Cuántos objetos, cuántas alusiones a las cosas desfilan a cada instante en este libro y cómo, a veces, la alusión aislada, el objeto nombrado, parecen a punto de salirse por la tangente de la antipoesía! Pero nada más lejos de este peligro, porque aquellas palabras son los tentáculos que se alargan hacia las más finas sugestiones, hacia la poesía que se está ahogando con un pelo, en la que "sube un río de sangre sin consuelo por un agujero de alfiler".

De esta forma y en este fondo no existe nada inaprehendiente ni desechable para el poeta que sabe distinguir lo que de unánime y de universal existe en los más sencillos materiales, con lo que, en fin de cuentas, puede armar su teatro sin tema ni reparto de personajes. Neruda es el cambista generoso que recibe de todo, incluso la humilde chatarra, para cambiarlo en poesía contante y sonante. Alambique, crisol y prestímano. Químico y mágico.

Como en su evocación a Rojas Jiménez, la poesía de Pablo Neruda viene volando. Volando entre el rumor amarillo de sus mundos siniestros y de sus navíos vegetales; entre apretados racimos de desventuras cenicientas; entre los dramas que pasan por el ojo de la aguja y la desesperada soledad de los gatos fosfóricos. Y en cada encrucijada y a la vuelta de cada esquina, la poesía asienta en la realidad de la tierra su roce sobrenatural y patético.

[1936]

LUIS G. URBINA EN ESPAÑA Y SUS ÚLTIMOS DÍAS

Cuando llegué a España, en 1932, ya Luis G. Urbina ofrecía a simple vista todo el aspecto de un hombre vencido por los achaques y entristecido por la vida. Apenas de tarde en tarde, respondiendo a las apelaciones de la amistad, asomaba a sus labios aquella sonrisa y aquel ingenio que tanto marcaran enantes su simpática personalidad, tan mexicana y atractiva.

Apenas terminado el verano marchábase a Sevilla, a ocuparse en la comisión de investigar y colectar en papeles históricos, y regresaba a Madrid hasta entrada la primavera. No era mucho lo que podía rendir su trabajo, por una parte por la mala salud del escritor; pero principalmente por la casi total falta de asistencia en que lo desempeñaba. En la antigua Casa Lonja, al lado de la catedral y vecina del alcázar, asistía regularmente Urbina a leer y copiar papeles del Archivo General de Indias. En aquel sobrio y sólido edificio que contiene tesoros de la historia de América y junto con investigadores europeos, reuníanse –y continúan asistiendo– investigadores de Argentina, de Cuba, de los Estados Unidos y, menos regularmente, de otros países de este continente. De allí han salido preciosos documentos para un instituto cubano que tiene local propio en las mismas riberas del Guadalquivir; allí el muy ilustrado Torre-Revello ha enriquecido con pacientes buscas el conocimiento de la historia colonial argentina; allí Chacón y Calvo descubre preciosos filones que esclarecen el conocimiento cubano; allí pude contar hasta dieciséis comisionados de universidades y otras instituciones norteamericanas, que copiaban cuanto les venía a las manos relacionado con los Estados Unidos. Pero tenían facilidades que nunca pudo obtener el ilustre poeta de México; pues mientras aquéllos disponían de auxiliares, copistas, aparatos de fotostato y fondos para obtener todas las copias que les interesaba, Urbina, atenido a sus propias fuerzas, tenía que hacerlo todo por sí mismo, revisar personalmente cada papel, hacer directamente todas las notas y sacar por su propia mano las copias, retirando a veces de su propio sueldo algunas pequeñas sumas para pagar las copias a máquina en que él hubiera agotado las fuerzas. Y así, mientras que otros investigadores podían rendir un trabajo abundante y eficaz, el nuestro marchaba con la lentitud que podía allegarle la pobre situación en que se hallaba para realizar su trabajo. Manteníase aquélla no ciertamente por falta de explicaciones y oportunos avisos a las entidades oficiales respectivas...

Cuando estaba en Madrid, el buen Luis se allegaba por la embajada de México, casi siempre acompañado de quien era allá su íntimo e inseparable amigo, don Román Navarro Cortés, un viejo profesor pensionado por el gobierno mexicano. Iba a conversar conmigo, largamente, siempre haciendo melancólicos recuerdos de la patria lejana. No quería regresar, y casi siempre eludía este tema, cuando yo le proponía la vuelta a México. Quejábase de que estaba olvidado, de que ya nadie le escribía, de sus decepciones con antiguos amigos, de que aquí no tendría recursos para subsistir. Yo le contradecía, amablemente, y procuraba sacarle de la cabeza aquellas ideas fatalistas, asegurándole que la pereza epistolar de la gente no suponía despego ni olvido y que aquí hallaría cordial asistencia y medios de pasar honestamente la vida. Entonces se batía en retirada, asegurándome que la ciudad de México –¡su vieja ciudad de México que él tanto amaba!– no cuadraba a su actual temperamento; a lo que me era fácil replicarle que podría encontrar un tranquilo retiro en cualquiera de los pueblos suburbanos.

Pero la única realidad de todo esto era la de que Urbina se había creado una invencible repugnancia al fragor de nuestra política y que temía verse envuelto, siquiera lejanamente, en las contingencias de ésta en lo general o de cualquier situación en particular. Era tan mexicano como nunca; pero le dominaba el horror al contacto de la política nativa, por lo cual había decidido mantenerse alejado del país tanto tiempo como le hubiera sido posible. Me refería ciertas experiencias de que había sido víctima, a las cuales él daba una importancia desmedida y aun fantástica. Pero yo no cejaba en el empeño, pensando en atraerlo de nuevo hacia la patria.

Su dieta era rigurosa, y sólo por excepción la quebrantaba, haciendo que se le preparara alguna comida mexicana, de la que gustaba sobriamente. Estaba muy enflaquecido, su circulación sanguínea era ya muy irregular, notoriamente arrastraba los pies al caminar y subía con mucha dificultad las escaleras. Desde su lejano domicilio madrileño siempre usaba del automóvil para trasladarse a la embajada de su país. Hacía ya muchos años que no asistía a la peña de la Cervecería del Cocodrilo en la Plaza de Santa Ana, y era entonces tan retraído que en Madrid, algunos escritores que antes le conocieron, lo creían ausente en América.

En la Primavera de 1933 lo hallé gravemente enfermo en Sevilla. Vivía en una modesta casa de familia, en la callejuela del Lagar, del sevillanísimo barrio de Santa Cruz. Allá fuime,

Pero la única realidad de todo esto era la de que Urbina se de la Plaza del Pan, Conde Toja, Siete Revueltas y cien sitios más en donde andan confundidas la plástica, la leyenda y la poesía únicas de aquel famoso barrio. Era una casuca viejísima, con un patio que apenas podía contener el pozo de donde se sacaba el agua y unas pocas habitaciones en el piso superior. Urbina, enflaquecido y muy débil, envuelto en su bata de lana, se hallaba en un sillón, consumiendo una sopa, ayudado por la siempre fiel Camila, su ama y compañera que supo aliviar y endulzar los últimos años de su vida, asistiéndole con ejemplar dedicación e inagotable bondad.

–Por poco me voy de ésta –me dijo Urbina con un hilo de voz–, tan lejos de mi tierra. Si algo sucediere todavía –agregó–, no deje usted de ayudar a Camila, para ver qué se hace conmigo.

Pude consolarlo, asegurarle que el peligro había pasado y prometerle que pronto le vería sano en Madrid. Así sucedió, en efecto, y al año siguiente, en 1934, le hablé de trasladarse durante el verano al Norte de España, en donde la temperatura le sería muy favorable. Pero él insistía en regresar a Sevilla, por la que tenía una entrañable predilección. Entonces me atreví a proponerle algo que él, delicadamente, no había querido insinuar: su matrimonio con la buena Camila. Le vi contento y muy feliz cuando abordé este tema; me leyó algunos de sus últimos poemas, de sabor entre irónico y melancólico, y me dijo que yo mismo le casaría en la embajada, lo cual, desgraciadamente, no pudo realizarse así, porque la ley mexicana sólo autoriza a los agentes diplomáticos a efectuar matrimonios entre dos mexicanos, pero no entre mexicano y extranjera. Estaba ese día tan contento, que llegó a decirme: "Ahora no podré regresar a México; pero si usted vuelve a España, le prometo que al regresar usted a México definitivamente también volveré yo."

En octubre de 1934 Urbina fue a la embajada a anunciarme que estaba listo para efecuar su matrimonio: lo había arreglado todo con el cura del barrio de las Ventas, de quien era amigo íntimo y con el juez civil. Urbina se había hecho católico ferviente, y aunque a nadie hablaba de esto, según mis noticias, era un fiel observante y departía a menudo con su amigo el sacerdote. El ilustre escritor me habló de que, para celebrar su matrimonio con Camila, que estaba fijado para dentro de unos cuantos días, había pensado que otro día después le acompañara a un almuerzo íntimo, a la mexicana, al que sólo asistiríamos él, su mujer y yo, el 29 de octubre.

Por desgracia Urbina fue atacado por una gripa el mismo día del casamiento y ya no pudo recobrarse del mal, que recrudeciéndose y complicándose lo llevó a la muerte. Todavía el 29 de octubre el poeta se sostenía en pie y de buen humor, y al llegar a su casa me refería bromas y anécdotas como en sus mejores días de México.

Había logrado, por medio de modestísimos ahorros, construir una pequeña casa, un verdadero palomar con su jardinillo, en el popular barrio de las Ventas del Espíritu Santo (Calle de Martín Freg, 18), a la derecha, según se va por la carretera de Alcalá, de la salida de Madrid.

Condújome al pequeño jardín que él llamaba su huerto, citando aquel del clásico, que el aire orea "y ofrece mil olores al sentido"; y así era en efecto, en aquel otoñal octubre, que es el mejor de Madrid y tan florecido como el de mayo, del que dicen los habituales de la vieja villa:

marzo lluvioso y abril ventoso,
sacan a mayo florido y hermoso.

–No faltarán ni los huauzontles –me decía muy contento Urbina–, que en eso de traerlos hasta aquí tengo mi secretillo.

El almuerzo de bodas, de tres comensales, fue de lo más cordial y todo el se pasó en recuerdos de la tierra ausente y en buenos propósitos para el porvenir. La casa de Urbina era un juguete: un saloncillo minúsculo, un comedor algo más amplio, las habitaciones de Camila y de sus parientes, la diminuta alcoba del poeta, en donde éste dormía en un angosto lecho con cubierta de terciopelo rojo oscuro y la biblioteca; aquí estaban ocupando hasta la línea del techo, sus libros de siempre; autores españoles, franceses, mexicanos; una breve chimenea de mármol, en cuya repisa había la escultura en madera de un fraile orante, el medallón con la cabeza del maestro Sierra, de quién fue muy devoto amigo y admirador, y un radio que distraía las veladas de la familia. En aquel sitio de "Villa Camila"

–así llamaba a la casa una cartela de cerámica que había en la entrada– departimos, una vez más, de tantas cosas que eran temas inevitables de nuestras conversaciones; insistí todavía con el poeta en que escribiera y publicara sus memorias, en las que podía haber referido tantas cosas de la vida mexicana, de sus amistades literarias, de sus andanzas de cronista teatral, de sus trabajos en el periodismo, de las personalidades que él había conocido de cerca. Se resistía a hacerlo porque –me decía– "las memorias sirven para conocer a los grandes hombres o a los vanidosos que gustan de exhibir su egoísmo y sus pequeños chismes"; pero cediendo a veces a mi insistencia, agregaba: "Sí, sí, con mis memorias se podría reconstruir un México peculiar que yo conocí muy bien."

–Pues escríbalas usted, *Viejecito.*

–Sí, ya veremos ... Cuando regrese ...

Hablamos de su obra futura. Tenía copiados y estudiados varios documentos del archivo hispalense, algo así como unas cuatrocientas hojas, que él me había facilitado unos meses antes para leerlos, relativos a personajes de nuestra independencia; papeles en los que él había llegado a nuevas interpretaciones histórico-sociales de aquella época. Tenía un libro inédito de poesías; varios poemas sueltos escritos en sus últimos años; muchos apuntes.

La despedida fue larga; yo salía al día siguiente para Gibraltar, en donde embarcaría. En la reja de "Villa Camila" me habló de nuevo de su vuelta a México, cuando yo, al regresar a España, viniera nuevamente al país. Urbina estaba emocionado con los propósitos y los recuerdos; lloraba. "Vea usted –dijo de pronto con su melancólica ironía–, esto es 'la vieja lágrima'."

Me marché de Madrid; agravóse la enfermedad del gran poeta. Al llegar aquí recibí la noticia de su muerte.

[1936]

LA FAMILIA DE NERVO

Con todo y ser la de Amado Nervo una de las figuras más documentadas de la literatura mexicana (la bibliografía que de él hemos recogido es la más grande que se ha hecho de cualquier escritor de este país), todavía su investigación está lejos de agotarse. No pocos aspectos inéditos de su vida y de su espíritu no han sido expuestos, ni mucho menos estudiados. El renombre del poeta y escritor, en México y fuera de aquí, es uno de los "hechos" mexicanos de mayor crédito y jerarquía para que lo abandonemos al olvido o a la indiferencia. Todo el cuidado de que se le rodee y el atento examen con que se le observe encumbrarán cada vez más la figura y darán para esta nación una personalidad prócera de la que siempre podrá honrarse la cultura nativa.

Poco o casi nada se ha publicado sobre la familia de Amado Nervo, y aunque el tema podría darnos pie para extendernos, por ahora sólo queremos fijar algunos datos, a título de guía para posteriores estudios.

El padre de Nervo llamábase como éste, Amado Nervo; la madre del poeta, doña Juana Ordaz, ambos pertenecientes a familias tepiqueñas conocidas, honestas, laboriosas. Cuando nació en Tepic Amado Nervo, el 27 de agosto de 1870, su padre era comerciante en aquella pequeña ciudad. El nombre de familia del abuelo paterno del poeta es Ruiz de Nervo; el del abuelo materno, Pascual Ordaz.

Los primeros hijos del matrimonio Nervo-Ordaz fueron unas niñas gemelas, que murieron al nacer. Luego nació Amado. Sobre su infancia y juventud publicaremos después algunos apuntes. Entre los hermanos de Nervo hay siempre una diferencia de edad de un año y medio, y el orden de sucesión, a partir de Amado, es el siguiente:

En los primeros meses de 1872 nació Francisco, quien murió a la edad de 2 años.

Después vino al mundo el segundo de los Franciscos, quien murió en Zamora a los 17 años. Había ido allá a estudiar al colegio del padre Plancarte.

Después de este Francisco sigue Luis. Había marchado de Tepic al Rosario, en Sinaloa, en donde trabajaba en una tienda de don Adrián Félix, tío del autor de este artículo, en cuya casa residió. Luis era un joven melancólico y sumamente retraído. Tenía 21 años de edad cuando murió en la ciudad de México.

En seguida viene Rodolfo, el diplomático, quien actualmente reside en París. La biografía de don Rodolfo Nervo, detallada, puede hallarse en los escalafones del Servicio Exterior Mexicano.

Nació después Ángela. Doña Ángela Nervo se casó con el señor Padilla, hombre de negocios, y el matrimonio reside actualmente en Azcapotzalco. Entre sus hijos figura don Luis Padilla Nervo, diplomático mexicano y antiguo subsecretario de Educación.

Siguen Elvira y Concepción. Las señoritas Nervo residen en esta ciudad de México.

La familia de Nervo ha aumentado con muchos parientes colaterales, cuñados, sobrinos y primos del poeta, por parte de sus hermanos don Rodolfo y la señora de Padilla, y de los tíos que después se mencionan.

Como en algunos de sus poemas alude a "mi tía la canonesa", se ha creído que Nervo tenía una tía miembro de alguna comunidad religiosa. No hay tal; sólo se trata del desarrollo de un tema literario. Sin embargo, una de sus primas sí fue religiosa. Doña Catalina y doña Virginia Cadena Nervo son primas de los Nervos. Doña Catalina profesó en el convento de la Visitación, en Bonanza, de la provincia de Cádiz, en donde murió el 5 de noviembre de 1933. Doña Virginia contrajo matrimonio con don Juan B. Togno, ingeniero, y ambos residentes en la ciudad de México.

Por el lado paterno, Nervo tuvo solamente una tía, doña María Nervo de Montenegro, casada con el coronel don Ignacio L. Montenegro y madre del pintor don Roberto Montenegro, y del lado materno tuvo cinco tíos: don Pascual, don Quirino, don Andrés, doña Refugio y doña María Ordaz. De la familia Ordaz salió el poeta Quirino, que tuvo cierto renombre en provincia.

Muy pocas oportunidades tuvo Nervo de vivir al lado de sus familiares, a partir de su salida a Mazatlán. Apenas pudo hacerlo por breves temporadas: la última, cuando, antes de marchar a la América del Sur, residió unos días con sus hermanas en la casa de la calle de Colonia que ahora lleva el nombre del gran poeta.

[1936]

FEDERICO GARCÍA LORCA

Tenía Federico García Lorca mucho material inédito, entre el cual algunos libros completos. Trabajaba desordenadamente y le importaban un pito los editores y la publicidad. Convencerle de que publicara un libro, de que diera algún poema para las revistas, era trabajo de Hércules. Pescarle en su casa, en el extremo de la calle de Alcalá, era perder el tiempo. A lo mejor desaparecía, lo mismo a las diez de la mañana que a las cinco de la madrugada, por la carretera de Granada que por la tan opuesta de Tuy.

Tenía muchas cosas que ahora se podrían publicar inmediatamente: dramas, comedias, romancillos, odas, estudios. Pero como si nada. Una vez me leyó, de un tirón, un próximo libro suyo por el cual tenía cierta predilección: *Diván del Tamarit*. El Tamarit se llama una granja que tienen sus padres en la provincia de Granada y que es donde Federico solía pasar largos descansos. En otra vez me confió un cuaderno de poemas inéditos, del estilo de sus *Canciones* (1921-1924). Pude copiar sólo unos pocos, porque por ese tiempo debía yo regresar a México. De esos poemas inéditos publica ahora la revista *Universidad* el segundo de la serie *Herbario*, en homenaje al gran poeta, a quien ya se tiene por asesinado en la guerra civil, en la que España se está defendiendo de un absurdo regreso al Medievo.

[1936]

388

BIBLIOGRAFÍA DE GENARO ESTRADA

Recién pasados sus veinte años, Genaro Estrada comienza a trabajar y a colaborar en el periodismo. Se sabe que hace sus primeras armas en *La Bohemia Sinaloense* y es posible que allí publicara su "Canto a Rosales" con el que obtuvo el primer premio en los Juegos Florales de su provincia natal hacia 1906. Se sabe también que más tarde fue jefe de redacción de *El Monitor* de Sinaloa, donde colaboró con editoriales, crónicas, reportajes, crítica y artículos diversos. Que por los inicios de 1911 se traslada a Mazatlán para hacerse cargo de otro periódico: *El Diario del Pacífico*. Que inmediatamente de su llegada a la ciudad de México, el 1º de septiembre de ese año, ingresa como redactor en *El Diario* y colabora en *El Mañana*, dos de los exponentes más acérrimos de la prensa antimaderista.

El carácter anónimo de casi todo el material de esos matutinos imposibilita precisar o reconocer los trabajos de Genaro Estrada. La única excepción son los cuatro breves y satíricos artículos titulados "Zapatadas", firmados por *Lápiz Tinta*, seudónimo utilizado por Estrada en *El Diario*, según lo atestigua Rodolfo Monjaraz Buelna en su estudio *Genaro Estrada, su vida y su obra* (Culiacán, México, Universidad Autónoma de Sinaloa, Serie Biográfica, sin año, p. 4).

Más lastimosa todavía es la incertidumbre ante las posibles contribuciones en el semanario *Argos*, cuyo primer número apareció el 5 de enero de 1912, y el último, el sexto, el 10 de febrero de ese año, dirigido por Enrique González Martínez y donde Estrada oficiaba de secretario y gerente. Lastimoso porque *Argos* apuntaba más a una revista artística que a una simple publicación sobre temas y apreciaciones momentáneos.

La siguiente bibliografía de Genaro Estrada no incluye, pero quiere destacar aquí otra de sus labores más sobresalientes por amor al libro: la de editor. Obsesiva fue su acción por impulsar revistas, por publicar libros y dirigir colecciones que contribuyeran a documentar y a esclarecer un proceso cultural, en particular el de México.

Además de pertenecer a la redacción de varios voceros literarios e históricos, de proyectar los primeros textos de *La Pajarita de Papel* del Pen Club mexicano, de prestar su apoyo, moral y económico, a *Contemporáneos*, fue el fundador y el animador de cinco insuperables colecciones.

En 1923, cuando Genaro Estrada era subsecretario de Relaciones Exteriores, creó el Archivo Histórico y Diplomático Mexicano con el objeto de dar a conocer una serie de documentos sobre la historia de México en relación con las cuestiones internacionales. El propio Estrada preparó y ordenó cuatro volúmenes, y encargó a distinguidos

389

especialistas las monografías que alcanzaron en doce años de existencia los siguientes treinta y nueve libros:

1. *La diplomacia mexicana. Pequeña revista histórica,* por Antonio de la Peña y Reyes, encargado de investigaciones histórico-diplomáticas en la Secretaría de Relaciones Exteriores, profesor de la Universidad Nacional de México. México, 1923, 41 pp.

2. *Noticia histórica de las relaciones políticas y comerciales entre México y el Japón, durante el siglo XVII,* por Ángel Núñez Ortega; con una advertencia y un apéndice. México, 1923, 126 pp.

3. *Incidente diplomático con Inglaterra en 1843;* con una advertencia escrita por Antonio de la Peña y Reyes, encargado de investigaciones histórico-diplomáticas en la Secretaría de Relaciones Exteriores. México, 1923, 31 pp.

4. *Las relaciones entre México y Perú: La misión de Corpancho,* con una introducción por Genaro Estrada, oficial mayor de la Secretaría de Relaciones Exteriores. México, 1923, 227 pp.

5. *El decreto de Colombia en honor de D. Benito Juárez;* con una advertencia por Antonio de la Peña y Reyes, encargado de investigaciones histórico-diplomáticas en la Secretaría de Relaciones Exteriores. México, 1923, 27 pp.

6. *Personas que han tenido a su cargo la Secretaría de Relaciones Exteriores desde 1821 hasta 1924.* México, 1924, 35 pp.

7. *Lucas Alamán, el reconocimiento de nuestra Independencia por España y la unión de los países hispanoamericanos;* introducción de Antonio de la Peña y Reyes, encargado de investigaciones histórico-diplomáticas en la Secretaría de Relaciones Exteriores. México, 1924, 114 pp.

8. *Don Manuel Eduardo de Gorostiza y la cuestión de Texas,* documentos históricos precedidos de una noticia biográfica por Antonio de la Peña y Reyes, encargado de investigaciones histórico-diplomáticas en la Secretaría de Relaciones Exteriores. México, 1924, 206 pp.

9. *León XII y los países hispanoamericanos;* prólogo de Antonio de la Peña y Reyes, encargado de investigaciones histórico-diplomáticas en la Secretaría de Relaciones Exteriores. México, 1924, 97 pp.

10. *Notas de don Juan Antonio de la Fuente, ministro de México cerca de Napoleón III;* precedidas de una advertencia por Antonio de la Peña y Reyes, encargado de investigaciones histórico-diplomáticas en la Secretaría de Relaciones Exteriores. México, 1924, 101 pp.

11. *La anexión de Centro América a México* (Documentos y Escritos de 1821). T. I. Prefacio y compilación de Rafael Heliodoro Valle. México, 1924, 169 pp.

12. *La Concesión Leese;* recopilación de documentos oficiales, seguida de un estudio crítico-histórico por Fernando Iglesias Calderón; advertencia de Antonio de la Peña y Reyes, encargado de investigaciones histórico-diplomáticas en la Secretaría de Relaciones Exteriores. México, 1924, 193 pp.

13. *El Tratado Mon-Almonte;* colección de documentos precedida de una introducción por Antonio de la Peña y Reyes, encargado de investigaciones histórico-diplomáticas en la Secretaría de Relaciones Exteriores. México, 1925, 157 pp.

14. *El Dr. Vicente G. Quesada y sus trabajos diplomáticos sobre México;* noticias recopiladas y comentadas por Fernando González Roa, profesor de Derecho Internacional en la Universidad Nacional de México. México, 1925, 199 pp.

15. *Lord Aberdeen, Texas y California;* colección de documentos precedida de una introducción por Antonio de la Peña y Reyes, encargado de investigaciones histórico-diplomáticas en la Secretaría de Relaciones Exteriores. México, 1925, 72 pp.

16. *Diario de un escribiente de legación,* por Joaquín Moreno, oficial de las legaciones de México y Roma (1833-1836), con una introducción por Genaro Estrada, director del Archivo Histórico Diplomático Mexicano, profesor de Historia de México en la Universidad Nacional. México, 1925, 286 pp.

17. *Las relaciones diplomáticas de México con Sud-América;* colección de documentos precedidos de un prólogo por Jesús Guzmán y Raz Guzmán, jefe de sección de la Secretaría de Relaciones Exteriores. México, 1925, 179 pp.

18. *El barón Alleye de Cyprey y el Baño de las Delicias;* colección de documentos precedida de una introducción por Antonio de la Peña y Reyes, encargado de investigaciones histórico-diplomáticas en la Secretaría de Relaciones Exteriores. México, 1926, 82 pp.

19. *El Congreso de Panamá y algunos otros proyectos de unión hispanoamericana;* prólogo de Antonio de la Peña y Reyes, encargado de investigaciones histórico-diplomáticas en la Secretaría de Relaciones Exteriores. México, 1926, 262 pp.

20. *Los precursores de la diplomacia mexicana,* por Isidro Fabela. México, 1926, 206 pp.

21. *Relaciones entre México y Venezuela;* breves notas históricas por Manuel Landaeta Rosales. México, 1927, 16 pp.

22. *El tratado de paz con España* (Santa María Calatrava), prólogo de Antonio de la Peña y Reyes, encargado de investigaciones histórico-diplomáticas en la Secretaría de Relaciones Exteriores. México, 1927, 222 pp.

23. *La primera guerra entre México y Francia;* prólogo de Antonio de la Peña y Reyes, encargado de investigaciones histórico-diplomáticas en la Secretaría de Relaciones Exteriores. México, 1927, 343 pp.

24. *La anexión de Centro América a México* (Documentos y Escritos de 1821-1822). T. II. Compilación de Rafael Heliodoro Valle. México, 1927, 469 pp.

25. *Don Juan Prim y su labor diplomática en México;* con una introducción de Genaro Estrada, director del Archivo Histórico Diplomático Mexicano. México, 1928, 251 pp.

26. *La insubsistencia de una Convención de Reclamaciones;* prólogo de

Antonio de la Peña y Reyes, encargado de investigaciones histórico-diplomáticas en la Secretaría de Relaciones Exteriores. México, 1928, 214 pp.

27. *Las relaciones entre México y el Vaticano;* compilación de documentos, con un estudio preliminar y notas de Joaquín Ramírez Cabañas. México, 1928, 238 pp.

28. *La labor diplomática de D. Manuel María Zamacona, como secretario de Relaciones Exteriores;* prólogo de Antonio de la Peña y Reyes, México, 1928, 160 pp.

29. *Las memorias diplomáticas de Mr. Foster sobre México,* con un prólogo de Genaro Estrada, director del Archivo Histórico Diplomático Mexicano. México, 1929, 143 pp.

30. *Comentarios de Francisco Zarco sobre la Intervención Francesa (1861-1863),* prólogo de Antonio de la Peña y Reyes. México, 1929, 308 pp.

31. *Algunos documentos sobre el Tratado de Guadalupe y la situación de México durante la invasión americana;* prólogo de Antonio de la Peña y Reyes. México, 1929, 413 pp.

32. *Un esfuerzo de México por la independencia de Cuba;* prólogo de Luis Chávez Orozco. México, 1930, 228 pp.

33. *El empréstito de México a Colombia;* recopilación de documentos con una introducción y notas de Joaquín Ramírez Cabañas. México, 1930, 247 pp.

34. *Las relaciones diplomáticas entre México y Holanda;* con una introducción de Manuel Maestre Ghigliazza. México, 1931, 138 pp.

35. *La gestión diplomática del doctor Mora;* con una advertencia de Luis Chávez Orozco. México, 1931, 207 pp.

36. *Bosquejo histórico de la agregación a México de Chiapas y Soconusco y de las negociaciones sobre límites entabladas por México con Centro América y Guatemala,* por Andrés Clemente Vázquez, México, 1932, 661 pp.

37. *Un programa de política internacional,* por Juan Francisco de Azcárate. México, 1932, 72 pp.

38. *Altamirano y el barón de Wagner, un incidente diplomático en 1862;* documentos recopilados por Joaquín Ramírez Cabañas. México, 1932, 92 pp.

39. *Un siglo de relaciones internacionales de México (a través de los Mensajes Presidenciales);* con un prólogo de Genaro Estrada, director del Archivo Histórico Diplomático. México, 1935, 464 pp.

En 1925, a sólo un año y medio de la creación del Archivo Histórico Diplomático Mexicano, Genaro Estrada organizó una nueva serie de publicaciones a la que tituló Monografías Bibliográficas Mexicanas. "Esta dura labor –afirmaba en el proyecto–, sin pena ni gloria, no quiere otra cosa que aliviar el trabajo de los investigadores de las letras mexicanas; aportar el árido e indispensable material que luego ha de servir para las construcciones mentales; organizar los dispersos datos que tan útiles suelen ser para el pensamiento creador y para la erudición literaria." El propio Estrada abrió y cerró la colección, que alcanzó a completar treinta y una monografías:

1. Genaro Estrada, *Bibliografía de Amado Nervo.* México, 1925, 36 páginas.

2. Rafael Sala, *Marcas de fuego de las antiguas bibliotecas mexicanas.* México, 1925, 119 pp.

3. Juan B. Iguíniz, *Bibliografía de novelistas mexicanos;* ensayo biográfico, bibliográfico y crítico; precedido de un estudio histórico de la novela mexicana por Francisco Monterde García Icazbalceta. México, 1926, 432 pp.

4. Manuel Romero de Terreros, *Bibliografía de cronistas de la ciudad de México.* México, 1926, 16 pp.

5. Ramón Mena, *Filigramas o marcas transparentes en papeles de Nueva España, del siglo XVI.* México, 1926, 29 pp.

6. José G. Heredia, *Bibliografía de Sinaloa, histórica y geográfica.* México, 1926, 185 pp.

7. Dorothy Schons, *Bibliografía de Sor Juana Inés de la Cruz.* México, 1927, 67 pp.

8. Departamento del Petróleo, *Bibliografía del petróleo en México.* México, 1927, 169 pp.

9. *Catálogo de la colección de manuscritos relativos a la historia de América formada por Joaquín García Icazbalceta;* anotado y adicionado por Federico Gómez de Orozco. México, 1927, 287 pp.

10. Vito Alessio Robles, *Bibliografía de Coahuila, histórica y geográfica.* México, 1927, 450 pp.

11. Nicolás Rangel, *Bibliografía de Juan Ruiz de Alarcón.* México, 1927, 44 pp.

12. Archivo de Indias, *Índice de documentos de Nueva España existentes en el Archivo de Indias de Sevilla.* T. I. México, 1928, 438 pp.

13. Vicente Lombardo Toledano, *Bibliografía del trabajo y de la previsión social en México.* México, 1928, 216 pp.

14. Archivo de Indias, *Índice de documentos de Nueva España existentes en el Archivo de Indias de Sevilla.* T. II. México, 1929, 451 pp.

15. Irving A. Leonard, *Ensayo bibliográfico de don Carlos de Sigüenza y Góngora.* México, 1929, 65 pp.

16. Francisco J. Santamaría, *Bibliografía general de Tabasco.* T. I. México, 1930, 608 pp.

17. Jesús Guzmán y Raz Guzmán, *Bibliografía de la Reforma, la Intervención y el Imperio.* T. I. México, 1930, 422 pp.

18. Juan B. Iguíniz, *Bibliografía bibliográfica mexicana.* T. I. México, 1930, 546 pp.

19. Jesús Guzmán y Raz Guzmán, *Bibliografía de la Reforma, la Intervención y el Imperio.* T. II. México, 1931, 434 pp.

20. Felipe Teixidor, *Ex libris y bibliotecas de México.* México, 1931, 550 pp.

21. Roberto Ramos, *Bibliografía de la Revolución mexicana.* T. I. México, 1931, 530 pp.

22. Archivo de Indias, *Índice de documentos de Nueva España existentes en el Archivo de Indias de Sevilla.* T. III. México, 1931, 704 pp.

23. Archivo de Indias, *Índice de documentos de Nueva España existentes en el Archivo de Indias de Sevilla.* T. IV. México, 1931, 638 pp.

24. Manuel Romero de Terreros, *Encuadernaciones artísticas mexicanas, siglos XVI al XIX.* México, 1932, 25 pp.

25. Jesús Romero Flores, *Apuntes para una bibliografía geográfica e histórica de Michoacán.* México, 1932, 325 pp.

26. Luis Chávez Orozco, *Bibliografía de Zacatecas.* México, 1932, 231 páginas.

27. Domingo Díez, *Bibliografía del estado de Morelos.* México, 1933, 427 pp.

28. Francisco Monterde, *Bibliografía del teatro en México.* México, 1933, 649 pp.

29. Ermilo Abreu Gómez, *Sor Juana Inés de la Cruz.* México, 1934, 455 pp.

30. Roberto Ramos, *Bibliografía de la Revolución mexicana.* T. II. México, 1935, 407 pp.

31. Genaro Estrada, *200 notas de bibliografía mexicana.* México, 1935, 123 pp.

Como complemento de la serie anterior y a fin de mantener al corriente a los investigadores, fundó Estrada el *Anuario Bibliográfico Mexicano,* del cual aparecieron los correspondientes a los años de 1932, 1933 y 1934 y cuyo compilador fue Felipe Teixidor.

En febrero de 1932 Genaro Estrada viaja a España como embajador de México. No bien llegado inicia otra de sus aventuras editoriales al fundar los Cuadernos Mexicanos de la Embajada de México en España. Diez títulos comprende la colección, que logra mantenerse hasta el regreso de Estrada a México cuando Lázaro Cárdenas asume la presidencia de la nación:

1. *Los tesoros de Monte Albán. Los descubrimientos arqueológicos en Oaxaca.* 1932. 39 pp.

2. *El comercio entre México y España.* 1932, 34 pp.

3. *El garbanzo mexicano en España.* 1933, 12 pp.

4. *La industria petrolera en México,* por Salvador Dorente. 1933, 13 pp.

5. *Las tablas de la Conquista de México en Madrid.* 1933, 54 pp.

6. *Manuscritos sobre México en la Biblioteca Nacional de Madrid* (sacado del catálogo de manuscritos de América, de don Julián Paz). 1933, 277 pp.

7. *Las carreteras de México.* 1934, 33 pp.

8. *Feria de libros de Madrid, 1934. Libros y bibliotecas de México, la organización bibliográfica mexicana.* 1934, 26 pp.

9. *Hechos y posibilidades comerciales entre México y España.* 1934, 99 pp.

10. *Las figuras mexicanas de cera en el Museo Arqueológico de Madrid.* 1934, 33 pp.

Después de abandonar definitivamente sus labores en la Secretaría de Relaciones Exteriores en 1935, Estrada se asocia con el librero y editor José Porrúa y fundan la Biblioteca Histórica Mexicana de Obras Inéditas con el objeto de desenterrar de los archivos documentos de apreciable valor para los estudios de la historia nacional. El primer volumen apareció en 1936 y el último, el octavo, la *Historia de la dominación española en México* de Orozco y Berra, con una advertencia del propio Estrada, en 1938, es decir, póstumamente.

Como editor obsesivo, Estrada tenía manías que son leyendas en un vasto anecdotario narrado por amigos y colaboradores. Se dice que era el alma de la Sociedad de Bibliófilos Mexicanos; y tan cierto debió ser que sus caprichos (¿extravagancias?) le condujeron al extremo de publicar dos obras –*Noticia breve de la expedición militar de Sonora y Sinaloa* (1921) y *Vida del Dr. don Pedro Moya de Contreras*, por Cristóbal Gutiérrez de Luna (1928)– tirando de la primera seis ejemplares y de la segunda diez.

Toda esta infatigable tarea alrededor del libro ha contribuido a la indiscutible imagen de un Genaro Estrada erudito. Pero también ha colaborado, para los que no lo conocimos, y no sé por qué extraña asociación, a proyectar la efigie de un anciano doctísimo, obeso y ultradisciplinado, cuando en verdad Genaro Estrada muere al poco tiempo de cumplir solamente cincuenta años.

BIBLIOGRAFÍA DIRECTA

LIBROS

Poetas Nuevos de México. Antología con notas biográficas, críticas y bibliográficas. México, Ediciones Porrúa, 1916, xiii + 338 pp.

Visionario de la Nueva España. Fantasías mexicanas. México, Ediciones México Moderno, 1921, 204 pp. (Biblioteca de Autores Mexicanos Modernos.) 2ª ed., México, Departamento del Distrito Federal, "Introducción" de Irma Gudiño, "Evocación de Genaro Estrada" por Alfonso Reyes, 1975, 134 pp.

Bibliografía de Amado Nervo. México, Imprenta de la Secretaría de Relaciones Exteriores, 1925, 38 pp. (Monografías Bibliográficas Mexicanas, núm. 1.)

Pero Galín. México, Editorial Cvltvra, 1926, 173 pp. 2ª ed. México, Instituto Nacional de Bellas Artes, Prólogo de María del Carmen Millán, 1967, xxvii + 124 pp.

Crucero. Poemas. Con una litografía al offset y cinco grabados de Gabriel García Maroto, México, Editoríal Cvltvra, 1928, 88 pp.

Episodios de la diplomacia en México; primera serie. México, Secretaría de Relaciones Exteriores, 1928, 111 pp.

Memoria de la Secretaría de Relaciones Exteriores de agosto de 1927 a julio de 1928, presentada al H. Congreso de la Unión por Genaro Estrada, subsecretario de Relaciones Exteriores encargado del despacho. México, Imprenta de la Secretaría de Relaciones Exteriores, 1928, 1130 pp.

Escalera (Tocata y fuga). México, Ediciones del Murciélago, 1929, 78 pp.

Memoria de la Secretaría de Relaciones Exteriores de agosto de 1928 a julio de 1929, presentada al H. Congreso de la Unión por Genaro Estrada, subsecretario de Relaciones Exteriores encargado del despacho. México, Imprenta de la Secretaría de Relaciones Exteriores, 1929, 3 vols., 800 + v, 801-1248 + iv, 1249-1813 + xiii pp.

Memoria de la Secretaría de Relaciones Exteriores de agosto de 1929 a julio de 1930, presentada al H. Congreso de la Unión por Genaro Estrada, Secretario de Relaciones Exteriores, México, Imprenta de la Secretaría de Relaciones Exteriores, 1930, 2 vols., 1371 + vii, 1379-2034 + x pp.

Memoria de la Secretaría de Relaciones Exteriores de agosto de 1930 a julio de 1931, presentada al H. Congreso de la Unión por Genaro Estrada, secretario de Relaciones Exteriores. México, Imprenta de la Secretaría de Relaciones Exteriores, 1931, 2 vols., 1344 + xi, 1353-2196 + xiv pp.

Paso a nivel. Madrid, Ediciones Héroes, 1933, 74 pp.

Las tablas de la conquista de México en Madrid. Madrid, Cuadernos Mexicanos de la Embajada de México en Madrid, Taller de las Gráficas Marinas, 1933, 8 pp. y 58 pp.

Ascensión de la poesía (Nervo). Madrid, Bécquer, 1934, 16 pp.

Las figuras mexicanas de cera en el Museo Arqueológico de Madrid. Cuadernos Mexicanos de la Embajada de México en España. Madrid, Unión Poligráfica, S.A., 1934, xii. + 21 pp.

Senderillos a ras. Madrid, Taller de las Gráficas Marinas, 1934, 54 pp.

Libros y bibliotecas de México. La organización bibliográfica mexicana. Madrid, Cuadernos Mexicanos de la Embajada de México en España, 1934, 26 + 4 pp. (Sobretítulo: Feria de Libros de Madrid, 1934.)

Algunos papeles para la historia de las bellas artes en México. Documentos de la Academia de Bellas Artes de San Fernando de Madrid, relativos a la Academia de Bellas Artes de San Carlos de México. México, 1935, 89 páginas.

200 notas de bibliografía mexicana. México, Imprenta de la Secretaría de Relaciones Exteriores, 1935, 123 + 2 pp. (Monografías Bibliográficas Mexicanas, núm. 31.)

Genio y figura de Picasso. México, Imprenta Mundial, 1936, 60 pp.

La doctrina de Monroe y el fracaso de una conferencia panamericana en México. México, Antigua Librería Robredo de J. Porrúa, 1937, 98 pp. (Biblioteca Histórica Mexicana de Obras Inéditas, núm. 6.)

El arte mexicano en España. México, Porrúa Hnos. y Cía., 1937, 62 pp. (Enciclopedia Ilustrada Mexicana, núm. 5.)

Bibliografía de Goya. Prólogo de José Moreno Villa. México, La Casa de España en México, 1940, 120 pp.

Nuevas notas de bibliografía mexicana. Prólogo de Juan B. Iguíniz, introducción de José C. Valadés y acotaciones de Gabriel Saldívar y Silva. México, Secretaría de Relaciones Exteriores, 1954, XVIII + 89 pp. (Monografías Bibliográficas Mexicanas, Segunda Serie, núm. 6.)

Genaro Estrada: diplomático y escritor. Edición de Luis Mario Schneider. Presentación de Santiago Roel. México, Secretaría de Relaciones Exteriores; colección del Archivo Histórico Diplomático Mexicano, 1978, 190 pp.

ADVERTENCIAS, CONFERENCIAS, DISCURSOS, INTRODUCCIONES, HOJA VOLANTE, PLIEGOS SUELTOS Y PRÓLOGOS

"La pesca en los mares mexicanos. Conferencia sustentada por el señor Genaro Estrada, el 15 de noviembre de 1918." En *Sociedad Mexicana de Geografía y Estadística,* 1919, pp. 355-366.

"Los gremios mexicanos y sus ordenanzas durante la época colonial." En *Ordenanzas de gremios de la Nueva España,* por Francisco del Barrio Lorenzot. México, Secretaría de Gobernación, 1920, pp. I-VI.

Ramírez Cabañas, Joaquín: *Remanso de silencio.* Prólogo de Genaro Estrada. México, Editorial América Latina, 1922, 111 páginas.

"Objeto de esta publicación." En *La diplomacia mexicana. Pequeña revista histórica,* por Antonio de la Peña y Reyes. Publicaciones de la Secretaría de Relaciones Exteriores. México, 1923, pp. 3-4. (Archivo Histórico Diplomático Mexicano, núm. 1.)

Las relaciones entre México y Perú. La misión de Corpancho. Introducción de Genaro Estrada. México, Publicaciones de la Secretaría de Relaciones Exteriores, 1923, XIII + 227 + 105 pp. (Archivo Histórico Diplomático Mexicano, núm. 4.)

Buelna, Eustaquio: *Apuntes para la historia de Sinaloa, 1821-1882.* Introducción y notas de Genaro Estrada. México, Departamento Editorial de la Secretaría de Educación, 1924, XVI + 234 pp.

Moreno, Joaquín: *Diario de un escribiente de legación.* Introducción de Genaro Estrada. México, Publicaciones de la Secretaría de Relaciones Exteriores, 1925, XX + 286 + 4 pp. (Archivo Histórico Diplomático Mexicano, núm. 16.)

Sala, Rafael: *Marcas de fuego de las antiguas bibliotecas mexicanas.* Nota preliminar de Genaro Estrada. México, Secretaría de Relaciones Exteriores, 1925, pp. VII-IX. (Monografías Bibliográficas Mexicanas, núm. 2.)

Heredia, José G.: *Bibliografía de Sinaloa, histórica y geográfica.* Introducción de Genaro Estrada. México, 1926. Imprenta de la Secretaría de Relaciones Exteriores, pp. VII-VIII. (Monografías Bibliográficas Mexicanas, núm. 6.)

Schons, Dorothy: *Bibliografía de Sor Juana Inés de la Cruz*. Introducción de Genaro Estrada. México, Imprenta de la Secretaría de Relaciones Exteriores 1927, pp. vii-ix. (Monografías Bibliográficas Mexicanas, núm. 7.)

Departamento del Petróleo: *Bibliografía del petróleo en México*. Introducción de Genaro Estrada. México, Imprenta de la Secretaría de Relaciones Exteriores, 1927, pp. vii-viii. (Monografías Bibliográficas Mexicanas, núm. 8.)

Rangel, Nicolás: *Bibliografía de Juan Ruiz de Alarcón*. Introducción de Genaro Estrada. Imprenta de la Secretaría de Relaciones Exteriores, México, 1927, pp vii-viii. (Monografías Bibliográficas Mexicanas, núm. 11.)

Índice de documentos de Nueva España existentes en el Archivo de Indias de Sevilla, compilado por Francisco del Paso y Troncoso. Introducción de Genaro Estrada. México, Imprenta de la Secretaría de Relaciones Exteriores, 1928, pp. vii-xi. (Monografías Bibliográficas Mexicanas, núm. 12.)

Don Juan Prim y su labor diplomática en México. Con una Introducción de Genaro Estrada. México, Secretaría de Relaciones Exteriores, 1928, xxviii + 251 + 5 pp. (Archivo Histórico Diplomático Mexicano, núm. 25.)

Gutiérrez de Luna, Cristóbal: *Vida y heroicas virtudes de don Pedro Moya de Contreras, arzobispo mexicano, patriarca de las Indias y presidente del real consejo de ellas la cual describió Cristóbal Gutiérrez de Luna, natural de aqueste reino que le alcanzó siendo vivo en el 1619*. México, 1928.

Foster, John Watson: *Las memorias diplomáticas de Mr. Foster sobre México*. Prólogo de Genaro Estrada. México, Secretaría de Relaciones Exteriores, 1929, xxii + 143 pp. (Archivo Histórico Diplomático Mexicano. núm. 29.)

Montenegro, Roberto: *Veinte litografías de Taxco*. Prólogo de Genaro Estrada. México, Imprenta del Murciélago, 1930, 4 pp. 20 ils.

Aleluya sabatina de Justo Sierra y Argentina. F. Teixidor, invent. V. J. Morales, esculp. Impreso en la Imp. del Murciélago y Cía, 1930. Pliego suelto. (Especie de reportazgo sobre la Antigua Librería Robredo, de José Porrúa Hnos.)

Inauguración del Palacio de Bellas Artes, Septiembre 29 de 1934. México, Secretaría de Educación Pública, Departamento de Bellas Artes, Imprenta Mundial, 1934, 32 pp.

Un siglo de relaciones internacionales de México (a través de los Mensajes Presidenciales). Prólogo de Genaro Estrada. México, Publicaciones de la Secretaría de Relaciones Exteriores, 1935, xxvii + 464 pp. (Archivo Histórico Diplomático Mexicano, núm. 39.)

Ramos, Roberto: *Bibliografía de la Revolución Mexicana*. "Algunas palabras a propósito de esta colección", por Genaro Estrada. México, Secretaría de Relaciones Exteriores, 1935, pp. ix-xiv. (Monografías Bibliográficas Mexicanas, núm 30.)

Amado Nervo: *Poesías completas*. Prólogo de Genaro Estrada. Madrid, Biblioteca Nueva, 1935. 2ª ed., 1947, 966 pp.

Ajofrín, Francisco de: *Diario del viaje que hicimos a México fray Francisco de Ajofrín y fray Fermín de Olite, capuchinos.* Introducción de Genaro Estrada. México, Antigua Librería Robredo, de José Porrúa e Hijos, 1936, pp. v-ix. (Biblioteca Histórica Mexicana de Obras Inéditas, número 1.)

Amado Nervo: *Antología poética.* Prólogo de Genaro Estrada, Selección de María Romero, Santiago de Chile, Empresa Editora Zig-Zag, 1936, 185 pp.; 2ª ed., 1947; 3ª ed., 1952.

Biblioteca del Congreso de la Unión: *Inauguración de la Biblioteca del Congreso de la Unión.* México, 4 de septiembre de 1936. 40 pp. (Contiene un discurso de Carlos A. Calderón, unas palabras de Genaro Estrada sobre "Significado de la Biblioteca del Congreso" y un informe de Demetrio Bolaños.)

Zavala, Silvio A.: *La "Utopía" de Tomás Moro en la Nueva España y otros estudios.* Introducción de Genaro Estrada. México. Antigua Librería Robredo, de José Porrúa e Hijos, 1937, ix, + 62 páginas. (Biblioteca Histórica Mexicana de Obras Inéditas, núm. 4.)

Ocaranza, Fernando: *Crónicas y relaciones del occidente de México.* Advertencia de Genaro Estrada. México, Antigua Librería Robredo, de José Porrúa e Hijos, 1937, pp. v-vi. (Biblioteca Histórica Mexicana de Obras Inéditas, núm. 5.)

Villarroel, Hipólito: *Enfermedades políticas que padece la capital de esta Nueva España en casi todos los cuerpos de que se compone y remedios que se la deben aplicar para su curación si se quiere que sea útil al rey y al público.* Introducción de Genaro Estrada. México, Bibliófilos Mexicanos, 1937, xxiii + 27 + 518 pp.

Teixidor, Felipe (ed.): *Cartas de Joaquín García Icazbalceta a José Fernando Ramírez, José María de Ágreda, Manuel Orozco y Berra, Nicolás León, Agustín Fischer, Aquiles Gerste, Francisco del Paso y Troncoso.* Prólogo de Genaro Estrada. México, Porrúa Hnos., 1937, 451 pp.

Orozco y Berra, Manuel: *Historia de la dominación española en México. Advertencia de Genaro Estrada.* México, Antigua Librería Robredo, de José Porrúa e Hijos, 1938, pp. vii-xi. (Biblioteca Histórica Mexicana de Obras Inéditas, núm. 8.)

TRADUCCIONES

LIBROS

Renard, Jules: *La linterna sorda* (El viñador en su viña. Pamplinas. Historias naturales). México, Cvltvra, t. xi, núm. 4, 1920.

Priestley, Herbert Ingram: *Municipalidades coloniales españolas.* México, Librería de Porrúa Hnos., 1921.

HEMEROGRAFÍA

ANTENA, México, D.F.
"Chufas y capicúas", núm. 4, octubre de 1924, pp. 3-4.

LA ANTORCHA, México, D.F.
"Bibliografía de Amado Nervo", t. II, núm. 3, septiembre de 1925, pp. 27-28.

BANDERA DE PROVINCIAS, Guadalajara, México.
"Silencio. Salto", 2a. quincena de agosto de 1929, p. 3.

CONTEMPORÁNEOS, México, D.F.
"Preludio. Retrato. Tedio. Asunto. Madrugada. Volver", t. I, núm. 2, julio de 1928, pp. 112-116.
"Por el camino de Proust", t. II, núm. 6, noviembre de 1928, pp. 292-296.
"Silencio", t. II, núm. 7, diciembre de 1928, pp. 319-320.
"Panorama. Lento. Salto", t. IV, núm. 13, junio de 1929, pp. 193-200.
"*Veinte litografías de Taxco* de Roberto Montenegro", t. VII, núm. 24, mayo de 1930, pp. 165-168.
"Infierno y paraíso de letras francesas", t. IX, núm. 34, marzo de 1931, pp. 244-250.

CORREO ESPAÑOL, México, D.F.
"Discurso" (Acto de despedida al embajador de México), 8 de febrero de 1932, p.1.

EL DIARIO, México, D.F.
"Zapatadas" (con el seudónimo de *Lápiz Tinta*), 12 de septiembre de 1911, p. 4.
"Zapatadas" (con el seudónimo de *Lápiz Tinta*), 16 de septiembre de 1911.
"Zapatadas" (con el seudónimo de *Lápiz Tinta*), 19 de septiembre de 1911, p. 4.
"Zapatadas" (con el seudónimo de *Lápiz Tinta*), 27 de septiembre de 1911, p. 4.

EL ESPECTADOR, México, D.F.
"Brisa", núm. 18, 22 de mayo de 1930, p. 2.

EXCÉLSIOR, México, D. F.
"Luis N. Morones no dijo verdad en su discurso", 12 de junio de 1930, página 1.
"El secretario de Relaciones . . . expone la actitud del gobierno", 14 de julio de 1931, p.1.

"Seis puntos de vista", 14 de julio de 1931, p. 12.
"La gestión de Mr. Morrow", 30 de octubre de 1935, p. 1.

LA FALANGE, México, D.F.
"De Italia", núm. 2, 10 de enero de 1923, pp. 74-77.

GACETA DE MADRID, Madrid,
"Discurso" (al presentar las cartas ante el gobierno español como embajador), t. I, núm. 80, 20 de marzo de 1932, p. 1994.

GLADIOS, México, D.F.
"La Biblioteca del Real Colegio de San Ildefonso", núm. 2, febrero de 1916, pp. 144-155.

HOY, México, D.F.
"Desconfianza: clima internacional", 27 de marzo de 1937, p. 11.
"Afirmación de la República", 17 de abril de 1937, p. 21.
"Pijoán entre nosotros", 15 de mayo de 1937, p. 12.
"Un epistolario de García Icazbalceta", 29 de mayo de 1937, pp. 12 y 63.

LETRAS DE MÉXICO, México, D.F.
"Biografía" (sobre la biografía inédita de Sor Juana Inés de la Cruz, por Juan José de Eguiara y Eguren), vol. I, núm. 1, 15 de enero de 1937, p. 3.
"La 'Utopia' de Thomas More y su influencia en la Nueva España de Silvio A. Zavala", vol. 1, núm. 4, 15 de marzo de 1937, p. 4.
"El México de Villarroel", vol. I, núm. 7, 1º de mayo de 1937, pp. 1-2.
"Lotería de cartones", vol. I, núm. 18, 1º de noviembre de 1937, p. 3.
"Felicidad de André Gide", trad. de Genaro Estrada, vol. II, núm. 14, 15 de febrero de 1940, p. 2.

EL LIBRO Y EL PUEBLO, México, D. F.
"Una biblioteca en Filadelfia", abril-junio de 1924, p. 85.
"El arte tipográfico en México", diciembre de 1924, pp. 209-210. Reprod. núm. 1, febrero de 1965, pp. 29-31.
"Pequeñas notas sobre bibliografía mexicana", junio de 1931, pp. 1-4.
"Imagen de nadie de Héctor Pérez Martínez", t. XI, núm. 7, julio de 1933, pp. 266-267.
"Ascensión de la poesía (Nervo)", noviembre de 1934, pp. 536-545.
"El paraíso colonial", vol. VI, núm. 30, 1967, pp. 37-41.

MÉXICO MODERNO, México, D.F.
"Las fiestas de las colegialas de San Ildefonso", t. I, núm. 1, agosto de 1920, pp. 29-32.
"La antigua Universidad de México por Herbert Ingram Priestley", trad. de Genaro Estrada, t. 1, núm. 1, agosto de 1920, pp. 37-52.

"*Viejos Temas* de Agustín Basave", t. I, núm. 2, septiembre de 1920, p. 128.

"*Ventura García Calderón y su obra literaria* de E. D. Tovar y R.", t. I, núm. 3, octubre de 1920, p. 193.

"*Estudio relativo a zonas federales* de José L. Cossío", t. I, núm. 3, octubre de 1920, pp. 193-194.

"*Memorias de un vigilante* de José S. Álvarez *(Fray Mocho)*", t. I, núm. 3, octubre de 1920, p. 194.

"*Ruiseñores del alma* de Miguel Galliano Cancio", t. I, núm. 3, octubre de 1920, p. 194.

"*Memoria de la Dirección de la Casa de Moneda y Oficinas Federales de Ensaye, correspondiente al año fiscal de 1918*", t. I, núm. 3, octubre de 1920, p. 194.

"*La literatura durante la guerra de independencia* de Salvador Cordero", t. I, núm. 3, octubre de 1920, p. 195.

"*La organización del Servicio Civil por medio del mérito* de Ezequiel A. Chávez", t. I, núm. 3, octubre de 1920, p. 195.

"Visionario de la Nueva España (Dilucidaciones. La ciudad colonial)", t. I, núm. 4, noviembre de 1920, pp. 224-228.

"*Obras completas* de Amado Nervo", t. I, núm. 4, Nov. 1920, p. 259.

"*Les Ecrivains Contemporains de l'Amérique Espagnole* de Francisco Contreras", t. I, núm. 4, noviembre de 1920, pp. 259-260.

"*Las alamedas del silencio* de Gilberto Rubalcaba", t. I, núm. 4, noviembre de 1920, p. 260.

"*La cábala del amor* de Aureliano Velázquez", t. I, núm. 4, noviembre de 1920, pp. 260-261.

"*Palabras con Flordelina* de Luis Aníbal Sánchez", t. I, núm. 4, noviembre de 1920, p. 261.

"*Cartas de viaje* de Alberto María Carreño *(El Monaguillo del Sagrario)*", t. I, núm. 4, noviembre de 1920, p. 261.

"*Proyecto de ley para la creación de una Secretaría de Educación Pública Federal*", t. I, núm. 4, noviembre de 1920, pp. 262-263.

"*El problema de la tierra y la repoblación de México* de Ignacio E. Lozano", t. I, núm. 4, noviembre de 1920, p. 263.

"*Un decenio de política mexicana* de Manuel Calero", t. I, núm. 4, noviembre de 1920, pp. 263-264.

"*Influencias que se ejercieron en Bolívar* de Diego Cabonell", t. I, núm. 4, noviembre de 1920, p. 264.

"*Los límites del arte y algunas reflexiones de moral y literatura* de André Gide", t. I, núm. 5, diciembre de 1920, p. 319.

"*Datos para la historia de Toluca. Fray Andrés de Castro* de Miguel Salinas", t. I, núm. 5, diciembre de 1920, pp. 319-320.

"*Florilegio* de Alberto J. Ureta", t. I, núm. 5, diciembre de 1920, p. 320.

"*Tesis presentada en la Academia Nacional de Bellas Artes* de Miguel de la Torre", t. I, núm. 5, diciembre de 1920, p.323.

"*Cuentos* de Leónidas Andreieff", t. I, núm. 6, enero de 1921, pp. 388-389.

402

"*La varillita de virtud* de Francisco Contreras", t. I, núm. 6, enero de 1921, p. 389.

"*Poemas* de Cristián Roeber", tomo I, número 6, enero de 1921, página 389.

"*Melpómene* de Arturo Capdevila", t. I, núm. 6, enero de 1921, pp. 389-390.

"*Crítica trascendental* de M. Vicenzi", t. I, núm. 6, enero de 1921, p. 390.

"*Memoria de Hacienda y Crédito Público* de José E. Suay", t. I, núm. 6, enero de 1921, p. 390.

"*A orillas del Hudson* de Martín Luis Guzmán", t. I, núm. 7, febrero de 1921, pp. 62-63.

"*The War with México* de Justin H. Smith", t. I, núm. 7, febrero de 1921, pp. 63-66.

"*Doña Catalina Xuárez Marcayada, primera esposa de Hernán Cortés, y su familia* de Francisco Fernández del Castillo", t. I, núm. 7, febrero de 1921, pp. 66-68.

"*Obras completas* de Amado Nervo", t. I, núm. 7, febrero de 1921, p. 69.

"*Homenajes póstumos, Joaquín D. Cassasús* de Alberto María Carreño", t. II, núm. 7, febrero de 1921, p. 69.

"*Notas de las lecciones del profesor doctor Nicolás León en la Escuela Nacional de Bibliotecarios y Archiveros* de Nicolás León", t. I, núm. 7, febrero de 1921, pp. 69-70.

"*El alma de la escuela* del padre Meneses y varios", t. II, núm. 7, febrero de 1921, p. 71.

"*Rubén Darío en Costa Rica*", t. I, núm. 7, febrero de 1921, pp. 71-72.

"*Cesarismo democrático* de Laureano Vallenilla Lanz", t. II, núm. 7, febrero de 1921, p. 72.

"*Las carreteras nacionales* de Adolfo A. López", t. II. núm. 7, febrero de 1921, p. 72.

"*Crónicas coloniales* de Ricardo Fernández Guardia", t. II, núms. 11-12, noviembre-diciembre de 1921, pp. 312-313.

"Letras minúsculas", t. II. núm. 4, junio de 1923, pp. 206-208.

MONTERREY, Río de Janeiro.
"Para un estudio de Amado Nervo", núm. 10, marzo de 1933, pp. 6-7.

LA NACIÓN, Buenos Aires.
"El cuarto centenario de la imprenta en América", 2ª secc., 20 de septiembre de 1936, pp. 2 y 4.
"Márgenes a Goya", 2ª secc., 9 de mayo de 1937, p. 2.

EL NACIONAL, México, D.F.
"Discurso", 15 de abril de 1931, p. 1.
"El escritor frente a los conflictos de la neutralidad internacional", 23 de enero de 1937, pp. 1 y 4.

"Márgenes de Goya", 7 de noviembre de 1937, p. 2.
"La muerte del cisne", 12 de abril de 1915 , p. 2.

NUESTRO MÉXICO, México, D.F.
"Pequeñas notas sobre bibliografía mexicana", t. I, núm. 6, agosto de 1932, p. 35.

NÚMERO, México, D.F.
"En la pradera de Goya", núm. 4, primavera de 1935, páginas 49-51.
"Paz de Galicia", núm. 4, primavera de 1935, p. 51.
"Rastros", núm. 4, primavera de 1935, p. 52.

LA PAJARITA DE PAPEL (PEN club de México), México, D.F.
"N. Y.", 1924. Reprod. en *La Pajarita de Papel (PEN Club de México) 1924/1925*, Prólogo de Francisco Monterde. México, Instituto Nacional de Bellas Artes, 1965, pp. 39-42.

PEGASO, México, D. F.
"Un diplomático mexicano de 1811 (El embajador de los insurgentes en Washington)", t. I, núm. 1, 8 de marzo de 1917, pp. 6 y 10.
"*Folletos populares de educación política* de Enrique Santibáñez", t. I, núm. 2, 15 de marzo de 1917, p. 4.
"*L'Eglise Espagnole des Indes à la fin du XVIII sìecle* de G. Desdevises du Dezert", t. I, núm. 5, 5 de abril de 1917, p. 12.
"Poemas en prosa (Pensamiento sobre la escarcha. Tristeza del labrador. Las florecillas se burlan de los graves abetos)", trad. de Genaro Estrada según la versión del chino al francés de Judith Gautier, t. I, núm. 6, 12 de abril de 1917, p. 5.
"*Poesías* de Leopoldo Lugones", t. I, núm. 8, 26 de abril de 1917, p.14.
"Automóviles", t. I, núm. 9, 4 de mayo de 1917, p. 9.
"La *Gavota* de Ponce", t. I, núm. 18, 13 de julio de 1917, p. 3.

REPERTORIO AMERICANO, San José de Costa Rica.
"Lamento nocturno. De Prisa. Esperanza. Vigilia. Acecho. Queja del perdido amor. Tarde", vol. XIX, núm. 6, 10 de agosto de 1929, pp. 89-90.

REVISTA DE AVANCE, La Habana.
"Poemas (Andanza. Racha)", vol. 3, núm. 28, 15 de noviembre de 1928, p. 305.

REVISTA NUEVA, México, D.F.
"Mensaje a través del océano", núm. 1, 9 de junio de 1919, páginas 20-30.

REVISTA DE REVISTAS, México, D.F.
"*La muerte del cisne*, últimos poemas de E. González Martínez", 25 de abril de 1915, pp. 11-12.

"Un nuevo libro de González Martínez (*Jardines de Francia*)", 3 de octubre de 1915, p. 9.

"Los libros mexicanos de 1810", 17 de septiembre de 1916, pp. 6-7.

"Los libros del año", 30 de diciembre de 1917, p. 27.

"México y los historiadores extranjetos", 21 de abril de 1918, p. 14.

"Del *Gaspard de la Nuit*", trad. de Genaro Estrada, 20 de octubre de 1918, p. 14.

"La nueva literatura chilena", 9 de febrero de 1919, p. 10.

"La Semana Santa colonial", 13 de abril de 1919, p. 18.

"Un 'raro' de la literatura americana (Tablada)", 7 de diciembre de 1919, p. 23.

"Los gremios mexicanos y sus ordenanzas en la época colonial", 13 de febrero de 1921, p. 32.

"Descubrimiento y fundación de Culiacán", 3 de diciembre de 1922, pp. 75-77.

"Una historia inédita de Sinaloa", 25 de enero de 1925, páginas 28-30.

"Visionario (Miniaturas coloniales)", 10 de enero de 1926, página 22.

"De *Escalera* (Olvido. Silencio. Exploración)", 28 de julio de 1929, p. 21.

"Nuevo examen de Alarcón. Un estudio del Sr. Alcalá Zamora", 9 de junio de 1935, pp. 40-41.

"Un nuevo historiador mexicano y dos originales estudios históricos (Zavala)", 28 de julio de 1935, s/p.

"Las bellas artes de México estudiadas en España y México", 15 de septiembre de 1935, s/p.

"Primor y generosidad del libro", 29 de septiembre de 1935, s/p.

"*Los hierros forjados en México*. Un libro de don Antonio Cortés", 3 de noviembre de 1935, pp. 33-36.

"*Residencia en la tierra* de Pablo Neruda", 26 de enero de 1936, s/p.

"Los manuscritos de México en el Alcázar de Madrid", 1º de marzo de 1936, s/p. Reprod. el 1º de marzo de 1938, s/p.

"La exposición de grabados checoslovacos en México", 22 de marzo de 1932, s/p.

"La familia de Nervo", 24 de mayo de 1936, p. 13.

"Luis Urbina en España y sus últimos días", 15 de noviembre de 1936, pp. 44-46.

"Márgenes de Goya", 13 de junio de 1937, p. 22.

SAGITARIO, México, D.F.

"Lir-Ate", núm. 6, 1º de noviembre de 1926, p. 11.

"Un *bonjour* a Paul Morand", núm. 8, 1º de febrero de 1927, p. 6.

"Sonrisa", núm. 9, 15 de febrero de 1927, p. 4.

SOCIEDAD MEXICANA DE GEOGRAFÍA Y ESTADÍSTICA, México, D.F.

"La pesca en los mares mexicanos" (Conferencia sustentada por el señor Genaro Estrada, el 15 de noviembre de 1918), 1919, pp. 355-366.

EL SOL, Madrid.
"Discurso", 14 de mayo de 1935, p. 12.

SUR, Buenos Aires
"Donaire", núm. 3, 1931, pp. 83-84.

EL TURISTA, México, D.F.
"La ciudad colonial", vol. I, núms. 4-5, noviembre-diciembre de 1932, pp. 37-39.

EL UNIVERSAL, México, D.F.
"*Los últimos pájaros* de Luis G. Urbina", 25 de febrero de 1925, p. 3.
"La revolución suprarrealista", 4 de marzo de 1925, p. 3.
"Lawrence en México", 12 de marzo de 1925, pp. 3 y 5.
"Las crónicas del occidente de México. A propósito de la *Crónica* de Baltazar de Obregón", 21 de marzo de 1925, pp. 3-4.
"Del *Diario* de Joaquín Romero", 17 de octubre de 1925, p. 3.
"*Marcas de fuego de las antiguas bibliotecas mexicanas* de Rafael Sala", 4 de octubre de 1925, p. 10.
"Discurso" (en los funerales de Rafael Nieto), 24 de mayo de 1926, página 4.

EL UNIVERSAL ILUSTRADO, México, D. F.
"Las bombas en Milán y el fascismo", 17 de julio de 1924, p. 21.
"Silencio", 24 de abril de 1930, p. 34.

UNIVERSIDAD, México, D.F.
"Carta a un escritor mexicano", marzo de 1936, núm. 2, páginas 7-8.
"Federico García Lorca", núm. 10, noviembre de 1936, p. 15.
"Un poema inédito de Federico García Lorca. *Paisaje con dos tumbas y un perro asirio*",núm. 22, noviembre de 1937, p. 24.

BIBLIOGRAFÍA INDIRECTA

Abreu Gómez, Ermilo: "De la pintura de Miguel González", *Crisol*, febrero de 1934, pp. 111-112.
————: "Una carta y una nota" (Sobre *Senderillo a ras*), *Revista de Revistas*, 20 de mayo 1934, p. 34.
————: "Carta a Genaro Estrada" en *Clásicos, románticos, modernos*, México, Ediciones Botas, 1934, pp. 173-180.
————: "Genaro Estrada", *El Universal Gráfico*, 29 de septiembre de 1937, p. 9.
————: "Estrada, crítico", *Letras de México*, t. I, núm. 18, 1º de noviembre de 1937, p. 4.
————: "Genaro Estrada", en Ernesto Higuera, *Antología sinaloense*, Eds.

Culturales del Gobierno del Estado de Sinaloa, vol. I, Culiacán, 1958, pp. 65-69.

Acevedo Escobedo, Antonio: "Los epígrafes en *Pero Galín*", *El Universal Ilustrado*, 1º de abril de 1932. Se reprod. un frag. en *Letras de México*, t. I, núm. 18, 1º de noviembre de 1937, p. 8.

————: "El poeta en su sendero" (Sobre *Senderillo a ras*), *Revista de Revistas*, 10 de junio de 1934, p. 24.

————: "Genaro Estrada en México", *Número*, núm. 4, primavera de 1935, p. 64.

————: "Dos libros de Genaro Estrada" (Sobre *200 notas de bibliografía mexicana* y *Genio y figura de Picasso*), *Revista de Revistas*, 19 de julio de 1936, pp. 22-23.

————: "*Genaro Estrada*", *Revista de Revistas*, 10 de octubre de 1937, sin foliar.

————: "Anuncios y presencias", *Letras de México*, t. I, núm. 1, 15 de enero, p. 1; núm. 5, abril, p. 1; núm. 7, 1º de mayo, p. 1; núm. 9, 15 de junio, p. 1; núm. 12, 1º de agosto, p. 1; núm. 14, 1º de septiembre, p. 1; núm. 19, 16 de noviembre, p. 1; núm. 21, 16 de diciembre, p. 1, 1937. Núm. 23, 16 de enero, p. 1; núm. 26, 1º de abril, p. 1; núm. 30, 1º de agosto, p. 1, 1938. T. II, núm. 20, 15 de agosto, p. 1, 1940. T. IV, núm. 12, 15 de diciembre, p. 1, 1943.

————: *Letras de los 20's*. México, Seminario de Cultura Mexicana, 1966, pp. 81, 158, 172, 185.

————: *Entre prensas anda el juego*, México, Seminario de Cultura Mexicana, 1967, pp. 98 y 105.

Alonso, Dámaso; José Ma. Quiroga Pla; Manuel Altolaguirre; Luis Cernuda; José Moreno Villa y Vicente Aleixandre. "*Paso a nivel* de Genaro Estrada", *El Libro y el Pueblo*, t. XI, agosto de 1933, pp. 310-311.

Anónimo: "*La bibliografía de Nervo*. Una obra de Genaro Estrada", *Revistas*, 27 de diciembre de 1925, p. 24.

————: "*Pero Galín* de Genaro Estrada", *El Libro y el Pueblo*, enero-junio de 1926, p. 53.

————: "Genaro Estrada", en *Escalafón del cuerpo diplomático mexicano*, México, Publicación de la Secretaría de Relaciones Exteriores, mayo de 1926, pp. 17-19.

————: "*Pero Galín* de Genaro Estrada", *Sagitario*, núm. 10, 1º de marzo de 1927, p. 17.

————: "Perfil autobiográfico de Genaro Estrada", *Archipiélago*, Santiago de Cuba, enero de 1928, p. 114.

————: "México en el momento internacional", *Excélsior*, México, 14 de julio de 1931, p. 1.

————: *La opinión universal sobre la Doctrina Estrada, expuesta por el gobierno de México, bajo la presidencia de don Pascual Ortiz Rubio*, México, Publicación del Instituto Americano de Derecho y Legislación Comparada, 1931, 253 pp.

[Contiene: "El problema del reconocimiento de gobiernos extranjeros" (De *La Prensa*, de Buenos Aires; "La Doctrina Estrada" (De *La Prensa*, de Buenos Aires): "México y nuestro gobierno" (De *Revista Social,* de Buenos Aires); "La 'Doctrina México'" (De *Neptune,* Amberes): "En el país de los aztecas. La Doctrina Estrada', por E. A. Bouchot; "El reconocimiento de los gobiernos de facto" (De *El Diario,* La Paz, Bolivia); "Los reconocimientos" (De *La Razón,* La Paz, Bolivia); Opinión de don Tomás M. Elio, ex canciller y asesor de Relaciones Exteriores de Bolivia; Opinión de don Fabián Vaca Chávez, ex canciller y ex ministro diplomático boliviano; Opinión de don Castro Rojas, diplomático boliviano; Opinión de don Enrique Finot, ex ministro en Chile y ex presidente de la Comisión de Relaciones Exteriores de la Cámara de Diputados de Bolivia; Declaración del doctor don Daniel S. Bustamante, ex ministro de Relaciones Exteriores de Bolivia; Declaración del doctor Bautista Saavedra, ex presidente de la República de Bolivia; Opinión del doctor don Rogelio Ibarra; "Los reconocimientos y la Doctrina México" (De *El Heraldo de Cuba,* La Habana); Opinión de Emilio Roig de Leuchsenring; Opinión de don Cosme de La Torriente, ex presidente de la Asamblea de la Sociedad de las Naciones; "Reconocimientos de gobiernos" (De *El Mercurio,* Santiago de Chile); Opinión de don Domingo Amunátegui Solar, antiguo ministro de Instrucción Pública y ex rector de la Universidad de Santiago de Chile; Opinión de don Ernesto Barros Jarpa, antiguo ministro de Relaciones Exteriores de Chile; "La Doctrina México" (De *El Telégrafo,* Guayaquil, Ecuador); "Reconocimiento de gobiernos" (De *El Telégrafo,* Guayaquil, Ecuador); "La Doctrina Estrada", por Luis de Zulueta; "La nota del día", por C. Puig V.; "La Doctrina Estrada", por Luis C. Sepúlveda; "Gobiernos de hecho", por Ricardo C. Catañeda; "Sinrazón del reconocimiento" (De *El Imparcial,* Guatemala); "Doctrina México" (De *El Imparcial,* Guatemala); "Centro América y la Doctrina México" (De *El Imparcial,* Guatemala), "Progreso en las ideas. La nueva Doctrina México", por Flavio Guillén; "La Doctrina Estrada debe ser codificada", por Flavio Guillén; "Declaración de México", por Ricardo C. Castañeda; "La Doctrina Mexicana" (De *El Diario Moderno,* Tegucigalpa, Honduras; "La Doctrina Estrada ante la opinión internacional", por Miguel Alonso Romero; "La Doctrina Estrada", por don Juan José Soler; "La Doctrina Estrada. Sus bases sociológicas", por Francisco Cosentini, Dirección General del Instituto de Derecho y Legislación Comparada; "La Ponencia Soler y la Doctrina Estrada", por don José López Lira, consejero del Instituto Americano de Derecho y Legislación Comparada; "Exposición hecha a la Asamblea Diplomática Internacional de París, por el señor Rodolfo Nervo, acerca de la Doctrina Estrada"; "Explicación de los fundamentos de la actitud de México" (De *El Universal,* México, intérprete del espíritu hispanoamericano", por Luis Jay Heath; "La Doctrina se ajusta al Derecho Internacional", por Fernando González Roa; "La Doctina Estrada. Una encuesta" (De *El Nacional Revolucionario,* México): "El programa internacional trazado por la cancillería mexicana", por Juan Manuel Álvarez del Castillo; "La Doctrina Ortiz Rubio" (De *Excélsior,* México); "El nacionalismo en nuestras relaciones diplomáticas" (De *El Nacional Revolucionario,* México); "La Doctrina México sobre reconocimiento" (De *El Universal,* México); "Doctrina México o Doctrina Estrada", por José de J. Núñez y Domínguez; "El valor de la Doctrina México", por Salvador Domínguez Assiayn; "Trascendental actitud de México", por J. Luis Parra; "Las doctrinas del reconocimiento y la Doctrina Estrada", por Gustavo Gómez-Tagle, de la Facultad de Derecho y Ciencias Sociales de México; "Ecos de ultramar", por Felipe J. Escobar; "México hace declaración sensa-

cional " (De *La Estrella de Panamá*); "Alrededor de la Doctrina Mexicana
sobre reconocimiento de gobiernos", por el doctor Eusebio Ayala; "La declaración mexicana" (De *El Comercio*, Lima); "Sobre el reconocimiento de
los gobiernos suramericanos. Una nueva teoría internacional" (De *La Libertad*, Lima); "Una nueva doctrina de Derecho Internacional. México, pala-
dín de libertades", por Luis Laurie Solís; "Las tres Doctrinas Internacionales del Continente", por Dora Mayer de Zulen; "La Doctrina Estrada", por
el doctor Víctor S. Pacheco Beramendi; "La Doctrina de México sobre la
teoría del reconocimiento y la soberanía de los pueblos", por Isidro Ramírez; Opinión de don Juan Andrés Chacón; Opinión de don Carlos M.
Prando; Opinión de don Emilio Frugoni.]

"Las tablas de la conquista de México en las colecciones de Madrid.
    Prólogo por Genaro Estrada". *The Hispanic American Historical Re-
    view*, núm. 14, mayo de 1934, pp. 222-223.
*"La doctrina de Monroe y el fracaso de una conferencia internacional en
    México de Genaro Estrada." Hoy*, 3 de julio de 1937, p. 6.
"Genaro Estrada", *Futuro*, octubre de 1937, p. 13.
"Genaro Estrada. Datos biográficos", *El Nacional*, supl., 7 de noviem-
    bre de 1937, p. 2.
[Nota sobre la muerte de Genaro Estrada], *Pan American Union, Bu-
    lletin*, diciembre de 1937, p. 1.
"Revista de Revistas", *Letras de México*, t. I, núm. 14, 1º de septiembre
    de 1937, p. 8.
"D. Genaro Estrada, escritor y diplomático que dejó ayer de existir",
    Excélsior, 30 de septiembre de 1937, pp. 6-7.
"Genaro Estrada murió ayer", *El Nacional*, 30 de septiembre de 1937,
    p. 4.
"Genaro Estrada, Mexican Diplomat", *The New York Times*, 30 de sep-
    tiembre de 1937, p. 23.
"D. Genaro Estrada dejó de existir hoy", *El Universal Gráfico*, 29 de
    septiembre de 1937, p. 3.
"Necrología", *Letras de México*, t. I, núm. 16, 1º de octubre de 1937,
    p. 6.
"Homenaje a la memoria de Estrada. Homenaje de la LEAR", *El Nacio-
    nal*, 25 de octubre de 1937, p. 3.
"Genaro Estrada" (Sobre un homenaje de la Sociedad de Geografía y
    Estadística), *Letras de México*, t. I, núm. 19, 16 de noviembre de
    1937, p. 7.
"Genaro Estrada" (Homenajes a su memoria. Anuncio de homenajes
recientes), *Letras de México*, t. I, núm. 24, 1º de febrero de 1938, p. 2.
"Genaro Estrada" (Primer aniversario de la muerte), *Letras de México*,
t. I, núm. 33, 1º de octubre de 1938, p. 4.

Barreda, Octavio G.: "Genaro Estrada", *El Nacional*, supl., 7 de no-
viembre de 1937, p. 2.
———· *"Bibliografía de Goya* de Genaro Estrada", *Letras de México*, t.
II, núm. 15, 15 de marzo de 1940, p. 3.

Batis, Huberto: "Resurrección de Genaro Estrada", "La Cultura en México" (supl. de *Siempre!*), 14 de junio de 1967, página XII.

Borges, Jorge Luis: *"Crucero* de Genaro Estrada", *Síntesis*, Buenos Aires, t. II, núm. 18, noviembre de 1928, pp. 351-352.

Brushwood, John S. y José Rojas Garcidueñas: "Genaro Estrada" en *Breve historia de la novela mexicana*, México, Ediciones De Andrea, 1959, pp. 87-88.

Carballo, Emmanuel: *"Nuevas notas de bibliografía mexicana"*, *México en la Cultura*, núm. 332, 31 de julio de 1955, p. 2.

Carreño, Alberto María: "Estrada, Genaro", *Memorias de la Academia Mexicana*, t. VII, 1945, pp. 353-354 y t. VIII, 1946, páginas 110-113.

Castro Leal, Antonio: "Genaro Estrada" en *La poesía mexicana moderna*, México, Fondo de Cultura Económica, Colección Letras Mexicanas, núm. 12, 1953, p. 185.

————: "Una prosa de Genaro Estrada", *Ábside*, t. XXIII, núm. 4, octubre-diciembre de 1959, pp. 468-474.

Covarrubias, Miguel: "Genaro Estrada" (ilustración), *La Falange*, núm. 6, 1º de septiembre de 1923, p. 361.

————: "Caricatura de Genaro Estrada", *El Universal*, supl., 7 de marzo de 1926, p. 12.

Cosío Villegas, Daniel: "Vida azarosa de la Doctrina Estrada" en *Ensayos y notas*, México, Ed. Hermes, t. II, 1966, pp. 169-212.

Chacón y Calvo, José María: "La muerte de Genaro Estrada", *Revista Cubana*, octubre de 1937, pp. 297-299.

Domenchina, Juan José: *"Paso a nivel* de Genaro Estrada", *El Libro y el Pueblo*, t. XI, núm. 7, julio de 1933, pp. 253-255. (Reprod. de *El Sol* de Madrid.)

Dauster, Frank: "Genaro Estrada" en *Breve historia de la poesía mexicana*, México, Ediciones De Andrea, 1956, pp. 164-165.

Durán Rosado, Esteban: "Pero Galín", *El Nacional*, 11 de junio de 1967, p. 4.

Fernández, Salvador Diego: *La Doctrina Estrada*, México, Publicaciones de la Academia Mexicana de Jurisprudencia y Legislación correspondiente de la de España, 1939, 10 pp.

Fernández MacGregor, Genaro: *Genaro Estrada*, México, Imprenta de Miguel N. Lira, 1938, 45 pp.

————: "La obra poética de Genaro Estrada", *Letras de México*, t. I, núm. 25, 1º de marzo de 1938, pp. 10-11.

————: "Genaro Estrada", *Memorias de la Academia Mexicana*, t. XI, 1955, pp. 228-251.

Forster, Merlin H.: "Genaro Estrada", en *An Index to Mexican Literary Periodicals*, Nueva York y Londres, The Scarecrow Press, 1966.

Gómez de Orozco, Federico: "Genaro Estrada, bibliófilo", *Letras de México*, t. I, núm. 18, noviembre de 1937, p. 5.

González Peña, Carlos: "Genaro Estrada", en *Historia de la literatura mexicana*, México, Edit. Porrúa, S. A., 9ª ed., 1966, pp. 263-264, 268, 274 y 282.

Gorostiza, José: "Motivos. *Escalera*", *Contemporáneos*, núm. 14, julio de 1929, pp. 341-344. Reprod. en *Prosa*, México, Universidad de Guanajuato, 1969, pp. 127-130.

Grismer, Raymond L.: *A Reference Index to Twelve Thousand Spanish American Authors,* Nueva York, The H. Wilson Company, 1939.

———— y Mary B. Macdonald: "Genaro Estrada" en *Vida y obra de autores mexicanos,* La Habana, Edit. Alfa, 1945, pp. 51-53.

Gudiño, Irma: "Introducción" a *Visionario de la Nueva España,* de Genaro Estrada, 2ª. ed. (*Véase.*)

Guisa y Azevedo, Jesús: "Genaro Estrada y su *Pero Galín*", *Excélsior,* 15 de septiembre de 1926, p. 3.

Henestrosa, Andrés: "La antología poética de don Genaro Estrada", *México en la Cultura,* núm. 883, 20 de febrero de 1966, pp. 1 y 3.

Henríquez Ureña, Pedro: "Genaro Estrada. In Memoriam", *Sur,* Buenos Aires, núm. 37, octubre de 1937, pp. 85-86. Con el título "Genaro Estrada", *Repertorio Americano,* San José de Costa Rica, 12 de febrero de 1938.

Iguíniz, Juan B.: "Prólogo" a *Nuevas notas de bibliografía mexicana,* por Genaro Estrada. (*Véase.*)

————: "Don Genaro Estrada. Elogio", *Memorias de la Academia de la Historia Correspondiente de la Real de Madrid,* t. I, núm. 4, 1942, pp. 336-346.

————: *Bibliografía del señor Genaro Estrada presentada en la inauguración de la biblioteca escolar que lleva su nombre* (8 de julio de 1949). México, Secretaría de Educación Pública, 1949, 32 páginas.

————: "Don Genaro Estrada. Bibliófilo y bibliógrafo", en *Disquisiciones bibliográficas*. México, El Colegio de México, 1943, pp. 135-145.

Instituto Nacional de Bellas Artes: *El trato con escritores.* México, 1961. (Hay referencias a Estrada en las pp. 159, 178, 181, y 183.)

————: *Las revistas literarias de México.* México, 2 ts. 1963 y 1964, pp. 123, 128, 131, 133, 137, 172, 175, 176, 181, 183, 193, 194, 214, 238; y 22, 44.

Jiménez, Guillermo: "Para una bibliografía de Genaro Estrada", *El Libro y el Pueblo,* marzo, 1931, p. 35. Reprod. en *Revista de Revistas,* 19 de abril de 1931, p. 48.

Jiménez Rueda, Julio: *Historia de la literatura mexicana.* México, Ediciones Botas, 1934.

————: "Genaro Estrada", en *Antología de la prosa en México,* 2ª. ed., Ediciones Botas, 1938, pp. 499-500.

Ker, Anita Melville: *Mexican Government Publications, 1921-1936*, Washington, Library of Congress, 1940.

Knapp Jones, Willis: *Latin American Writers in English Translation*, Washington, Pan American Union, 1944.

Kress, Dorothy Margaret: "Some tendencies in the Mexican Short Story Today", *Hispania*, U.S.A., vol. XX, núm. 3, octubre de 1937, pp. 226-230.

Leal, Luis: "Genaro Estrada", en *Bibliografía del cuento mexicano*, México, Ediciones De Andrea, 1958, p. 47.

————: *Breve historia del cuento mexicano*, México, Ediciones De Andrea, 1956, p. 99.

Leavitt, Sturgis E.: *Hispano-American Literature in the United States*, Cambrigde, Massachusetts, Harvard University Press, 1932.

Lira, Miguel N.: "Genaro Estrada: *Las tablas de la conquista de México en las colecciones de Madrid*", *Fábula*, núm. 1, enero de 1934, p. 20.

————: "Genaro Estrada: *Senderillos a ras*", *Fábula*, núm. 4, abril de 1934, p. 79.

López Izquierdo, R.: "Dos Libros de poemas españoles del poeta mexicano Genaro Estrada", *Letras*, núm. 55, mayo de 1934, p. 3.

Maples Arce, Manuel: "Genaro Estrada", en *Antología de la poesía mexicana moderna*, Roma, Poligráfica Tiberina, 1940, páginas 232-240.

Mariscal, Mario: "Genaro Estrada; escritor, traductor, editor y difusor de libros", *El Libro y el Pueblo*, número 5, mayo de 1934, páginas 244-247.

Matin, Percy Alvin: "Genaro Estrada", en *Who's Who in Latin America*, U.S.A., Stanford University Press, 1935, pp. 137-138.

Martínez, José Luis: "Las letras patrias", en *México y la cultura*, México, Secretaría de Educación pública, 1946, pp. 438-448.

————: *Literatura mexicana siglo XX, 1910-1949*, México, 2 vols., Antigua Librería Robredo, 1950.

————: "Genaro Estrada". *El ensayo mexicano moderno*. México, Fondo de Cultura Económica, Colección Letras Mexicanas, núm. 39, t. I, 1958, pp. 204-218.

Martínez Peñaloza, Porfirio: "Cincuentenario de los *Poetas nuevos de México* de Genaro Estrada", *Revista Mexicana de Cultura*, Supl. de *El Nacional*, núm. 1008, 24 de julio de 1966, pp. 1-2.

Matteis, Emilio de: "Un escritor mexicano: Genaro Estrada", *El Libro y el Pueblo*, octubre de 1934, pp. 516-518.

Mena, Anselmo: "Genaro Estrada como diplomático e internacionalista", *Letras de México*, t. I, núm. 18, 1º de noviembre de 1937, pp. 11-12.

Meulemans, Jules: "Son Esc. M. Genaro Estrada, Ministre des Affaires Etrangères du Mexique", *Revue Diplomatique*, París, abril de 1931, pp. 1-2.

Millán, María del Carmen: "Prólogo" a *Pero Galín*, México, Instituto Nacional de Bellas Artes, México, 1967, pp. VII-XXVI.

Mistral, Gabriela: *Lectura para mujeres*, México, Secretaría de Educación, 1923, 396 pp.

Monjaraz Buelna, Rodolfo: *Genaro Estrada, su vida y su obra*, Culiacán, México, Universidad Autónoma de Sinaloa, Serie Biográfica, núm. 2, s/año, 25 pp.

Montenegro, Roberto: "Genaro Estrada" (ilustración), *México Moderno*, t. II, núm. 10, junio de 1921, p. 222.

Monterde, Francisco: "La actualidad literaria. *Genaro Estrada* de Genaro Fernández MacGregor", *Letras de México*, t. I, núm. 27, 1º de mayo de 1938, p. 8.

————: *La Pajarita de Papel* (PEN Club de México), México, Instituto Nacional de Bellas Artes, México, 1965.

Morand, Paul: "Genaro Estrada", *Revista de Revistas*, 5 de junio de 1927, p. 20.

Moreno Villa, José: "Recordando al amigo", *Letras de México*, t. I, núm. 18, 1º de noviembre de 1937, p. 5, y *Repertorio Americano*, 12 de febrero de 1938.

————: "Genaro Estrada" (Retrato), *Letras de México*, t. I, núm. 18, 1º de noviembre de 1937, p. 5. [Fechado en Cuernavaca, 14 de julio de 1937.]

————: *Cornucopia de México*. México, El Colegio de México, 1940.

————: *Vida en claro*. México, El Colegio de México, 1944, pp. 2ª. ed.,

Naranjo, Francisco: "Genaro Estrada", en *Diccionario biográfico revolucionario*, México, Edit. Cosmos, 1935, p. 72.

Novo, Salvador: *Antología de cuentos mexicanos e hispanoamericanos*, México, Editorial Cvltvra, 1923, 176 pp. (Incluye "El oidor" de Estrada.)

Núñez y Domínguez, José de J.: "Genaro Estrada", *El Universal Gráfico*, 22 de noviembre de 1937.

Ocampo de Gómez, Aurora, y Ernesto Prado Velázquez: "Genaro Estrada", en *Diccionario de escritores mexicanos*, México, Centro de Estudios Literarios, Universidad Nacional Autónoma de México, 1967, pp. 110-111.

Ortiz de Montellano, Bernardo: "Genaro Estrada: *Crucero*", *Contemporáneos*, t. II, núm. 4, septiembre de 1928, pp. 84-86. Reprod. en *Letras de México*, t. I, núm. 18, 1º de noviembre de 1937, p. 3.

Quintana, José Miguel: "Historia", *Letras de México*, t. II, núm. 2, 15 de febrero de 1939, p. 4. (Sobre la compra de la biblioteca de Estrada por la Secretaría de Hacienda.)

R. C.: "*Crucero* de Genaro Estrada", *Revista de Revistas*, 14 de octubre de 1928, p. 6.

Ramírez Guerrero, Carlos: *Reconocimiento de los gobiernos* de facto; *diversos sistemas; la Doctrina Estrada: el caso de España* (Tesis). Universidad Nacional Autónoma de México, 1939, 29 pp.; editado en Pachuca, Hidalgo, México, Imprenta Armando Madariaga, 1939, 30 pp.

Reyes, Alfonso: *Poetas nuevos de México* de Genaro Estrada", *Cultura Hispanoamericana,* Madrid, 15 de febrero de 1917. Reprod. en *Obras Completas,* México, Fondo de Cultura Económica, t. VII, 1958, pp. 474-475.

————: "Carta a dos amigos", en *Simpatías y diferencias,* México, Editorial Porrúa, S. A., 1945, t. II, pp. 335-345. Reprod. en *Obras Completas,* México, Fondo de Cultura Económica, t. IV, 1956, pp. 475-482.

————: "Genaro Estrada", *La Nación,* supl., Buenos Aires, 3 de octubre de 1937; *Letras de México,* t. I, núm. 20, 1º de diciembre de 1937, pp. 6 y 12; *Repertorio Americano,* San José de Costa Rica, 20 de noviembre de 1937, pp. 289-291; *Hoy,* 25 de diciembre de 1937, pp. 13 y 57; *Pasado inmediato y otros ensayos,* México, El Colegio de México, 1941, pp. 165-178, y en *Obras Completas,* México, Fondo de Cultura Económica, t. XII, 1960, pp. 175-181. Reprod. con el título de "Evocación de Genaro Estrada" en *Visionario de la Nueva España* de Genaro Estrada, 2ª ed. *(Véase.)*

Rojas Paz, Pablo: *"Crucero* de Genaro Estrada", *Síntesis,* Buenos Aires, julio de 1929, pp. 115-116.

Romero Flores, Jesús: "Mi amigo Genaro Estrada", en *Maestros y amigos* (recuerdos y semblanzas de algunos escritores), México, B. Costa-Amic Editor, 1971, pp. 333-336.

Rosemberg, S.L.M. y E.A. Templin: *A Brief Anthology of Mexican Prose,* California, Stanford University Press, 1928, pp. 91-92. (Incluye "El oidor" de Estrada.)

Ross, Stanley R: *Fuentes de la historia contemporánea de México.* (Periódicos y revistas.) México, El Colegio de México, 2 vols., 1965.

Salado Álvarez, Victoriano: "La triste historia de nuestras bibliotecas", en *Antología de crítica literaria* (Prólogo y notas de Porfirio Martínez Peñaloza), México, Editorial Jus, 1969, pp. 297-298.

Sansores, Rosario: "Los funerales de Genaro Estrada", *Hoy,* 9 de octubre de 1937, p. 16.

Sierra, Manuel J.: "Oración fúnebre", *Letras de México,* t. I, núm. 18, 1º de noviembre de 1937, p. 14.

————: "Bibliógrafos mexicanos: Genaro Estrada", *Boletín Bibliográfico de la Secretaría de Hacienda,* núm. 174, 15 de marzo de 1960, pp. 4 y 6.

Silva Castro, Raúl: "La poesía de Genaro Estrada", *Atenea,* Chile, año 5, núm 10, diciembre de 1928, pp. 472-479.

Soler, Juan José, José López Lira y Francisco Consentini: *La Doctrina Estrada,* México, Publicaciones del Instituto Americano de Derecho y Legislación Comparada, 1930, 41 pp.

Teixidor, Felipe: "Las monografías mexicanas de Genaro Estrada", *Letras de México*, t. I, núm. 18, 1º de noviembre de 1937, p. 6.

Tirado Fuentes, René: "Genaro Estrada: *Paso a nivel*", *Imagen*, año I, núm. 8, 18 de agosto de 1933, p. 26.

Torres Bodet, Jaime: "Perspectiva de la literatura mexicana actual", *Contemporáneos*, t. II, núm. 4, septiembre de 1928, pp. 1-33.

————: "Una novela mexicana: *Pero Galín*", *Revista de Revistas,* 23 de mayo de 1926, p. 14.

————: *Tiempo de arena.* México, Fondo de Cultura Económica, Colección Letras Mexicanas, núm. 18, 1955, 352 pp.

Torres Rioseco, Arturo: "La obra de Genaro Estrada", *Repertorio Americano*, San José de Costa Rica, t. XIX, núm. 6, 10 de agosto de 1929, pp. 89-90. Reprod. en *Atenea,* Chile, núm. 82, diciembre de 1931, páginas 351-354.

————: y Ralph E. Warner: *Bibliografía de la poesía mexicana*, Cambridge, Massachusetts, Harvard University Press, 1934, pp. 29-31.

Toussaint, Manuel: "Estrada, bibliófilo y coleccionista", *Letras de México*, t. I, núm. 18, 1º de noviembre de 1937, p. 3.

————: "Genaro Estrada: *Bibliografía de Goya*", *Revista de Literatura Mexicana*, núm. I, septiembre de 1940, pp. 176-177.

Urbina, Luis G.: "Crónicas abulenses. Libros de México, bajo árboles de Castilla" (sobre *Pero Galín*), *El Universal,* 12 de septiembre de 1926. p. 3.

Valadés, José C.: "Genaro Estrada", *La Prensa*, San Antonio, Texas, 4 de octubre de 1937, p. 1.

————: "Genaro Estrada", *Hoy,* 9 de octubre de 1937, pp. 13-15.

————: "Prólogo" a *Nuevas notas de bibliografía mexicana,* de Genaro Estrada. *(Véase.)*

————: *Investigaciones históricas,* t. I, núm. 1, octubre de 1938, pp. 1-2.

Valle, Rafael Heliodoro: "Genaro Estrada: *Pero Galín*", *El Universal,* 15 de junio de 1926, pp. 3-4.

———— y Esperanza Velázquez: "Genaro Estrada", en *Índice de escritores,* Talleres Gráficos de Herrero Hnos. Sucs., 1928, pp. 84-85.

————: "Genaro Estrada, tesorero feliz", *Revista de Revistas,* 13 de octubre de 1935. s/n.

————: "Bibliografía de Genaro Estrada", *Letras de México*, t. I, núm. 18, 1º de noviembre de 1937, p. 14.

————: "A contribution toward bibliography of Genaro Estrada", *Hispanic Historical Review,* Durham, North Carolina, mayo de 1938, pp. 243-248, y octubre de 1938, pp. 424-425.

Valle-Arizpe, Artemio de: *La muy noble y leal ciudad de México, según relatos de antaño y hogaño,* México, Editorial Cvltura, 1924, pp. 249-251.

————: Algunas anécdotas de Estrada", *Letras de México*, t. I. núm 18. 1º de noviembre de 1937, p. 7.

Velázquez Chávez, Agustín: "Genaro Estrada", en *Jardín de la poesía mexicana*, México, Imprenta Casas, 1966, pp. 388-389.

Villaseñor, Eduardo: "Genaro Estrada: *Visionario de la Nueva España*", *Sagitario*, núm. 5, 1º de octubre de 1926, p. 13.

Villaurrutia, Xavier: *"Pero Galín* de Genaro Estrada", *El Universal Ilustrado*, 17 de junio de 1926; *Repertorio Americano*, San José de Costa Rica, t. XIII, núm. 4, 31 de julio de 1926; *Textos y pretextos*, México, La Casa de España en México, 1940, pp. 71-78, y *Obras*, México, Fondo de Cultura Económica, 2ª. ed., 1966, pp. 677-680.

————: "Caricatura de Genaro Estrada", *Revista de Revistas*, 5 de junio de 1927, p. 21.

Zavala, Silvio Arturo: "Genaro Estrada y la historia de México", *Letras de México*, t. I, núm. 18, 1º de noviembre de 1937, páginas 1-2, 10 y 12.

————: *"Historia de la dominación española en México* de Manuel Orozco y Berra", *Letras de México*, t. I, núm. 25, 1º de marzo de 1938, p. 12.

ÍNDICE

TEXTOS SOBRE GENARO ESTRADA

POESÍA

CRUCERO

ESCALERA *(Tocata y fuga)*

PASO A NIVEL

NARRATIVA

VISIONARIO DE LA NUEVA ESPAÑA *(Fantasías mexicanas)*

421

CRÍTICA

Este libro se terminó de imprimir el día
26 de octubre de 1983 en los talleres de
EDIMEX, S. A., Calle 3, núm. 9, Alce
Blanco, Naucalpan, Edo. de México. La
tirada fue de 3 000 ejemplares, y en su
composición fueron empleados tipos
Baskerville de 10:12, 9:10 y 8:9 puntos. La edición estuvo al cuidado de *Alí
Chumacero*.